HISTOIRE

DE

LA TERREUR

HISTOIRE
DE
LA TERREUR

1792-1794

D'APRÈS DES DOCUMENTS AUTHENTIQUES

ET INÉDITS

PAR

M. MORTIMER-TERNAUX

DE L'INSTITUT

TOME CINQUIÈME

PARIS

MICHEL LÉVY FRÈRES, LIBRAIRES ÉDITEURS

RUE VIVIENNE, 2 BIS, ET BOULEVARD DES ITALIENS, 15

A LA LIBRAIRIE NOUVELLE

1866

Tous droits réservés.

HISTOIRE

DE

LA TERREUR

LIVRE XIX

LES ANNEXIONS.

I.

Le jour même où Dumouriez rejoignait, à Valenciennes, la partie de son armée qui venait de vaincre à Valmy, le conseil exécutif prenait un arrêté ainsi conçu :

« Le conseil, délibérant sur la situation de la Répu-
« blique, relativement à la guerre qu'elle a entreprise
« contre les despotes coalisés ;

« Considérant qu'en vain le patriotisme des citoyens,
« la valeur des soldats et l'habileté des généraux auraient
« repoussé au delà des frontières les armées ennemies,
« si elles pouvaient encore, en s'établissant dans les pays
« circonvoisins, s'y renforcer avec sécurité et y préparer

« impunément les moyens de renouveler incessamment
« leur funeste invasion ;

« Considérant que toute résolution généreuse et né-
« cessaire pour l'honneur comme pour la sûreté de la
« République, ne peut qu'être avouée par la nation et
« par la Convention nationale : Arrête que les armées
« françaises ne quitteront point les armes et ne pren-
« dront point de quartier d'hiver jusqu'à ce que les en-
« nemis de la République aient été repoussés au delà du
« Rhin [1]. »

Dumouriez était prêt à mettre à exécution cet arrêté qui traduisait si bien les sentiments dont la nation entière était animée. Il avait fait d'avance toutes ses dispositions : le corps d'armée placé immédiatement sous sa main comptait quarante mille hommes ; à sa droite, Valence devait marcher sur Namur avec seize mille combattants, tandis qu'à sa gauche le général La Bourdonnaye s'avancerait de Lille sur Tournay avec un corps d'armée d'une force à peu près égale.

1. Cinq jours auparavant, la Convention avait voté l'adresse suivante aux volontaires des bataillons de 1791 dont le temps de service était expiré :

« Citoyens soldats, la loi vous permet de vous retirer ; le cri de la patrie vous le défend. Quand Porsenna était aux portes de Rome, Brutus quitta-t-il son poste ?... L'ennemi a-t-il repassé le Rhin ? Longwy est-il repris ? Le sang français dont les barbares ont arrosé la terre de la liberté est-il vengé ? leurs ravages et leurs barbaries sont-ils punis ? ont-ils reconnu la majesté de la République et la souveraineté du peuple ? Soldats, voilà le terme de vos travaux ; c'est en dire assez aux braves défenseurs de la patrie. La Convention nationale se borne à vous recommander l'honneur français, l'intérêt de l'État et le soin de votre propre gloire. »

Au moment de mettre le pied sur le territoire des Pays-Bas autrichiens, Dumouriez lance deux proclamations, l'une adressée au peuple belge, l'autre à ses soldats.

« Nous entrons sur votre territoire, dit-il dans la première, pour vous aider à planter l'arbre de la liberté, sans nous mêler en rien de la constitution que vous voudrez adopter... Prenez une entière confiance dans la République française et dans les armées qu'elle envoie à votre secours! Nous respecterons vos propriétés et vos lois... Joignez vos armes aux nôtres. Pourvu que vous établissiez la souveraineté du peuple et que vous renonciez à vivre sous des despotes quelconques, nous serons vos frères, vos amis, vos soutiens. »

« Généraux, officiers, soldats, fiers républicains, s'écrie dans la seconde le défenseur de l'Argonne, vous tous, mes braves camarades, nous allons entrer dans la Belgique pour repousser les ennemis barbares et les perfides émigrés, et les en chasser. Entrons dans ces belles provinces comme des amis, des frères, des libérateurs; montrons de la clémence envers les prisonniers de guerre et de la fraternité envers les habitants du pays[1]. »

Ces deux proclamations fort habiles sont accueillies très-favorablement par les Belges et par l'armée. Dans une instruction spéciale, Dumouriez interdit aux géné-

---

[1]. Ces proclamations de Dumouriez furent lues à la Convention le 1ᵉʳ novembre, ainsi que l'arrêté du Conseil exécutif provisoire du 24 octobre. Le *Moniteur* se contente de les analyser; nous les avons retrouvées *in extenso* dans le *Journal des Débats et Décrets*, n° 43, p. 6 et 7.

raux sous ses ordres toute intervention en matière d'impôt et de gouvernement ; il leur recommande de veiller à ce que leurs troupes ne se déshonorent pas par des pillages et des désordres [1].

Enfin, pour bien prouver aux Belges qu'on ne veut pas transformer la domination autrichienne en domination française, les représentants du peuple qui se trouvent à l'armée du Nord annoncent hautement qu'ils considèrent leurs pouvoirs comme expirant à la frontière. Ils écrivent à la Convention : « Nous avons pensé que nous ne devions pas suivre en Belgique l'armée victorieuse, pour ne pas donner, par notre présence, à l'expédition, le caractère d'une invasion politique et pour ne pas violer, même indirectement, le principe de la souveraineté des peuples. » L'Assemblée nationale reçoit cette lettre avec le plus vif enthousiasme et s'associe aux sentiments qui l'ont dictée en déclarant par un décret formel que la mission de ses commissaires est terminée. La Convention ne devait pas longtemps persister dans cette attitude aussi sage que généreuse.

Les commissaires, en quittant Dumouriez, lui avaient promis qu'il serait largement pourvu à tous les besoins de son armée; mais ils avaient compté sans le ministre de la guerre, Pache. L'ancien commensal de Roland avait désorganisé tous les bureaux et toutes les branches des services intérieurs et extérieurs de son administration, en renvoyant les commis et agents qui avaient l'habitude des affaires militaires et en les remplaçant par des jaco-

---

[1]. Voir cette instruction au *Moniteur*, n° 314.

bins de ses amis. Ceux-ci songeaient moins à pourvoir aux besoins urgents des armées de la République qu'à s'enrichir aux dépens de la France et des pays envahis. Pache avait garanti à Dumouriez, lors de son passage à Paris, la fourniture immédiate de trente mille paires de souliers, de vingt-cinq mille couvertures, des effets de campement pour quarante mille hommes, et surtout une somme de deux millions en numéraire destinée à assurer le prêt des soldats. Dumouriez attend, jusqu'à la fin du mois d'octobre, la réalisation de ces promesses; il est obligé de se mettre en marche sans avoir reçu la moitié de ce qu'on devait lui envoyer.

La première rencontre avec l'ennemi est signalée par un échec pour nos armes. Beurnonville commandait l'avant-garde, dans laquelle se trouvait le bataillon des exilés belges et liégeois. Ceux-ci, aussitôt qu'ils aperçoivent les uniformes autrichiens, se précipitent sur l'ennemi, lui enlèvent à la baïonnette le village de Thulin et le poursuivent sur la route de Mons. Dans leur ardeur, ils ne prennent pas la précaution de se faire soutenir par de l'artillerie et s'engagent à travers une plaine sans abri. Les Impériaux reconnaissent bientôt la faiblesse numérique de la troupe qui les pourchasse; un de leurs régiments de hussards se retourne, entoure et sabre les imprudents; quatre compagnies du bataillon belge sont obligées de mettre bas les armes.

Cet échec au début d'une campagne peut, s'il n'est pas promptement réparé, porter le découragement dans les rangs français. Beurnonville, qui a été contraint de rétrograder, reçoit, avec quelques renforts, l'ordre d'enlever immédiatement aux Autrichiens les villages évacués. Le 4 novembre, grâce à un mouvement rapide du général Égalité (ainsi appelait-on alors le duc de Chartres, depuis le roi Louis-Philippe), l'ennemi est obligé d'abandonner les villages de Montreuil et de Thulin et de reculer jusque par delà le bois de Sars, au moulin de Bossut, laissant environ cent cinquante morts et deux cents prisonniers, sans que cette revanche ait coûté aux Français plus de vingt tués ou blessés [1].

Le duc de Saxe-Teschen concentre ses forces sur les hauteurs qui se déploient en amphithéâtre au-devant de Mons. Il n'a que vingt-cinq à vingt-huit mille hommes à mettre en ligne contre les quarante mille que conduit Dumouriez ; mais la position qu'il occupe, déjà extrêmement forte par elle-même, vient d'être pourvue des moyens de défense les plus énergiques ; du faubourg de Berthaimont à Quaregnon, elle domine les collines sur lesquelles sont assis les deux villages de Cuesmes et de Jemmapes ; des pentes rapides, des bois, des abatis, quatorze redoutes, une artillerie formidable en rendent l'abord presque impossible ; des chasseurs tyroliens remplissent les bois qui s'étendent au-dessous des hauteurs et peuvent tirailler à l'abri ; une forte cavalerie, postée dans l'intervalle des carrés, se tient prête à fondre sur les Français, que doit en même temps foudroyer le feu des batteries établies en étages.

Le 6 novembre, à la pointe du jour, le combat com-

---

1. Billet de Dumouriez au lieutenant général Moreton, 4 novembre, dans le *Journal des Débats et Décrets*, n° 48, p. 92.

mence par une vive canonnade qui se prolonge jusqu'à dix heures. A l'extrémité des lignes autrichiennes, le village de Quaregnon est enlevé par le général Thouvenot, qui répare ainsi les retards de Beurnonville et la mollesse de Ferrand. Les Autrichiens se replient sur Jemmapes, poursuivis l'épée dans les reins par nos fantassins.

A midi, Dumouriez donne le signal de l'attaque de front. L'infanterie, divisée en colonnes et soutenue par les hussards et les dragons, s'élance avec un indescriptible enthousiasme. Malgré le feu très-vif des tirailleurs tyroliens, elle arrive sous les batteries ennemies presque sans pertes et en bon ordre. Mais le centre s'est trop avancé par rapport à l'aile droite, dont les boulets, lancés de Cuesmes, ont arrêté la marche; la brusque sortie de la cavalerie autrichienne postée dans la trouée, entre Jemmapes et Cuesmes, cause dans nos colonnes un ébranlement qui peut avoir de graves conséquences. Par bonheur, le fidèle domestique de Dumouriez, Baptiste Renard, s'aperçoit du danger, court vers le général Drouet dont la brigade plie, lui reproche ses hésitations; et, de la voix, du geste, animant les soldats, les ramène en avant [1]. Le général Égalité entraîne quelques bataillons qui s'étaient arrêtés, les masse en une grosse colonne à laquelle il donne gaiement le nom de *Bataillon de Jemmapes*, rétablit le combat, et franchit presque d'un seul bond les trois étages de redoutes et de retranchements [2].

1. *Mémoires de Dumouriez,* III, p. 171.
2. *Mémoires de Dumouriez,* p. 172; Servan, *Tableau historique,* II, p. 233.

Néanmoins l'attaque de l'aile droite sur Cuesmes paraissait ne pas réussir. Beurnonville, après de vains efforts, était même sur le point de reculer, quand Dampierre, abandonnant le corps qu'il commande, se précipite avec quelques soldats dans la redoute qui fait obstacle à la marche de l'aile droite française. Dumouriez accourt et crie aux soldats qui hésitent à suivre l'intrépide Dampierre : « Vous n'avez rien à craindre, votre père est à votre tête! » il entonne lui-même le chant de la *Marseillaise*, les soldats de Beurnonville le répètent en chœur; les redoutes sont abordées et bientôt enlevées.

L'aile gauche ayant déjà dépassé Jemmapes, le centre ayant gagné les hauteurs, l'ennemi se voit tourné; il fuit de toutes parts dans le plus grand désordre; environ quatre cents Autrichiens se noient en traversant la petite rivière de la Haisne.

Bien qu'elle n'eût duré que deux heures, la bataille avait horriblement fatigué l'armée française, bivouaquant et se battant déjà depuis quatre jours; ce jour-là elle n'avait pas encore mangé. Il fallait absolument lui donner du repos. Dumouriez se vit obligé de laisser quelque relâche aux Autrichiens, qui du reste évacuèrent Mons dans la nuit et continuèrent leur retraite sur Bruxelles sans être trop inquiétés.

II.

La perte des Impériaux était de quatre mille hommes; celle des Français de deux mille, dont onze cents mis hors de combat. Importante au point de vue militaire, la victoire l'était bien davantage sous le rapport politique. L'Europe s'effraya en apprenant les détails d'une action où des volontaires, dont beaucoup voyaient le feu pour la première fois, avaient bravé une formidable artillerie et escaladé des redoutes avec une audace inouïe. Après avoir repoussé les envahisseurs de son territoire, la France allait-elle envahir à son tour les états de ses adversaires, renverser toutes les vieilles dynasties, comme elle avait renversé celle de Louis XIV, convertir tous les peuples aux doctrines nouvelles?

Dumouriez annonça sa victoire à la Convention dans une lettre pleine d'enthousiasme.

L'aide de camp qui l'apporta, Larue, présenta à la barre le héros de la journée, Baptiste Renard. On voulut entendre, de vive voix, le récit de ses exploits. « Il a, dit Larue, rallié cinq escadrons, quatre bataillons et s'est jeté le premier, sabre en main, dans un retranchement qu'il a enlevé. — Que voulez-vous pour récompense? lui a demandé Dumouriez. « L'honneur de porter l'uniforme « national. »

A ce mot, la salle retentit d'acclamations réitérées. Larue embrasse Baptiste, nouvelles acclamations; plusieurs orateurs prennent successivement la parole et se disputent l'honneur de célébrer un aussi beau trait de bravoure; le décret suivant est voté à l'unanimité :

« La Convention nationale décrète que le citoyen Baptiste Renard, qui a rallié un régiment de dragons et quatre bataillons de volontaires au combat de Mons, recevra le baiser fraternel du président de la Convention;

qu'il sera armé, équipé et monté aux frais de la République; que le ministre de la guerre autorisera le général Dumouriez à lui donner une place dans son armée. »

Le décret lu et solennellement proclamé, le président, au nom de l'Assemblée entière, embrasse Baptiste et Larue. Jean Debry demande que le 6 novembre, jour où les Français ont gagné la première bataille rangée pour la délivrance des peuples, soit consacré par une fête nationale.

Lasource s'oppose à la proposition de Jean Debry, parce que, selon lui, il ne faut pas fêter une seule armée, une seule journée : « Attendez, s'écrie-t-il, attendez que le triomphe de la liberté soit complet et assuré, que tous les tyrans soient abattus, que tous les peuples voisins, libres par le courage des Français, votent des remercîments à la République. Vous célébrerez alors la paix de l'univers !

— « Point de fêtes quand des hommes ont péri, ajoute Barère; vous avez célébré la conquête de la Savoie, elle n'avait point coûté de larmes... Mais ici quatre mille hommes ont péri... Car les Autrichiens sont des hommes; il n'y a que les rois qui ne sont pas de l'espèce humaine. Des Français ont péri aussi, et vous voulez des fêtes !... Je m'y oppose, je demande un simple monument funèbre.

— « Sans doute, il a péri des hommes, s'écrie Vergniaud, mais enfin c'est la liberté qui triomphe... Gardons-nous d'abstractions métaphysiques... La nature a donné aux hommes l'amour de la gloire et de la patrie, la passion de la liberté. Législateurs, il faut entretenir ces passions généreuses ; malheur aux politiques qui négligent d'alimenter ce feu sacré !... L'aliment le plus efficace pour le vivifier, ce sont les fêtes publiques. Rappelez-vous la fédération de 1790... Chantez donc, chantez une victoire qui est celle de l'humanité. Il a péri des hommes, mais c'est pour qu'il n'en périsse plus. Je le jure au nom de la fraternité universelle que vous allez établir, chacun de vos combats sera un pas de fait vers la paix, l'humanité et le bonheur des peuples. »

La proposition de Vergniaud est votée en ces termes :

« La Convention nationale décrète qu'il sera célébré une fête nationale pour honorer les succès des armées de la République; renvoie au comité d'instruction publique pour l'exécution. »

Au lendemain de la victoire de Jemmapes, il n'y avait guère qu'un homme qui ne partageât pas l'allégresse universelle. *L'Ami du peuple* tenait à honneur de ne jamais penser comme les autres et d'injurier tout ce qu'on honorait. Il se mit à tonner contre l'engouement des Français, et à prétendre que Dumouriez avait mal triomphé. « Le fameux général, écrivait-il, dans son *Journal de la République*, le 12 novembre, a menti sur le chiffre des morts. Si, parti sans bagages et sans artillerie, il s'est attaqué à des hauteurs garnies de canons, il a risqué ce coup d'audace principalement afin de faire mitrailler les bataillons parisiens qu'il poursuit de sa haine. » Que les Français, les conventionnels et les jacobins eux-mêmes admirassent Dumouriez et sa bataille, cela l'étonnait peu, car il connaissait l'étourderie du caractère national. Pour lui, il voyait que les Autrichiens s'en étaient trop tranquillement allés pour avoir été si complétement battus. Il ne tiendrait Dumouriez pour un bon général, que si toute la Belgique était conquise sans qu'un seul ennemi échappât. En attendant, il croyait servir la patrie en persistant à considérer Dumouriez « comme un de ces intrigants et fripons publics tout prêts à machiner, que la défiance populaire doit toujours environner, ne leur permettant point de faire un pas sans trembler d'être démasqués et punis [1]. »

En réponse à la diatribe maratiste, les amis de Dumouriez vinrent, le 14 novembre, à la tribune de la Convention, lire une lettre que le général écrivait au ministre de la guerre, le 30 octobre, six jours avant la bataille de Jemmapes.

« Comme philosophe et comme bon républicain, y disait le défenseur de l'Argonne, je suis pénétré de la nécessité de conserver l'égalité entre les citoyens. Aussitôt cette guerre terminée, je veux être libre et sans emploi. Plus le rôle que j'aurai joué pendant la guerre aura été important, plus la nation et ses représentants doivent approuver cette abdication et devraient même en faire une loi si je ne la proposais moi-même. »

Cette pièce allait être purement et simplement renvoyée au comité militaire, quand Gensonné en demanda le renvoi au comité de constitution, pour qu'il pût examiner cette question : « Ne fera-t-on pas de l'abdication des généraux un article constitutionnel [2] ? »

---

[1]. *Journal de la République*, n° 43, du 12 novembre.
[2]. *Journal des Débats et Décrets*, n° 56, p. 234.

Que signifiait cette affectation de désintéressement de la part de Dumouriez, qui n'avait certes pas l'intention de *mettre son épée au clou,* suivant l'expression employée par lui dans une autre partie de sa lettre? Que voulait par cette proposition solennelle Gensonné, l'ami particulier et l'un des confidents intimes de ce général?

On ne saurait attribuer cette double déclaration de principes émanant de pareils hommes ni à l'ivresse d'un enthousiasme inconsidéré, ni aux défiances d'une démocratie ombrageuse. A quoi donc cette comédie devait-elle aboutir? C'est ce qu'il est difficile de deviner à soixante-dix ans de distance, puisque aucune suite n'y fut donnée de part ni d'autre.

III.

Dumouriez fit, le 7 novembre, son entrée triomphale dans la ville de Mons. Dès le lendemain, le comité des Belges et Liégeois retirés en France depuis deux ans, et rentrés à la suite de l'armée française, convoquait une assemblée populaire. Une administration provisoire était aussitôt élue, et dans sa première séance, elle adoptait la déclaration suivante :

« Au nom du peuple souverain :

« Nous déclarons à la face du ciel et de la terre que tous les liens qui nous attachaient à la maison d'Autriche-Lorraine sont brisés; nous jurons de ne plus les renouer et de ne lui reconnaître en quoi que ce soit aucun droit à la souveraineté de la Belgique, car nous voulons rentrer dans nos droits primitifs, imprescriptibles et inaliénables... »

Le soir même se réunit une société populaire qui prend le titre de Société des Amis de la Liberté et de l'Égalité de Mons, et s'empresse de s'affilier à la toute-puissante société des jacobins de Paris. Dumouriez ne manque pas d'assister à la première séance ; une harangue officielle lui est naturellement adressée ; il y répond en protestant de son dévouement sans réserve à la cause sublime des peuples, et en déclarant qu'il accepte avec reconnaissance la couronne civique qui lui est offerte[1].

Après quatre jours de repos donné à ses soldats, Dumouriez quitte Mons le 11. Il campe le 12 à Enghien ; après un combat heureux à Anderlecht, il force les Autrichiens à se retirer par Louvain sur Tirlemont. Le 14, Bruxelles lui ouvre ses portes ; les magistrats viennent lui apporter les clefs de la ville. A leur harangue officielle Dumouriez réplique : « Citoyens, plus de ces cérémonies ; gardez vos clefs vous-mêmes, et gardez-les bien. Ne vous laissez plus dominer par aucun étranger. Vous n'êtes pas faits pour l'être ; joignez vos citoyens aux nôtres pour chasser les Allemands. Nous sommes vos amis et vos frères. »

Pendant ce temps, les deux ailes de l'armée française s'avançaient suivant le plan convenu, mais avec une rapidité très-différente. A la droite, Valence, qui plus encore que Dumouriez, avait souffert du défaut de fournitures,

---

1. Voir le *Moniteur*, n° 322.

n'avait pu se mettre en marche que dans les premiers jours de novembre. Le 8, il était encore à Givet; le 10, il occupait Charleroi; le 20, la ville de Namur. A la gauche, La Bourdonnaie avait une tâche plus facile. Toute la Flandre avait été évacuée par les troupes autrichiennes, à raison de leur mouvement de concentration vers la Meuse. Tournay, Nieuport, Ypres, Furnes, Ostende, Bruges, Gand, reçurent avec enthousiasme les avant-gardes françaises aussitôt qu'elles se présentèrent. Le lieutenant de Dumouriez se trouva en quelques jours et sans coup férir maître absolu de tout le plat pays.

A la nouvelle de ces succès, le pouvoir exécutif, craignant que le général vainqueur ne s'endormît sur ses lauriers, signa le 16 novembre un nouvel arrêté, qui ne faisait que corroborer celui qu'il avait pris trois semaines auparavant :

« Le Conseil exécutif provisoire, délibérant sur l'état
« actuel de la guerre, notamment dans la Belgique ; con-
« sidérant que nul relâche ne doit être laissé aux enne-
« mis de la République, et que tous les moyens doivent
« être employés pour vaincre et détruire leurs armées
« avant qu'ils aient pu les renforcer et se mettre en état
« d'attaquer de nouveau soit la France, soit les contrées
« mêmes où les armées françaises ont porté la liberté;

« Arrête qu'en conséquence de la délibération du
« 24 octobre dernier, il sera donné des ordres au général
« commandant en chef l'expédition de la Belgique de
« continuer à poursuivre les armées ennemies, même

« sur le territoire hollandais dans le cas où elles s'y se-
« raient retirées.

« ROLAND, GARAT, PACHE, LEBRUN,
« CLAVIÈRE, MONGE,
« GROUVELLE, secrétaire. »

L'armée autrichienne était affaiblie par la désertion dans des proportions considérables [1]. Elle ne comptait plus que 15 à 18,000 hommes. Cependant elle se retirait en bon ordre sur la Meuse, et ne cédait le terrain que pied à pied. Le duc de Saxe-Teschen demanda à Dumouriez une suspension d'armes ; mais le général se hâta de répondre que ses instructions étaient contraires à l'acceptation de pareilles propositions, et qu'il ne pouvait que les envoyer à la Convention. Celle-ci passa dédaigneusement à l'ordre du jour sur les propositions de l'ancien gouverneur des Pays-Bas [2]. Dumouriez se mit donc de nouveau à poursuivre l'ennemi. Après deux engagements assez vifs, le premier à Tirlemont, le deuxième à Varoux, il entra dans Liége, et quelques jours après dans Aix-la-Chapelle (8 décembre.)

---

1. Les désertions dans les rangs de l'armée autrichienne furent très-nombreuses dès le commencement de la campagne. Le 8 novembre, les commissaires de la Convention écrivaient, de Lille, « qu'il conviendrait d'organiser une légion des soldats-citoyens qui venaient défendre la liberté. » Dumouriez, dans ses Mémoires, dit que le 14, jour de son entrée à Bruxelles, les rues étaient bordées d'une double haie de déserteurs autrichiens au nombre de plus de quatre mille. Quelques-uns de ces déserteurs se rendirent à Paris, car le *Moniteur* (n° 326) nous apprend qu'ils allèrent au sein du Conseil général, prêter serment à la République.

2. Séance du 20 novembre, *Moniteur*, n° 322.

IV.

Pendant que les Autrichiens étaient rejetés au delà de la Meuse et presque acculés au Rhin inférieur, que devenait Custine, que nous avons laissé en marche sur Mayence [1]?

Cette ville contenait une garnison de neuf mille hommes fortement travaillés, soldats et généraux, par les propagandistes allemands, qui avaient depuis longtemps établi leur quartier général dans cette ville. Custine arrive le 19 octobre en vue de Mayence, avec 24,000 hommes; mais il n'a rien de ce qui est nécessaire pour un siége sérieux. Néanmoins, il somme le gouverneur, baron de Gymmich, de rendre la place. Celui-ci convoque un conseil civil et militaire où le lieutenant-colonel du génie Eikenmayer, grand partisan des Français, opine pour la reddition. Elle est résolue, et le 21, Custine fait son entrée solennelle dans Mayence.

Mais, au lieu de continuer à descendre la rive gauche du Rhin en marchant résolûment sur Bingen, au lieu de s'emparer du cours de la Lahn et de la Moselle pour barrer le passage à l'armée austro-prussienne, Custine, par la plus incroyable des fautes, envoie, le même jour 21, son avant-garde, sous les ordres du général Newinger et du colonel Houchard, traverser le Rhin et faire une pointe sur Francfort. Après quelques pourparlers avec les magistrats de l'impériale république, les Français y entrent

---

1. Voir t. IV, p. 245.

le 22, à trois heures après midi. Aussitôt le général, sous prétexte que la ville libre a donné des secours et servi de refuge aux émigrés français, se déclare autorisé à la traiter en ennemie. Il exige, à titre de réparation et sous la menace d'une exécution militaire, une contribution de deux millions de florins. Dès le 23, on lui verse un à-compte de 300,000 livres. Neuwinger fait afficher une proclamation pour tranquilliser le peuple et la bourgeoisie qui ne doit point « s'inquiéter d'une contribution, pesant uniquement sur les aristocrates laïques et ecclésiastiques du territoire de la République. » La régence de Francfort ayant tenté une démarche afin d'obtenir le désaveu de la conduite du général Neuwinger, Custine consent d'abord à réduire la contribution de deux millions à un million de florins. Mais bientôt, apprenant que les magistrats cherchent l'argent demandé au moyen d'une imposition générale, il accourt en personne, « afin, dit-il, de punir l'aristocratie de la richesse. » Il rétablit le chiffre primitif de la contribution forcée, saisit 14 millions déposés dans deux maisons de banque appartenant aux Autrichiens et aux Prussiens[1], et lance une nouvelle proclamation : « Francfortois ! je vous apprends que l'homme riche seul payera cette contribution, et que tout homme qui n'a pas une propriété de 30,000 florins en sera dispensé... Je suis venu en Allemagne pour offrir au peuple l'alliance de la République française, et faire connaître aux oppresseurs que les Français, devenus libres, n'ont qu'un désir, ne forment qu'un vœu, celui de protéger le

---

1. Lettre de Custine, du 29 octobre, au *Moniteur* et aux *Débats*.

faible et de faire sentir à l'homme injuste dans l'opulence, que les hommes, nés égaux en droit, ne doivent pas porter le joug de l'homme riche. »

Ces excitations, destinées à armer les Allemands les uns contre les autres, n'eurent qu'un très-médiocre succès. Custine harangua lui-même la populace du faubourg de Saxen-Hausen, et ne put obtenir d'elle la plantation d'un arbre de la liberté. Mayence, bien que très-fortement travaillée par les clubistes, ne se prononça pas pour l'adoption des institutions françaises. La principale communauté de cette ville, le corps des marchands, osa même, l'armée française étant présente, émettre le vœu de conserver l'union avec l'empire et le gouvernement électoral mitigé par une intervention plus influente des états.

Custine, nous l'avons déjà fait remarquer, avait complétement mis de côté le plan que le ministre de la guerre lui avait tracé en séparant son armée de celle de Biron. Par suite de l'inexécution de ce plan, le roi de Prusse et le landgrave de Hesse avaient pu, une fois sortis du territoire français, regagner Coblentz sans être inquiétés. La faute était grave; Custine, afin qu'elle ne lui fût point reprochée, se hâta d'en rejeter la responsabilité sur Kellermann, qui n'avait pu agir seul, ayant trop peu de troupes à sa disposition. Le 30 octobre, il expédia, de son quartier général de Mayence, une longue lettre qui commençait ainsi :

« Citoyen président,

« Dans une république, la vertu, les talents doivent avoir seuls des droits à la confiance; il est du devoir de tout citoyen de manifester la vérité, de faire connaître l'incapacité de l'homme chargé de fonctions publiques et plus encore, de la conduite des armées, et, si le hasard ou la valeur des troupes ont donné quelques succès à un général, ils ne doivent point servir de voile à son impéritie ou sa lâcheté. C'est dans ces principes que je dénonce Kellermann indigne du nom de général, plus indigne encore de diriger les forces de la République. »

Quand la dénonciation de Custine fut lue à la Convention, le 4 novembre, Jean Debry demanda que la correspondance entre les deux généraux ne fût point publiée, « car cette publicité intempestive pourrait nuire singulièrement aux succès des opérations ultérieures. » Cette proposition fut appuyée par Kersaint et Carra, et toutes les pièces de l'affaire furent renvoyées à l'examen des comités de sûreté générale et de la guerre réunis. Mais le pouvoir exécutif, qui croyait n'avoir rien à refuser au général de l'armée de Mayence, n'hésita pas à prononcer le jour même le rappel de Kellermann [1].

Celui-ci, au moment où cet ordre lui était expédié, mandait au président de la Convention nationale que

---

1. Voici le texte même de l'arrêté du Conseil exécutif, séance du 4 novembre 1792.

« Le Conseil exécutif considérant le peu de disposition qu'a mon« tré le général Kellermann pour marcher avec les troupes qu'il « commande suivant les ordres qu'il en a reçus, ainsi que l'opposi« tion qui se trouve entre lui et le général Custine, arrête que le « général Kellermann sera invité à venir à Paris s'expliquer sur tout « ce qui s'est passé.

« ROLAND, MONGE, LEBRUN, CLAVIÈRE, PACHE, GARAT, GROUVELLE, secrétaire. »

Custine venait de lui envoyer, par un courrier extraordinaire, copie de son factum, et ajoutait : « Je me flatte, que la Convention jugera comme moi que cette dénonciation n'a pu être dictée que dans un accès de folie ou de vin. » Après avoir raillé Custine sur ses prétendues connaissances militaires, il assurait que la campagne ne pouvait être utilement reprise qu'en janvier, lorsque les ennemis seraient dispersés dans leurs quartiers d'hiver, et que ses propres troupes seraient reposées et ravitaillées.

On doit le reconnaître, Kellermann, ne disposant que de 15,000 hommes depuis que Valence l'avait quitté pour renforcer l'armée de Belgique, se serait exposé à une perte presque certaine s'il avait marché droit à l'ennemi. Car il ne s'agissait de rien moins que de poursuivre, par des chemins affreux, une armée trois ou quatre fois plus forte que la sienne, et cela au moment même où la dyssenterie se déclarait parmi ses troupes, obligées de camper sans paille et sans abri, dénuées de tout et pouvant à peine se procurer la subsistance de chaque jour.

Mais, à Paris, on en jugeait autrement. Custine jouissait de la faveur populaire, de l'estime toute particulière de la société des jacobins. Ses fanfaronnades quotidiennes étaient acceptées comme des articles de foi; ses dépêches, dans lesquelles il annonçait qu'il avait levé telle somme d'imposition sur telle ville, mis à contribution tel petit prince ou telle riche abbaye, étaient saluées par des tonnerres d'applaudissements.

Rien ne pouvait altérer la confiance entière qu'inspirait l'heureux vainqueur de Mayence, ni les imprudences qu'il commettait en envoyant ses troupes légères jusqu'à Giessen, à huit ou dix lieues plus loin que Francfort, sans avoir aucun moyen de les faire soutenir, ni la constatation du déplorable effet que ses exactions produisaient en Allemagne. Le 14 novembre, des magistrats de Francfort, délégués par cette ville, se présentèrent à la barre de la Convention nationale. Dans la pétition dont ils donnèrent lecture, ils exposaient que le général français avait été induit en erreur quand il avait reproché à leurs concitoyens d'avoir protégé les émigrés et autorisé la publication d'un journal français hostile à la révolution. « Francfort était un état libre, une cité ouverte aux hommes de tous les pays et de tous les rangs. Des Français émigrés ou non y avaient donc pu vivre et séjourner. La liberté de la presse y existait avant d'avoir été proclamée en France ; personne n'avait pu ni ne pouvait donc y défendre la publication d'un journal quelconque, aristocratique ou démagogique. Les Francfortois s'étaient toujours maintenus dans la plus stricte neutralité vis à vis de la France, ils étaient en droit d'obtenir la restitution de la contribution qui leur avait été arrachée [1]. »

Custine ne vit même pas sa popularité ébranlée par la prolongation de son séjour à Mayence et par son immobilité forcée devant l'ennemi, dont il avait maladroitement laissé les forces se concentrer. Il écrivait de son quartier général d'Usingen, le 10 novembre : « Les lenteurs du général Kellermann inspirent à nos ennemis le projet de me faire abandonner Francfort, et de me renfermer dans

---

[1]. Cette pétition est donnée au *Moniteur*, n° 321.

Mayence. Quoique je croie peu à leur fanfaronnade et à leur jactance, j'ai pensé qu'il était nécessaire pour la dignité de la nation française de marcher au devant de ceux qui se vantaient de nous faire abandonner la Franconie [1]. » Cela dit, Custine réclamait avec instance des renforts; mais, même avant cette dernière demande, le ministre de la guerre avait donné l'ordre de faire filer sur Mayence 12,000 hommes tirés des places fortes dont Biron avait la garde. C'était affaiblir celui-ci outre mesure, et, par cela même s'approprier en l'aggravant l'imprudence de Custine. Les ordres du ministre étaient précis, et Biron, avec une abnégation chevaleresque, se fit gloire d'y obtempérer aussitôt.

En envoyant ses meilleurs régiments à celui qui lui obéissait encore quelques semaines auparavant, il lui écrivait, le 9 novembre : « Mon ami, toutes les troupes de l'armée que je commande sont à votre disposition, tous les ordres que vous m'adresserez seront promptement exécutés; je vous jure que cette disposition du ministre ne me donne personnellement aucune humeur, et que toutes les manières de contribuer avec vous au succès des armes de la République ne cesseront jamais de m'être agréables [2]. » Cependant, à la fin de sa lettre, Biron laissait percer le fond de sa pensée, et déclinait avec raison toute solidarité dans les nouvelles témérités de son ancien lieutenant. « Vous sentez bien, mon cher ami, disait-il, que je dois raisonnablement cesser d'être responsable de la sûreté du haut Rhin et de ses places,

---

1. Lettre lue à la séance du 16. *Moniteur*, n° 323.
2. La lettre de Biron se trouve au *Moniteur*, n° 320.

puisqu'un autre peut disposer des troupes qui y sont employées, je le mande au ministre et à la Convention nationale. »

La lettre de Biron, lue le 14 novembre à la tribune, fut, malgré la restriction finale qu'elle contenait, couverte d'applaudissements. L'Assemblée en ordonna l'insertion au bulletin, l'envoi aux armées, aux départements, à tous les généraux[1], particulièrement à celui que Custine venait d'accuser avec tant de brutalité, et qui, par une singulière coïncidence, assistait à la séance de la Convention.

Kellermann, en effet, mandé à Paris par le Conseil exécutif, attendait à la barre qu'il plût à l'Assemblée nationale de recevoir ce jour-là même ses explications et ses adieux: ses explications, parce qu'il ne pouvait rester sous le poids des accusations de Custine; ses adieux, parce que le Conseil exécutif, n'osant le sacrifier complétement, venait de le nommer général en chef de l'armée du Midi.

« Représentants du peuple français, dit-il, le Conseil exécutif m'a mandé à Paris pour lui rendre compte de mes opérations. Vos commissaires, ainsi que les commissaires du pouvoir exécutif, m'ont suivi pas à pas dans l'expédition mémorable qui vient de se terminer par l'expulsion complète des ennemis hors du territoire sacré de la République. Ils ont vu si le général démentait le civisme, le courage et la patience des soldats; s'il y eut un seul instant de perdu dans la poursuite des ennemis;

---

1. Voir la séance du 14 novembre au *Moniteur*, n° 321.

si enfin Kellermann, qui depuis trois ans commande les armées nationales et qui a combattu sans cesse l'aristocratie et le fayettisme, a manqué dans ces derniers temps aux principes et à la dignité d'un soldat né républicain dans l'âme.

« Un plan de campagne d'hiver, que j'ai proposé, a produit une erreur; on a cru que je voulais suivre ce plan malgré le Conseil exécutif, parce que je n'avais pas empêché une partie des armées prussienne et hessoise de se porter à Trèves et à Coblentz. Mais comment devancer 30,000 hommes au moins qui avaient trois ou quatre marches d'avance sur moi, avec une armée fatiguée à l'excès, manquant de tout, et réduite de moitié par la séparation de celle du général Valence qui marchait en sens opposé vers Givet? Cependant, malgré tous ces obstacles, et sans avoir reçu les ordres positifs du Conseil exécutif, j'obéissais à son plan de campagne et je marchais vers la Sarre.

« Pour accorder la justice avec les convenances, il m'a nommé au commandement de l'armée des Alpes; j'ai accepté, et je pars.

« Il s'agit maintenant de venger la patrie au dehors par la destruction des tyrans étrangers... C'est vers l'Orient que vous dirigez mes pas; c'est pour délivrer Rome antique du joug des prêtres, que vous commandez aux soldats français de franchir aujourd'hui les Alpes; nous les franchirons... Citoyens, comptez sur un vieux soldat qui sait mieux faire que dire, et qui vous annoncera les victoires de vos armées par trois mots : « Ils ont battu les ennemis. »

Le président répond :

« La Convention a vu avec douleur la division qui s'est manifestée entre deux généraux également précieux pour la République par les services qu'ils ont rendus. Ajournez les querelles particulières ; vous ajouterez à votre gloire et à la reconnaissance de la patrie. Vous allez commander l'armée des Alpes, c'est aller à de nouvelles victoires. Les Français n'oublient pas plus que les représentants du peuple les services à jamais glorieux que vous avez rendus dans les plaines qu'arrosent la Marne et la Moselle ; si quelque citoyen voulait rappeler que vous n'avez pas porté la liberté à Trèves et à Coblentz, la patrie tout entière lui rappellerait sans doute vos efforts heureux pour la réunion des armées et la célèbre journée du 20 septembre. »

V.

Que s'était-il donc passé vers les Alpes pour que le Conseil exécutif eût destitué le conquérant de la Savoie, Montesquiou, et l'eût remplacé par Kellermann ?

Le 10 août et le 2 septembre avaient naturellement altéré les bons rapports qui, durant tant de siècles, avaient existé entre la Suisse et la France. Les cantons n'avaient pu voir sans indignation les anciennes capitulations mises à néant, et leurs propres enfants massacrés par la populace parisienne. Les ennemis de la République française ne manquèrent pas d'exploiter ces tristes événements. Excités surtout par le ministre anglais, les cantons de Berne et de Fribourg proposèrent à la Diète générale, réunie à Aarau, une prise d'armes dans le but de venger les gardes suisses égorgés par les Parisiens. Heureusement, les autres cantons résistèrent, et la Confédération s'en tint à une neutralité armée; mais, comme l'occupation de la rive gauche du lac Léman menaçait directement les possessions du canton de Berne dans le pays de Vaud et la république de Genève alliée de la Suisse, on établit un camp de 20,000 hommes à Nyon, sur la rive droite du lac, sous les ordres du général Muralt. Ce n'était, il est vrai, qu'un camp d'observation et de défense, au dire du corps helvétique qui voulait prendre ses précautions pour le cas où les belligérants tenteraient quelque entreprise contre la Suisse ou ses alliés.

La ville de Calvin était évidemment celle qui avait le plus à craindre l'immixtion des Français dans ses affaires intérieures; car on savait, à n'en pas douter, que le génevois Clavière, expulsé de son pays natal et devenu ministre des finances à Paris, nourrissait contre le parti aristocratique, qui l'avait persécuté, des projets de vengeance personnelle. Ce parti avait des relations très-intimes avec les magistrats des cantons de Berne et de Zurich; il en obtint un secours de 1,600 hommes qui vinrent tenir garnison dans Genève.

Bien qu'il n'y eût même dans ce dernier fait rien de contraire aux traités antérieurs, on le considéra à Paris comme un acte d'hostilité. Le résident français, M. de Châteauneuf quitta la petite république[1], et le général

---

1. Voir au *Moniteur,* séance du 10 octobre, les notes du résident Châteauneuf.

Montesquiou reçut l'ordre de faire marcher le plus tôt possible contre elle des forces suffisantes pour, disaient ses instructions, « assurer le libre pouvoir aux amis de la liberté qui y sont en grand nombre [1]. »

Montesquiou fit avancer un petit corps d'armée à Carouge, sur l'extrême frontière de la Savoie, et un autre dans le pays de Gex. Genève était fortifiée, et l'on ne pouvait la prendre qu'au moyen d'un siége en règle. Or, l'hiver aidant, ce siége pouvait entraîner pour les opérations des armées françaises les plus graves conséquences. Une fois la neutralité de la Suisse méconnue, toute la frontière, depuis Bâle jusqu'au lac de Genève, restait à découvert; l'armée de Biron sur le haut Rhin et celle de Montesquiou en Savoie pouvaient être compromises par les mouvements des Autrichiens au nord, et des Piémontais au midi [2].

---

[1]. La délibération du Conseil exécutif, transmise à la Convention par une lettre du ministre des affaires étrangères est donnée au *Moniteur*, n° 285.

[2]. Nous avons retrouvé deux lettres du général Montesquiou qui indiquent parfaitement la situation d'esprit dans laquelle il se trouvait pendant les négociations avec Genève, et qui font comprendre facilement comment il s'attira le courroux de Clavière en ne secondant pas les vues de celui-ci sur sa ville natale. Elles sont adressées à Servan, ministre de la guerre.

« Carouge, le 6 octobre 1792.

« J'ai reçu cette nuit la lettre du 2 que vous m'avez écrite par un courrier extraordinaire. Vous vous expliquez plus clairement sur Genève, car vous m'y dites qu'il faut y entrer de gré ou de force. Voulez-vous dire par là que, si le gouvernement cède et si les Suisses sont renvoyés, vous voulez que nous nous emparions de Genève? Je vous demande cette explication qui ne peut être trop précise, pendant que je fais mes préparatifs. Ce n'est pas vingt mille fusils qui

La Convention, d'ailleurs, ne paraissait pas disposée à porter les choses à l'extrême. Le 9 octobre, elle avait

sont à Genève; on m'a assuré que c'était douze mille, et si nous renvoyons les Suisses, nous aurons ces fusils sans faire un siége, sans bombarder, sans nous conduire à la Louis XIV. Passez-moi ces réflexions ; je prends à vous un intérêt sensible, je crains que la sagesse et la gloire de votre ministère ne soit entachées par une entreprise injuste et dans laquelle une lettre de M. Clavière m'a prouvé que le conseil n'était pas unanime. Donnez-moi, je vous prie, une instruction qui prévoie les différents cas, et qui m'ôte les incertitudes, si fâcheuses quand il faut agir. »

« Carouge, le 13 octobre.

« J'ai reçu, mon cher général, la lettre que vous m'avez écrite le 7 en qualité de camarade. Je regretterai longtemps que vous ne soyez plus ministre, car il est bien satisfaisant de traiter toutes ses affaires avec un homme que l'on estime sincèrement, que l'on entend et de qui on est entendu. Il faut du temps pour se mettre au courant avec un nouveau ministre, quelque bon qu'il soit. C'est surtout dans la position critique où je me trouve que je voudrais bien être entendu et jugé avec confiance; nous allons peut-être gâter ici toute la fortune de cette campagne. Le premier coup de canon tiré sur Genève sera le signal d'armement de toute la Suisse. En supposant que l'on voulût absolument prendre cette ville, il ne fallait pas menacer, il ne fallait pas faire sortir notre résident avant que j'eusse eu le temps de me préparer. Si j'attaque, ce ne peut être qu'avec des bombes, et si les Génevois veulent se défendre sur les ruines de leurs maisons, il est bien sûr qu'avec quinze à dix-huit mille hommes je ne prendrai pas une place très-bonne, dont l'enceinte est traversée par deux grandes rivières, dont un débordement subit, fort ordinaire dans cette saison, coupe les communications. Clavière a eu là une mauvaise idée, d'autant que la possession de Genève nous est inutile, à présent que nous avons la Savoie. Il devait nous suffire d'en faire sortir les Suisses, et, avec des politesses au lieu de menaces, le tout appuyé de troupes, canons, etc., la chose serait faite déjà. Si vous avez encore voix au chapitre, comme je n'en doute pas, je vous exhorte à les ramener à cet avis. Une mauvaise neutralité avec les Suisses vaut mieux qu'une guerre ouverte. »

adopté, sur le rapport de Mailhe, une adresse aux treize cantons helvétiques, dans le but de les empêcher d'écouter les conseils de l'Autriche. La République française expliquait amicalement « à ses frères et alliés » les prétendus complots de Louis XVI et les événements du 10 août. « Ce jour-là, disait-elle, l'erreur de ceux qui avaient obéi par l'effet d'une discipline sévère, ne fut point confondue avec la perfidie des officiers qui avaient commandé le crime. Tous les soldats échappés au premier feu d'une défense nécessaire reçurent les éclatants témoignages des sentiments de bienveillance et de fraternité qui unissent la nation française à la nation helvétique. Nous avons secoué la tyrannie des Bourbons, comme vous secouâtes autrefois celle des Autrichiens, et c'est à vous que les Autrichiens proposent de devenir complices de la haine qu'ils portent à la liberté ! Les Français ne redoutent pas un ennemi de plus, ils sauront résister aux efforts de tous les despotes et à ceux de tout peuple qui aura la lâcheté de servir leurs féroces passions... Mais ne voyez-vous pas que nos ennemis sont les vôtres ?... Votre longue défiance sur la conduite politique de la maison d'Autriche vous abandonnerait-elle dans un temps où la grande lutte, qui vient de s'engager entre le despotisme et la liberté, va peut-être décider à jamais du sort des nations. A quel opprobre, à quel danger, ne vous exposeriez-vous pas, si, après avoir appris par votre exemple aux peuples modernes qu'ils sont imprescriptiblement souverains, vous épousiez contre la France libre la cause d'une race de tyrans qui s'est constamment montrée l'ennemie de toute souveraineté nationale!.... Les méfiances de la Suisse n'ont pas de raison. Les armées de la France républicaine ne menacent que les émigrés et les aristocrates; elles veulent aller attaquer la coalition jusque dans ses foyers, mais elles respecteront toujours le territoire des puissances neutres et alliées, elles respecteront toujours les propriétés individuelles sur le sol même que foulent les brigands couronnés, et ne se vengeront d'eux qu'en offrant la liberté aux peuples qu'ils tiennent sous l'oppression [1]. »

Montesquiou obtint du Conseil d'État de Genève que les troupes suisses sortiraient de la ville au plus tard le 1er décembre, et que la libre communication entre les habitants de la Savoie et Genève serait rétablie sans délai. Mais cette solution ne pouvait contenter Clavière et ses amis. Ils proclamaient tout haut que Montesquiou avait abaissé la dignité de la République française, en consentant à ce que, dans le traité, il fût inséré une clause en vertu de laquelle les troupes françaises seraient obligées de se retirer à dix lieues de Genève, lorsque le contingent suisse aurait évacué cette ville. Dès le 3 novembre, Clavière obtint de ses collègues un arrêté qui mettait en suspicion toute la conduite de Montesquiou dans cette affaire [2]. Puis il fit attaquer le général sur un autre ter-

---

1. Voir le texte de cette adresse au *Moniteur*, n° 284.
2. Voici le texte même de l'arrêté pris le 3 novembre 1792 par Clavière et ses collègues :

« Le Conseil exécutif provisoire, informé du grand nombre de plaintes qui s'élèvent contre le général Montesquiou, commandant de l'armée des Alpes, arrête qu'il suspend toute résolution à l'égard de ce général jusqu'à ce que le ministre des affaires étrangères ait

rain : celui des marchés passés au moment de l'entrée en Savoie. N'ayant à sa disposition que la moitié des moyens matériels qui étaient indispensables pour son expédition, Montesquiou avait autorisé l'ordonnateur en chef, Vincent, à traiter pour les approvisionnements de l'armée avec un juif nommé Jacob Benjamin. Cependant il avait eu soin de mettre sa responsabilité à couvert sous celle des trois commissaires Gasparin, Rouyer et Lacombe Saint-Michel, que la Législative lui avait envoyés après le 10 août. Cambon n'en vint pas moins, le 8 novembre, dénoncer les marchés de l'armée du Midi comme frauduleux, et demander que Vincent et Jacob Benjamin fussent immédiatement traduits à la barre de l'Assemblée. Sur sa proposition, la Convention adopta un décret, qui, pour couper court à tous les abus que l'on pourrait vouloir couvrir de l'inviolabilité des commissaires de l'Assemblée, interdit dorénavant à ceux-ci d'autoriser aucune opération exécutive [1].

Cambon avait bien parlé de mettre Montesquiou en accusation, mais il n'avait pas formellement conclu en ce

reçu des lettres du citoyen Genest, qu'il a envoyé auprès du général Montesquiou pour diriger la négociation commencée avec les Génevois, et qui est chargé de s'informer de l'état des choses. Arrête en outre que le ministre des affaires étrangères mettra incessamment sous les yeux de la Convention le traité fait entre le général Montesquiou et la république de Genève, ainsi que les résolutions du Conseil sur ce traité, et qu'en attendant le présent arrêté sera envoyé au président de la Convention.

« ROLAND, MONGE, LEBRUN, PACHE, GARAT, CLAVIÈRE; GROUVELLE, secrétaire. »

1. *Journal des Débats et Décrets*, p. 122.

sens. Barbaroux, l'un des intimes des maisons Clavière et Roland, reprend cette proposition pour son propre compte. Il est appuyé par Louvet, Lacroix et Barère, et le jour même, l'Assemblée décrète que « les comités de sûreté générale et de la guerre examineront la conduite du général Montesquiou, ainsi que la convention qu'il a conclue avec la république de Genève, pour du tout être fait un rapport dès le lendemain[1]. »

Le 9, au début de la séance, la Convention reçoit la communication d'un nouveau traité conclu entre Montesquiou et les délégués du grand Conseil de Genève, à la date du 2 novembre, dans lequel toutes les clauses qui avaient froissé la susceptibilité du pouvoir exécutif étaient effacées. Le général, en envoyant cette nouvelle pièce diplomatique, insistait de nouveau pour que le gouvernement français fît à la Suisse toutes les concessions compatibles avec sa dignité; car il est évident, écrivait-il, « que rien ne peut, mieux que notre mésintelligence avec l'Helvétie, servir les intérêts du Piémont, quand, au printemps, il essayera de prendre la revanche des défaites qu'il vient d'éprouver. » Les raisons de Montesquiou ne devaient produire aucun effet; il était condamné d'avance.

Quelques instants après la lecture de ces pièces, le rapporteur des deux comités, Rovère, présente un rapport, ou plutôt une violente diatribe, où il énumère avec complaisance et exagération les griefs que les ultra-révolutionnaires pouvaient avoir contre le général en chef de

---

[1]. *Moniteur*, n° 314.

l'armée du Midi. « Cet homme, disait-il, a, comme Lafayette, quitté son armée pour venir à la barre de l'Assemblée législative faire des pétitions et exagérer les forces du roi de Sardaigne. Armé du droit de réquisition, il a réduit les amis de la liberté à l'inaction. Lorsqu'il n'avait aucun ennemi à combattre, il a refusé d'envoyer des renforts au camp de Châlons et à l'armée des Ardennes. Il aurait pu entrer en Savoie le 15 août, et il n'y est entré que le 23 septembre ; il a dilapidé les finances de l'État dans des marchés frauduleux ; enfin par deux conventions, celle du 22 octobre comme celle du 2 novembre, qui ne valent pas mieux l'une que l'autre, il a livré les patriotes génevois au despotisme militaire et à l'aristocratie. » A la suite de ce rapport, Rovère propose la mise en accusation de Montesquiou ; elle est immédiatement décrétée.

Le jour même, pour en assurer l'exécution, le ministre de la guerre expédie à l'armée du Midi un agent sûr, Faivre (d'Arles). Celui-ci arrive au quartier général le 13, à sept heures du matin, et se rend de suite chez le plus ancien lieutenant général de l'armée, Dornac, lui exhibe ses pleins pouvoirs, et le somme de procéder à l'arrestation de celui qui était encore son chef une heure auparavant. Mais, malgré sa diligence, Faivre (d'Arles) était arrivé trop tard. Montesquiou avait sans doute reçu dans la nuit un avis secret ; dès l'aube il était monté à cheval et avait disparu. L'agent du pouvoir exécutif expédie des courriers dans toutes les directions. On apprend bientôt que Montesquiou a pris la route de Genève. Faivre s'y rend aussitôt, et requiert le résident français d'avoir à réclamer sans délai, au nom de la République, le général Montesquiou. Châteauneuf s'adresse aux syndics, qui, après quelques recherches, lui apprennent que le proscrit s'est embarqué sur le lac pour une destination inconnue. De retour au camp, Faivre (d'Arles) est obligé de se contenter de faire apposer les scellés sur les papiers du général, et de mettre en arrestation ses aides de camp, secrétaires et domestiques.

Le jour même (21 novembre) où ces nouvelles étaient transmises à la Convention, Brissot, au nom du comité diplomatique, faisait approuver implicitement le résultat des dernières négociations diplomatiques de Montesquiou. Le décret proposé par l'ami de Clavière chargeait le pouvoir exécutif de requérir l'évacuation immédiate de Genève par les troupes suisses auxiliaires. Si cette évacuation était consommée avant le 1er décembre, les troupes françaises devaient respecter la neutralité et l'indépendance du territoire génevois, et en sortir si elles l'avaient occupé[1].

---

[1]. Montesquiou, loin d'avoir emporté la caisse de l'armée, comme ses ennemis eurent l'impudence de l'en accuser aussitôt après sa fuite, fut obligé d'emprunter quelques louis à des Génevois pour se procurer la barque qui le déposa à Coppet, sur le territoire suisse. Le fait est constaté dans le rapport de Châteauneuf (*Moniteur*, n° 328). Obligé de se cacher, le malheureux général se réfugia à Bremgarten, près de Zurich, où il resta plusieurs années. Lorsque le duc de Chartres (Louis-Philippe) fut proscrit à son tour en avril 1793, ce fut Montesquiou qui lui procura un emploi et un asile au collège de Reichenau dans les Grisons. Le 21 fructidor an III (7 septembre 1795), d'après le rapport de Pontécoulant (*Moniteur*, n° 354), l'innocence du conquérant de la Savoie, sur tous les chefs de l'accusation qui lui

VI.

La France proscrivait le général qui lui avait donné la Savoie, mais elle gardait sa conquête.

Le jour où était arrivée à Paris la dépêche de Montesquiou, qui annonçait « que la Savoie était à la France et de fait et de cœur, » quelques voix avaient demandé que le ci-devant duché fût immédiatement annexé à la République; mais cette motion avait rencontré une opposition très-vive. Durant les deux ou trois premiers mois de son existence, toutes les fois qu'il fut question de la conduite à tenir dans les pays occupés par les armées françaises, la Convention se trouva ballottée entre deux courants contraires. La distinction entre girondins et montagnards n'existait plus. Les deux camps comptaient des partisans et des adversaires de l'expansion révolutionnaire et des conquêtes. « Que la Savoie reste libre de se donner un gouvernement particulier si bon lui semble, s'étaient écriés Bancal, Camille Desmoulins et Louvet. — Nous devons garder la Savoie, avait répliqué Lacroix; la France se charge de faire l'éducation des peuples à la liberté. » Et Danton avait ajouté : « Je déclare que nous avons le droit de dire aux peuples :

---

avait été intentée, fut solennellement reconnue. Rentré en France, le général Montesquiou y est mort en 1803.

Quant à l'ordonnateur Vincent, le prétendu complice de ses dilapidations, il comparut devant le tribunal criminel de Lyon et fut acquitté par le jury à l'unanimité (20 janvier 1793).

Vous n'aurez plus de rois ! Les Français ne peuvent pas souffrir que les peuples qui aspirent à la liberté se donnent un gouvernement contraire à leurs intérêts, et qu'en se créant des rois, ils nous fournissent sans cesse de nouveaux tyrans à combattre. *La Convention nationale doit être un comité d'insurrection générale contre tous les rois de l'univers.* »

Malgré les applaudissements enthousiastes des tribunes, l'Assemblée ne s'était pas laissé entraîner à décréter l'insertion de cet article ultra-révolutionnaire dans le nouveau code du droit des gens[1]. Elle avait prudemment renvoyé la motion au comité diplomatique. Ce comité ne se hâta pas de convertir en décret la proposition de Lacroix et de Danton. Aussi les commissaires à l'armée des Alpes, Dubois-Crancé, Gasparin, Lacombe-Saint-Michel se contentèrent-ils d'inviter, par leur proclamation du 6 octobre, les habitants de la Savoie à se réunir dans leurs assemblées primaires. Bien plus, comme il s'était répandu dans le pays des émissaires plus ou moins autorisés à y tout bouleverser, le Conseil exécutif provisoire crut devoir prendre l'arrêté suivant :

« 8 octobre 1792.

« Sur l'avis donné au Conseil, que *des Français se* « *disant commissaires d'une commune*[2], *et agissant au*

---

1. *Moniteur* et *Journal des Débats et Décrets,* séance du 28 septembre.

2. Les commissaires qui sont si clairement désignés dans cette pièce étaient Huguenin et Michaux, qui, ayant reçu une mission du pouvoir exécutif pour les départements du sud-est (voir note II, à la

« nom de la nation, avaient paru en Savoie, et s'ingé-
« raient en ladite qualité dans les affaires de la nation
« savoisienne, le Conseil exécutif provisoire arrête que le
« général Montesquiou sera requis de veiller avec le plus
« grand soin à ce qu'aucun individu n'en impose au
« peuple savoisien, en s'attribuant une mission politique
« quelconque, autre que celle qui émanerait soit de la
« Convention nationale, soit du pouvoir exécutif. Qu'en
« outre il sera tenu :

« 1° De faire parvenir le présent avis à tous les ma-
« gistrats et fonctionnaires publics de toutes les parties
« de la Savoie ;

« 2° S'il se présente dans l'armée française quelque in-
« dividu se prétendant délégué par d'autres pouvoirs que
« ceux ci-dessus indiqués, de le faire saisir provisoirement
« et d'en informer aussitôt le Conseil ; le tout sans préju-
« dice du droit et du pouvoir attribués au général de ré-
« primer par les lois de la police militaire tous les délits
« contraires à la discipline et à l'intention de la Répu-
« blique française, de maintenir la sûreté des personnes
« et la conservation des propriétés, ainsi que l'indépen-
« dance et les droits politiques du peuple savoisien.

« Clavière, Monge, Lebrun, Grouvelle. »

fin du volume), avaient, de leur autorité privée, étendu leurs pouvoirs à la province nouvellement conquise par la France. Huguenin.
l'ancien commis aux barrières, et Michaux, le comédien, étaient venus
s'installer à Chambéry au nom de la commune de Paris ; nous les y
voyons fonder la société des amis de l'Égalité et de la Liberté, autrement dite des Jacobins (*Moniteur* du 27 septembre), mais Montesquiou
se débarrassa d'eux le plus vite possible.

A cette époque, on croyait faire l'éducation du peuple au moyen de fêtes civiques. Il ne se passait guère de mois que l'on n'en célébrât une nouvelle. On avait proposé de fêter par une cérémonie de ce genre la conquête de la Savoie. Mais les publicistes qui prétendaient que le nom de conquête devait être désormais rayé du vocabulaire français, s'élevèrent fort contre cette idée. Ils prétendirent que, les peuples jouissant d'une imprescriptible souveraineté et devant toujours être libres de choisir le gouvernement qui leur convenait, il n'était pas possible de célébrer par une fête la conquête de la Savoie, mais bien la délivrance du peuple savoisien. Cette nouvelle manière de poser la question reçut l'assentiment général, et la fête fut fixée au 14 octobre [1].

Cependant le mouvement en faveur de l'*annexion* se

---

[1]. Le récit de la fête du 14 octobre se trouve au *Moniteur*, n° 291. Ce fut à l'occasion de cette fête que l'on décida que le piédestal placé au centre de la place ci-devant Louis XV, et qui portait jadis la statue de ce monarque, recevrait celle de la Liberté.

Ce fut aussi à cette même occasion que toutes les sections de Paris furent invitées (*Moniteur*, n° 283) à indiquer les noms des morts du 10 août; la proclamation de ces noms devait être faite solennellement au milieu de la cérémonie. C'est ce qui donna lieu à la première liste des victimes de cette journée dont nous avons pu retrouver quelques éléments (voir tome II, p. 493).

Mais la fête ne fut pas du goût de toutes les sections. Plusieurs s'abstinrent d'y paraître. Voici à ce sujet une délibération curieuse de la section du Luxembourg qui n'était pas cependant suspecte de modérantisme :

Séance du 7 octobre 1792, an 1ᵉʳ de la République.

« L'assemblée générale permanente de la section du Luxembourg,

dessinait de plus en plus. Les habitants de Chambéry avaient planté l'arbre de la liberté, le jour même de l'entrée de Montesquiou, et s'étaient empressés de constituer une société *des Amis de la liberté et de l'égalité,* qui s'était aussitôt affiliée au club des Jacobins. Le 20 octobre, la Convention reçut de cette société une adresse où il était dit :

« Législateurs du monde, comme vous, nous exé-

avertie que le conseil général avait arrêté qu'une fête civique devait avoir lieu à cause de la prise de Chambéry ;

« Considérant qu'il n'y avait rien de plus impolitique que cette fête s'exécutât dans un moment où la République est exposée aux plus grands dangers, où, à la vérité, les ennemis de la liberté et de l'égalité sont repoussés de notre territoire, mais qu'ils souillent encore d'un pied audacieux cette terre sacrée de la liberté ;

« Considérant en outre que cette fête absorberait une somme qui serait bien mieux employée à payer les frais de la fédération qui ne le sont pas encore, ou à subvenir aux besoins de nos frères d'armes qui sont sur les frontières,

« A arrêté qu'il serait envoyé une députation à la maison commune pour lui exprimer son vœu en la prévenant qu'aucun citoyen de la section n'assistera à une fête aussi contraire à ses principes ; que le présent arrêté serait communiqué au commandant général et aux quarante-sept autres sections pour les engager à y adhérer.

« Boizot, président ; Geoffroy, secrétaire. »

Cette section du Luxembourg avait, à ce qu'il paraît, peu de goût pour les fêtes, car un mois plus tard, nous retrouvons sur ses registres une délibération conçue dans le même esprit. « Il est enjoint aux commissaires de la section, y est-il dit, de ne pas adhérer aux fêtes que pourraient proposer les commissaires réunis, jusqu'à ce que les six généraux qui sont sur la frontière viennent avec nous danser, attendu que l'on propose toujours des fêtes et que l'on ne donne point d'argent pour payer les violons. »

crons la mémoire des rois, et comme vous, nous avons prêté le terrible serment de ne jamais reconnaître leur autorité... Roi de Jérusalem et de Chypre, ne nous regarde plus comme tes sujets, car nous avons juré de vivre libres, et nous sommes prêts à mourir plutôt que de retomber dans l'esclavage... La Savoie libre va manifester sa suprême volonté pour la réunion à votre empire... Son désir, comme le vôtre, sera de se jeter dans le sein de la République française, et de ne plus faire avec elle qu'un peuple de frères. Quant à nous, nous le jurons. »

Montesquiou et Anselme ayant demandé des instructions relativement à l'occupation de Nice et de la Savoie, le comité diplomatique déposa enfin le rapport qui, depuis près d'un mois, lui était demandé. Lasource concluait ainsi en son nom[1] :

« Défendre aux généraux de prendre possession d'aucun territoire, au nom de la nation française, qui ne veut posséder que ce qu'elle a; leur ordonner de proclamer, en entrant dans un pays, que la nation française le déclare affranchi du joug de ses tyrans, et libre de se donner, sous le protectorat des armées de la République, telle organisation provisoire, telle forme de gouvernement qu'il lui plaira d'adopter. »

La Convention ordonna l'impression du rapport, et ajourna l'adoption du décret proposé[2].

---

1. *Débats,* n° 31, p. 573. — *Moniteur,* n° 296.
2. Voir, au *Moniteur* et au *Journal des Débats et Décrets,* le compte rendu de la séance du 24 octobre.

VII.

Le 29 octobre, les Savoisiens résidant à Paris donnèrent aux Champs-Élysées un banquet pour « fêter la libération de leur pays par les conquérants philanthropes. » Cinq conventionnels y assistaient : Hérault-Séchelles, Thuriot, Anacharsis Clootz, Mercier et Lequinio (du Morbihan). Français et Savoisiens se portèrent mutuellement les toasts les plus ardents. On mit solennellement en liberté toute une volière de petits oiseaux ; puis on but, sans doute sur la proposition de *l'orateur du genre humain,* « à la santé de tous les hommes qui ne se divisent plus qu'en deux classes, *les libres, les esclaves,* et sont tous frères ! » Enfin, musique en tête et le drapeau de la liberté universelle déployé, on se porta au club des Jacobins, où l'on reçut le plus sympathique accueil [1]. Quelques jours plus tard, ces mêmes Savoisiens venaient lire à la Convention une pétition demandant l'union de leur patrie à la France [2].

L'Assemblée, malgré ces manifestations, évidemment organisées par ceux qui pensaient comme Danton et Lacroix, prononça simplement le renvoi au comité de législation.

Sur ces entrefaites, arrivaient à Paris deux délégués porteurs d'une *adresse des corps administratifs* de

---

1. Récit de Lequinio, *Moniteur,* n° 307.
2. Séance du 11 novembre, *Moniteur,* n° 318.

Nice. — « Délivrés, disaient-ils, d'un tyran que nous abhorrons, nous vous jurons, Français, qu'élevés par vos soins à toute la dignité de l'homme, nous saurons soutenir les droits imprescriptibles de la nature, et nous ensevelir sous les cendres et les ruines de notre pays, plutôt que de cesser d'être libres... Nous avons juré de vivre libres ou de mourir. Nous attendons de vous la vie ou la mort. Hâtez-vous de prononcer notre agrégation à la République française ; si notre prière d'être Français n'est pas accueillie, nous ne transigerons jamais avec nos persécuteurs, nous embraserons plutôt toutes nos possessions dans cette terre de proscription, pour aller vivre dans la terre de la liberté que vous habitez... »

Hérault-Séchelles présidait la séance (6 novembre), il répond :

« Quel que soit le mode de gouvernement qui doive assurer votre bonheur, soit qu'une heureuse alliance nous ménage avec vous le lien de la fraternité, soit plutôt qu'une adoption glorieuse pour nous, je dirai presque naturelle, vous incorpore à la République française, dans tous les événements possibles, hommes libres, nous ne ferons qu'une famille armée contre les mêmes ennemis ; et le Var, de l'une à l'autre rive, n'arrosera plus que la terre de la liberté. »

Quelques députés de la gauche dantoniste se plaignent du vague de la réponse du président. Lequinio est d'avis que la demande des Niçois soit immédiatement mise en délibération. — Non, réplique Barère, ce serait violer le principe de la souveraineté du peuple, et il propose le décret suivant que la Convention, toujours heureuse d'ajourner cette question délicate, s'empresse d'adopter :

« La Convention nationale déclare qu'elle ne peut délibérer sur la demande en réunion, présentée par les députés des administrations provisoires du ci-devant comté de Nice, qu'après avoir connu le vœu exprès du peuple, émis librement dans les assemblées primaires. »

En même temps que le comté de Nice et le duché de Savoie, nombre de petites provinces allemandes des bords du Rhin demandaient l'*annexion*. Rulh ayant lu, le 15 novembre, une adresse rédigée en ce sens et émanée de huit communautés de Nassau-Saarbruck, Grégoire dit : « Le comité diplomatique s'occupe à résoudre ce problème : *Jusqu'à quel point un État peut-il s'étendre sans compromettre sa liberté?* » Nul ne se sentit capable de déclarer la question résolue [1].

Un autre petit pays allemand, le bailliage de Bergzabern, dans le duché de Deux-Ponts, s'était déclaré libre, et avait usé de sa souveraineté en votant sa réunion à la France. La Convention hésita encore à prendre une décision; mais elle décréta que, dans le courant de la semaine, elle s'occuperait du projet sur la conduite à tracer aux généraux hors des frontières, et examinerait la question de savoir si la République s'engagerait à prendre la défense de tous les peuples devenus libres [2].

Cependant l'heure était venue de se prononcer. La Convention nationale des Savoisiens s'était réunie à

---

1. Séance du 15 novembre, *Journal des Débats et Décrets*, n° 246.

2. *Moniteur* et *Journal des Débats et Décrets*, séance du 18 novembre.

Chambéry le 21 octobre, et s'était déclarée directement élue par le peuple souverain pour le représenter ; le 22 octobre, elle avait délié le pays de la fidélité promise au roi de Sardaigne ; quelques jours après, elle avait nommé une députation pour aller soumettre à la Convention de Paris le vœu d'une réunion immédiate à la France, émis par la majorité des Communes.

Le 21 novembre, cette députation est introduite dans la salle du manége ; son orateur, Doppet, donne lecture du procès-verbal de la seconde réunion des députés de la Savoie, contenant le relevé des votes des communes. Il en résulte que :

Des 74 communes de la province de Carouge, 53 ont voté pour la réunion à la France, 21 ont donné des pouvoirs illimités à leurs mandataires ; une seule n'a pas fait connaître son vœu ;

Les 79 communes du Faucigny, les 113 du Génevois, les 65 de la Maurienne, enfin les 65 du Chablais se sont prononcées unanimement en faveur de la réunion ;

Sur les 204 communes de la Savoie proprement dite, toutes ont formulé le même vœu ; une seule s'est prononcée pour une république particulière ;

Dans une dernière province, la Tarentaise, sur 62 communes, 13 seulement ont voté pour leur incorporation à la France.

Grégoire répond à Doppet par des phrases très-sonores, mais peu décisives. Néanmoins, au nom de la République française, il donne le baiser fraternel aux quatre députés savoisiens. La Convention debout crie :

« Vivent les nations! » Mais aucun vote n'est émis. La discussion est renvoyée au lundi suivant[1]. Le lundi elle est encore remise au mardi, bien qu'on lise une lettre de la société des amis de la liberté et de l'égalité d'Annecy, pressant l'incorporation de l'Allobrogie à la République française[2].

Enfin, le 27 novembre, Grégoire cède le fauteuil à Hérault-Séchelles, et vient à la tribune lire le rapport définitif des comités diplomatique et de constitution réunis[3].

Avant d'aborder la question de fait, le rapporteur pose la question de droit : — « Des nations diverses ont-elles le droit de se réunir en un seul corps politique ? — Oui, puisqu'elles sont souveraines et qu'en se réunissant, elles n'aliènent point leur souveraineté ; elles consentent seulement à augmenter le nombre des individus qui l'exercent d'une manière collective. Sans doute, il serait beau de voir tous les peuples rassemblés en un même corps politique. Cependant, quoique les principes de la nature et de la déclaration des droits soient de tous les lieux, comme de tous les temps, leur application est subordonnée à une foule de circonstances locales qui nécessitent des modifications. La république universelle est en politique ce que la pierre philosophale est en physique...

« Le peuple de Savoie est souverain comme celui de France, car la souveraineté n'admet ni plus ni moins...

---

1. *Moniteur,* n° 328, et *Journal des Débats et Décrets,* compte rendu de la séance du 24 novembre.
2. *Moniteur,* n° 332, compte rendu de la séance du 26 novembre.
3. *Moniteur,* n° 333.

Genève et Saint-Marin la possèdent dans un degré aussi éminent que la France ou la Russie, et lorsqu'une nation peu nombreuse s'unit à une grande nation, elle traite d'égale à égale, sinon elle est esclave. »

Les principes ainsi établis, l'évêque constitutionnel de Blois rappelle que l'Assemblée nationale des Allobroges a légalement constaté que la réunion à la France est le vœu de la presque totalité du peuple savoisien. Mais *l'intérêt politique permet-il à la France de s'agrandir?*

« Six cent mille hommes sous les armes, forts de leur courage et de leurs principes, prouvent que sa population suffit pour faire face à la coalition des despotes; et quelle sera l'immensité de sa puissance lorsque, rendue à la paix, elle verra se développer dans son sein toute la fécondité de l'agriculture, toute l'activité du commerce? Quant à l'étendue territoriale, que lui servirait de franchir le lac de Genève, le mont Cenis, ou le pic du Midi? Serait-elle plus heureuse en joignant à ses domaines le pays de Vaud, la Catalogne ou la Lombardie?... Dans une grandeur exagérée, elle trouverait le principe de sa décadence, et un accroissement funeste préparerait sa chute. La France est un tout, elle se suffit à elle-même, puisque partout la nature lui a donné des barrières qui la dispensent de s'agrandir, en sorte que nos intérêts sont conformes avec nos principes. Quand nos armées victorieuses pénètrent dans un pays, contentes d'avoir brisé les fers des peuples opprimés, elles leur laissent la faculté pleine et entière de délibérer sur le choix de leur gouvernement; ils trouveront toujours en nous appui et fraternité, à moins qu'ils ne veuillent remplacer leurs tyrans par des tyrans. Si mon voisin nourrit des serpents, j'ai droit de les étouffer, de peur d'en être victime. Les Français ne savent pas capituler avec les principes; nous l'avons juré; point de conquêtes et point de rois! Mais si des peuples, occupant un territoire enclavé dans le nôtre ou renfermé dans les bornes posées à la République française par les mains de la nature, désirent l'affiliation politique, devons-nous les recevoir? Oui, sans doute. En renonçant au brigandage des conquêtes, nous n'avons pas déclaré que nous repousserions de notre sein des hommes rapprochés de nous par l'affinité des principes et des intérêts, et qui, par un choix libre, désireraient s'identifier avec nous. Tels sont les Savoisiens... tous les rapports physiques, moraux et politiques sollicitent leur réunion. Vainement on a voulu lier la Savoie au Piémont; sans cesse les Alpes repoussent celle-ci dans les domaines de la France, et l'ordre de la nature serait contrarié si leur gouvernement n'était pas identique. »

Grégoire développe ensuite les avantages militaires, financiers et commerciaux que la France et la Savoie tireront de leur réunion, laquelle est de droit naturel et de droit politique.

« Jusqu'à ce que notre République ait pris une assiette imperturbable, et dans l'hypothèse de la non-réunion, elle serait obligée de tendre un cordon de troupes sur une ligne de plus de soixante lieues; l'incorporation de la Savoie raccourcit notre ligne de défense; la France n'aura plus à garder que trois défilés : le mont Cenis, Bonneval, le petit Saint-Bernard. Trois cents soldats, avec quelques pièces de canon y suffisent. Quant au grand Saint-Bernard, le Valais et les glaciers de Chamouni nous garantissent des entreprises du roi de Sardaigne. En cas d'attaque des Valaisans, cinq cents hommes et les hauteurs du Chablais nous assurent contre tous les efforts des despotes de l'Italie.

« Les biens du clergé, des émigrés, de l'ex-duc devenant nationaux et pouvant former un capital de 20 millions ; les frais de douane diminués ; de riches mines d'antimoine, de cuivre, de fer, exploitées ; nombre de produits de l'agriculture entrant dans la circulation ; de grandes voies de communication, telles que le cours entier de l'Isère et du Rhône, le lac de Genève mis à sa portée : voilà ce que la France gagnera matériellement à son union avec la Savoie. La Savoie y gagnera encore plus. Tenue dans un état d'infériorité par le Piémont, elle sera industriellement et commercialement relevée par la France. Grâce aux lois françaises, elle jouira de la vie politique et sociale dans sa plénitude, et verra s'ouvrir le plus brillant avenir. »

Mais cette incorporation, pourrait-on objecter, n'a-t-elle pas des dangers diplomatiques? A quoi réplique Grégoire :

« Elle n'ajoute rien à la haine des oppresseurs contre la Révolution française ; elle ajoute aux moyens de puissance par lesquels nous romprons leur ligue. D'ailleurs, le sort en est jeté; nous sommes lancés dans la carrière? Tous les gouvernements sont nos ennemis; tous les peuples sont nos amis; nous serons détruits ou ils seront libres... Ils le seront; et la hache de la liberté, après avoir brisé les trônes, s'abaissera sur la tête de quiconque voudrait en rassembler les débris. »

Ces dernières paroles sont accueillies par de formidables cris d'enthousiasme. L'impression et l'envoi du rapport aux armées et aux départements sont votés à l'instant même. Un seul député, Penières, se lève pour combattre les conclusions du rapport des comités, parce que cette extension du territoire et de la population pourrait, selon lui, diminuer la force de la France. De nombreux orateurs s'inscrivent dans le but de réfuter cette opinion, mais l'Assemblée juge inutile de les entendre ; à l'unanimité moins une voix, la Convention déclare accepter, au nom du peuple français, la réunion de la ci-devant Savoie à la République française.

D'immenses applaudissements retentissent dans les tribunes et dans la salle même.

Cependant, Buzot, dès que le silence est rétabli, monte à la tribune, et demande que le décret qui vient d'être voté soit soumis à la ratification du peuple français. Danton appuie vivement cette proposition, et d'un très-grand nombre de bancs on crie : *Point de conquêtes !* Merlin réclame la question préalable. Buzot présente un ordre du jour, que Danton appuie[1], et qui, amendé par Barère, finit par être adopté en ces termes :

« Sur la proposition d'insérer dans le décret de réunion de la Savoie à la France, les mots : *Au nom du peuple français*, la Convention nationale passe à l'ordre du jour motivé « sur la déclaration solennelle qu'elle a faite, qu'il

---

[1]. Nous avons suivi, en les combinant, les deux comptes rendus du *Journal des Débats et Décrets* et du *Moniteur*.

n'y aura de constitution que celle qui aura été acceptée par le peuple français [1]. »

La Convention décrète encore dans la même séance :

1° Que la Savoie formera provisoirement un 84ᵉ département sous le nom de département du Mont-Blanc ;

2° Que les Assemblées primaires électorales se formeront incessamment pour nommer les députés à la Convention ;

3° Que la Savoie en enverra provisoirement dix ;

4° Que quatre commissaires seront envoyés dans le département du Mont-Blanc, pour procéder à son organisation provisoire.

Un des députés de l'assemblée des communes de Savoie présents à la séance demande que ces commissaires soient leur concitoyen Simond et les trois représentants envoyés précédemment à l'armée des Alpes ; Dubois-Crancé, Lacombe-Saint-Michel et Gasparin. Mais on décide que les nouveaux commissaires seront nommés au scrutin. Le 29, Simond, Grégoire, Hérault-Séchelles et Jagot sont élus.

Un dernier décret, rendu sur la proposition de Simond et de Cambon, supprime les douanes françaises aux confins du département du Mont-Blanc et les recule aux frontières de Suisse et de Piémont.

Enfin, deux des délégués savoisiens, Doppet et Rollat remercient chaleureusement la Convention nationale d'avoir comblé les vœux de leurs concitoyens. Le prési-

---

[1]. La minute est signée B. Barère. Ni le *Moniteur*, ni les *Débats*, ne donnent textuellement le décret.

dent Hérault-Séchelles leur répond par une harangue que termine cette phrase quelque peu emphatique :

« Dans cette chute de tous les rois ensevelis sous leurs trônes, le seul trône qui restera sera celui de la Liberté assise sur le Mont-Blanc, d'où cette souveraine du monde, faisant l'appel des nations à renaître, étendra ses mains triomphantes sur tout l'univers [1]. »

VIII.

Comme nous l'avons vu plus haut, la Belgique avait été conquise en moins d'un mois. Dumouriez avait rejeté les Impériaux bien au delà de la Meuse et n'avait pas à craindre qu'ils songeassent à lui reprendre sa conquête pendant l'hiver. Ses embarras devaient venir, non des ennemis qu'il avait devant lui, mais des fausses mesures que le pouvoir exécutif et la Convention allaient prendre à l'envi l'un de l'autre.

Dumouriez, en entrant en Belgique, manquait de numéraire et d'approvisionnements [2]. Les arsenaux des places du Nord étaient vides [3]. Le défenseur de l'Argonne avait néanmoins entamé résolûment la campagne, comptant

---

[1]. La réunion de la Savoie entraînait celle du comté de Nice. Cependant cette dernière annexion ne fut décrétée que deux mois plus tard.

[2]. Voir la lettre de Westermann (*Moniteur*, n° 336), séance du 30 novembre.

[3]. Voir les lettres des commissaires de la Convention en date des 12 et 13 novembre, lues à la Convention le 15 (*Moniteur*, n° 321).

sur l'habileté du commissaire ordonnateur Malus, qui, malgré des difficultés du même genre, était parvenu à assurer les services de son armée en Champagne. Par malheur, Malus était suspect d'aristocratie, ainsi que la régie des vivres de l'armée, institution de l'ancien régime.

Pache, à mesure qu'il recevait les marchés passés par Malus, les cassait impitoyablement ; les services s'arrêtaient, et l'armée, au milieu de la riche Belgique, se trouvait dans le plus affreux dénûment. Elle manquait d'effets de campement, et surtout de souliers et de capotes, si nécessaires cependant dans la saison rigoureuse où l'on se trouvait. Les soldats supportaient leur misère avec une admirable résignation, mais les plans de campagne du général en chef s'en trouvaient compromis. Plusieurs occasions importantes de tourner l'ennemi ou de lui faire subir des pertes considérables avaient été perdues par suite de la désorganisation du service des charrois et des vivres. Lors de l'entrée des Français à Bruxelles, la caisse de l'armée ne renfermait plus que 10,000 livres. Il fallut, pour payer le prêt aux soldats, emprunter 80,000 florins à la caisse publique de cette capitale et prendre 300,000 livres chez un banquier contre une lettre de change sur le trésor national.

Clavière, d'accord avec le ministre de la guerre et avec Cambon, rapporteur habituel du comité des finances, avait établi à Paris un comité central des achats, qui devait pourvoir au service de toutes les armées en même temps ; mais par ses lenteurs, ce comité entravait tout. Dumouriez, qui voulait à tout prix poursuivre vigoureusement les Autrichiens, ne pouvait attendre que le comité de Paris eût établi ses bureaux et organisé le service régulier des fournitures. Il prit sur lui de désobéir aux ordres du Conseil exécutif et de la Convention. Il donna par écrit aux commissaires ordonnateurs Malus, qui était auprès de lui, et Petitjean, attaché à La Bourdonnaye, ainsi qu'à tous les chefs d'administration, l'ordre de passer des marchés d'urgence pour assurer le service pendant deux mois[1]. En même temps il écrivit à Pache pour se plaindre amèrement des retards apportés dans l'approvisionnement de son armée ; il demandait :

1° A passer seul, par l'entremise du commissaire ordonnateur en chef Malus, les marchés nécessaires pour approvisionner les troupes concourant à l'expédition de Belgique ;

2° A passer seul les traités nécessaires pour assurer le service du numéraire indispensable à la solde et aux dépenses de l'armée[2].

Le 22 novembre, Pache transmettait à la Convention la lettre de Dumouriez, mais déclarait en même temps qu'il ne pouvait personnellement souscrire à l'excessive prétention du général, qui voulait manier avec trop de facilité les fonds destinés à son armée.

Cambon appuie les plaintes de Pache et dénonce comme des fripons Malus et Petitjean, mais surtout un certain d'Espagnac, qui, d'abbé de cour, s'était fait financier et fournisseur, et avait apporté dans son nouveau métier la rouerie et l'absence de scrupules qu'il devait

---

1. *Mémoires de Dumouriez,* livre IV, chapitre IX.

2. Voir les pièces lues à la séance du 22 novembre (*Moniteur*, n° 329).

à ses anciennes habitudes de libertinage[1]. Il demande et obtient que ces trois confidents de Dumouriez soient immédiatement arrêtés et traduits à la barre de la Convention. A cette nouvelle, le général se hâte de faire savoir à Pache ce qu'il pense de sa conduite. Il l'avertit que désormais il enverra à la Convention un duplicata des lettres qu'il adressera au ministre de la guerre, et le somme de transmettre à l'Assemblée la copie de la correspondance qu'ils ont échangée précédemment. En même temps il écrit à la Convention :

« Ce n'est pas contre d'Espagnac qu'il faut instruire un procès, mais contre moi ; si c'est un crime que d'avoir passé des marchés, fait des emprunts nécessaires à la subsistance de l'armée, c'est moi qui suis coupable. Je n'avais que dix mille livres lors de mon arrivée à Bruxelles ; d'Espagnac et Masson, son associé, m'ont fait les avances dont j'avais besoin, et on les fait mettre en état d'arrestation ! Bien plus, la trésorerie nationale renvoie protestée la lettre de change de trois cent mille livres, souscrite par mes ordres au banquier belge ; toute avance en espèces à l'armée est désormais impossible. »

1. D'Espagnac, comme tous les gens de son espèce, affichait les sentiments patriotiques les plus exaltés. Dès le lendemain de l'entrée des Français à Bruxelles, il se faisait élire président de la société des amis de la Liberté et de l'Égalité. Cinq jours après (20 novembre), il était délégué par les nouveaux magistrats de Bruxelles et de Mons, pour aller porter à la Convention l'expression des sentiments de fraternité et de reconnaissance des Belges libres. En se mettant ainsi sous l'égide des jacobins, d'Espagnac espérait que le patriotisme bruyant du fournisseur ferait fermer les yeux sur ce que ses comptes pouvaient laisser à désirer.

L'Assemblée se contente de renvoyer la lettre de Dumouriez aux comités de la guerre et des finances, en les invitant à faire leur rapport sans délai.

Cependant l'ordre d'arrêter Malus et d'Espagnac avait été mis à exécution ; ils avaient été amenés à Paris par Westermann lui-même, qui s'était chargé de défendre auprès de la Convention les mesures prises par son chef, et d'être l'organe des plaintes amères de l'armée [1]. La Convention était fort embarrassée de décider entre Pache et Dumouriez, entre son comité des finances et les fournisseurs de l'armée. Sur les propositions de Cambon lui-même, elle se décide à nommer des commissaires « pour aller vérifier sur les lieux le fait dénoncé par le général Dumouriez, lequel se trouve en contradiction avec la réponse fournie par le ministre de la guerre et par les commissaires de la trésorerie nationale. » Deux de ces commissaires devaient partir le soir même, 30 novembre, avant neuf heures ; les autres, le lendemain, après que Malus et d'Espagnac auraient été entendus.

Ces commissaires étaient Danton, Lacroix, Camus et Gossuin [2].

---

1. Voir au *Moniteur*, n° 334, l'annonce de l'arrivée de Westermann à Paris, et au n° 337, la lettre qu'il écrivit à la Convention.

2. D'après le *Moniteur*, un cinquième commissaire, Dubois-Crancé avait été également nommé dans la séance du 30 novembre; mais il paraît qu'il fut empêché, ou qu'il n'accepta pas. La Commission resta composée des quatre conventionnels dont nous venons de donner les noms et qui furent chargés, avec quelques autres représentants adjoints plus tard à cette mission, de toutes les affaires de Belgique depuis le 1er décembre 1792 jusqu'au 3 avril 1793.

IX.

Dumouriez n'avait pas seulement à faire face aux difficultés qui sans cesse renaissaient entre lui, le ministère de la guerre, le comité des achats et l'intraitable Cambon, mais aussi à celles que lui suscitaient ses propres lieutenants. Un surtout, La Bourdonnaye, lui causait les plus grands embarras. Dumouriez l'avait comblé de faveurs, l'avait fait rappeler d'un commandement de l'intérieur à celui de son aile gauche, lui avait confié la facile mission de s'emparer des Flandres, déjà aux trois quarts abandonnées par les Autrichiens. Mais les lauriers de Custine empêchaient La Bourdonnaye de dormir. Il voulait, lui aussi, trancher du général en chef, et aspirait à se débarrasser de la tutelle de Dumouriez, comme le conquérant de Worms et de Spire s'était débarrassé de celle de Biron. Il levait sur toutes les villes de son commandement d'énormes contributions, et il était activement aidé dans ses opérations financières par un nommé Sta, naguère procureur syndic du district de Lille, et que, de son autorité privée, il avait institué commissaire ordonnateur de son corps d'armée.

A peine entré dans Tournay (10 novembre), La Bourdonnaye décréta un emprunt forcé d'un million de livres à fournir, en trois jours, par les habitants de cette ville et de la province, qui possédaient plus de 15,000 florins de biens-fonds. Le chapitre de la cathédrale, sous la menace d'une exécution militaire, versa 200,000 livres; la part de la ville même avait été fixée à 750,000 livres; Sta en exigea la moitié dans les vingt-quatre heures. Mais les magistrats nouveaux, qui venaient d'être élus sous l'influence française et qui ne pouvaient être suspects de regretter l'ancien régime, furent les premiers à refuser de prêter les mains à la levée d'une pareille contribution, et à dénoncer à Dumouriez les attentats dont leurs concitoyens étaient les victimes.

Ostende dut payer 80,000 livres. Gand et Bruges se virent menacés d'exécutions militaires pour avoir refusé, l'une de livrer 200,000 sacs de blé, l'autre de payer un emprunt forcé considérable. Ypres reçut une réquisition semblable, et Sta déclara aux magistrats de cette ville que s'ils n'y obtempéraient pas sans retard, ils seraient considérés « comme *inofficieux* et *ennemis de la France.* » Mais là se trouvait un énergique patriote, Malou-Riga, qui avait été persécuté sous la domination autrichienne et était particulièrement connu de Dumouriez et de plusieurs membres de la Convention. Il conseilla à ses concitoyens de résister et d'envoyer au général en chef la lettre dans laquelle Sta menaçait de marcher sur Ypres avec 500 chevaux et 200 pièces de canon, pour enlever les magistrats rebelles et les transférer à la citadelle de Lille.

Dumouriez répondit de suite à Malou :

« J'envoie au ministre Lebrun votre lettre et l'impudente dépêche du prétendu commissaire-ordonnateur Sta. Dites à vos magistrats qu'ils s'en tiennent à ma proclamation et qu'ils ne craignent ni les menaces féroces de ce commissaire, ni la colère du général La Bourdonnaye....

Nous n'avons pas conquis la Belgique, nous ne levons pas de contributions. Quand nous avons besoin de numéraire, nous empruntons de l'argent à votre clergé, et par là nous rendons service à votre patrie, en mettant en circulation des trésors enfouis dont nous compterons avec vous. Voilà la seule exaction de deniers que je me permette et ce n'est qu'à titre de prêt. Ainsi cette manière de contribution établie par La Bourdonnaye et Sta va cesser[1]. »

En même temps, Dumouriez sommait le ministre de la guerre d'avoir à opter entre La Bourdonnaye et lui. « Ce général, lui écrivait-il, agit en conquérant. Ses agents menacent les villes d'exécution militaire, comme les Prussiens faisaient en Champagne... Je ne serai ni l'Attila ni le fléau de la Belgique[2]. »

On craignait encore de déplaire au vainqueur de Jemmapes. La Bourdonnaye fut rappelé et Miranda nommé à sa place. Sta reçut du ministre l'invitation, au moins pour la forme, de se montrer plus circonspect à l'avenir.

Lorsque Dumouriez avait fini avec une difficulté, il lui en renaissait deux ou trois autres plus graves et plus compliquées. Une de celles qui le préoccupaient le plus,

---

1. M. Borgnet, professeur à l'université de Liége, a publié, sous le titre d'*Histoire des Belges à la fin du* XVIIIᵉ *siècle,* un ouvrage extrêmement intéressant, où sont racontés avec les plus grands détails, tous les faits relatifs à l'occupation de la Belgique par les Français, pendant l'hiver de 1792 à 1793. Nous y renvoyons nos lecteurs.

2. Correspondance de Dumouriez avec Pache, ministre de la guerre, publiée à Paris au commencement de 1793, pages 77 et 126.

avec juste raison, était la question des assignats que Cambon et les autres financiers de la Convention voulaient l'obliger à faire recevoir et circuler au pair dans toute la Belgique. Cela était impossible, à moins que de recourir aux plus extrêmes violences. La Belgique avait été inondée de faux assignats, répandus par les soins des émigrés. Comment distinguer les faux d'avec les vrais, et d'ailleurs, ceux-ci perdant déjà en France sur le numéraire, comment les relever à leur valeur nominale en Belgique? Les Français avaient été admirablement accueillis par un peuple qui, depuis plusieurs années, nourrissait un profond mécontentement contre la cour de Vienne, se plaignait de ses exactions et l'accusait de vouloir renverser l'ancienne constitution des Pays-Bas. Mais la sympathie que les Belges avaient témoignée à leurs libérateurs pouvait être singulièrement refroidie, si on les froissait outre mesure dans leurs intérêts pécuniaires ou dans leurs convictions religieuses. N'était-il pas de la plus simple prudence d'éviter tout ce qui était de nature à susciter quelque agitation intérieure, lorsque l'ennemi, encore en possession du cours du Rhin, pouvait, d'un moment à un autre, être en mesure de reprendre l'offensive, et lorsque les habitants procédaient à l'élection générale des magistrats destinés à remplacer ceux qui avaient gouverné le pays sous la domination autrichienne? Résolu à ménager la Belgique et à lui rendre l'occupation étrangère aussi peu onéreuse que possible, Dumouriez désobéit donc aux ordres formels du pouvoir exécutif touchant la circulation des assignats, et déclara que, puisque l'armée recevait la solde en numéraire, elle devait payer en numéraire tout ce qu'elle achetait.

Le général diplomate s'était toujours appliqué à rester en bons termes avec la toute-puissante société des Jacobins. Étant allé lui faire sa cour lors de son passage à Paris, il espérait qu'elle laisserait dans sa main les fils qui devaient faire mouvoir les sociétés à organiser dans toutes les villes de la Belgique. Il s'était fait un devoir d'assister, deux jours après la bataille de Jemmapes, à l'installation du premier club jacobin ouvert à Mons. Dès son arrivée à Bruxelles, il avait prêté les mains à l'organisation d'une société des amis de la Liberté et de l'Égalité. Tournay, Bruges, Louvain, Anvers, Namur, Liége, Dinant, Ypres et quelques autres villes moins importantes s'étaient empressées de suivre l'exemple de Mons et de Bruxelles. Mais, à mesure que, grâce aux frères et amis qui suivaient prudemment l'arrière-garde de l'armée française, le réseau jacobin s'était étendu de proche en proche, les clubs avaient échappé à l'influence de Dumouriez. D'un autre côté, l'immense majorité de la population belge était restée attachée à ses anciennes croyances; elle s'effrayait des doctrines désorganisatrices dont on tenait école ouverte dans ces assemblées improvisées que hantaient presque exclusivement les énergumènes les plus exaltés et les réfugiés les plus avides de vengeance.

La lutte entre les idées nouvelles et les vieilles coutumes s'engagea dans chaque ville, et des deux côtés on se jeta dans les extrêmes. Les clubistes, dans leurs idées de rénovation sociale, allèrent au moins aussi loin que les ultra-révolutionnaires parisiens. Leurs adversaires, ne s'arrêtant pas aux idées de réforme modérée que Dumouriez aurait voulu faire triompher dans ce pays, récemment échappé au joug autrichien, proclamaient tout haut leur sympathie pour une constitution qui datait de deux ou trois siècles et que naguère encore l'on trouvait insuffisante et surannée.

Ce fut au milieu de ces tiraillements intérieurs que s'ouvrirent, dans toutes les villes de Belgique, les élections qui, aux termes de la proclamation du 8 novembre, devaient donner aux cités flamandes et brabançonnes des administrateurs chargés de recueillir les impôts, de les gérer avec sagesse, et enfin de s'occuper de la prompte formation d'une armée nationale. Nulle disposition de détail n'ayant été indiquée d'avance, les diverses localités procédèrent chacune à leur guise. On accorda le droit de suffrage à un nombre plus ou moins restreint d'électeurs; on revêtit les administrateurs provisoires de pouvoirs plus ou moins étendus.

A Mons, le comité révolutionnaire, rentré à la suite de l'armée française, convoqua une assemblée populaire dans l'église Saint-Wandru, et lui fit élire trente administrateurs. Ceux-ci, en s'installant à l'Hôtel de ville, déclarèrent brisés pour jamais les liens qui unissaient leur pays à la maison d'Autriche-Lorraine, et proclamèrent que le peuple belge rentrait dans la plénitude de ses droits. Ensuite, ils invitèrent les communes de la province à nommer des délégués qui, le 22 novembre, formèrent l'assemblée générale des représentants du peuple souverain du Hainaut. Mais, contre leur attente, cette assemblée se trouva composée de modérés, qui ne tardèrent pas à entrer en lutte avec la municipalité démagogique du chef-lieu de la province [1].

À Tournay, il se constitua deux administrations provisoires différentes : l'une pour la ville et la banlieue, l'autre pour le plat pays. L'opinion conservatrice resta dominante dans l'une et l'autre.

La démocratie l'emporta à Ypres et à Gand, sans que cependant les représentants provisoires de la West-Flandre et de la Flandre proprement dite, fussent à la hauteur des jacobins annexionnistes. Louvain et Anvers manifestèrent le plus vif désir de conserver leurs anciennes coutumes. A Namur, ce furent également les conservateurs qui l'emportèrent dans l'assemblée des représentants provisoires de la province. Mais Charleroi, qui changea son nom en celui de *Charles-sur-Sambre*, refusa d'entrer en relation avec cette assemblée entachée de modérantisme, et forma une administration séparée, animée des sentiments les plus démocratiques.

Trois partis divisaient ainsi la Belgique : les partisans déclarés des anciens États, c'est-à-dire de l'ancienne constitution aristocratique et catholique de chaque province ; les démocrates qui voulaient une république belge

[1]. Voici la formule du serment qui fut prêté, le 24 novembre, par chacun des membres de l'assemblée des communes du Hainaut réunie à Mons :

Moi, N..., élevé dans la religion catholique, apostolique et romaine, je jure fidélité et attachement au peuple souverain qui m'a constitué, de maintenir la liberté, l'égalité des droits, de vivre libre ou de mourir, et de maintenir la religion de nos pères qui est la religion catholique, apostolique et romaine.

sur le modèle de la République française mais indépendante ; enfin les annexionnistes qui demandaient la réunion pure et simple de la Belgique à la France.

La lutte entre ces trois partis menaçait d'être très-vive dans la capitale du Brabant. Dumouriez prit, pour assurer le maintien de l'ordre, un moyen qui était loin de garantir en même temps la sincérité des élections. Quatre jours après son arrivée, le 18 novembre, il convoqua les Bruxellois, dans l'église Sainte-Gudule, pour élire leurs nouveaux magistrats. Afin d'être plus sûr de la manière dont les votes seraient émis, il ne laissa qu'un intervalle de quelques heures entre la convocation et l'élection. Comme surcroît de précautions, il fit occuper l'intérieur de l'église par un certain nombre de soldats.

Les électeurs, pour pénétrer dans le lieu assigné à leurs délibérations, étaient obligés de traverser deux épaisses haies de militaires, et de passer entre les pièces d'une batterie d'artillerie. L'église n'étant pas assez grande pour contenir les électeurs et ceux qui étaient censés protéger l'indépendance de leurs votes, le trop-plein refluait sur la place, et se trouvait mêlé aux troupes qui la garnissaient. Il était difficile d'obtenir d'une assemblée si étrangement parquée une délibération régulière. Aussi ne l'essaya-t-on pas. La séance fut ouverte par un commissaire français, qui annonça aux électeurs que l'ancienne constitution brabançonne avait fait son temps, et qu'il fallait inaugurer, par la nomination de nouveaux magistrats, l'ère libératrice qui s'ouvrait devant le peuple bruxellois régénéré. Plusieurs voix s'élevèrent pour demander que l'élection fût ajournée de vingt-quatre heures afin que l'on pût s'entendre sur les choix à faire, qu'elle eût lieu par paroisses, et non dans une assemblée centrale telle que celle qui venait d'être convoquée si inopinément. Mais quelques coups de plat de sabre distribués à propos mirent tout de suite à la raison les récalcitrants.

A peine l'avocat Balza, qui dirigeait cette étrange délibération, se donna-t-il la peine de lire les noms des quatre-vingts représentants provisoires, dont la liste avait été préparée par le comité révolutionnaire. Ils furent déclarés élus par acclamation. Dumouriez en personne les installa le lendemain à l'Hôtel de ville.

Dans son discours, adressé plutôt aux Belges en général qu'aux représentants particuliers de la ville de Bruxelles, il leur recommandait d'abandonner leur ancienne division en provinces à peine rattachées entre elles par un faible lien fédéral, de s'unir avec les Liégeois, qui eux aussi avaient jusqu'alors constitué une nation distincte, et de former tous ensemble un seul et même peuple libre.

Il était juste que le président de l'assemblée électorale devînt le président de l'assemblée élue. Ce fut donc Balza qui reçut l'accolade fraternelle de Dumouriez, et, s'avançant avec lui sur le balcon de l'Hôtel de ville, proclama la déchéance de la maison d'Autriche. L'existence des anciens États de Brabant était incompatible avec les pouvoirs dont la nouvelle assemblée était revêtue; aussi le premier acte des quatre-vingts nouveaux administrateurs fut-il de déclarer que ces états étaient cassés, et que tous les actes qu'ils pourraient promulguer dorénavant devaient être considérés comme nuls et non avenus.

Dans la principauté de Liége, où la réaction, qui avait suivi la révolution avortée de 1789-1790, avait été très-violente, les partisans de la réunion à la France l'emportèrent sans obstacle. L'ancien évêque Hoensbroech et ses partisans s'étaient soustraits par la fuite aux vengeances qu'ils redoutaient. La société patriotique qui s'était formée dès 1785, et qui, en 1791, avait été dissoute par les Autrichiens, au moment où ils avaient rétabli l'ancien régime épiscopal, reprit ses séances le 30 novembre, en présence de Dumouriez. La municipalité renversée dix-huit mois auparavant, fut réintégrée provisoirement dans ses fonctions ; l'ancien maire, Fabry, fut reconduit en triomphe à l'Hôtel de ville. Mais cet homme, autrefois si populaire, cessa bientôt de l'être, parce qu'il voulut mettre un temps d'arrêt au développement des idées ultra-révolutionnaires. Les réformes que ses amis et lui demandaient sept années auparavant, étaient de beaucoup dépassées par les idées importées en droite ligne du club de la rue Saint-Honoré.

X.

A peine plusieurs des nouvelles administrations belges et liégeoises sont-elles constituées, qu'elles envoyent à Paris des délégués porter à la Convention le témoignage de leur reconnaissance et l'expression de leurs vœux. Le 4 décembre, le président de l'assemblée de Bruxelles, Balzà, auquel s'étaient réunis les délégués de

Tournay et de Mons, vient dans la salle du manége, demander aux représentants du peuple français de déclarer formellement : « que la nation française prend l'engagement envers les Belges et Liégeois, de ne conclure aucun traité, de n'écouter des propositions de la part d'aucune puissance, à moins que l'indépendance absolue de la Belgique et du pays de Liége ne soit formellement reconnue et établie. » A ce prix, l'orateur promet que quarante mille de ses concitoyens vont prendre les armes et se ranger sous les drapeaux de la liberté.

Le président Barère répond à la longue harangue des députés belges par un discours presque aussi long, où il les loue d'avoir brisé leurs institutions féodales, et leur conseille d'abjurer leurs préjugés théocratiques. « N'avez-vous pas, s'écrie-t-il en s'abandonnant à un lyrisme où perçaient quelque peu les préoccupations du financier révolutionnaire, n'avez-vous pas une population nombreuse qu'ont si cruellement opprimée les successeurs de Philippe II? n'avez-vous pas les trésors immenses que la religion tenait depuis des siècles en dépôt pour la liberté? Des armes et des assignats, voilà ce qu'il faut à un peuple esclave pour briser ses fers. La France n'a rien conquis pour elle en Belgique que vos cœurs, elle n'a vaincu que les Autrichiens. Nôtre diplôme d'alliance et de défense réciproque est écrit des mains de la nature. Nos principes et notre haine contre les tyrans, voilà nos ministres plénipotentiaires. C'est à vous de choisir le gouvernement libre qui vous paraîtra le plus convenable [1]. »

---

1. *Moniteur,* n° 341.

Ces promesses étaient magnifiques. Voici comment elles furent réalisées. Les quatre commissaires de la Convention nommés dans la séance du 30 novembre, avaient rejoint Dumouriez à Liége. Quelques jours leur avaient suffi pour apprécier le dénûment extrême de l'armée, mais aussi pour se rendre compte de l'état des esprits dans les provinces environnantes, et des difficultés que l'extrême animation des partis suscitait sous les pas du général en chef.

La politique de Danton était toujours la même, en Belgique comme à Paris. C'était celle de tous les démagogues, qui, au nom de la raison et de la liberté, n'invoquent que la force brutale, qui, pour vaincre les résistances, dédaignent d'employer d'autres moyens que la terreur, et ne tiennent compte, tant ils ont hâte de faire triompher leurs idées, ni des hommes, ni des temps, ni des mœurs, ni des lieux. Il blâma fort Dumouriez d'avoir voulu ménager les préjugés du peuple belge, et lui déclara que, si l'on voulait consolider la révolution, on devait user de moyens ultra-révolutionnaires; qu'en un mot, il fallait mettre la Belgique *au pas,* c'est-à-dire lui appliquer en un mois un régime auquel la France était arrivée après quatre années de troubles et de luttes. Nous verrons plus tard quel fut le résultat de cette politique; nous n'avons à constater aujourd'hui que son point de départ.

Danton n'eut pas de peine à ranger à son avis ses trois collègues; il leur persuada facilement qu'il fallait le plus tôt possible mettre la main à l'œuvre, et, pour couvrir leur responsabilité, obtenir de la Convention un décret solennel, sanctionnant d'avance les mesures qu'ils se disposaient à prendre. Comme ces mesures devaient être avant tout financières, on fit choix, pour aller les exposer, du puritain Camus [1]. Le 11 décembre au soir, cet ancien avocat du clergé arrivait à Paris. Il se mettait en communication avec les comités de la guerre, des affaires étrangères et des finances, et le 15, Cambon, organe de ces trois comités, exposait à la Convention les mesures adoptées sous l'inspiration du commissaire venu de Belgique. Tout cela se fit si vite, que Cambon n'eut pas le temps de mettre en écrit son rapport, ainsi qu'il le déclara lui-même [2].

1. Nous avons retrouvé la lettre qui avait été remise à Camus par ses trois collègues. La voici :

« Citoyens, nos collègues,

« Les circonstances les plus critiques nous ont déterminés à prendre l'arrêté que vous remettra le citoyen Camus, qui se rend à Paris avec le général Thouvenot. Notre collègue est en état de vous donner, et aux comités, les éclaircissements les plus positifs sur tout ce qui concerne l'armée de Belgique, et de répondre à toutes les objections. Hâtez-vous, citoyens représentants, de l'entendre, et de rendre, d'après son exposé, tous les décrets que vous jugerez nécessaires et que votre sagesse vous suggérera pour le salut de la République. Nous vous prions d'ordonner au citoyen Camus de venir ici reprendre ses fonctions le plus tôt possible. Sa présence y est indispensable. Nous allons, pendant son absence, continuer le cours des opérations dont vous nous avez chargés. Le citoyen Camus vous exposera jusqu'à quel point est monté le dénûment de l'armée. Nous allons porter aux soldats des espérances que votre justice convertira bientôt sans doute en des réalités.

« Les députés de la Convention, commissaires à l'armée de Belgique. « LACROIX, DANTON, GOSSUIN. »

2. Le décret du 15 décembre se trouve au *Moniteur*, n° 352; l'exposé de Cambon, au n° 353.

Au premier abord, le travail de Cambon ne paraissait pas spécial à la Belgique ; il était intitulé : « De la conduite à tenir par les généraux français dans les pays occupés par les armées de la République. » Il débutait ainsi : « Quel est l'objet de la guerre entreprise ? L'anéantissement de tous les priviléges. *Guerre aux châteaux, paix aux chaumières !* Voilà les principes que vous avez posés en la déclarant. Tout ce qui est privilégié, tout ce qui est tyran doit donc être traité en ennemi dans les pays où nous entrons. Custine ne peut être attaqué pour avoir, quoique sans ordres spéciaux, supprimé, dès son entrée en Allemagne, les droits féodaux, les dîmes, les priviléges et établi des contributions sur les nobles, prêtres et riches, en indemnité des secours qu'ils avaient accordés aux émigrés. Il n'avait pas d'instructions, mais il a bien fait de ne pas laisser péricliter les intérêts de la République. Dumouriez, en entrant en Belgique, a annoncé de grands principes philosophiques ; mais il s'est borné à faire des adresses au peuple. Il a jusqu'ici tout respecté : nobles, priviléges, corvées, féodalité, etc. Le peuple asservi à l'aristocratie sacerdotale et nobilière, n'a pas eu la force, seul, de rompre ses fers, et nous n'avons rien fait pour l'aider à s'en dégager... Sans doute, il faut respecter l'indépendance et la souveraineté d'un peuple, mais non les usurpateurs ;... il faut donc que nous nous déclarions *pouvoir révolutionnaire*. C'est à nous de sonner le tocsin, c'est à nous d'abattre tout ce qui est contraire aux droits du peuple. »

Ces prémisses ainsi franchement posées, Cambon déclare que les trois comités, dont il est l'organe, pensent qu'il importe de détruire toutes les autorités qui existent en Belgique. « Vous avez vu les représentants de ce peuple venir à votre barre ; timides et faibles, ils n'ont pas osé vous avouer leurs principes. Ils étaient tremblants. Ils vous ont dit : « Nous abandonne-« rez-vous ? nous livrerez-vous à la merci de nos tyrans ? » Non, citoyens, vous ne les abondonnerez pas, vous étoufferez le germe de leurs divisions et des malheurs qui les menacent ; mais vous ne pouvez donner la liberté à un pays, vous ne pouvez y rester en sûreté si les anciens magistrats conservent leurs pouvoirs. Il faut absolument que les sans-culottes participent à l'administration ; il faut tout détruire pour tout recréer ; il faut réunir le peuple en assemblées primaires et leur faire nommer des administrateurs et des juges provisoires. Il est indispensable d'exclure de ces fonctions tous les ennemis de la République qui tenteraient de s'y introduire. Nous proposons donc que personne ne puisse être admis à voter ni être élu, s'il ne prête serment à la liberté et à l'égalité, et s'il ne renonce par écrit à tous les priviléges et prérogatives dont il pourrait être pourvu...

« En entrant dans un pays quel doit être notre premier soin ? C'est de prendre, pour gage des frais de la guerre, les biens de nos ennemis, c'est-à-dire de mettre sous la sauvegarde de la nation, les biens appartenant au fisc, aux princes, à leurs fauteurs, à leurs adhérents, à leurs satellites volontaires, aux communautés laïques et régulières, à tous les complices de la tyrannie. »

Toutes ces précautions prises, est-il possible, se demande le rapporteur, d'abandonner un peuple, peu accoutumé à la liberté, absolument à lui-même? « Non, répond-il, il est indispensable de l'aider de nos conseils, de fraterniser avec lui. » Le moyen de fraternité proposé par les trois comités était purement et simplement l'envoi de commissaires du pouvoir exécutif, chargés d'assurer la défense du pays et l'approvisionnement des armées, envoi combiné avec celui des commissaires de la Convention qui, eux étant inviolables, ne pouvaient prendre aucune mesure d'exécution, mais devaient se contenter d'exercer sur toutes choses une haute surveillance. Un autre moyen de fraternité non moins efficace, suivant Cambon, était de mettre à la disposition des peuples nouvellement affranchis, les trésors de la France, c'est-à-dire ses biens nationaux réalisés en assignats. « Conséquemment, dit en propres termes le rapporteur, en entrant dans un pays, en supprimant ses contributions, en lui offrant une partie de nos trésors pour l'aider à reconquérir sa liberté, nous lui donnons notre monnaie révolutionnaire. Cette monnaie deviendra la sienne; nous n'aurons pas besoin alors d'acheter à grands frais du numéraire pour trouver dans le pays même des habillements et des vivres. Un même intérêt réunira les deux peuples pour combattre la tyrannie... » Cambon n'oublie pas de présenter cet autre argument, que l'hypothèque fournie par les biens séquestrés chez les peuples affranchis augmentera d'autant la garantie des assignats français, et que l'écoulement de ces assignats au dehors diminuera la masse de ceux circulant en France. « S'il est besoin, ajoute-t-il, de contributions extraordinaires, les commissaires de la Convention, d'accord avec les administrateurs, en établiront sur les riches. Tous les peuples qui voudront conserver des classes privilégiées seront traités en ennemis; les autres seront garantis par la promesse que la France ne traitera jamais avec leurs tyrans; dès qu'ils auront organisé une forme de gouvernement libre et populaire, les pouvoirs des commissaires et de l'administration provisoire cesseront. A la fin de la guerre, vous aurez des comptes à régler, vous compterez avec les représentants de chaque peuple et des dépenses que vous aurez faites et des approvisionnements qu'on vous aura fournis. Si l'on vous doit, vous prendrez des arrangements comme vous en avez pris avec les États-Unis d'Amérique; vous vous prêterez à tout ce qui pourra soutenir la liberté de vos voisins. Si, au contraire, vous êtes redevables, vous payerez comptant, car la République française n'a pas besoin de crédit. »

Tous les articles proposés par les trois comités conformément à ces principes, furent adoptés sans discussion, sauf un seul, le troisième : celui qui déclarait privé des droits d'élire et d'être élu quiconque n'aurait pas juré préalablement fidélité à la liberté et à l'égalité, et renoncé à tous priviléges. Buzot demanda qu'on étendît cette exclusion à tous ceux qui avaient occupé une fonction quelconque dans les anciennes administrations, à tous les nobles et à tous les privilégiés. Fonfrède alla plus loin et voulait qu'on frappât de la même suspicion « les banquiers, les hommes à argent, tous ennemis de la liberté. » Chose étrange! ce furent les montagnards Merlin et Camille Desmoulins qui prirent la défense des nobles belges, « lesquels, dirent-ils, ont fait la révolution. » Bazire parla dans le même sens; la motion de Buzot n'était, selon lui, « ni politique, ni conforme aux principes, et devait avoir pour inévitable effet d'aigrir les esprits et de priver le peuple de beaucoup d'hommes qui, quoique employés dans l'ancienne administration, pouvaient être patriotes. »

L'article présenté par les deux girondins ayant obtenu la majorité, Desmoulins s'écriait le soir même au club des Jacobins : « La Convention a aujourd'hui eu la séance la plus orageuse qui ait existé depuis la révolution. La perfidie des Duport, des Barnave et des Dandré était sottise toute pure auprès de la tactique des Brissotins... Ils ont rendu, par leur décret, les prêtres, les nobles et les privilégiés de la Belgique, ennemis nécessaires de la liberté; il y a là de quoi bouleverser l'Europe [1]. »

Le décret du 15 décembre peut se résumer ainsi : La Convention nationale, fidèle au principe de la souveraineté du peuple qui ne lui permet pas de reconnaître aucune institution qui y porte atteinte, décrète : 1° Dans les pays occupés par les armées françaises, les généraux de la République devront proclamer sur-le-champ l'abolition des impôts existants, de la dîme, des droits féodaux, de la servitude, de la noblesse et généralement de tous les priviléges; déclarer au peuple qu'ils lui apportent paix, secours, fraternité, liberté et égalité. 2° Ils procla-

---

[1]. *Journal des Débats et de la Correspondance des Jacobins*, n° 324.

meront en même temps la souveraineté du peuple, supprimeront les autorités existantes et feront créer des administrations provisoires par le peuple convoqué en assemblées primaires. 3° Tous les agents et officiers de l'ancien gouvernement, ainsi que les individus ci-devant réputés nobles ou membres de quelque corporation ci-devant privilégiée, seront, mais pour les premières élections seulement, inadmissibles aux places d'administration ou de pouvoirs judiciaires provisoires[1]. 4° Les généraux mettront de suite, sous la sauvegarde et protection de la République française, tous les biens meubles et immeubles appartenant au fisc, au prince, à ses fauteurs, adhérents et satellites volontaires, aux établissements publics, aux communautés laïques et religieuses. 5° La surveillance et la régie de ces biens appartiendront aux administrations primaires élues, lesquelles devront aussi faire exécuter les lois en vigueur relativement aux procès civils et criminels, pourvoir à la police et à la sûreté publique; elles pourront enfin lever des contributions, pourvu qu'elles ne soient pas supportées par la partie indigente et laborieuse du peuple. 6° L'administration provisoire organisée, la Convention enverra des commissaires pris dans son sein pour fraterniser avec elle. 7° De son côté, le conseil exécutif nommera des commissaires pour se concerter avec lesdites administrations sur la défense du territoire et l'entretien des armées de

---

1. Quelques jours après (21 décembre), sur une nouvelle insistance des montagnards Couthon et Jean-Bon Saint-André, l'article primitivement proposé par les comités fut rétabli; il prit dans le décret définitif la place qu'y avait occupée un instant l'amendement de Buzot.

la République. 8° Les administrations provisoires et les commissaires nationaux cesseront d'exercer leurs pouvoirs dès que les habitants des pays délivrés auront organisé une forme de gouvernement libre et populaire.

Au décret était jointe une proclamation que les généraux devaient adresser aux populations de chaque pays où ils pénétreraient. Il y était dit : « Frères et amis, nous avons conquis la liberté et nous la maintiendrons... Nous vous offrons de vous faire jouir de ce bien inestimable qui vous a toujours appartenu, et que vos oppresseurs n'ont pu vous ravir sans crime. Nous sommes venus pour chasser vos tyrans, ils ont fui; montrez-vous hommes libres, et nous vous garantirons de leur vengeance, de leurs projets et de leur retour. Dès ce moment, la République française proclame la suppression de tous vos magistrats civils et militaires, de toutes les autorités qui vous ont gouvernés; elle proclame l'abolition de tous les impôts que vous supportez, sous quelque forme qu'ils existent, des droits d'entrée et de sortie, de la dîme, des droits de pêche et de chasse exclusifs, des corvées, de la noblesse et généralement de toute espèce de contributions et de servitude dont vous avez été chargés par vos oppresseurs. La République française abolit aussi parmi vous toute corporation nobiliaire ou sacerdotale et autre... Vous êtes tous citoyens, tous égaux en droits... Formez-vous sur-le-champ en assemblées de communes; hâtez-vous d'établir vos administrations provisoires. Les agents de la République française se concerteront avec elles pour assurer votre bonheur et la fraternité qui doit exister désormais entre nous. »

Ce décret était un acheminement vers l'annexion de la Belgique à la France. La manière dont il fut exécuté le démontra surabondamment. On y disait aux Belges : « Vous êtes souverains; » mais on entendait bien les guider dans l'exercice de leur souveraineté. Pour les y aider, on leur envoya une nuée d'agents du pouvoir exécutif qui, sous prétexte de les affranchir, avaient mission de les traiter en peuple conquis. Ces agents furent naturellement choisis parmi les plus purs jacobins, et en très-grande partie parmi les fameux commissaires du pouvoir exécutif et de la commune de Paris, dont nous avons signalé les sinistres exploits[1]. Naguère on leur avait donné la France à bouleverser; on leur donnait maintenant la Belgique à remuer de fond en comble. Il faut leur rendre justice, ils ne manquèrent ni à l'une ni à l'autre de ces deux missions[2].

XI.

Mais il est temps de nous transporter du nord dans le midi et sur les bords de la Méditerranée. L'ancien lieutenant de Montesquiou, Anselme, était toujours à

1. Voir tome IV, page 9 et suivantes; note II, page 429 et suivantes.
2. De tous ces commissaires, le premier arrivé en Belgique et le plus célèbre était Ronsin, jadis poëte dramatique fort obscur. Il avait trempé dans les massacres de Meaux, en septembre, puis il avait été envoyé comme espion des jacobins à la suite de l'armée de Dumouriez, au moment de son entrée en Belgique; nommé ordonnateur en chef à la place de Malus, il se mit en querelle ouverte avec le général,

Nice, cherchant à étendre ses conquêtes et à agrandir sa position. Il rêvait l'occupation de toutes les villes du littoral ; il demandait à n'être plus subordonné au commandant en chef de l'armée des Alpes et faisait solliciter pour lui, par les Niçois, le grade de maréchal de France[1].

La première expédition combinée entre la marine et Anselme fut dirigée contre le petit port d'Oneille. L'escadre du contre-amiral Truguet s'y présenta le 23 oc-

fut rappelé, et bientôt après mis à la tête de l'armée révolutionnaire. Il périt sur l'échafaud avec Hébert et Momoro le 24 mars 1794.

Parmi les autres commissaires on comptait :

Harou-Romain, Darnaudry, Chépy, Paris, tous quatre membres de la commune insurrectionnelle du 10 août ; Chépy notamment avait été l'un des municipaux qui avaient présidé aux massacres de la Force ;

Mouchet, l'officier municipal du 20 juin ;

Bonnemant, commissaire du pouvoir exécutif dans Rhône-et-Loire ;

Dufour, qui avait été arrêté avec Momoro à Lisieux pour avoir prêché les doctrines de la loi agraire ;

Vaugeois, le vicaire épiscopal de l'évêque de Blois, le conspirateur du Soleil d'or ;

Mandrillon, ancien agent secret de Lebrun, qui fut guillotiné quelques mois après pour avoir entretenu des intelligences à Courtrai après la reprise de cette ville par les armées coalisées.

1. L'adresse des corps administratifs du ci-devant comté de Nice fut lue à la Convention dans la séance du 28 octobre. A l'occasion de la dernière demande contenue dans cette adresse, une discussion assez vive s'engagea au sein de la Convention. Gensonné demanda l'ordre du jour et l'abolition du grade de maréchal de France. « La République, observa-t-il, ne doit avoir de généraux que pendant la guerre et par commission, et non point de généraux en titre pendant la paix. — Il faut, après la guerre, qu'ils retournent à leur charrue, ajouta Cambon. » L'adresse des Niçois fut renvoyée au comité diplomatique, et la motion de Gensonné à la commission de constitution. Ce double renvoi n'amena naturellement aucun résultat.

tobre. Le capitaine de pavillon de l'amiral, M. du Chaila, fut envoyé dans un canot avec une proclamation invitant les habitants à se réunir à la France. Mais à peine le canot eut-il touché le rivage, qu'une décharge à bout portant tua trois officiers, Isnard et Pélissier, enseignes, Henri d'Aubermesnil, aide de camp de l'amiral, blessa 5 soldats et le capitaine parlementaire lui-même. Truguet bombarda immédiatement la ville, et, le lendemain, fit débarquer ses troupes et ses équipages. L'ennemi s'enfuit. Oneille paya par l'incendie et le pillage la perfidie dont la garnison s'était rendue coupable; mais le commandant des troupes débarquées s'étant convaincu de l'impossibilité de se maintenir dans la place, rentra à Villefranche trois jours après.

Cette expédition n'était qu'une préparation à des entreprises plus importantes et plus lointaines. Dès le commencement d'octobre, quelques réfugiés de l'île de Sardaigne ayant assuré au ministre de la marine que cette île était disposée à se soulever, le Conseil exécutif avait donné au contre-amiral Truguet et au général Anselme l'ordre d'en tenter la conquête. Toutes les forces disponibles de la Corse avaient été mises à leur disposition. Arena, ancien député de cette dernière île à l'Assemblée législative, non réélu à la Convention, avait été chargé d'accompagner l'expédition comme commissaire du pouvoir exécutif.

Mais à peine était-il arrivé à Nice, qu'il concerta avec Anselme de bien plus vastes projets. Il ne s'agissait de rien moins que de conquérir l'Italie tout entière. On devait commencer par Rome, remonter vers le Milanais, et prendre ainsi à revers les Piémontais et les Autrichiens[1].

Ce plan, quelque peu gigantesque, fut fort goûté à Paris. Seulement il fallait un prétexte pour envahir les États-Romains et chercher à se venger sur la cour pontificale des embarras inextricables que les ultra-révolutionnaires s'étaient eux-mêmes attirés en bouleversant l'organisation de la religion catholique, en égorgeant ses ministres, en surexcitant toutes les passions religieuses des populations de l'ouest et du midi. Ce pré-

---

[1]. Ce plan est développé dans une lettre confidentielle que nous avons retrouvée, elle est adressée par Arena à son ancien collègue Brissot, qui dirigeait alors le comité diplomatique de la Convention comme il avait dirigé celui de la Législative :

« *Arena, commissaire du gouvernement, au citoyen Brissot, député à la Convention nationale.*

« Nice, 24 octobre 1792.

« L'expédition de la Sardaigne, citoyen, ne peut avoir lieu dans ce moment.

« Anselme pense que la République doit envoyer une armée à Rome pour disperser la cour qui nous fait une guerre bien plus dangereuse que celle des Prussiens et des Autrichiens.

« Délivrer les Romains, passer dans le Milanais, dans la Lombardie, revenir dans le Piémont pour assiéger les places fortes du roi de Sardaigne, voilà le plan qu'Anselme a conçu, et que je viens d'envoyer au citoyen Lebrun.

« Anselme jouit de l'estime publique, il se donne toutes les peines pour faire aimer la Révolution, et le conseil exécutif devrait prêter les mains à son projet.

« Voyez le ministre de la marine afin qu'il donne les ordres au contre-amiral Truguet de soutenir les opérations d'Anselme dans la Méditerranée.

« Anselme est lieutenant général, et Truguet n'est que maréchal de

texte, le peintre David le fournit, en venant annoncer à la Convention que deux élèves de l'École de Rome avaient été brutalement jetés dans les prisons du gouvernement pontifical et livrés à l'Inquisition. Deux jours après, le Conseil exécutif écrivait à Pie VI et faisait imprimer dans le *Moniteur*[1] la lettre suivante, dont le style contraste quelque peu avec les formules auxquelles la chancellerie romaine est généralement accoutumée :

camp. Ainsi c'est au premier à diriger. Il faut toujours de l'unité dans le commandement des expéditions militaires, car sans cela l'un pourrait vouloir la chose d'une manière, tandis que l'autre se plairait à la voir dans un autre sens.

« Ce n'est que d'après deux conversations que j'ai eues avec Anselme que je vous écris tout cela.

« Voyez Lebrun, faites-vous communiquer le plan, et tâchez de décider le conseil à y consentir. Jamais la France n'aura une plus belle occasion pour se débarrasser de la cour de Rome, pour y installer un évêque, et pour donner le mouvement à une insurrection générale. Nous sommes maîtres de la Méditerranée ; notre armée sera la plus forte pendant l'hiver, elle vivra aux dépens des tyrans, et nous procurera mille autres avantages que vous discernerez facilement.

« Adieu, mon ancien collègue, mêlez-vous de cela, car le projet a son mérite.

« ARENA. »

Le signataire de cette lettre, Barthélemy Arena, devint plus tard membre du conseil des Cinq-Cents ; ce fut lui qui fut accusé d'avoir voulu poignarder le général Bonaparte, lorsque celui-ci vint le 18 brumaire, dans l'orangerie de Saint-Cloud, haranguer cette assemblée. Ce n'est pas Barthélemy Arena, mais son frère Joseph, qui fut impliqué, avec Ceracchi, dans une conspiration contre la vie du premier consul, condamné à mort et exécuté le 30 janvier 1801.

1. Voir le *Moniteur*, n° 332.

« *Le Conseil exécutif provisoire de la République française, au prince évêque de Rome*[1].

« Des Français libres, des enfants des arts, dont le séjour à Rome y soutient et développe des goûts et des talents dont elle s'honore, subissent par votre ordre une injuste persécution. Enlevés à leurs travaux d'une manière arbitraire, enfermés dans une prison rigoureuse, indiqués au public et traités comme des coupables, sans qu'aucun tribunal ait annoncé leur crime, ou plutôt lorsqu'on ne peut leur en reprocher d'autres que d'avoir laissé connaître leur respect pour les droits de l'humanité, leur amour pour une patrie qui les reconnaît, ils sont désignés comme des victimes que doivent bientôt immoler le despotisme et la superstition réunis.

« Sans doute, s'il était permis d'acheter jamais, aux dépens de l'innocence, le succès d'une bonne cause, il faudrait laisser commettre cet excès. Le règne ébranlé de l'Inquisition finit du jour où elle ose exercer encore sa furie, et le successeur de saint Pierre ne sera plus un prince du jour où il l'aura souffert. La raison a fait partout entendre sa voix puissante. Elle a ranimé dans le cœur de l'homme opprimé la conscience de ses devoirs

---

[1]. Cette lettre (paraîtrait-il) ne sortait pas des bureaux des affaires étrangères, car la minute n'y existe pas. Il est à croire que, l'école de Rome dépendant du ministère de l'intérieur, ce fut Roland, ou plutôt encore madame Roland qui se chargea de rédiger la missive au prince évêque. On comprend dès lors comment, en violation de tous les usages diplomatiques, ce document fut imprimé avant même qu'il eût été remis entre les mains du destinataire.

avec le sentiment de sa force. Elle a brisé le sceptre de la tyrannie, le talisman de la royauté. La liberté est devenue le point d'un ralliement universel, et les souverains chancelants sur leurs trônes n'ont plus qu'à la favoriser pour éviter une chute violente. Mais il ne suffit pas à la République française de prévoir le terme et l'anéantissement de la tyrannie dans l'Europe ; elle doit en arrêter l'action sur tous ceux qui lui appartiennent. Déjà son ministre des affaires étrangères a demandé l'élargissement des Français détenus à Rome. Aujourd'hui, son Conseil exécutif les réclame au nom de la justice qu'ils n'ont point offensée, au nom des arts que vous avez intérêt d'accueillir et de protéger, au nom de la raison qui s'indigne de cette persécution étrange, au nom d'une nation libre, grande et généreuse, qui dédaigne les conquêtes, il est vrai, mais qui veut faire respecter ses droits, qui est prête à se venger de quiconque ose les méconnaître, et qui n'a pas su les conquérir sur ses prêtres et sur ses rois, pour les laisser outrager par qui que ce soit sur la terre.

« Pontife de l'église romaine, prince encore d'un État prêt à vous échapper, vous ne pouvez plus conserver et l'État et l'Église que par la profession désintéressée de ces principes évangéliques qui respirent la plus pure démocratie, la plus tendre humanité, l'égalité la plus parfaite, et dont les successeurs du Christ n'avaient su se couvrir que pour accroître une domination qui tombe aujourd'hui de vétusté. Les siècles de l'ignorance sont passés ; les hommes ne peuvent plus être soumis que par la conviction, conduits que par la vérité, attachés que par leur propre bonheur. L'art de la politique et le secret du gouvernement sont réduits à la reconnaissance de leurs droits et au soin de leur en faciliter l'exercice, pour le plus grand bien de tous, avec le moins de dommage possible pour chacun.

« Telles sont aujourd'hui les maximes de la République française ; trop juste pour avoir rien à taire, même en diplomatie, trop puissante pour avoir recours aux menaces, mais trop fière pour dissimuler un outrage, elle est prête à le punir, si les réclamations paisibles demeuraient sans effet.

« Fait au Conseil exécutif le 23 novembre 1792, l'an Ier de la République française.

« ROLAND, MONGE, CLAVIÈRE, LEBRUN, PACHE, GARAT.

« Par le Conseil,

« GROUVELLE, secrétaire[1].

Pendant quelque temps, on ne parla que de la dé-

---

[1]. Le 25 octobre 1792, un mois avant d'avoir trouvé contre le Saint-Siége le prétexte de l'emprisonnement des deux élèves de l'école de Rome, le pouvoir exécutif envoyait au contre-amiral Truguet, commandant les forces navales de la République dans la Méditerranée, des instructions dont nous donnons ici un extrait textuel : « Le Conseil exécutif rappelle au contre-amiral Truguet les différents griefs que la République française a contre le pape de Rome et la part que cette monstrueuse puissance a prise à la coalition des tyrans contre notre liberté, sans énumérer les sourdes intrigues et les brefs imbéciles avec lesquels il a voulu allumer dans notre sein la guerre civile et de religion. Le Conseil charge le contre-amiral Truguet de châtier *en passant* le pape et son Sacré-Collége et de les ramener aux sentiments de respect qu'ils doivent à la République française. »

livrance de Rome et de la conquête de l'Italie. Kellermann, qui venait, comme nous l'avons dit plus haut, d'être nommé au commandement en chef de l'armée des Alpes, écrivait à la Convention[1], au moment de son arrivée à son nouveau quartier général : « Je vais reporter sous vos auspices, aux anciens Romains, la liberté exclue depuis si longtemps de ce pays. » Mais bientôt on reconnut l'impossibilité de l'exécution immédiate du plan qui consistait à prendre les États romains pour base des opérations militaires en Italie. La République française, quoique maîtresse de la mer, n'avait pas assez de troupes disponibles, sur les bords du Var et du Rhône, pour opérer, au centre de la Péninsule, un débarquement, avec chance de s'y maintenir et de s'y étendre; on revint donc à l'idée de rayonner autour de Toulon, et d'opérer sur le littoral et les îles de la Méditerranée.

L'expédition contre la Sardaigne n'étant pas encore prête, une partie de la flotte, sous le commandement de Latouche-Tréville, alla mouiller devant Naples.

La propre sœur de Marie-Antoinette, Caroline, y régnait sous le nom de son époux Ferdinand. Son ministre était déjà le fameux Acton, mais elle n'avait pas encore Nelson et la flotte anglaise pour se défendre. Elle se soumit donc aux exigences de l'ultimatum, dont l'amiral français était porteur. Le roi de Naples reconnut la République française, promit de recevoir un nou-

---

[1]. Voir la lettre de Kellermann à la Convention, *Moniteur*, n° 336, séance du 29 novembre.

vel ambassadeur, de rester neutre, de rappeler et de punir son agent à Constantinople qui, de concert avec les représentants des autres puissances, avait engagé la Porte à ne pas recevoir l'ambassade de la République française, de désavouer la conduite de son ministre à Paris, d'en envoyer un autre pour renouveler le désaveu et préparer un nouveau traité de commerce.

Fait remarquable, tandis que les Prussiens et les Autrichiens combattaient pour rétablir Louis XVI sur son trône, les deux États, où régnaient des princes de la maison de Bourbon, reconnaissaient la République et déclaraient vouloir vivre en bonne intelligence avec elle. Le roi de Naples venait de promettre tout ce qu'on avait exigé de lui. Au même moment, le roi d'Espagne protestait à l'ambassadeur de France [1] du désir qu'il avait de conserver de bonnes relations avec la République et donnait l'ordre de ramener, dans l'intérieur du royaume, les 20,000 hommes qu'il avait fait avancer un instant jusqu'au pied des Pyrénées. La Convention, se fiant peu à ces démonstrations d'amitié, pressait la mise en état et l'approvisionnement des places qui bordent la frontière, de Bayonne à Perpignan. Les trois commissaires, qu'elle avait envoyés sur les lieux, jugeaient l'armée non-seulement assez nombreuse pour garantir le territoire français de toute surprise, mais capable d'entrer en Catalogne et de porter nos armes triomphantes jusqu'à Madrid [2].

1. Voir la lettre de Bourgoing, ministre plénipotentiaire en Espagne, lue à la séance du 22 octobre; *Moniteur*, n° 298.
2. Voir la lettre de P. Aubry, Maximilien Isnard et Espinassy,

Ainsi, moins de six mois après la publication du manifeste insensé du duc de Brunswick, nos armées victorieuses occupaient la Belgique et Aix-la-Chapelle, le Palatinat et Mayence, la Savoie et le comté de Nice. La frontière du Rhin et celle des Pyrénées étaient garanties par les armées de Biron et de Servan[1]. Les puissances signataires de la coalition de Pilnitz apprenaient, à leurs dépens, qu'il est une loi aussi certaine dans le monde moral que dans le monde physique ; c'est que la force d'expansion est toujours proportionnelle à la force de résistance, au moyen de laquelle on a cherché à la comprimer.

Spectacle sublime et dont le souvenir doit enorgueillir nos derniers descendants. Au moment même où tout sentiment moral paraît éteint chez les individus, lorsque le désordre, la désorganisation, l'affaissement semblent arrivés au dernier degré, la nation française, prise en masse, reste à la hauteur des dangers accumulés autour d'elle; elle a confiance dans sa force et dans sa vitalité; elle fait un appel suprême à ses enfants : *la patrie est en danger !* Ces mots magiques font vibrer tous les cœurs, exaltent tous les courages, enfantent tous les dévouements. En moins de six semaines, le sol national est complétement lavé de la souillure de l'invasion; Longwy, Verdun, qui étaient tombés dans les mains de l'ennemi, sont repris avec plus de faci-

commissaires sur la frontière des Pyrénées orientales, lue le 16 novembre à la Convention; *Moniteur,* n° 323.

1. Servan venait d'être nommé au commandement en chef de l'armée des Pyrénées.

lité encore qu'ils n'avaient été occupés; Lille et Thionville voient fuir les armées qui les assiégeaient. Les paniques de Baisieux, de Quiévrain, de Courtray, du camp de Grandpré sont oubliées; les vieux guerriers de Fréderic-le-Grand et de Marie-Thérèse n'inspirent plus que du dédain à nos jeunes soldats, depuis qu'aux cris de *vive la nation* et au chant de la *Marseillaise*, ils ont enlevé des batteries, résisté en carré à la cavalerie, et attendu les colonnes ennemies, la baïonnette au bout du fusil. LA FRANCE EST SAUVÉE.

LIVRE XX

LE TRIOMPHE ÉPHÉMÈRE DE LA GIRONDE.

I.

Précédemment, nous nous sommes efforcé d'initier nos lecteurs aux diverses phases de la lutte qui, dès le lendemain du 10 août, s'était établie entre la Commune insurrectionnelle et la représentation nationale. Nous avons montré les orateurs de la Gironde aussi bien que ceux de la Plaine, Barbaroux aussi bien que Barère, essayant, mais en vain, de refréner l'audace toujours croissante de la Commune; les dictateurs de l'Hôtel de Ville, opposant la force d'inertie aux décrets de cassation lancés contre eux par les Assemblées législative et conventionnelle; les meneurs des sections, cherchant plusieurs fois de suite à faire substituer le vote à haute voix au scrutin secret dans toutes les élections partielles ou générales[1]. Mais nous ne sommes pas encore entré dans le détail des élections municipales qui, pen-

---

[1]. Voir tome IV, pages 22, 23, 105, 108, 126, 256, 257, 279, 326, 365, 369.

dant ce temps, se traînaient péniblement de scrutins en scrutins, à travers les innombrables formalités que les législateurs de 1790 avaient imaginées pour déjouer les efforts de la démagogie, et qui ne devaient en définitive qu'assurer son triomphe.

Après avoir signalé les hésitations, les tâtonnements, les défaillances de la représentation nationale, il nous reste à décrire la coupable indifférence et la stupide apathie de la population parisienne. Au sein des assemblées primaires, comme au sein de la Convention, nous allons voir la même cause produire les mêmes effets, le défaut d'entente frapper d'une égale impuissance l'un et l'autre de ces pouvoirs souverains.

Dans l'Assemblée, une majorité évidente, considérable, exécrait les crimes de septembre, méprisait et haïssait ceux qui en avaient été les promoteurs ou les complices. Mais cette majorité sans cohésion, sans initiative et sans guide, ne sut pas profiter de l'heure où son autorité était incontestable et incontestée, pour chasser honteusement de l'Hôtel de Ville cette Commune usurpatrice, qui, née au bruit du canon et au son du tocsin, aurait dû, au dire même de ceux qui avaient applaudi à la chute du trône constitutionnel, disparaître dès le lendemain du 10 août[1].

Désertées depuis longtemps par la population honnête et tranquille, les sections avaient été abandonnées aux turbulents et aux audacieux ; cinquante à soixante individus composaient à eux seuls ces assemblées de

---

1. Voir le discours de Barère, tome IV, page 369.

quartier, dont la circonscription comprenait souvent deux à trois mille citoyens ayant droit de vote ; les élections les plus importantes n'avaient pas le privilége de réunir plus de cent cinquante à deux cents votants[1]. Déjà, lorsque par hasard ce nombre était atteint, on voyait se modifier sensiblement les tendances ordinaires et se produire d'assez vives résistances. Mais cette majorité pour ainsi dire d'occasion n'avait pas la conscience de sa force et ne possédait pas le don de la persévérance. Faute d'accord préalable, elle restait incertaine et hésitante; elle témoignait plutôt de ses répulsions que de ses préférences. Procédant presque toujours par exclusion, elle ne savait pas adopter franchement une résolution, un candidat. Par cela même, elle perpétuait l'anarchie et favorisait, sans s'en douter, les desseins secrets des hommes du 10 août et du 2 septembre.

Ceux-ci s'étaient cantonnés à l'Hôtel de Ville comme dans la citadelle de la démagogie; ils avaient résolu de n'en sortir à aucun prix. Sous la pression de certaines circonstances, nous les avons vus et nous les verrons encore sacrifier tels ou tels de leurs complices, mais toujours avec l'espoir de les faire remplacer par d'autres individus animés du même esprit, disposés à subir les mêmes inspirations. Nous les avons vus et nous les verrons encore changer de ton, d'attitude et de langage, suivant les exigences de la situation, s'affranchir de tout scrupule, démentir le lendemain leurs actes

---

[1]. Voir la note remarquable insérée au *Moniteur*, n° 299.

et leurs promesses de la veille, fouler aux pieds la légalité lorsqu'elle leur est importune, et s'en servir comme d'un étendard lorsqu'elle peut abriter leurs prétentions. Le duel à mort entre la Commune et la Gironde se continuera quelque temps encore; plus d'une fois on pourra croire que la Commune va succomber aux coups redoublés que ne cesse de lui porter son adversaire; mais, insaisissable Protée, elle traversera tous les dangers et parviendra à tirer meilleur parti de ses défaites, que la Gironde de ses victoires.

II.

Le 4 octobre, les sections avaient été convoquées pour procéder à l'élection du maire de Paris. Aux termes de la loi des 21 mai — 27 juin 1790, la nomination de ce magistrat et des autres fonctionnaires municipaux précédait celle des membres du conseil général. La première de ces opérations électorales devait naturellement avoir une influence considérable sur les suivantes. Aussi les jacobins s'y préparèrent-ils dans une séance solennelle tenue le 3 décembre au soir[1].

Beaucoup de noms furent prononcés, mais l'on ne s'arrêta que sur trois : Antonelle, Lhuillier, Héraut-Séchelles.

Le premier, ex-marquis, ancien maire d'Arles et membre de l'Assemblée législative, n'avait pas été réélu

---

1. Voir le n° 276 du *Journal du Club des Jacobins*.

à la Convention; il attribuait son exclusion à Barbaroux, président de l'assemblée électorale des Bouches-du-Rhône. De dépit, il était devenu très-hostile au parti girondin et s'était livré corps et âme à la Montagne.

Lhuillier occupait le siége de l'accusateur public près le tribunal du 17 août. Il s'était improvisé homme de loi depuis la Révolution. Auparavant, il avait exercé la profession plus humble de cordonnier, rue du Petit-Lion Saint-Sauveur[1]. C'était l'oracle de la section Mauconseil et en même temps l'un des plus fidèles séides de Robespierre. Grossier, violent, vindicatif, il formait le type exact de ces meneurs de bas étage qui peuvent bien, grâce à la force de leurs poumons, soulever un quartier un jour d'émeute, mais qui ne sauraient aspirer à de plus hautes destinées sans mettre à découvert leur profonde et radicale nullité.

Héraut-Séchelles, issu d'une ancienne famille de robe, avait franchi rapidement les premiers degrés de la magistrature, grâce à la faveur spéciale de la reine; en 1789, il était avocat général au Parlement de Paris. Pour faire oublier son origine, il s'était jeté à corps perdu dans le mouvement ultra-révolutionnaire. Affectant de ne parler avec ses familiers que le langage des halles, il étalait en public la phraséologie la plus ampoulée; favori de la foule après l'avoir été de la cour, il avait conservé cette prestance majestueuse qui lui avait valu tant de succès à une autre époque. Aussi la Législative et la

---

1. Voir le portrait que trace de ce personnage le *Patriote français*, n° 119.

Convention le mettaient-elles instinctivement à leur tête toutes les fois qu'il s'agissait de présider une fête publique ou de calmer une émotion populaire.

Quelques jacobins essayèrent de poser la candidature de Robespierre, mais leur motion fut bien vite abandonnée; car on ne pouvait espérer que le tribun consentît à quitter le siége qu'il occupait dans l'Assemblée souveraine pour accepter une fonction qui, si haute qu'elle fût, le subalternisait en lui imposant une immense responsabilité.

Un enfant perdu de la société voyant que le grand nom de Robespierre n'est pas mieux accueilli, se met tout à coup à en lancer un autre plus significatif encore : « Il est un homme, s'écrie-t-il, qui a été calomnié par les intrigants, persécuté par les factieux. Mais c'est un honneur pour lui; il a porté l'endos de tout; il a fait la révolution du 2 septembre; nommons Panis! »

Le capucin Chabot se hâte de reconnaître que l'ancien administrateur de police a les plus grands titres à la confiance des Parisiens; pour sa part, il a la meilleure opinion de ce candidat. « Mais, ajoute-t-il, cette candidature me semble un peu trop accentuée; elle serait difficilement adoptée par la majorité des sections. Il importe de placer à l'Hôtel de Ville le maire le plus nul qu'il soit possible de trouver, un homme qui, n'ayant ni ambition dans le cœur ni grande force d'esprit, puisse facilement se laisser travailler par la municipalité vigoureuse dont il faut l'entourer. »

Pétion avait admirablement joué ce rôle dans l'ancienne comme dans la nouvelle municipalité. En septembre comme en août, il avait réalisé l'idéal de l'ex-capucin. N'ayant pas encore rompu entièrement avec ses anciens amis du parti démagogique, il avait un pied dans les deux camps. Élu premier président de la Convention, il présidait aussi le club des Jacobins et avait conservé au sein de la population parisienne un reste de cette immense popularité dont l'éclatante manifestation ne datait pas de trois mois[1]. Sa candidature resta donc posée.

Des 160,000 électeurs[2] ayant droit de vote, 14,137 seulement, c'est-à-dire moins du dixième prirent part au scrutin du 4 octobre; sur ce nombre 13,746 votèrent pour l'ancien maire[3]. Pétion n'avait point décliné à l'avance une nomination qu'il regardait comme la réparation tardive de l'injure que lui avaient faite un mois auparavant les électeurs du deuxième degré en lui préférant Robespierre, Danton et leurs amis. Mais le jour même où le résultat du scrutin fut proclamé, il écrivit une lettre de refus[4].

L'événement avait été prévu; aussi les plus purs jacobins n'avaient-ils fait aucune opposition à l'élection de Pétion. C'était autant de temps gagné pour la Commune insurrectionnelle.

Commencées le 4 octobre, les opérations électorales ne purent être reprises que le 22. A ce deuxième tour de scrutin comme au premier, elles furent entravées par

1. Voir tome II, page 79.
2. Voir tome IV, page 34.
3. *Moniteur,* n° 294.
4. *Moniteur,* n° 294.

la lutte de plus en plus vive établie entre ceux qui voulaient voter conformément à la loi et ceux qui s'obstinaient à réclamer et à imposer le vote à haute voix[1]. Un peu plus de quatorze mille électeurs[2] prirent part au scrutin, les voix se dispersèrent sur une douzaine de candidats. Antonelle et Héraut-Séchelles se trouvaient à la tête de la liste, le premier avec 2,195 voix ; le second avec 1,704 voix ; puis arrivait, avec un millier de voix, un candidat nouveau dont aucun journal n'avait appuyé la candidature et qui certes, lui-même, n'avait rien fait pour se mettre en avant.

H.-F. Lefèvre d'Ormesson avait été, sous l'ancien régime, conseiller au Parlement, maître des requêtes, intendant des finances, un moment contrôleur général et enfin conseiller d'État. Il avait été élu chef de bataillon lors de la formation de la garde nationale en 1789, président de l'un des tribunaux de Paris à la nouvelle organisation judiciaire en 1791. Il avait signé la pétition des vingt mille, et peut-être celle des huit mille. Aussi, dès que son nom apparut à la surface des scrutins, tous les aboyeurs du club des Jacobins s'écrièrent : « Quel est cet homme[3] ? — C'est le représentant de l'aris-

---

1. A la Halle aux draps, le président s'écrie : « Ceux qui ne voudront pas voter à haute voix n'ont qu'à s'en aller » (*Moniteur*, n° 300). Au Panthéon, une centaine d'individus déclarent que l'on votera au scrutin public, et que si, par ce fait, le président est mandé à la barre de la Convention, il y sera accompagné par la section entière en armes (*Moniteur*, n° 299).

2. 14,066, suivant le *Moniteur*, n° 302.

3. *Journal des débats du Club des Jacobins*, n° 292, séance du 28 octobre.

tocratie qui se réveille, dit Bazire. — C'est un membre gangrené de la partie lépreuse de l'ancien régime, ajoute Legendre, c'est un laquais de la monarchie ; de plus, il est myope ; il ne distingue pas à quatre pas de lui, il ne sait ni marcher, ni monter à cheval. C'était une honte de l'avoir pour chef de bataillon, et maintenant on veut en faire un maire de Paris! »

III.

Le résultat de ce deuxième scrutin était bien de nature à inquiéter les dictateurs de l'Hôtel de ville. Au même moment ils étaient atteints en pleine poitrine par le célèbre rapport de Roland et la philippique de Louvet contre Robespierre. Ils voyaient leurs violences et leurs malversations dénoncées à la France entière, leur principal défenseur réduit au rôle d'accusé[1]. Aussitôt, se métamorphosant comme par enchantement, de loups ils deviennent agneaux et se posent en victimes.

Le 30 octobre, le Conseil général, par un arrêté solennel, déclare ne pas vouloir représenter la grande cité de Paris contre le vœu des citoyens dont elle se compose, et invite les sections à se réunir le lendemain, 1er novembre, pour faire connaître si elles le jugent toujours digne de leur confiance. Mais un dernier article de cet arrêté laisse voir le fond de la pensée des meneurs :

---

1. Voir tome IV, pages 297 et suivantes, séance de la Convention du 29 octobre.

« Le Conseil espère que, dans tous les cas, les sections lui accorderont au moins le droit de se réunir en bureaux pour suivre la grande opération de la reddition des comptes [1]. »

Dès le lendemain, l'attitude du Conseil général se modifie, car il s'est aperçu que ses adversaires, soit dans la Convention, soit parmi la population parisienne, sont moins décidés à agir qu'il ne l'a cru d'abord. Sous prétexte que, par son précédent arrêté, les sections ont été convoquées trop tard, il en prend un nouveau qui remet au samedi, 3 novembre, le vote sur la continuation de ses pouvoirs. Mais le samedi se passe sans qu'il soit question de rien. La semaine suivante, quelques sections isolées envoient une déclaration banale de confiance. Le Conseil général se contente de ce simulacre d'adhésion; il se garde de publier le recensement des votes, de produire le résultat vrai de son appel au peuple. D'autre part, il fait les avances les plus significatives aux officiers municipaux qui représentent, au sein de l'administration de la capitale, la Commune légale dont il a usurpé les fonctions dans la nuit du 9 au 10 août. Il affecte de ne pas se souvenir que ces officiers municipaux ont eux-mêmes dénoncé à la Convention, quelques jours auparavant, l'irrégularité de ses pouvoirs et les désordres de sa gestion [2]. Par un arrêté du 4 novembre, il les invite à

---

1. *Moniteur,* n° 306.
2. Voir, tome IV, pages 256 et 257, le discours que Bidermann prononça le 28 octobre à la barre de la Convention, au nom du corps municipal.

venir désormais partager ses travaux. Bien plus, les honneurs de la présidence sont par lui décernés à Boucher-René, l'un des amis les plus intimes de Pétion et qui depuis un mois remplissait les fonctions de maire par intérim [1].

Cependant les opérations électorales pour la nomination du premier magistrat de la cité menaçaient de s'éterniser, grâce au peu d'entente et d'énergie que montraient les bons citoyens, grâce à l'habile tactique adoptée par les jacobins pour jeter de l'indécision dans l'esprit des électeurs sur le mode de votation et sur les questions d'incompatibilité. Entre le deuxième et le troisième scrutin Antonelle déclare, par une lettre insérée dans les journaux, qu'il refuse les votes qui pourraient lui être donnés. La section du Panthéon envoie une députation demander à la Convention s'il est permis de prendre un maire dans le sein de l'Assemblée nationale. En attendant une réponse qui était faite à l'avance, puisque, depuis longtemps, l'Assemblée avait déclaré qu'il y avait incompatibilité entre le mandat de député et l'exercice de n'importe quelle fonction publique, le Panthéon et les sections animées du même esprit, s'abstiennent. Néanmoins, quelques autres s'étant mises à voter dès le 31 octobre, la plupart finissent par suivre leur exemple. Du 1er au 6 novembre ont lieu des votes successifs et partiels, dont le résultat général est proclamé le 8. Quarante-trois sections avaient pris part à

1. Voir, tome I, pages 162, 174, 190, la part que Boucher-René prit aux événements du 20 juin, comme délégué du maire, pour *maintenir l'ordre* aux abords des Tuileries.

l'élection; les 9,361 suffrages exprimés s'étaient éparpillés sur plus de vingt-cinq noms.

Les candidats qui avaient réuni le plus de voix étaient d'Ormesson (1,741 voix); Chambon (1,034); Lhuillier (857); Fréteau (807); Héraut-Séchelles (804); Thouret (604); Antonelle (236); Rœderer (300), etc.[1]. Sur ces huit premiers noms, à peine trois, Lhuillier, Antonelle et Héraut appartenaient au jacobinisme; les autres représentaient les opinions modérées des anciens constituants.

Aux termes de la loi, il devait y avoir un scrutin de ballottage entre les deux candidats qui avaient obtenu le plus de voix, c'est-à-dire entre d'Ormesson et Chambon. Mais ces deux noms étaient aussi désagréables l'un que l'autre aux meneurs de la Commune. Nous avons déjà fait connaître pourquoi d'Ormesson était repoussé par eux; Chambon, qui avait fait partie de l'administration municipale dès avant le 10 août et se trouvait encore à la tête du service des hôpitaux, ne pouvait guère leur être plus sympathique.

Afin de ne pas laisser la population parisienne choisir entre l'ancien ministre de Louis XVI et le collaborateur de Bailly et de Pétion, le Conseil général fait un appel adroit à la légalité qu'il a si souvent violée. Se souvenant à propos de la loi qui exige que les sections votent toutes le même jour, pour que le choix des unes n'influe pas sur le choix des autres, il dénonce au corps municipal, seul compétent à cet égard, le vice qui

1. *Moniteur*, n° 313.

entache le dernier vote. En droit strict la question ne pouvait être douteuse. Les scrutins du 31 octobre au 6 novembre sont déclarés nuls et non avenus.

Les Jacobins se décident alors à porter leurs suffrages sur Lhuillier, pour empêcher la nomination de d'Ormesson. Malgré tous leurs efforts, Lhuillier n'obtient que 2,021 voix, d'Ormesson en réunit 2,567; un millier de voix se dispersent sur d'autres noms. La majorité absolue, nécessaire à ce tour de scrutin qui, bien que le quatrième, est censé le premier, n'est obtenue par aucun candidat.

D'Ormesson, effrayé des menaces des clubistes et des injures des journaux, annonce qu'il refuse les suffrages dont il a été spontanément honoré[1]. Néanmoins les électeurs modérés s'obstinent à le porter et, le 19, au scrutin de ballottage, il est élu par 4,910 voix contre 4,896 données à Lhuillier. Le 21, d'Ormesson est proclamé officiellement maire de Paris par le Conseil général qui l'invite à accepter ou à refuser sur-le-champ les fonctions auxquelles il vient d'être appelé. Moins courageux que les électeurs qui l'ont nommé, l'ancien contrôleur général maintient son refus et rentre dans l'obscurité pour le reste de ses jours[2].

L'historique de ces scrutins sans résultat, qui se suc-

---

1. *Moniteur*, n° 328.
2. D'Ormesson survécut à la Terreur. Il remplit des fonctions municipales sous le Directoire et le Consulat, et mourut en 1807. Il ne faut pas le confondre avec d'Ormesson de Noiseau, l'ancien constituant, qui fut guillotiné le 20 avril 1794, avec vingt-trois autres membres du Parlement de Paris.

cèdent pendant six semaines (du 4 octobre au 22 novembre), est éminemment instructif. Les chiffres officiels et irrécusables que nous avons relevés prouvent qu'il ne se présenta jamais plus du dixième des électeurs ayant droit de voter; que les candidats jacobins ne purent jamais obtenir plus de 5,000 voix dans tout Paris; que souvent ils ne purent même réunir la moitié de ce nombre, bien que les frères et amis de la rue Saint-Honoré eussent mis en œuvre tous les moyens de propagande dont ils disposaient. On peut dire, sans crainte de se tromper, que les électeurs qui s'abstinrent n'appartenaient pas aux opinions les plus avancées et que, s'ils avaient voulu imiter tant soit peu l'exemple de ceux qui osaient voter pour des candidats modérés, ils auraient assuré à ceux-ci, et dès les premiers jours, une écrasante majorité. Malgré l'apathie des citoyens de la grande cité, la victoire n'était pas une seule fois restée aux démagogues; preuve éclatante de la réprobation qu'inspiraient à l'immense majorité des Parisiens les fauteurs des journées de septembre, leurs complices et leurs adhérents.

IV.

La persistance des électeurs à ne pas vouloir s'engager dans les voies où les coryphées de la démagogie essayent de les entraîner, encourage les officiers municipaux, qui représentent encore à l'Hôtel de Ville les débris de la Commune légale, à tenter une démarche auprès de la Convention. Déjà le 29 octobre ils lui avaient, par l'organe de l'un d'eux, Bidermann, dénoncé les dissentiments profonds qui les séparaient des intrus devenus leurs collègues de par le seul droit de l'insurrection. Le 22 novembre, le maire par intérim, Boucher-René, se présente à la barre de l'Assemblée, suivi d'une députation du corps municipal, et lui expose que ce corps chargé d'administrer la ville de Paris sous la surveillance du Conseil général, est réduit au quart de ses membres, et qu'il lui est dès lors impossible de remplir utilement ses fonctions. L'Assemblée reçoit avec faveur la pétition de Boucher-René; elle en ordonne le renvoi au comité de législation, qu'elle charge d'en faire le rapport dans les quarante-huit heures.

Aussitôt qu'ils sont instruits de cette démarche, les dictateurs de l'Hôtel de Ville jettent feu et flamme. Ils accusent le maire par intérim de perfidie, de trahison, bien plus, de violation flagrante de la loi. Ces contempteurs incessants de la légalité l'invoquent à grands cris; ces usurpateurs, qui avaient accumulé entre leurs mains tous les pouvoirs financiers, administratifs, politiques, se prennent tout à coup d'un beau zèle pour les prérogatives du conseil de département qu'ils avaient eux-mêmes, pendant trois mois, vilipendé, conspué, dépouillé de ses attributions, réduit au rôle le plus subalterne. Ils lui dénoncent Boucher-René et ses collègues comme coupables d'avoir méconnu toutes les règles de la hiérarchie en saisissant directement la Convention de leur pétition [1].

---

[1]. L'article 56 de la loi du 14 décembre 1789 dont la Commune

Le département n'eut pas le temps d'examiner cette prétendue violation de la loi, le comité de législation s'étant trouvé prêt à faire son rapport dans le délai fixé par la Convention. A la séance du 24, Piorry, député assez obscur, vint, au nom de ce comité, confirmer en tout point les allégations de Boucher-René : « Le corps municipal de Paris, dit-il, au lieu de quarante-huit membres dont il doit être composé d'après la loi organique, n'en compte plus que dix ou douze ; les uns ont passé à la Convention ou au département, d'autres à des places de juges de paix et de commissaires de police[1]. La nomination des

---

insurrectionnelle se faisait une arme pour dénoncer le corps municipal au Conseil du département, était ainsi conçu : « Quant à l'exercice des fonctions propres au pouvoir municipal, toutes les délibérations, pour lesquelles la convocation du Conseil général est nécessaire, ne pourront être exécutées qu'avec l'approbation de l'administration ou du Directoire du département. »

Cet article, que la Commune invoquait ainsi *in extremis,* était fort peu applicable, ce nous semble, à la circonstance actuelle. Boucher-René avait saisi la Convention par voie de pétition de la connaissance de faits anormaux, et lui avait demandé d'aviser. On avait répété sur tous les tons que le droit de pétition était sacré, que rien ne pouvait en gêner l'exercice, que tout citoyen avait le droit de dénoncer à la représentation nationale tout ce qui pouvait nuire aux intérêts publics. Boucher-René n'avait donc fait que ce qu'avaient fait avant lui des milliers de pétitionnaires; mais la Commune insurrectionnelle, qui proclamait à tout propos le droit de pétition, quand il s'agissait de l'exercer à son profit, ne le reconnaissait plus lorsqu'on l'exerçait contre elle.

1. Piorry, dans l'énumération des vacances qui se sont opérées dans le corps municipal, ne parle pas, et pour cause, des officiers municipaux qui ont été mis à mort en septembre comme Perron, ou qui ont été réduits à se cacher comme Leroux, Lafisse, et plusieurs autres.

officiers municipaux est le dernier acte de la constitution de la municipalité. Cette constitution ne fait que commencer et ne sera complète que dans deux mois et plus. Sans doute, les dix ou douze officiers municipaux restés à leur poste remplissent leur devoir avec autant d'intelligence que de zèle, mais ils ne sauraient suffire à l'administration compliquée d'une ville telle que Paris. Comment peut-on parvenir à compléter le nombre légal des officiers municipaux de Paris ? Faut-il rappeler, pour procéder à cette élection, l'ancien conseil qui n'a pas été réuni depuis le 10 août ? faut-il en confier la formation aux commissaires insurgents [1] ? Mais l'ancien conseil n'inspirerait peut-être pas assez de confiance, et, d'autre part, les 288 commissaires ont été nommés sans qu'il y ait eu de procès-verbaux de leur élection [2]; rarement même ils se sont tous rassemblés, jamais il n'y a eu de liste fixe, arrêtée, authentique. Ils forment un tableau mouvant, révocable au gré de chaque section. » De ces prémisses, le rapporteur conclut que, ni l'un ni l'autre des deux partis proposés n'étant acceptable, il faut recourir à un troisième, beaucoup plus radical : « Renouveler immédiatement et en entier le conseil qui doit élire les officiers municipaux et dans le sein duquel ils doivent

1. Il est bon de remarquer en passant comment le Comité de législation qualifie les individus qui siégeaient depuis trois mois à l'Hôtel de Ville.

2. Ainsi se trouve de nouveau confirmé par un document authentique ce que nous avons dit de ces prétendues élections faites dans la nuit du 9 au 10 août, et même dans les jours qui suivirent. (Voir, tome II, page 240.

être pris. » Les conclusions de la pétition de Boucher-René se trouvent ainsi singulièrement modifiées ; pour lui, il ne fallait que compléter le nombre des officiers municipaux chargés des détails de l'administration de la ville ; dans le rapport de Piorry, il ne s'agit de rien moins que de faire, pour ainsi dire, table rase ; de casser la fameuse Commune insurrectionnelle, de considérer comme nuls et non avenus, sinon ses actes, malheureusement irréparables, au moins ses pouvoirs ; de ne reconnaître de mandats réguliers que ceux dont sont investis les douze officiers municipaux, dernier débris de l'ancienne administration.

Aux termes du décret proposé[1], le nombre des membres du Conseil général de la commune était fixé à 144 ; il devait être élu, dans un délai de trois jours, cent trente-deux citoyens qui, avec les douze officiers municipaux en exercice, devaient former provisoirement le Conseil général, jusqu'au renouvellement définitif décrété par la loi du 19 octobre 1792. Les élections des 132 nouveaux membres devaient se faire à raison de trois par section ; celles des sections qui étaient déjà représentées par un ou deux des officiers municipaux en fonction devaient simplement compléter le nombre de trois. A raison de l'urgence, les élections devaient être faites par un seul tour de scrutin et à la pluralité relative des suffrages. Le Conseil général provisoire, ainsi composé des 132 nouveaux élus et des 12 officiers municipaux conservés, était tenu de procéder, dans les trois jours, à l'élection des

1. Voir le *Moniteur*, n° 330.

membres du corps municipal. Enfin, le cas où quelques sections négligeraient de procéder aux élections dans le délai prescrit, était prévu; le Conseil du département recevait la mission de nommer des commissaires à la place de ceux que les sections récalcitrantes auraient dû élire.

Après la lecture de ce projet de décret personne n'ose prendre la parole. La proposition du comité de législation est donc adoptée sans conteste.

Mais la Commune ne se montre pas aussi timide que ses amis de l'Assemblée. Dès le lendemain, se prévalant d'une différence entre le nombre des officiers municipaux encore en exercice et le chiffre qu'a énoncé le maire par intérim, elle fulmine un nouvel arrêté d'anathème contre Boucher-René et le corps municipal [1].

1. Voici le texte même de cet arrêté, qui ne se trouve ni au *Moniteur,* ni dans le *Journal des Débats et Décrets,* ni dans aucun recueil imprimé :

« Considérant qu'une des plus odieuses manœuvres employées contre le Conseil, et en même temps une des plus propres à troubler la tranquillité publique, est la démarche du corps municipal, présidé par le citoyen Boucher-René, faisant les fonctions de maire;

« Considérant que tout est faux et controuvé dans le rapport dudit Boucher-René à la Convention nationale, en ce qu'il a annoncé que douze membres formaient actuellement le corps municpal, tandis qu'il avoue aujourd'hui qu'il en existe vingt-deux;

« Considérant qu'il s'est rendu coupable d'une infraction à la loi en convoquant les sections pour nommer cent vingt-deux représentants seulement, quand la loi en demande cent trente-deux;

« Considérant enfin qu'il n'a pas rougi d'avancer une calomnie atroce en alléguant à la Convention nationale que les membres du Conseil général étaient sans pouvoirs des sections, tandis que tous les pouvoirs sont vérifiés, et que l'existence légale du Conseil général a

La Convention est très-peu touchée des réclamations de la Commune et se borne à rectifier l'erreur de chiffres qui lui est signalée avec une si bruyante colère. Le 29, un décret confirmatif et explicatif de celui du 24 fixe à cent vingt-deux le nombre des conseillers à élire et à vingt-six le nombre des officiers municipaux à prendre dans ces nouveaux élus pour, avec les vingt-deux alors en fonctions, former le corps chargé de la gestion des intérêts de la ville. Ce second décret, comblant une lacune qui existait dans le premier, autorise le nouveau Conseil général à nommer lui-même dans son sein, contrairement à la loi organique des 21 mai—27 juin 1790, trois citoyens pour exercer par intérim les fonctions de procureur syndic et de substituts[1].

été reconnue par un décret de l'Assemblée nationale, dans lequel on déclare que le Conseil général a bien mérité de la patrie ;

« Arrête 1° que le citoyen Boucher-René sera dénoncé à la Convention nationale, aux quarante-huit sections; que le présent sera imprimé, affiché, et envoyé comme dénonciation à toutes les autorités constituées ;

« Arrête 2° que la liste des douze membres, que le citoyen Boucher-René a annoncée à la Convention nationale, sera déposée sur le bureau et signée par lui, afin qu'il soit prononcé qu'elle est fausse, en ce qu'il a omis les citoyens Dreux et Lesquilliez, qui se sont exactement occupés de leurs devoirs depuis le 10 août, et qu'il leur a substitué Étienne Leroux et Lafisse, qui n'ont jamais paru au Conseil général depuis la glorieuse époque de notre révolution ;

« Arrête enfin que la liste des douze membres nommés par le citoyen Boucher-René, ainsi que celle des vingt-deux composant réellement le corps municipal, seront imprimées à la suite du présent.

« Le secrétaire-greffier est autorisé à faire imprimer par travail de nuit, et à ordonner l'affiche pour demain matin. »

1. Voir le texte même de ce décret dans le *Journal des Débats et Décrets,* n° 72, page 477.

Les décrets des 24 et 29 novembre ne contenaient aucune disposition relative à la nomination du maire, parce qu'il était permis d'espérer qu'après tant de scrutins infructueux on allait enfin aboutir à une élection régulière.

A raison du refus absolu de d'Ormesson, la lutte s'était concentrée entre Lhuillier, le candidat des jacobins, et Chambon, celui des modérés. Sur 10,223 votants[1] le sixième tour de scrutin avait donné 3,632 voix à Chambon et 2,491 seulement à Lhuillier; au ballottage, sur 11,365 votants[2], les Jacobins ne parvinrent à faire obtenir que 3,906 suffrages à Lhuillier; 8,358 furent donnés à Chambon, qui se trouva ainsi définitivement élu maire de Paris, le 30 novembre. Cette nomination, faite à une si éclatante majorité, dut être et fut considérée comme une approbation librement donnée par les habitants de Paris aux décrets des 24 et 29, comme la condamnation, sans appel possible, de la Commune du 10 août.

V.

Ce pouvoir usurpateur, ne pouvant plus se faire d'illusion sur sa prochaine disparition, emploie ses derniers moments à consacrer la mémoire de ses exploits révolu-

---

1. *Moniteur*, n° 334.
2. *Moniteur*, n° 336.

tionnaires et à lancer contre ses principaux ennemis de suprêmes dénonciations.

Le 26 novembre, en communiquant aux sections le décret du 24, il ordonne de dresser la liste de tous les citoyens qui ont composé le Conseil général depuis la dernière révolution avec la mention de ceux qui ont *juré de mourir* à leur poste[1]. Un crédit de 400,000 livres avait été ouvert par un décret à la Commune pour distribuer des secours aux blessés et aux orphelins du 10 août ; une commission avait été nommée pour recueillir les noms des ayant droit[2]. Le Conseil, « afin d'immortaliser les noms des fondateurs de la République, arrête que le tableau des noms des citoyens morts ou blessés dans la journée du 10 août sera exposé dans la salle de ses séances, surmonté d'une couronne civique[3]. »

Après s'être ainsi glorifiée dans ceux qui se sont fait tuer pour elle et dans chacun de ceux qui l'ont composée aux jours de son triomphe, la Commune insurrectionnelle charge quatre de ses membres[4] de rédiger une adresse aux quarante-huit sections et aux quatre-vingt-trois départements, « pour leur faire connaître les ma-

1. *Moniteur,* n° 333. C'est probablement cette liste que les auteurs de l'*Histoire parlementaire* ont reproduite ; liste incomplète et en plusieurs points erronée, ainsi que nous l'avons démontré dans la note xi du tome II.

2. Voir la note xvii du tome II sur les morts et blessés du 10 août.

3. Jamais cet arrêté ne fut mis à exécution ; jamais la liste exacte et complète ne fut dressée.

4. Hébert, Lavau, Marino et Martin.

nœuvres astucieuses et mensongères au moyen desquelles le corps municipal a surpris à la Convention les deux décrets qui ont ordonné la réélection provisoire du Conseil général [1]. » Elle enjoint à Boucher-René « de déposer sur le bureau la pétition qu'il a présentée pour obtenir cette réélection, ainsi que la lettre de convocation du nouveau Conseil, pièces qui devront être remises au secrétariat après avoir été paraphées par le président, le substitut du procureur-syndic et le secrétaire greffier de la Commune. »

Mais il était un homme auquel les ex-dictateurs de l'Hôtel de Ville en voulaient encore plus qu'au maire par *intérim*. C'était Roland qui, par son rapport du 29 octobre sur l'état de Paris, avait dévoilé toutes les turpitudes dont ils s'étaient rendus coupables. Le 22 novembre, la section des Piques, — celle de Robespierre, — avait déclaré dans un arrêté transmis aux quarante-sept autres sections, que le ministre de l'intérieur « avait perdu sa confiance [2]. » Donnant à cet arrêté sa haute sanction, le Conseil général s'était empressé de charger sept de ses membres d'examiner la conduite du ministre déclaré suspect et d'inviter tous les citoyens à fournir des renseignements contre lui [3]. Le 29, l'acte d'accusation se trouve définitivement dressé. Il est aussitôt approuvé et envoyé à la Convention sous le titre d'*Adresse pour dénoncer la conduite coupable du ministre Roland*.

L'Assemblée nationale reçoit cette adresse le diman-

---

1. Séance du conseil général, 1ᵉʳ décembre 1792.
2. *Moniteur,* n° 330.
3. *Moniteur,* séance de la Commune, 23 novembre.

che 2 décembre au soir[1]. Elle la renvoie à l'un de ses comités qui l'enfouit dans ses archives. Nous l'y avons retrouvée, et malgré sa longueur, nous la donnons tout entière. L'histoire, suivant nous, ne peut dédaigner un document aussi caractéristique.

« Citoyens législateurs, le moment de notre installation comme commissaires de la municipalité fut un moment de force, et vous célébrâtes le courage des hommes du 10 août; celui de notre retour dans nos sections ne sera pas marqué par la faiblesse. Nous venons, dans les derniers instants d'une existence qui déjà depuis longtemps pesait sur nos cœurs, vous présenter des vérités importantes, vous parler en hommes libres.

« Nous venons vous dénoncer le ministre Roland comme indigne de notre confiance, indigne de celle des citoyens que nous avons eu le courage de représenter dans les temps orageux de la formation de la République.

« Des écrits incendiaires contre la ville de Paris circulent dans les autres départements. Quel est, non pas peut-être l'auteur de ces écrits, mais celui qui les stipendie, celui qui les a fait parvenir, celui qui arrête la circulation des papiers patriotes? C'est Roland.

---

[1]. Le *Moniteur* ne dit rien de cette adresse; mais nous lisons, page 36 du n° 76 du *Journal des Débats et Décrets* : « Le conseil général, avant de quitter ses fonctions, vient dénoncer Roland et demander une loi contre l'agiotage. Il proteste que, divisés, rentrant dans la classe des simples citoyens, ses membres veilleront toujours au bonheur public. »

« Un compte moral a été rendu, et ce compte encore est particulièrement contre la ville de Paris ; quel en est l'auteur ou le stipendiaire ? C'est Roland.

« Déjà un imprimé de lui a provoqué, contre cet agent aussi ambitieux qu'infidèle du pouvoir exécutif, l'arrêté de plusieurs sections, et vous en connaissez les motifs.

« Mais ce n'est pas tout ; écoutez, Législateurs, et jugez-nous. Nous vous dénonçons Roland comme ayant méprisé les autorités constituées, ayant enfreint la loi, ayant fait briser des scellés, sans les faire reconnaître par ceux qui les avaient apposés ; comme ayant fait, dans le château de nos anciens tyrans, des découvertes sans avoir pris aucune des précautions légales, comme si l'homme qui approche le plus de la loi ne devait pas être le premier à se soumettre devant elle. Nous vous le dénonçons comme ayant pu, puisqu'il vous a présenté la substance analytique des pièces qu'il vous rapportait, d'après sa découverte aux Tuileries, comme ayant pu, disons-nous, soustraire une partie de ces pièces[1]. Nous vous le dénonçons enfin comme ayant osé vous présenter, avant-hier, le trouble et la sédition dans Paris, calomnier le peuple de Paris qu'il fait investir de quantité de satellites secrets et mal intentionnés, lorsque la paix et la tranquillité règnent, malgré les efforts perfides des agitateurs et peut-être de Roland lui-même. Tels sont, citoyens législateurs, les motifs qui nous appellent dans

---

1. Ici la Commune fait allusion à un incident important, la découverte de l'armoire de fer, dont nous parlerons dans le livre suivant.

votre sein avant notre séparation. L'envie et la calomnie ne les ont pas dictés. Ces deux passions affligeantes n'eurent jamais d'accès dans nos âmes. Les hommes qui ont sauvé la patrie le 10 août, n'ont d'autre objet que de vous *desciller la vue* et d'arracher Paris à une puissance dont l'intrigue de quelques factieux le menace. D'après ces observations, il est évident que Roland est coupable. Dira-t-on qu'il est égaré? dira-t-on qu'il est au-dessous de sa place? Dans l'un comme dans l'autre cas, qu'il la quitte! il le doit à la sûreté de la République; il se le doit à lui-même; il doit remettre à des hommes plus dignes, plus éclairés, enfin à de vrais républicains, un poids qu'il ne peut plus soutenir [1]. »

1. Roland aurait pu imiter la Convention et dédaigner de relever le gant que lui jetait la Commune insurrectionnelle. Il ne fit point, il est vrai, de réponse directe à la pétition de la Commune, mais il envoya au *Moniteur* (n° 342) une longue note signée de lui, et dont la tournure ironique trahit la coopération de madame Roland, rédacteur ordinaire des factums de son mari.

« J'apprends par un journal, y disait-il, que le conseil général a un registre ouvert, une commission spéciale nommée pour recevoir et rassembler toutes les dénonciations que l'on veut bien faire contre moi; qu'un rapport se prépare; que le tribunal me juge déjà à l'avance... Tout cela est très-bien. De telles préventions sont le lot des hommes en place dans une république. Je le savais dès longtemps; cela ne m'a pas empêché de désirer cette république : cela ne m'empêchera pas de la défendre. Le conseil général et moi la servons également, quoique d'une manière différente.

« J'ai raison d'écrire au conseil général lettre sur lettre pour lui demander, au nom de la loi, des comptes de sa gestion pendant deux mois de désordre et de dilapidation. Il a raison, sans doute, d'employer à s'indigner contre moi le temps qui pourrait servir à répondre à mes lettres, car il en résultera, pour la chose publique, deux

La Commune du 10 août n'eût pas fait des adieux complets si, après s'être ainsi attaquée au roi du jour, elle avait oublié de s'attaquer au roi de la veille ; si, après avoir tenté d'obtenir la destitution de Roland, elle n'avait pas réclamé la mort de Louis XVI. Seulement, au lieu de faire directement cette seconde démarche, elle emploie un procédé qui lui est habituel. Elle charge ses commissaires d'accompagner à la barre de l'Assemblée une députation qui se prétend l'organe des quarante-huit sections et qui n'est tout au plus déléguée que par l'une d'entre elles, celle du Panthéon français. Mais la Convention ne s'y trompe pas, et le discours de son président, Barère, est bien plus directement adressé aux commissaires présentateurs qu'aux pétitionnaires eux-mêmes. Voici, du reste, la demande et la réponse.

« Représentants du peuple français, dit l'orateur de la députation, que tardez-vous à accomplir la vengeance nationale ? Le monstre qui voulait anéantir la liberté et l'égalité est enchaîné. Bientôt il sera livré à

---

très-grands avantages : l'un que tant de recherches et de dénonciations amèneront nécessairement une punition exemplaire, si je suis coupable ; l'autre, qu'il sera bien constaté que le conseil général de la Commune de Paris préfère, au parti si simple de rendre ses comptes, celui de persécuter les surveillants incommodes, à qui la loi ordonne de les lui demander...

« Il ne m'appartient pas de prévenir mon jugement : je n'en ai d'ailleurs pas le temps, et je ferai mieux d'attendre, pour me justifier, que le rapport, qui s'enfle tous les jours, lance enfin contre moi sa redoutable explosion. Alors, à mon tour, je jugerai mes juges. Je veux bien leur accorder ce délai et ne répondre à rien en détail que quand on verra l'ensemble. »

votre justice. Pourquoi donner le temps aux factions de renaître?... La mort ne peut-elle pas vous soustraire votre victime? Alors que nous serviraient tous vos serments? L'ignorance et la calomnie répandraient impunément le bruit que les Français n'ont pas osé juger leur roi et qu'ils ont lâchement préféré l'empoisonner. Écartez jusqu'à la possibilité de cette injure; temporiser, c'est consentir à la durée de nos maux. Le peuple, tout patient qu'il est, peut s'ennuyer... Or donc, les sections vous demandent :

« 1.° De poser la question comme elle le devrait être :
« Louis, ci-devant roi des Français, est-il digne de
» mort? Est-il avantageux à la République de le faire
« mourir sur l'échafaud?

« 2° De redoubler de zèle et d'activité tant que durera cette affaire. »

« Citoyens, réplique Barère, la Convention n'a pas attendu que les sections de Paris lui témoignassent leur sollicitude sur le jugement du dernier roi des Français. Elle écoutera toujours avec intérêt les pétitions des citoyens, c'est un devoir; mais elle ne sera jamais devancée par aucune section du peuple sur les objets de salut public. Elle n'a ni torpeur, ni pusillanimité. Elle aura le courage d'étouffer toutes les factions qui entourent le berceau de la République, même la faction impie des *avilisseurs* du pouvoir national... La République une et indivisible a confié à ses représentants le droit de préparer ses lois et de la *délivrer du royalisme comme de l'anarchie, des traîtres couronnés comme des factieux mercenaires*. La Convention nationale en répond à la patrie... La Convention nationale ne doit compte de ses travaux, de ses pensées et du jugement de Louis le Traître qu'à la République entière. »

VI.

La plupart des sections avaient eu, dans une occasion ou dans une autre, à se plaindre de l'insupportable tyrannie de ceux auxquels Barère venait de faire une si singulière oraison funèbre. D'ailleurs, beaucoup de meneurs de bas étage s'agitaient dans ces petits centres d'influence locale et aspiraient à prendre la place des commissaires qui, depuis quatre mois, trônaient à l'Hôtel de Ville. Tout le monde se croyait propre à remplir des fonctions municipales, depuis que l'on avait pu juger de l'incapacité de ceux que l'insurrection en avait revêtus. Aussi, beaucoup de sections n'attendirent pas le résultat des protestations de la Commune insurrectionnelle contre le décret du 24; quelques-unes commencèrent leurs opérations électorales dès le 27, la plupart le 28; celles qui furent le plus longtemps à prendre leur parti, votèrent le 30. Mais le nombre des électeurs se trouva encore moindre pour le choix des nouveaux membres du Conseil général que pour la nomination du maire. La moyenne de un votant sur dix descendit à un sur vingt. Les urnes de quelques sections ne reçurent pas cent suffrages; celles du plus grand nombre n'en reçurent pas deux cents. Les nominations ayant lieu à la majorité relative, beaucoup d'élus ne tinrent leurs pouvoirs que d'un nombre vraiment dérisoire d'électeurs.

Certains commissaires de la Fontaine-de-Grenelle, des Champs-Élysées, du Mont-Blanc, du Ponceau, se trouvèrent nommés par vingt et même seize voix[1] !

Devant l'indifférence de l'immense majorité des électeurs parisiens, les candidats les plus connus éprouvèrent le même sort que les plus obscurs; les deux hommes qui avaient joué à l'Hôtel de Ville, depuis trois mois, et qui devaient jouer jusqu'en mars 1794 les rôles les plus importants, Hébert et Chaumette, furent réélus, le premier par cinquante-six voix dans la section Bonne-Nouvelle, et le second par cinquante-trois voix dans la section du Théâtre-Français[2].

1. Nous n'avons pu vérifier les faits que nous venons de citer que pour trente-trois sections sur 48. Les quinze autres ont omis d'indiquer le nombre des votants et le chiffre de voix obtenues par les candidats. On ne doit voir, dans cet oubli sans doute volontaire, que le désir de ne pas faire connaître des faits analogues, et peut-être plus significatifs encore.

2. Nous ne voulons pas accumuler les citations individuelles. Bornons-nous à citer le chiffre des voix obtenues par les personnages les plus marquants de la Commune du 2 décembre : Les deux prêtres qui conduisirent Louis XVI à l'échafaud, Jean-Claude Bernard et Jacques Roux, n'obtinrent que 24 et 46 voix dans les sections de Montreuil et des Gravilliers sur 104 et 300 votants; Destournelles, qui devait présider le conseil général au 31 mai, et, en récompense de sa conduite dans cette journée, être appelé au ministère des finances, fut élu dans la section de la Bibliothèque par 46 électeurs; le secrétaire de l'ancienne et de la nouvelle Commune, Coulombeau, n'obtint, aux Droits de l'homme, que 25 voix sur 155; Geney, le maître tonnelier dont nous avons parlé (tome I, page 133), fut élu par 34 voix sur 213 dans la section du Finistère; le tailleur Lechenard,

Les suffrages d'une cinquantaine de démagogues suffirent pour maintenir sur leur chaise curule ces deux futurs grands prêtres de la déesse Raison et pour les autoriser à parler au nom du peuple de Paris!

Les agitateurs subalternes de quartier, qui, las de travailler pour le compte d'autrui, avaient aspiré à l'honneur de siéger dans le Conseil général provisoire, avaient généralement réussi dans leurs calculs et dans leurs manœuvres. D'un autre côté, plusieurs sections, animées d'un esprit tant soit peu réactionnaire, avaient nommé des personnes depuis longtemps revêtues de leur confiance, mais qui étaient loin d'approuver ce qui s'était fait depuis quatre mois. Parmi les cent vingt-deux élus vingt-huit seulement avaient fait partie plus ou moins longtemps de la Commune insurrectionnelle. Quelques autres s'étaient fait connaître dans des circonstances diverses. La plupart n'avaient encore acquis aucune notoriété.

VII.

Le 2 décembre au matin, Boucher-René, se présente à la tête des nouveaux élus dans la grande salle de l'Hôtel de Ville. Les membres de la Commune insurrectionnelle y occupent leurs siéges ordinaires. Aussi-

dont nous avons parlé (tome II, page 176), par 39 voix sur 303 dans la section Mauconseil; Douce, désigné sous la qualification d'ouvrier en bâtiment, n'obtint, à la Croix-Rouge, que 24 voix sur 137 votants.

tôt qu'ils voient le maire par intérim se diriger vers le bureau pour y prendre le fauteuil, ils se lèvent en tumulte, et poussent d'effroyables vociférations : *C'est un traître, c'est un imposteur, les hommes du 10 août ne peuvent être présidés par un faussaire !* Boucher-René dédaigne de faire attention à ces clameurs et va s'asseoir à l'écart.

Mais il était réservé au pouvoir près d'expirer de recevoir le coup de grâce de celui-là même qui avait été son serviteur docile, son instrument aveugle, de Santerre. Le farouche républicain qui avait sollicité les faveurs des ministres de Louis XVI, et qui devait un jour se précipiter aux pieds de Napoléon [1], savait parfaitement mettre la rudesse de sa prétendue franchise au service de ses intérêts. Toutes les fois qu'il s'agissait de saluer l'apparition d'un pouvoir nouveau, il était des plus vite arrivés.

Les commissaires insurgents avaient résisté à la première sommation que le maire par intérim leur avait faite ; ils semblaient attendre qu'au nom du peuple, les spectateurs des tribunes les invitassent à garder leurs siéges. Pendant ce temps, ils recevaient des adresses, entendaient des harangues et ne songeaient nullement à lever leur séance. Un bataillon de vétérans se présente et obtient facilement l'autorisation de défiler dans la salle ; Santerre qui les accompagne reste à la barre et, après leur sortie, demande la parole. Va-t-il donner le signal d'une nouvelle insurrection, va-t-il offrir à

---

[1]. Voir la note VIII du premier volume.

ses anciens complices le secours de son épée? Non. Il n'a garde de vouloir soutenir un pouvoir qui tombe; bien au contraire, il déclare « que parmi les membres de la nouvelle Commune il y a beaucoup de citoyens faits pour mériter la confiance publique, et que pour lui, en sa qualité de républicain, il donnerait sa démission s'il était possible que la Commune de Paris s'écartât un instant des principes si heureusement professés par les hommes du 10 août. »

Devant cette harangue qui leur enlève leur dernière espérance, les ex-dictateurs de l'Hôtel de Ville courbent la tête, se résignent et se séparent. A une heure et demie, Boucher-René peut enfin occuper le fauteuil de la présidence et prononcer la dissolution de la Commune insurrectionnelle [1].

Santerre avait dit vrai, beaucoup de membres du nouveau Conseil étaient dignes de leurs prédécesseurs. C'étaient d'autres noms, d'autres visages, mais c'était le même esprit. La Commune du 2 décembre ne devait pas tarder à épouser toutes les rancunes, à imiter toutes les illégalités et toutes les violences de celle du 10 août [2].

---

1. Pour tous ces divers incidents de la séance du 2 décembre, nous avons suivi les indications du procès-verbal officiel et celles du *Moniteur*, n° 339; nous les avons complétées les unes par les autres.

2. Quelqu'un qui a été à même de voir de près les membres des deux municipalités, qui a pu apprécier leur conduite vis-à-vis des malheureux prisonniers du Temple, Cléry s'exprime ainsi dans ses mémoires : « Plusieurs de ces nouveaux commissaires me donnèrent lieu de regretter leurs prédécesseurs. Ceux-ci étaient plus grossiers et plus insolents. La méchanceté des seconds était bien plus réfléchie.

Le nouveau Conseil inaugure son règne par une violation flagrante du Code municipal. La loi des 21 mai-27 juin 1790, qui était toujours en vigueur, avait établi une espèce de droit d'ostracisme exercé par chaque section sur le choix des quarante-sept autres [1]. De son autorité privée, la nouvelle Commune leur enlève ce droit et se l'attribue ; elle déclare qu'elle ne sera définitivement constituée qu'après s'être assurée des qualités civiques de chacun des individus qui la composent. Puis, accumulant illégalité sur illégalité, elle modifie le serment que, aux termes du décret du 11 août, chaque fonctionnaire public doit prêter en entrant en fonctions. A la formule officielle, elle fait des additions qui sont la négation formelle d'une loi de conciliation et d'apaisement rendue par la Législative. Chaque membre appelé par le secrétaire-greffier est obligé de déclarer que, non-seulement il n'a pas été suspendu par la Commune du 10 août des fonctions publiques qu'il exerçait auparavant, mais encore qu'il n'a signé aucune pétition anticivique, ni fait partie d'aucun club réactionnaire [2].

Les nouveaux municipaux voulaient surpasser le zèle des anciens, et ce zèle ne fut qu'une émulation de tyrannie. »

1. Voir les articles 14, 15 et 16 du titre II de la loi du 21 mai-27 juin 1790. Le mécanisme de cette forme compliquée d'élection a été expliqué tome I, note III.

2. Le serment civique, décrété par la loi du 11 août 1792, pouvait être prêté par tous sans blesser aucune conscience, sans obliger qui que ce fût à renier ses opinions antérieures. Il était ainsi conçu : « Je jure de maintenir la liberté, l'égalité, ou de mourir à mon poste. » Voici l'addition faite à cette formule par le Conseil général de la Commune : « Je jure de n'avoir jamais été d'aucune société anticivique,

Plusieurs nouveaux membres se trouvent compris dans ces catégories inventées par une ombrageuse inquisition, notamment deux des élus de la section de la Fraternité, autrefois l'île Saint-Louis. Cette section qui s'était toujours distinguée par ses choix modérés, était restée fidèle à ses précédents. L'un de ses commissaires, Dommanget, était un avocat assez obscur; mais l'autre, Royer-Collard, secrétaire-greffier adjoint de la Commune avant le 10 août, avait eu ce jour-là le courage de dresser acte de la violence dont les intrus de la Commune insurrectionnelle et leurs affidés avaient usé envers ses collègues et lui, en les expulsant de l'Hôtel de Ville; le matin du 2 septembre, il avait eu le courage plus grand encore de venir à la barre de la Législative dénoncer, au nom de sa section, les bruits précurseurs des massacres qui se préparaient. A l'appel de son nom, à son apparition devant le bureau du président, un orage terrible éclate dans l'assemblée. De toutes parts on lui adresse les inculpations les plus graves, les reproches les plus violents. Après une longue discussion, le Conseil ajourne son admission et celle de Dommanget [1].

---

tels que les clubs monarchiques des Feuillants ou de la Sainte-Chapelle, et de n'avoir jamais signé ni colporté aucune pétition contraire aux droits du peuple, notamment celle des huit mille et celle des vingt mille. »

Nous avons vu (tome IV, pages 7 et 8) que la Législative avait décrété que les originaux de ces deux pétitions seraient brûlés, afin que les signataires ne pussent jamais être recherchés ni incriminés.

1. Le 19 décembre, Royer-Collard donna sa démission, malgré le désir manifesté par un grand nombre des citoyens de la section de la Fraternité de lui voir continuer ses fonctions. Nous le retrouverons

Quelques autres membres éprouvent le même sort. Celui-ci est accusé d'avoir été l'ami de La Fayette et de Bailly, leur complice dans l'affaire du Champ-de-Mars; celui-là, d'avoir assisté une fois à la séance du club des Feuillants. A certains, on reproche leur peu de civisme, à d'autres leur peu de probité. Bien plus, la nouvelle Commune va jusqu'à soumettre au même scrutin épuratoire les vingt-deux officiers municipaux qui n'avaient pas eu besoin d'être réélus par leurs sections respectives, puisqu'ils avaient été conservés par une disposition formelle des décrets des 24 et 29 novembre. Parmi ces vingt-deux se trouvaient Cousin et Bidermann. Cousin, le savant professeur du Collége de France, avait présidé le Conseil légal dans la nuit du 9 au 10 août; il avait montré la plus grande faiblesse envers les énergumènes des tribunes au commencement de la soirée du 9, et plus tard envers les députations les plus arrogantes des sections insurgées [1]. Le banquier Bidermann s'était joint à Royer-Collard dans sa protestation contre la violente usurpation des prétendus commissaires des sections; depuis, il s'était mis en lutte ouverte avec la Commune insurrectionnelle et l'avait dénoncée à la Convention [2]. Cousin et Bidermann avaient été chargés spécialement dans l'administration municipale de toutes les questions qui se rattachaient aux subsistances. Aussitôt que leurs noms sont prononcés, ils sont l'un et l'autre accusés

encore sur la brèche à l'approche du 31 mai. (Voir les procès-verbaux de la section de la Fraternité.)

1. Voir tome II, page 244.
2. Voir tome II, page 279, et tome IV, page 256.

d'impéritie et même de malversation ; on demande leur arrestation immédiate. Après des débats tumultueux, le Conseil décide que six commissaires seront chargés de se transporter chez eux, de remonter à l'origine de tous les marchés qu'ils ont signés, d'examiner leur conduite dans tous ses détails [1].

Cependant certaines sections n'admettaient pas la légalité de ce scrutin épuratoire, et insistaient vivement pour l'admission pure et simple de leurs élus. Aux députations qui viennent lui exprimer leur mécontentement, le Conseil général répond par une adresse explicative de sa conduite [2]; puis, tout en maintenant à son profit le droit d'ostracisme qu'il a usurpé, il reconnaît à chaque section le droit de révoquer les commissaires qu'elle a nommés, s'ils ont perdu sa confiance.

C'était rentrer complétement dans les errements de la Commune du 10 août, renouveler le procédé que celle-

1. Les commissaires nommés pour examiner la gestion des anciens administrateurs des subsistances déposèrent le lendemain leur rapport ; il en résultait que les bruits répandus sur les dilapidations de Bidermann et de Cousin et sur le mauvais état de l'approvisionnement en farine de la ville de Paris étaient complétement faux. (*Moniteur*, nº 343.)

2. L'arrêté qui ordonnait la rédaction de cette adresse était ainsi conçu : « Le Conseil, considérant que la responsabilité solidaire de ses membres serait compromise, que la République serait exposée aux plus grands périls si les fonctions importantes qui lui sont déléguées étaient confiées à des hommes qui ont démérité de la patrie et qui ne mériteraient pas la confiance du peuple; arrête qu'il sera fait une adresse aux quarante-huit sections pour expliquer les motifs qui l'ont engagé à soumettre tous ses membres à une censure rigoureuse. » (*Moniteur*, nº 342.)

ci avait si habilement employé pendant les quatre mois de son existence, pour écarter successivement les membres qui, suivant elle, *n'étaient pas à la hauteur de leur mission.*

VIII.

L'épuration illégale de la nouvelle Commune aurait pris de très-grandes proportions si, le 5 décembre, elle n'eût été dénoncée à la Convention par Rabaut Saint-Étienne, sur la plainte de la section de la Fraternité (île Saint-Louis). En vain Thuriot prétend-il que le Conseil général n'a fait qu'user du droit d'ostracisme créé par la législation de 1790. Sans vouloir discuter, l'Assemblée déclare « nul et attentatoire à la souveraineté du peuple tout scrutin qui aurait été ou serait fait par un corps administratif, municipal, électoral ou judiciaire, pour écarter des membres de son sein[1]. »

Mais ce que ce décret empêchait les meneurs de l'Hôtel de Ville de faire par eux-mêmes, ils l'essayèrent à l'aide des sections. Par un triste retour des choses d'ici-bas, Cousin, dont la déplorable inertie et la coupable connivence avaient si puissamment contribué à la révolution du 10 août, n'était plus en décembre qu'un vil réactionnaire. On obtint de sa section, le Panthéon, deux délibérations qui annonçaient à tout Paris qu'il

---

[1]. *Moniteur*, n° 342.

avait perdu la confiance de ses commettants[1]. Le même procédé fut encore employé contre d'autres citoyens, moins connus mais non moins suspects de modérantisme que le savant professeur. Cependant, comme ces répudiations partielles ne marchaient pas assez vite, on imagina, dès le 22 décembre, c'est-à-dire vingt jours après l'installation du nouveau Conseil, de faire déclarer par le corps municipal [2], que, les élections ordonnées par les décrets des 24 et 29 novembre n'étant que provisoires, il y avait lieu de procéder à des élections définitives. Nous raconterons plus tard cette nouvelle phase de l'histoire de la municipalité parisienne, que les historiens, nos prédécesseurs, n'ont ni décrite ni même mentionnée.

Le décret du 29 novembre avait conféré à la nouvelle Commune le droit de choisir dans son sein trois de ses membres pour remplir provisoirement les fonctions de procureur syndic et de substituts. Mais les législateurs avaient oublié d'établir une distinction entre les élections à faire au premier degré par les sections et celles à faire au deuxième par le Conseil. Voulant en finir vite plutôt que bien, craignant d'éterniser le vote, comme cela venait d'avoir lieu pour la nomination du maire, ils avaient prescrit d'une manière générale que toutes les élections destinées à opérer le renouvellement de la municipalité seraient faites par un

---

1. Nous avons déjà donné le texte de ces deux délibérations, t. II, p. 245.

2. Les Jacobins y étaient entrés en majorité, 27 contre 21.

seul scrutin et à la majorité relative, quel que fût le nombre des votants.

Ce mode expéditif s'explique pour des nominations urgentes et extraordinaires à faire par 48 sections, mais il ne se comprend plus lorsqu'il s'agit de choix à effectuer dans le sein d'un conseil relativement peu nombreux. Cette complète assimilation entre deux ordres si différents d'élections prouve une fois de plus la déplorable légèreté des chefs de la majorité conventionnelle, c'est-à-dire des Girondins, qui ne savaient pas prévoir les conséquences les plus simples des décrets qu'ils proposaient, et qui se jetaient tête baissée dans des dangers que la moindre connaissance des hommes et des choses leur eût fait éviter.

Les élections du deuxième degré furent faites comme l'avaient été celles du premier, par la minorité votant en l'absence de la majorité. Sur 144 membres du Conseil, il n'y eut que 59 votants : Chaumette réunit 31 voix pour être procureur syndic; Hébert 34, et Lebois 31, pour être premier et deuxième substituts. Aucun des trois élus n'obtint le quart des suffrages qui auraient dû être exprimés, et cependant Hébert et Chaumette étaient les héros du jour. Depuis que les Danton, les Robespierre, les Billaud-Varennes avaient quitté l'Hôtel de Ville pour entrer à la Convention, toutes les délibérations du Conseil général avaient été inspirées, dirigées par Chaumette et par Hébert. Provisoirement investis, depuis le mois de septembre, des fonctions du ministère public, ces deux hommes requéraient sans cesse l'adoption des mesures les plus révolutionnaires. On lisait leurs noms au bas de tous les arrêtés, de toutes les proclamations de la Commune. Dans les réceptions solennelles, dans les fêtes publiques, c'était eux que l'on voyait à la tête de toutes les députations; c'était eux qu'on entendait chaque jour et en tout lieu prendre la parole au nom des 48 sections, au nom de la Commune, au nom du peuple. Inconnu avant le 10 août, Chaumette avait conquis l'admiration des tribunes de l'Hôtel de Ville par sa faconde emphatique, par les comparaisons ampoulées et les rapprochements bizarres dont ses discours étaient parsemés. Célèbre dans les faubourgs depuis plusieurs années, grâce à sa feuille immonde, *le Père Duchêne,* Hébert n'avait pas eu de peine à devenir l'oracle de la populace, dont nul mieux que lui ne savait écrire et parler la langue. Lebois n'était qu'un comparse qui ne parut qu'un instant sur la scène politique[1].

Toutes les élections étant faites, on procéda à l'installation des diverses autorités qu'elles avaient produites.

---

1. La nomination de Chaumette, Hébert et Lebois par le Conseil n'était que provisoire. Quelques jours plus tard, conformément à la loi de 1790, les 48 sections furent invitées à élire le procureur-syndic et ses deux substituts. Elles ne mirent pas, semble-t-il, beaucoup de zèle à confirmer les choix de la Commune. Au premier tour de scrutin, le 6 décembre, Chaumette n'obtint que 1,586 voix sur 7,062; au scrutin de ballottage, le 16, il en réunit, il est vrai, 5,089, mais son concurrent, Réal, qui en avait encore gardé 2,243, fut nommé, le 22, premier substitut. Hébert dut se contenter de la troisième place dans le ministère public établi près de la municipalité parisienne. C'était, du reste, la place qu'avait occupée Danton. Comme lui, Hébert sut en faire la première. Il devint, en 1793, ce que son prédécesseur avait été en 1792 : la véritable incarnation de la démagogie parisienne.

Ce fut dans cette occasion solennelle et en prenant possession du siége destiné au procureur syndic, que Chaumette fit au président qui lui demandait ses nom et prénoms, cette réponse célèbre : « Sous l'ancien régime, je m'appelais Pierre-Gaspard Chaumette, parce que mon parrain croyait aux saints; mais, depuis la Révolution, j'ai pris le nom d'un saint qui a été pendu pour ses principes de républicanisme; c'est pourquoi je m'appelle maintenant Anaxagoras Chaumette[1]. »

IX.

La Commune du 10 août avait, en disparaissant, lancé le trait du Parthe contre son ennemi le plus haut placé, le ministre de l'intérieur. Sa dénonciation n'avait été, du reste, que le résumé des diatribes tous les jours débitées aux Jacobins contre Roland, « le vertueux,

[1]. La citation de Chaumette manquait complétement d'exactitude. Anaxagoras, de Clazomène, avait été poursuivi non pour ses principes républicains, ce qui aurait été assez bizarre à Athènes, mais bien sous l'accusation d'impiété légale; grâce à la protection de Périclès, son ancien disciple, il ne fut pas mis à mort, mais seulement exilé. Le nouveau procureur-syndic, pas plus que ses auditeurs, n'y regardaient de si près.

La réponse de Chaumette ne se trouve pas consignée au procès-verbal officiel du Conseil général, le secrétaire l'aura peut-être omise à cause de son emphase ridicule; mais le nouveau procureur-syndic, qui désirait qu'elle ne fût pas perdue pour la postérité, la communiqua probablement lui-même au *Moniteur*. Elle se trouve au n° 350 de ce journal.

l'éternellement vertueux Roland[1]; » que la copie du long acte d'accusation lancé peu auparavant par les frères et amis contre leur ancien coreligionnaire, sous le titre d'Adresse aux quatre-vingt-quatre départements[2]. Mais ces levées de boucliers successives n'avaient abouti à rien. Le ministre de l'intérieur restait en place, et l'immense majorité de la Convention semblait fermement résolue à l'y maintenir. Il fallait donc à tout prix lui ravir la confiance et l'estime de l'Assemblée nationale; pour cela il n'était pas de meilleur moyen que de le montrer conspirant non pas contre le jacobinisme avec les Girondins, mais contre la République avec les émigrés.

Or, le plus remuant des démagogues, Chabot, venait de mettre la main sur une espèce de mouchard diplomatique, nommé Achille Viard. Cet individu était, comme tous ses pareils, fort disposé à dénoncer ceux qui refusaient de l'employer suivant le mérite qu'il s'attribuait ou de le payer le prix qu'il s'estimait. Le 7 décembre, l'ex-capucin l'amena devant un petit cénacle de montagnards, Ingrand, Rovère, La Vicomterie, Ruamps, Tallien, Montaut et Basire, appartenant tous au comité de sûreté générale, mais n'en formant que la minorité.

---

1. C'est ainsi que le désignait Merlin (de Thionville) en l'accusant de dépenser des sommes folles à répandre dans les départements les libelles girondins. (*Journal des débats de la Société des Jacobins*, n° 296.)

2. Voir cette adresse dans ce même journal, n°s 306, 309 et 310. On sait que Roland avait commencé sa fortune politique en se mettant, à la fin de 1791, à la tête du comité de correspondance de la fameuse société.

On recueille, sous forme de procès-verbal, toutes les sornettes dictées par cet intrigant de bas étage, qui se vante d'avoir reçu du ministre des affaires étrangères, Lebrun, par l'intermédiaire de Fauchet, la mission d'aller espionner les émigrés résidant à Londres. Il a vu, prétend-il, d'Aiguillon, Talleyrand[1], etc. Il a été présenté à plusieurs évêques et à plusieurs grands seigneurs de l'ancien régime. Il a aussi causé avec Narbonne, et cet ancien ministre de Louis XVI lui a fait des confidences qui compromettent Roland. Enfin, il a reçu à son retour un billet de Mme Roland, lui assignant un rendez-vous auquel, du reste, il ne s'est pas rendu.

Chabot avait dessein de tenir en réserve la dénonciation de Viard et de ne s'en servir que lorsqu'il aurait pu réunir d'autres pièces de nature à donner quelque apparence de réalité à ces pitoyables inventions. Mais un des membres du comité de surveillance, Grangeneuve, autrefois confident intime du moine défroqué[2], aujourd'hui son ennemi acharné, avait surpris la lettre de convoca-

---

1. Talleyrand avait été deux jours auparavant, le 5 décembre, décrété d'accusation, à raison de trois lettres écrites par Laporte à Louis XVI, dans lesquelles son nom était prononcé. L'ancien évêque d'Autun réclama vivement contre cette mesure dans deux notes insérées au *Moniteur*, l'une anonyme (n° 350), l'autre signée de lui (n° 359). Dans le courant de janvier 1793, il en adressa une troisième au comité de sûreté générale. Mais toutes ses démarches furent inutiles, Talleyrand ne put obtenir sa radiation de la liste des émigrés que sous le Directoire.

2. Voir, dans les *Mémoires de madame Roland*, le récit de l'étrange complot où Chabot et Grangeneuve jouaient les principaux rôles. Ce complot avait pour but de simuler un guet-apens dont les deux amis d'alors devaient être censés les victimes, et qu'on devait accuser le parti de la Cour d'avoir soudoyé.

tion envoyée aux seuls Montagnards pour recevoir les aveux de Viard. Il court à la Convention dénoncer le conciliabule clandestin. Là-dessus, grands cris et violentes récriminations de la part des membres inculpés. Ils veulent d'abord tourner la chose en plaisanterie : « Il s'agissait, s'écrie Ruamps, de manger un dindon ! » Mais Grangeneuve déclare que la lettre de convocation portait : « Pour entendre la dénonciation d'une affaire importante. » Un autre membre du comité, Vardon, affirme que Basire et ses amis sont coutumiers du fait et qu'il a vu, tout préparé sur le bureau de ce dernier, le rapport de plusieurs affaires qui n'avaient été délibérées que « par la minorité dont le signalement vient d'être donné par Grangeneuve. »

On demande à droite le renouvellement du comité, à gauche l'ordre du jour. Mais l'Assemblée veut évidemment connaître le secret de toute l'intrigue. Chabot, poussé dans ses derniers retranchements, est obligé de confesser le fait; il cherche à l'excuser au nom de l'intérêt public. « La confiance, dit-il, ne se commande pas. Un citoyen désire nous communiquer en particulier un grand complot dont plusieurs des membres du comité de surveillance sont les principaux auteurs. — Nommez-les, s'écrie-t-on de toutes parts. — Oui, je les nommerai, car j'ai en main le procès-verbal qui constate le complot. » Ses amis veulent le faire taire, parce que, disent-ils, ses révélations intempestives vont compromettre l'arrestation de grands coupables; mais l'ex-capucin était doué d'une intempérance de langue qu'il était difficile de refréner.

« Quoi ! citoyens, reprend-il, lorsqu'un grand complot s'ourdit, lorsque des membres du comité de surveillance trempent dans ce complot, me ferez-vous un crime de ne pas admettre à la révélation qui m'est offerte les ennemis de la chose publique ? Me ferez-vous un crime de réunir mes amis, ceux que je sais encore purs et sans reproches, afin de conférer avec eux sur les moyens de saisir les fils d'une conspiration funeste ? »

On réclame la production immédiate du procès-verbal auquel Chabot vient de faire allusion. L'orateur est obligé de le tirer de sa poche et de le passer à Defermon, l'un des secrétaires, qui en donne lecture. La pièce annoncée avec tant de fracas contenait de telles absurdités, de telles contradictions, qu'elle provoque les éclats de rire de la majorité de l'Assemblée. On demande que Viard soit mis sur-le-champ en arrestation et traduit à la barre. « Comment, s'écrie Marat, cet homme vient vous faire une dénonciation officielle, une révélation civique, et vous allez le faire arrêter comme un scélérat ? » Sans daigner prêter la moindre attention à ce que dit *l'ami du peuple*, la majorité exige la lecture des autres pièces qui, au dire des dénonciateurs, doivent corroborer la dénonciation.

« Chabot, reprend Defermon directement interpellé, Chabot m'a bien remis une lettre pour la lire, mais il ne veut plus maintenant qu'elle soit lue. — Non, non ! elle ne sera pas lue, s'écrient à la fois Marat, Legendre et Tallien ; il y va du salut public. »

Un décret formel ordonne à Chabot de déposer sur le bureau la lettre que le secrétaire de l'Assemblée a eue un instant entre les mains. Chabot est obligé d'obéir et Defermon constate que cette lettre n'est pas adressée à l'ex-capucin, mais bien au président de la Convention. « Lisez, lisez, répète la majorité. — « Tout est perdu, dit avec douleur Montaut, les scélérats vont nous échapper ! » Merlin (de Thionville) ajoute : « Nous allions arrêter Narbonne et Malouet, qui sont à Paris. Vous les sauvez ! » En effet, la pièce lue par Defermon n'était rien moins qu'une lettre en date de Paris, 6 décembre, dans laquelle Narbonne, Malouet et deux Anglais, annonçaient au président de la Convention « qu'ils allaient se présenter à la barre pour défendre le roi, à la tête d'une garde de douze mille bons républicains, qui ne voulaient pas la mort de Louis XVI. » Seulement, les signatures de Narbonne et de Malouet, vérifiées par nombre d'anciens constituants, étaient fausses, et les deux Anglais, dont les noms avaient été lus plus d'une fois dans les feuilles de Marat, étaient de pure invention.

« On a donc voulu, dit Defermon, tromper la Convention, l'avilir ! » Quelques membres demandent l'ordre du jour ; mais Jean Debry s'écrie : « Il faut que la Convention s'éclaire, il faut que nous sachions s'il existe parmi nous des membres dont nous devions nous purger. S'il y a des trames, qu'elles soient découvertes ; il est temps que nous quittions cette route souillée de fange et de dénonciations. » Sur la motion de l'orateur, la parole est aussitôt accordée à Chabot pour s'expliquer.

Le ci-devant capucin prétend que ce n'est pas lui qui a été chercher Achille Viard, mais que Viard est venu le trouver il y a huit jours et lui a remis le journal de son voyage à Londres. Quant à la lettre attribuée à Narbonne, elle a été déposée la veille chez son portier. « Ce n'est pas ma faute, ajoute-t-il, si Grangeneuve m'a contraint à produire des pièces que je n'ai pas eu le temps de vérifier. »

Ces explications sont accueillies par des rires et des murmures. Marat s'élève avec violence contre ceux qui osent se moquer « de son trop clairvoyant ami. Oui, s'écrie-t-il, un grand complot a été ourdi contre la sûreté publique. Tous les ennemis de la liberté sont coalisés dans ce moment pour empêcher le jugement de Louis Capet, le chef des conspirateurs. Ils veulent arriver à leurs fins par tous les moyens possibles, par toutes les basses menées, par toutes les sourdes intrigues. Mais certains membres du comité de surveillance les gênent; ils veulent faire renouveler le comité ; ils veulent en éloigner les membres patriotes, et pour cela ils cherchent à les rendre ridicules par de fausses dénonciations. La lettre qui vient d'être lue a été évidemment forgée par des fripons. » Mais ces fripons, quels étaient-ils? Là était toute la question. Marat s'abstient de la résoudre.

Pendant une heure l'Assemblée est en proie à une violente agitation, les interpellations les plus passionnées se croisent, les propositions les plus contradictoires s'entrechoquent. Enfin, l'on annonce l'arrivée de Viard. Au même moment, le ministre de l'intérieur entre dans la salle et va prendre sa place accoutumée. Mais la Montagne déclare qu'elle ne souffrira pas que Viard, amené à la barre, soit interrogé en présence du ministre.

« Viard ne doit pas subir d'interrogatoire, s'écrie Basire, il n'est point accusé; il n'y a ici d'accusé que Roland. »

Le président consulte l'Assemblée; mais trois fois l'épreuve est interrompue par les cris de la Montagne. Manuel, qui tous les jours se détachait de plus en plus de ses anciens amis, s'élance à la tribune. « Eh! quoi, dit-il, est-on résolu à avilir la Convention aux yeux de l'Europe entière? Si la Convention continue à entendre des dénonciations aussi absurdes, la chose publique sera bientôt en péril. Quoi! sur des lettres particulières ou supposées, vous mandez ici le pouvoir exécutif. Ne voyez-vous pas que l'on cherche à faire avilir les fonctionnaires les uns par les autres? Citoyens, il est quatre heures, passons à l'ordre du jour! »

Mais Montagnards et Girondins ne veulent pas que la discussion finisse. Les Montagnards espèrent qu'il surgira tout à coup quelque incident dont ils pourront profiter. Les Girondins veulent que l'affaire soit poussée jusqu'au bout, pour que la confusion de leurs adversaires soit complète. Désirant contenter les deux partis, l'Assemblée décide que Roland sera entendu avant Viard.

X.

« Il n'est pas, dit le ministre de l'intérieur, une seule personne nommée dans le procès-verbal que j'aie jamais vue, à qui j'aie jamais parlé, à qui j'aie jamais écrit...

Je défie qui que ce soit de rapporter une signature de moi qui prouve que j'aie jamais connu un de ces hommes-là. Si la personne présente à la barre est le dénonciateur, je déclare que c'est la première fois que je la vois. D'ailleurs, comme ma femme est inculpée dans cette affaire, je demande qu'elle soit mandée séance tenante. Je resterai ici dans l'intervalle. » Cette déclaration est accueillie par des applaudissements presque unanimes. La Convention décrète que la citoyenne Roland sera invitée à se rendre à la barre.

L'interrogatoire d'Achille Viard commence. Pressé de questions par le président Barère et les secrétaires Defermon et Treillard, le dénonciateur est obligé d'avouer qu'il a servi dans la maison du roi; qu'il a reçu, avant le 10 août, des missions des ministres Chambonas et Dubouchage; qu'il en a été payé, mais par des voies secrètes; qu'il a falsifié dans sa dénonciation le sens de la lettre que Mme Roland lui a écrite. A mesure que se déroule ce long interrogatoire, auquel à la fin Viard ne répond plus que par des paroles vagues et incohérentes, l'indignation la plus vive s'empare de l'Assemblée. On demande à grands cris la mise en accusation de l'infâme imposteur. Mais voici que l'on annonce l'arrivée de Mme Roland. Le tumulte s'apaise comme par enchantement. Il est décidé que la femme du ministre de l'intérieur sera immédiatement reçue par la Convention. Son apparition est saluée par un tonnerre d'applaudissements. La Gironde fait fête à son Égérie, et la Plaine, par galanterie, suit l'entraînement de la Gironde.

Mme Roland se trouve à la barre presque à côté du

dénonciateur. Celui-ci se tourne vers elle avec une grossièreté familière :

« N'est-il pas vrai, madame, dit-il...

— Vous n'avez pas le droit d'interroger, lui crie-t-on de toutes parts.

— Citoyenne, dit le président, la Convention a désiré vous entendre sur un objet dont il va vous être donné connaissance. Quel est votre nom ?

— Roland, nom dont je m'honore ; c'est celui d'un homme de bien.

— Connaissez-vous le citoyen Achille Viard ?

— Je ne connaissais point Viard lorsque je reçus une lettre de lui, dans laquelle ce citoyen, c'est ainsi qu'il l'avait souscrite, ce citoyen me disait que, chargé d'une mission secrète pour l'Angleterre et prêt à partir, il avait à communiquer à M. Roland des choses de la plus grande importance et me priait de lui ménager un moment d'entretien avec lui. Je répondis sur-le-champ, par un billet non signé, que je n'étais qu'à côté des affaires ; que je m'en tenais à mon rôle de femme, que je n'en voulais pas d'autre et que sa lettre me prouvait qu'il partageait avec beaucoup de personnes une erreur semée par la malignité ou l'envie. J'ajoutai que, cependant, s'il était question de quelque chose d'un intérêt particulier pour M. Roland, on me trouverait tous les jours jusqu'à onze heures. Viard ne vint point le lendemain, et dès lors je jugeai que ces choses si importantes n'étaient pas d'un intérêt tel que je l'avais pensé d'abord sur l'annonce. Le surlendemain, Viard se présenta chez moi ; il parla longtemps. Je l'écoutai en silence. Je lui répétai ce que contenait ma lettre ; je l'invitai à s'adresser directement à M. Roland. Il ne parut point satisfait ; il partit, et, sans avoir l'œil bien exercé, je conclus de sa visite que cet homme avait eu plutôt pour objet de savoir comment on pensait que toute autre chose. »

Ces explications sont suivies d'applaudissements réitérés. Quelques rumeurs se font entendre à l'extrême gauche. Le président, s'adressant à Mme Roland, lui déclare, que « la Convention nationale, satisfaite des éclaircissements qu'elle vient de donner, l'invite aux honneurs de la séance. » Mme Roland traverse la salle au milieu des plus vifs témoignages de sympathie et va s'asseoir au banc réservé aux pétitionnaires. Rien ne manque à son triomphe, pas même la grossière insulte du soldat ivre suivant le char du vainqueur. Ce dernier rôle est pris par Marat, qui s'en acquitte avec son cynisme ordinaire. Sur un signe de lui, les tribunes se taisent, et l'*ami du peuple* de s'écrier : « Voyez le silence du public : il est plus sage que nous[1] ! »

Viard était resté à la barre ; on l'eût dit attaché au pilori. Les plus timides comme les plus compromis ne craignent plus de l'insulter. Pons (de Verdun) lui reproche d'avoir été soupçonné de fabrication de faux assignats. Sergent affirme que cet homme a toujours été signalé à la police comme un individu plus que suspect.

---

[1]. Le lendemain, Marat avait encore l'audace d'affirmer que toute cette affaire du 7 décembre n'était « qu'un complot tramé par la clique Roland et par sa Pénélope, aidée de ses principaux servants, pour engager les patriotes du comité de surveillance dans de fausses démarches, et les donner en spectacle comme des imbéciles. »

Celui des jeunes Girondins auquel la médisance publique accordait le privilége d'occuper le cœur de madame Roland, Buzot monte à la tribune. Au point où le débat était arrivé, il eût été prudent de sa part de s'abstenir, mais, désireux de briller devant celle qu'il aime, il demande à poser quelques questions au dénonciateur. Thuriot, Basire, Tallien s'y opposent, en menaçant l'orateur du geste et de la voix. Fatiguée de tant de violence et de scandale, l'Assemblée se hâte de rendre un décret d'accusation contre Achille Viard et de lever une séance qui n'avait pas duré moins de neuf heures [1].

1. Pour le récit de cette orageuse séance, nous avons combiné la version du *Moniteur,* n°s 344 et 345, avec celle du *Journal des Débats et Décrets,* n°s 80 et 81.
Le 10 décembre, un des commissaires chargés de la levée des scellés posés sur les papiers de Viard, déclara « n'avoir rien trouvé d'intéressant, si ce n'est des monuments d'indigence toujours renaissante, et des preuves que cette indigence l'avait déterminé, pour subsister, à se vendre à toutes les autorités constituées. » (*Journal des Débats et Décrets,* p. 182 du n° 83; *Moniteur,* n° 347.) Viard fut maintenu en état d'arrestation provisoire, probablement chez lui, car nous n'avons trouvé son nom sur le registre d'écrou d'aucune des prisons de Paris en décembre 1792. On lui fit subir un nouvel interrogatoire que lut Treillard à la Convention, le 20 décembre, et qui prouva simplement une fois de plus que le prévenu n'était qu'un chevalier d'industrie. « (*Moniteur,* n° 357.) Il ne fut plus question pendant longtemps de Viard. Plus tard il fut arrêté comme l'un des complices de la conspiration dite *de l'étranger,* et guillotiné le 29 prairial an II, un mois après que Chabot eut porté sa tête sur l'échafaud.

XI

L'ovation faite à Roland et surtout à sa femme soulève au club Saint-Honoré[1] les plus violentes déclamations « contre le couple infernal, contre l'indigne, le perfide, le scélérat Buzot. » En vain Jean-Bon Saint-André, qui pourtant n'était pas suspect de modérantisme, se hasarde-t-il à dire : « Commençons par sauver la patrie, nous verrons ensuite ce que nous ferons de Roland et des rolandistes! » Il est traité d'endormeur par Robespierre lui-même. « Il ne faut pas se le dissimuler, s'écrie le chef de la députation parisienne, la liberté est menacée de toutes parts; la nation est entre les mains de fripons. Nous avons un gouvernement détestable mené par un scélérat. La meilleure politique à l'égard de ceux qui dominent la Convention, qui ont en main le pouvoir, n'est pas la politique du dédain, mais la politique de la haine, dût cette haine passer pour de la peur exagérée. »

Pour un instant, le tribun oublie les soupçons qu'il entretient contre tous ceux qui portent une épée, contre les généraux qu'il a accusés déjà, qu'il accusera bientôt encore de conspirer contre la liberté. Il se fait la caution de Custines, « qu'il a connu à la Constituante, dont il estime la franchise, » de Dumouriez, « qui n'est pas plus traître que Custines, qui aime la gloire et méprise

---

1. *Journal des débats de la Société des Jacobins*, n° 345.

Brissot et sa faction. Que l'on cesse donc, ajoute-t-il avec une insistance très-remarquable, de dénoncer les généraux pour ne s'occuper que des ministres, de ceux qui trament l'anéantissement des Jacobins et la mort des plus purs patriotes; j'ambitionne l'honneur d'être massacré le premier par les Brissotins... J'espère si peu de la liberté publique que je demande à être assassiné par Roland. Tant qu'il existera un ministère qui tiendra en ses mains la liberté et surtout celle de la pensée, un ministre qui pourra disposer des biens du ci-devant clergé; tant qu'aucun homme de probité ne pourra lui demander compte des sommes immenses qu'il a entre les mains; tant qu'il aura le pouvoir de calomnier non-seulement le peuple, mais encore les amis du peuple; tant qu'il donnera des dîners et des places, vous n'aurez que le despotisme d'un seul, gouverné par une trentaine de fripons; tant que Roland existera, tous les aristocrates se réuniront à lui... Le but de cette faction est d'anéantir la société des Jacobins et les sociétés affiliées, d'accabler tout homme qui n'est point dévoué à cette faction et de plonger le poignard dans le sein de ceux qui ont le courage de lui résister. Voilà l'important secret que j'avais à révéler à la société. »

Ce discours soulève le plus vif enthousiasme. « Oui, crient Chasles et Bentabole, Roland a établi un bureau de la formation de l'esprit public et il s'en sert pour assassiner l'esprit public; c'est un crime de lèse-nation, de haute trahison ! »

« A la Convention, dit Tallien, nous existons sous la dictature de Roland. Rallions-nous autour des principes éternels de la justice et de la raison; voilà nos chefs de file. Il est temps de nous montrer à découvert et de terrasser nos ennemis... Je finis par inviter les députés à se réunir ici, car c'est ici qu'on a sauvé la patrie deux fois, et c'est ici qu'on la sauvera une troisième. — Oui, oui, » répondent tous les assistants agitant leurs chapeaux, battant des mains, en proie à une véritable frénésie [1].

Les manifestations jacobines devaient naturellement avoir leur contre-partie à la Convention. Les Girondins firent tomber leur colère sur celui qui, de tous les ennemis de Roland, était le plus dangereux et le plus acharné; le plus dangereux, parce qu'il avait le plus de places à donner, le plus acharné, parce qu'il était le plus ingrat : nous avons nommé Pache.

Les sujets de récriminations ne manquaient pas contre le ministre de la guerre. La correspondance de tous les généraux sans exception était remplie de plaintes sur son incurie, sur l'incapacité et les déprédations de ses agents, choisis parmi les plus fervents Jacobins.

Le 10 décembre, on venait de lire une lettre des commissaires de la Convention en mission à Nice; ils donnaient, concernant l'administration militaire, les plus déplorables détails; tout manquait aux soldats, fourrages, vivres, habits, souliers. Amar demande que les commissaires ordonnateurs et leurs subordonnés, coupables de friponneries, éprouvent toute la rigueur des lois. « Ce n'est pas, » s'écrie Buzot, qui cette fois encore s'est

---

[1]. *Journal des débats de la Société des Jacobins*, n° 349, séance du 12 décembre.

chargé d'attaquer corps à corps l'homme désigné à sa haine par l'enchanteresse de la Gironde, « ce n'est pas sur les commis du ministre que doit tomber la responsabilité, mais sur le ministre lui-même. Il ne doit choisir que des hommes dignes de la confiance publique; il est responsable des agents qu'il emploie. Les plaintes se multiplient de toutes parts; soit mauvaise intention, soit insouciance, soit impéritie de ce ministre, nos armées manquent de tout au moment où elles ont besoin d'être encouragées. Les bureaux de la guerre sont presque tous composés ou d'ignorants ou de gens qui, par état, sont malintentionnés. Il existe certainement un projet de désorganiser nos armées; nos ennemis n'ont pas d'autre moyen de nous vaincre, et les divers agents du département de la guerre semblent s'entendre avec eux. La crise est trop violente, vous devez en sortir par un coup d'éclat. »

Ici, l'orateur est interrompu par les cris de l'extrême gauche. Le président Barère réclame le silence et Buzot reprend :

« Si un autre ministre eût commis la dixième partie des délits dont le ministre de la guerre est prévenu, il y aurait déjà dix décrets d'accusation. »

— « C'est vrai, c'est vrai, » crie-t-on à droite.

« Je pourrais, d'après les dénonciations des généraux et de vos commissaires, demander le décret d'accusation contre le ministre de la guerre et je le motiverais. Mais j'aime mieux encore le croire innocent; je demande que le comité examine sa conduite et en fasse le rapport sous trois jours. »

Quelques montagnards veulent défendre Pache. Marat se présente à la tribune pour attester le patriotisme du ministre. Mais l'Assemblée ferme la discussion et prononce le renvoi au comité de la guerre de la lettre qui a servi de base à l'accusation de Buzot.

Les Roland triomphaient, Robespierre était obligé de se réfugier aux Jacobins pour exhaler sa rage impuissante, Pache était mis en suspicion. Mais cette triple victoire ne fit qu'accélérer la perte de la femme célèbre qui venait d'en être l'héroïne. Reine d'un jour, madame Roland fut exposée à tous les dangers de la royauté. Sa vie privée devint le point de mire de toutes les calomnies, comme cela n'arrive que trop souvent aux têtes couronnées. La foule, si crédule en matière de scandale, se complut au récit des amours plus ou moins platoniques de la déesse de la Gironde [1]. Hébert,

---

[1]. Les lettres de madame Roland à Buzot, publiées récemment par M. Dauban (*Étude sur madame Roland*) démontrent que cette femme célèbre, suivant à la lettre les préceptes de son maître, J.-J. Rousseau, en était venue à penser que, pourvu qu'elle réprimât l'ardeur de ses sens, elle pouvait se livrer à toute la fougue de son imagination. Elle n'avait pas hésité, on le sait pertinemment aujourd'hui, à faire connaître à son mari, au père de sa fille, qu'elle avait transporté sur un autre l'affection qu'en public elle se faisait gloire de lui porter. C'est sans doute à l'époque où nous sommes arrivés (décembre 1792-janvier 1793) qu'elle fit à Roland cette étrange confidence, car c'est à partir de ce moment qu'on voit le ministre de l'intérieur, qui avait toujours rejeté bien loin toute idée de démission, se laisser prendre d'un incroyable découragement, puis, sous un prétexte futile, résigner ses fonctions. Il ne fallait rien moins que l'abandon moral de la femme qui inspirait toutes ses pensées, toutes ses actions, pour briser une force de volonté jusqu'alors inébranlable. Cette démission fut le signal de la déroute du parti girondin. Madame

Marat, tous les folliculaires des faubourgs s'amusèrent aux dépens de son débonnaire époux et brodèrent sur ce thème leurs plus plates rapsodies. Quel prestige aurait pu résister à tant de sarcasmes?

Malheureuse femme! le mot de Mirabeau ne tardera pas à lui être applicable comme il devait l'être à bien d'autres. Elle apprendra, elle aussi, que la roche Tarpéienne est près du Capitole. Un an ne s'écoulera pas sans que la mort, après l'avoir frappée, atteigne sous les formes les plus diverses et souvent les plus hideuses tous ceux qui l'ont aimée et admirée.

XII.

Pendant que la Commune insurrectionnelle était battue en brèche et succombait enfin, la cour de justice, instituée par les vainqueurs du 10 août pour rechercher et livrer au bourreau les vaincus et leurs prétendus complices, subissait le même sort. Nous avons raconté l'origine et les premiers jugements du tribunal du 17 août[1]; nous devons ici en rapporter brièvement les derniers actes et la dissolution.

Le tribunal extraordinaire existait depuis quinze jours à peine, lorsque survint l'effroyable cataclysme de septembre. Aux décisions soi-disant juridiques

---

Roland, pour avoir mêlé le roman à la politique, la *Nouvelle Héloïse* au *Contrat social*, ne contribua pas peu à ce triste résultat.

1. T. III, p. 36 et 290.

avaient succédé les vengeances prétendues populaires, aux exécutions individuelles les meurtres en masse. Les sicaires de la Commune avaient d'un seul coup vidé les prisons. Les accusés politiques, à bien peu d'exceptions près, avaient été égorgés. Des malfaiteurs, prévenus ou jugés, la moitié environ avait subi le même sort; les autres s'étaient réunis aux assassins soldés, puis, les massacres achevés, s'étaient cachés dans ces innombrables sentines du vice que recèle la grande cité parisienne; ils n'avaient pas tardé du reste à mériter d'être arrêtés de nouveau. Mais ces criminels ordinaires appartenaient de droit aux tribunaux réguliers, et, quelle que fût l'activité des dénonciateurs à gages, il leur était bien difficile de fournir au tribunal extraordinaire des justiciables en suffisante quantité. Aussi les inventeurs du tribunal du 17 août, qui craignaient de le voir supprimé faute d'emploi, saisirent-ils la première occasion qui se présenta pour étendre sa compétence.

Le 11 septembre, quelques citoyens accompagnés d'un officier municipal[1], membre du comité de surveillance de la Commune, viennent annoncer à l'Assemblée « qu'il est à craindre que les scènes sanglantes qui ont épouvanté Paris la semaine précédente, ne se renouvellent, si le peuple croit apercevoir quelque ralentisse-

1. Cet officier municipal n'était autre que le citoyen Duffort, que Paris avait introduit dans le comité de surveillance et qui, quelque temps après, fut véhémentement soupçonné de s'être livré à d'insignes dilapidations pendant les journées de septembre. (Voir *Moniteur* de 1792, n° 321.)

ment dans la répression des crimes qui tiennent à la sûreté de l'État. Déjà une très-vive émotion populaire s'est manifestée à la suite de l'arrestation de deux individus prévenus d'avoir emporté la caisse de leur régiment. — Le peuple, ajoute l'orateur, allait en faire justice, mais, à notre voix, il a bien voulu suspendre l'exécution jusqu'à aujourd'hui. Les juges du tribunal criminel vont vous instruire du reste. »

Le tribunal criminel ordinaire, dont les membres avaient été nommés dans d'autres temps et sous l'empire d'autres préoccupations, était fort peu désireux d'avoir quelque chose à démêler avec la politique. Aussi n'avait-il pas demandé mieux que d'envoyer à l'Assemblée une députation, pour lui annoncer qu'il était tout prêt à poursuivre les deux criminels qui venaient de lui être amenés, mais qu'il lui semblait préférable de « confier à la juridiction extraordinaire du 17 août le soin de connaître provisoirement de tous les crimes et délits dénoncés par le peuple, ou qui seraient de nature à compromettre la sûreté générale et la tranquillité publique. » Thuriot et Couthon s'emparent de cette requête et la convertissent en motion; seulement, dans la rédaction qu'ils proposent et qu'ils font adopter, ils généralisent les dispositions qui doivent régler la compétence du tribunal extraordinaire et l'étendent à tous les crimes commis dans le département de Paris[1].

---

1. Voici le texte même du décret du 11 septembre :
« L'Assemblée nationale, après avoir décrété l'urgence, décrète ce qui suit :
« Le tribunal criminel, établi par la loi du 17 août dernier, con-

Heureux d'avoir assuré son existence et jaloux de justifier l'accroissement de ses pouvoirs, le tribunal du 17 août redouble d'activité; il englobe dans ses pour-

« naîtra provisoirement, et jusqu'à ce qu'il en ait été autrement or-
« donné, dans la forme prescrite par la loi du 19 du même mois, de
« tous les crimes commis dans l'étendue du département de Paris; il
« sera nommé, par chaque canton du district du bourg de l'Égalité et de
« Saint-Denis, deux jurés d'accusation et deux jurés de jugement dont
« il sera formé une liste séparée, et ils ne seront convoqués que pour
« le jugement des délits commis dans l'étendue desdits districts. »

A partir de ce moment, le tribunal prit le titre de « Tribunal extraordinaire, établi par la loi du 17 août pour juger souverainement les crimes et délits commis le 10 août dernier, circonstances et dépendances, est encore institué par la loi du 11 septembre pour juger tous les délits commis dans l'étendue du département de Paris, et ce provisoirement. » (*Bulletin du tribunal extraordinaire,* n° 12 et suivants.)

Cette extension exorbitante donnée à une juridiction exceptionnelle, dont les arrêts étaient exécutoires dans les vingt-quatre heures, sans recours en cassation, avait dépouillé par le fait le tribunal criminel ordinaire de toutes ses attributions. Celui-ci ne tarda pas à se plaindre. L'Assemblée eut honte de ce qu'elle avait fait et lui rendit quelques-unes de ses attributions par le décret explicatif du 20 septembre :

« L'Assemblée nationale déclare que dans l'attribution qui accorde
« au tribunal criminel, établi à Paris par la loi du 17 août 1792, la
« connaissance provisoire des délits commis dans l'étendue du dépar-
« tement de Paris, elle n'a pas entendu comprendre les affaires existant
« au tribunal criminel dudit département à l'époque du décret, en vertu
« d'actes d'accusation admis par les jurés d'accusation établis près les
« tribunaux civils, comme aussi ne sont point compris dans cette attri-
« bution les crimes de faux, péculat, concussion et autres, sur lesquels
« il ne peut être statué que par des jurés spéciaux. »

Le *Moniteur* se contente de mentionner l'adoption des décrets des 14 et 20 septembre, et ne donne aucune explication. Le *Journal des débats et décrets,* n°s 350 et 360, est plus explicite.

suites, non-seulement un grand nombre de personnes suspectes de royalisme, mais encore les voleurs du garde-meuble et leurs complices[1], des déserteurs, des fournisseurs infidèles, des concussionnaires, des usurpateurs de fonctions publiques[2], et même des assassins dont le crime, de près ou de loin, ne pouvait se rattacher à aucune circonstance politique.

Le 18 septembre, un nommé Roussel est condamné à mort, comme ayant coopéré, par l'envoi de quelques rapports de police, aux embrigadements que d'Angremont avait cherché à opérer pour le compte du roi[3]. Quelques jours après, commence le procès de Cazotte. Ce malheureux vieillard de 74 ans, maniaque et illuminé, avait été épargné par les juges de Maillard[4]. Sa fille, dont le dévouement héroïque l'avait sauvé et qui veillait sur lui avec une admirable sollicitude, n'avait pas songé un instant à le faire cacher, tant elle le croyait à l'abri de toute poursuite. Mais, huit jours ne se sont pas écoulés depuis que les portes de l'Abbaye se sont ouvertes pour laisser passer le père et la fille au milieu

---

1. Voir t. IV, p. 5.

2. Le Bulletin du tribunal criminel du 17 août, n°s 23-25, 52-54, contient le résumé de deux affaires extrêmement curieuses, dans lesquelles un sieur Louvatière, qui s'était improvisé aide de camp de Santerre, et un sieur Stévenot, commissaire de la section de la Butte-des-Moulins, étaient accusés de concussion et d'usurpation de fonctions publiques. Ces deux procédures peuvent faire juger quelle anarchie régnait dans Paris pendant les mois d'août et de septembre 1792. Louvatière fut acquitté, Stévenot condamné à douze ans de fers.

3. Voir ce qui a été dit du procès de d'Angremont, t. III, p. 42.

4. Voir t. III, p. 276.

des assassins, qu'un nouvel ordre d'arrestation les réintègre l'un et l'autre dans les prisons de la Conciergerie. Mlle Cazotte est d'abord impliquée dans le procès comme complice des trames de son père, parce qu'elle lui a servi de secrétaire; bientôt on disjoint les causes; on craint que les jurés du tribunal extraordinaire ne se laissent à leur tour attendrir par la beauté et la candeur de cette conspiratrice de vingt ans. Cazotte comparaît seul devant la première section du tribunal. En vain son défenseur invoque-t-il l'arrêt de grâce arraché aux égorgeurs de septembre; en vain veut-il, pour le besoin de sa cause, représenter les affidés de Maillard comme les interprètes des volontés du peuple souverain. Le tribunal refuse d'admettre ce système, que développaient cependant tous les jours à la Convention, aux Jacobins, à la Commune, Robespierre, Collot-d'Herbois, Hébert, ceux qui avaient poussé aux massacres comme ceux qui y avaient applaudi, ceux qui les avaient préparés comme ceux qui les avaient excusés après coup.

Cazotte est déclaré coupable d'avoir conspiré contre la liberté, parce qu'il a écrit à un ami, commis de la liste civile de Louis XVI, un fatras de lettres où s'entrechoquent mille projets incohérents, aussi absurdes que contradictoires, où l'illuminisme et la folie éclatent à chaque ligne [1].

---

[1]. Le recueil de ces lettres n'occupe pas moins d'une douzaine de numéros du Bulletin du tribunal extraordinaire du 17 août. Il fallait être bien dépourvu de preuves concernant les complots attribués à la cour, pour prêter la moindre attention à cette correspondance. On y voyait un vieillard retiré au fond d'une campagne, à plus de trente lieues

Les hommes publics de cette époque ne perdaient jamais l'occasion de faire un discours, par lequel ils prétendaient prouver qu'ils réunissaient en leur propre personne l'homme sensible, idéal de J.-J. Rousseau, et l'homme antique, idéal de Montesquieu. Pour composer leurs sinistres harangues, ces étranges rhéteurs mettaient en lambeaux l'*Émile*, le *Contrat social*, le *Dialogue de Sylla et d'Eucrate*. Pourvu qu'ils eussent accompagné une sentence de mort de quelques phrases sonores, ils s'estimaient en règle avec leur conscience; pourvu que dans leur exorde ils se fussent proclamés les ardents amis de l'humanité, ils se croyaient permis de l'outrager ensuite tout à leur aise.

Nous verrons, à l'occasion du procès de Louis XVI, cette sensiblerie de parade s'étaler à la tribune de la Convention; saisissons-la au moment où elle s'épanouit au Palais de Justice, et conservons à la postérité le discours que Lavau, président de la première section du tribunal extraordinaire, adressa au malheureux Cazotte :

« Faible jouet de la vieillesse, victime infortunée d'une vie passée dans l'esclavage, toi dont le cœur ne fut jamais assez grand pour sentir le prix d'une liberté sainte, mais qui as prouvé par ta sécurité dans les débats que tu savais sacrifier jusqu'à ton existence pour le soutien de ton opinion, écoute les dernières paroles de tes juges!... puissent-elles, en te déterminant à plaindre le

---

de Paris, accabler de ses conseils et de ses projets un employé subalterne, qui probablement ne les prenait pas lui-même au sérieux et ne les communiquait à personne. Dans tout autre temps, on eût envoyé Cazotte aux Petites-Maisons; en 1792, on l'envoya à l'échafaud.

sort de ceux qui viennent de te condamner, t'inspirer cette stoïcité qui doit présider à tes derniers instants.

« Tes pairs t'ont entendu, tes pairs t'ont condamné; mais au moins leur jugement fut pur comme leurs consciences!... Va! reprends ton courage, rassemble tes forces, envisage sans crainte le trépas. Songe qu'il n'a pas droit de t'étonner, ce n'est pas un instant qui doit effrayer un homme tel que toi...

« Regarde ta patrie libre verser des larmes sur ces cheveux blancs qu'elle a cru devoir respecter jusqu'au moment de ta condamnation. Que ce spectacle te porte au repentir; qu'il t'engage, vieillard malheureux, à profiter du moment qui te sépare encore de la mort pour effacer jusqu'aux moindres traces de tes complots par un regret justement senti.

« Encore un mot : tu fus homme, chrétien, philosophe, initié; sache mourir en homme, sache mourir en chrétien. C'est tout ce que ton pays peut encore attendre de toi [1]. »

Pendant que Lavau prononçait cette harangue, on entraînait hors de l'audience Élisabeth Cazotte; les cris déchirants de la fille du condamné se mêlaient à la voix

---

[1]. Ce n'était pas la première fois que Lavau enveloppait ainsi une sentence de mort dans une allocution sentimentale. Voici le discours qu'il avait adressé quelques jours auparavant à l'agent de la police secrète Roussel (*Bulletin du tribunal criminel*, n° 13) : « Victime sacrée de la mort, je peux encore t'adresser des consolations; le crime que tu t'es permis criait vengeance contre toi; il te poursuivait; il t'a atteint... Regarde sans frémir le supplice qui t'attend. Ce n'est plus la mort qui doit t'étonner. Ton pays est libre et tu as voulu lui donner des fers; voilà ta véritable peine!... »

emphatique du président. Le lendemain on relâcha la pauvre enfant. Tout était consommé[1].

XIII.

Le 26 septembre, le lendemain de l'exécution de Cazotte, un décret supprimait la haute cour d'Orléans[2].

---

1. Nous avons retrouvé les deux pièces suivantes qui concernent Élisabeth Cazotte :

« Le concierge des prisons de la Conciergerie du Palais gardera en dépôt mademoiselle Cazotte jusqu'à nouvel ordre, sur la réquisition du commissaire national. Ce 24 septembre 1792, l'an Ier de la République.

« LEGANGNEUR, J.-A. LAVAU,
« *Commissaire national près du tribunal du 17 août.* *Président.*

« Je prie le concierge des prisons de la Conciergerie du Palais, à Paris, de laisser sortir mademoiselle Cazotte, que je lui ai laissée en dépôt. Ce 25 septembre 1792, an Ier de la République.

« *Signé :* LEGANGNEUR,
« *Commissaire national.* »

2. A l'occasion de cette suppression, nous ne devons pas omettre une lettre qui montre comment les juges du tribunal du 17 août faisaient valoir les services qu'ils rendaient à la chose publique :

« Paris, 14 octobre 1792.

« Citoyen ministre,

« La haute cour nationale a coûté trois millions et n'a jugé que trois petites affaires. Le tribunal criminel, établi par la loi du 17 août, est à son vingtième procès, et sa dépense ne s'élève pas à dix mille francs, compris tous les frais de bureau. Veuillez bien, en faisant valoir cette comparaison, demander avec toute l'énergie dont vous êtes

Elle n'avait plus de raison d'être ; Fournier l'Américain lui avait enlevé ses justiciables et les avait fait égorger à Versailles. Le tribunal du 17 août se trouva dès lors seul chargé des causes politiques.

Mais quelque extension qu'on eût donnée à la compétence de ce tribunal, il était un délit qui fut toujours maintenu en dehors de sa juridiction, le délit d'émigration. L'Assemblée constituante avait refusé de l'inscrire dans le Code pénal ; mais elle avait cru pouvoir, sans violer la Déclaration des droits, le frapper d'une amende. Sous la pression de l'opinion publique, et peu de temps avant de se séparer, le 9 juillet 1791, elle avait rendu un décret imposant à tout Français absent du royaume et qui n'y rentrerait pas dans le délai d'un mois, une contribution directe triple de celle qu'il aurait payée régulièrement. Des rôles spéciaux avaient dû être établis pour la perception de cet impôt extraordinaire ; mais, en croyant ne prescrire qu'une simple mesure fiscale, le législateur avait ordonné en réalité de dresser de véritables listes de proscription. La besogne faite pour le percepteur facilita singulièrement celle du bourreau.

Lorsque l'on entre dans la voie des mesures exceptionnelles, on ne sait jamais où vous conduira la logique impitoyable des partis. On commence par l'arbitraire administratif, on aboutit aux mesures juridiques les plus

---

capable le payement des appointements des membres d'un tribunal aussi économique pour la République.

« Du Bail,   Hardy.
« *Vice-président de la deuxième section du tribunal.* »

exécrables. Du moment que l'on triplait la contribution directe à payer par les absents, il fallait définir ce qui constituait le délit d'absence. Où commençait-il? comment le constater? quelles justifications apporter pour n'en être pas déclaré convaincu? quelles excuses légitimes faire valoir pour n'en pas être accusé? Rien de plus difficile que de donner à de telles questions une solution tant soit peu équitable. Ces lois de circonstance, que le vulgaire trouvait très-justes et qu'il croyait d'une application des plus aisées, devinrent le point de départ d'embarras inextricables et d'iniquités de toute nature.

Ce fut bien pis quand des choses on passa aux personnes. Dans tous les temps, le fait de porter les armes contre sa patrie a constitué un crime, et ce crime a été puni de mort. La morale et l'histoire ont été d'accord pour flétrir le connétable de Bourbon se plaçant à la tête des ennemis de la France, afin de se venger de François Ier et de sa mère. Elles ont été à la vérité plus indulgentes envers Turenne et Condé, et aussi envers quelques-uns des protestants chassés de France par la révocation de l'édit de Nantes. Mais ce que les mœurs féodales, les troubles de la Fronde, les injustices de Louis XIV avaient pu faire autrefois excuser, ne pouvait trouver grâce devant la France révolutionnaire au moment où s'engageait une lutte à mort entre elle et l'Europe. La Législative et la Convention n'outre-passèrent donc pas leur droit en livrant à toutes les rigueurs du code militaire les Français pris les armes à la main dans les rangs des armées étrangères; mais elles se montrèrent brutalement iniques et lâchement cruelles en faisant tomber le glaive de la loi sur des femmes, des enfants, des vieillards et même sur des hommes valides qui, usant de la liberté naturelle, consacrée par la Déclaration des droits, d'aller et de venir en dedans et en dehors des frontières, avaient fui les troubles de leur pays pour chercher à l'étranger, et souvent dans des pays neutres, une vie sûre et tranquille.

Indiquons rapidement la série des mesures que les passions, surexcitées par les menaces des puissances étrangères et par les intrigues de quelques-uns des principaux émigrés, firent adopter aux Assemblées législative et conventionnelle, de 1791 à la fin de 1792.

Le 9 novembre 1791, un décret, revêtu de la sanction royale, déclare tous les Français rassemblés en dehors des frontières coupables de conspiration s'ils ne sont pas rentrés en France avant le 1er janvier. Trois décrets des 12 février, 8 avril et 27 juillet 1792, prononcent la mise sous séquestre de tous les biens meubles et immeubles possédés par les Français qui n'auront pas dans un très-bref délai réintégré leur domicile. Ces trois décrets sont, il est vrai, frappés de *veto* par Louis XVI, mais, aussitôt le trône constitutionnel renversé, ils acquièrent force de loi. Après le 10 août, on répare le temps perdu, et de la mise en séquestre on passe à la confiscation. Cette peine qui étendait aux enfants la punition des fautes paternelles, venait d'être solennellement abolie; elle est rétablie par un décret de 6 septembre 1792. La vente immédiate des biens confisqués est ordonnée, on oblige les officiers publics et les banquiers à faire la déclaration des fonds déposés chez eux par les émigrés. Sur tous ces biens et fonds, la loi ne réserve qu'une très-faible part aux femmes, aux enfants, aux pères et mères résidant en France et reconnus dans le besoin. Tous les absents, quels que soient leur sexe et leur âge, sont considérés comme émigrés. A peine admet-on une exception en faveur des négociants qui prouveront n'avoir voyagé à l'étranger que pour leurs affaires, et encore la loi n'indique-t-elle pas de quelle nature seront les preuves à fournir. Tout est laissé à l'arbitraire des administrations départementales, chargées de dresser la liste des émigrés.

Dès le mois de septembre, les municipalités reçoivent l'ordre de consigner dans leur domicile les pères, mères, femmes et enfants d'émigrés, de les arrêter s'ils cherchent à rejoindre leurs parents. Les chefs de famille sont tenus de justifier de la résidence à l'intérieur ou du décès de leurs enfants; s'ils ont des fils émigrés, ils sont destitués de leurs emplois, privés de leurs pensions, déclarés incapables d'en obtenir désormais. Ils ne peuvent, sans se rendre criminels, entretenir aucune correspondance avec leurs parents résidant à l'étranger. Ils sont contraints de fournir l'habillement, l'armement et la solde d'abord de un, puis de deux volontaires par chaque absent [1].

Dès le début de sa session, la Convention entreprend de coordonner en une seule loi les divers décrets précédemment rendus contre les émigrés. Bientôt elle

---

[1]. Décrets des 3, 9, 12, 13 et 18 septembre 1792.

abandonne, ou du moins ajourne cette besogne trop difficile. D'ailleurs les événements marchent vite; les dévastations commises en Champagne par l'armée de Brunswick, les incendies allumés à Lille par les boulets rouges du duc de Saxe-Teschen exigent des représailles. Montagnards et Girondins réclament l'application immédiate des lois contre les émigrés; le 9 octobre, sur la proposition de Vergniaud et de Collot-d'Herbois, de Guadet et de Merlin (de Douai), l'Assemblée décrète que tous les Français pris les armes à la main, seront fusillés dans les vingt-quatre heures, dès qu'ils auront été reconnus coupables de ce crime par une commission militaire de cinq membres, dont le choix est confié à l'état-major de l'armée qui les aura faits prisonniers. Aux Français émigrés sont assimilés les étrangers qui étaient le 14 juillet 1789 au service de la France, et qui, en le quittant, ont rompu les engagements qu'ils avaient contractés.

Cependant il répugnait aux généraux que Dumouriez avait lancés à la poursuite de l'armée austro-prussienne, de faire passer par les armes les émigrés qui se rendaient ou se laissaient prendre; ils préféraient les diriger sur Paris et les mettre à la disposition de l'autorité civile. Un décret formel leur enjoint, le 16 octobre, d'exécuter la loi selon sa forme et teneur. Mais déjà un premier convoi de treize émigrés est en marche; il arrive le 19 dans la capitale. Aussitôt la Convention ordonne la formation d'une commission militaire de cinq membres, sous la présidence du général Berruyer, commandant l'armée et le camp de Paris. Cette commission, installée au palais de justice[1], décide dans la journée même du sort des treize prisonniers. Du reste, rien de plus simple que ses formes de procédure : point de témoignages à recueillir, point de réquisitoires, point de plaidoiries à entendre; le président interroge, et sur ce simple interrogatoire, les juges prononcent. Des treize accusés, neuf sont condamnés à mort, quatre sont acquittés; ces derniers étaient des domestiques qui avaient suivi leurs maîtres[2].

Peu de jours après, le 23 octobre, la Convention votait, sur la proposition de Buzot, un décret ainsi conçu :

« Les émigrés français sont bannis à perpétuité du territoire de la République; ceux qui rentreraient au mépris de cette loi, seront punis de mort; sans néanmoins déroger aux décrets précédents qui condamnent à la peine de mort les émigrés pris les armes à la main. »

Ce décret n'indiquait aucun délai, passé lequel l'émigration devait être considérée comme définitive. Aussi, à la nouvelle de son adoption, et avant qu'il

---

[1]. Les quatre autres membres de la commission militaire étaient Louis Lestrange, colonel; Louis Carrois, lieutenant adjoint à l'adjudant général; Claude Sablot, canonnier; Antoine Marly, gendarme. — Voir le *Bulletin du tribunal criminel extraordinaire*, nos 35-39.

[2]. En vertu du décret du 9 octobre 1792, des commissions militaires, à l'instar de celle de Paris, se formèrent auprès de chaque corps d'armée. Il est extrêmement difficile de se rendre compte du nombre d'exécutions qu'elles ordonnèrent. Nous l'essayerons cependant au moment où nous décrirons les procédés et compterons les victimes des tribunaux révolutionnaires et des commissions militaires.

eût été régulièrement promulgué, beaucoup d'émigrés, surtout de ceux qui habitaient l'Angleterre et la Belgique, cherchèrent à rentrer en France pour échapper au bannissement perpétuel et à la confiscation, en obtenant des certificats de résidence, soit par complaisance, soit à prix d'argent [1]. Un certain nombre de ceux qui tentèrent cette entreprise dangereuse étaient, il est vrai, porteurs de passe-ports réguliers délivrés par les agents diplomatiques français encore accrédités auprès des puissances étrangères. Ces agents, assez peu nombreux d'ailleurs, puisque la République se trouvait déjà en guerre avec la moitié de l'Europe, étaient dans l'impossibilité de distinguer parmi leurs nationaux, les simples voyageurs des émigrés. Ils délivraient donc des passe-ports à qui leur en demandait, et n'en refusaient qu'aux personnes qui leur avaient été nominativement désignées par le pouvoir exécutif.

Mais la Commune de Paris et la Convention ne l'entendaient pas ainsi. La Commune ordonne des perquisitions minutieuses dans toutes les auberges et dans tous les hôtels garnis de la capitale. La Convention, sur la dénonciation de Jean Debry et le rapport de Treilhard (5 novembre), rend un décret, aux termes duquel les émigrés rentrés en France sont tenus de sortir de Paris

---

[1]. Ces rentrées clandestines furent notamment signalées par les représentants alors en mission dans le département du Nord, du Pas-de-Calais et des Ardennes ; les autorités municipales de Boulogne annonçaient aussi à la Convention qu'à chaque marée débarquaient un certain nombre de Français qui avaient longtemps séjourné à l'étranger.

et des villes de 20,000 âmes dans les vingt-quatre heures, des autres communes dans quinze jours. Passé ce délai, ils seront censés avoir enfreint la loi de bannissement et punis de mort. Quelques jours plus tard, sur la nouvelle que beaucoup d'émigrés n'osent quitter les lieux où ils sont cachés, de peur d'être massacrés en route, que d'autres sont détenus et dans l'impossibilité d'obéir au décret, la Convention ordonne de conduire les uns et les autres aux frontières, sans délai, sous bonne et sûre garde; elle défend toute voie de fait contre les émigrés ou suspects d'émigration qui, une fois dénoncés, doivent être poursuivis dans les formes légales, expulsés ou mis à mort suivant les cas (26 novembre).

Ces mesures rigoureuses sont appliquées sans distinction de sexe ou de rang. Les noms les plus populaires d'alors ne peuvent sauver ceux qui les portent de l'intraitable rigueur de la loi. En vain le général Biron implore-t-il une exception pour sa femme[1], le duc d'Orléans pour sa fille[2]; Camus fait passer à l'ordre du

---

1. *Moniteur*, n° 328, séance du 22 novembre.
2. *Moniteur*, n°s 323 et 331.
La princesse Adélaïde d'Orléans était comprise dans le texte de la loi comme ayant résidé quelque temps en Angleterre, et comme ne pouvant justifier sa résidence à l'étranger ni par une mission du gouvernement, ni par les besoins d'un commerce quelconque. Elle fut obligée de sortir du territoire de la République et de se réfugier à Tournay, où elle habita pendant tout le temps de l'occupation de la Belgique par l'armée française. Mais, après la défection de Dumouriez et l'arrestation de son père, elle fut déclarée bien et dûment émigrée.

Nous avons retrouvé sur le registre spécial des délibérations du

jour sur leurs demandes. Osselin élève la voix en faveur des domestiques qui ont suivi leurs maîtres à l'étranger. « La loi que nous faisons est une loi de circonstance, une loi de guerre, réplique le rapporteur du comité de législation ; pourquoi nous occuper des quelques injustices qu'elle peut entraîner ? »

Ces injustices étaient flagrantes ; cette loi était plus qu'une loi de guerre, c'était une loi de proscription. A partir du moment où elle fut promulguée, il n'y eut

corps municipal de Paris les deux pièces suivantes qui ont trait à cet incident :

« Le 27 novembre 1792, les citoyennes Louise-Adèle-Eugénie-Egalité, Stéphanie-Félicité Sillery, et Henriette Sercey se sont présentées au corps municipal ; elles ont déclaré que, bien qu'elles se fussent absentées pendant un certain temps pour raison de santé et d'éducation, elles ne se regardent cependant pas comme émigrées, et que c'est par respect pour la loi qu'elles s'engagent à sortir de la République, si elles ne sont pas comprises dans la loi d'exception qui sera portée par la Convention nationale, et si la Convention n'a pas prononcé sur la réclamation qu'elles ont faite avant la quinzaine, terme prescrit, et ont signé.

« Le corps municipal a ordonné de délivrer acte aux susdites citoyennes pour leur servir et valoir ce que de raison.

« Le corps municipal prenant en considération la déclaration faite par les citoyennes Louise-Adèle-Eugénie-Égalité, Stéphanie-Félicité Sillery et Henriette Sercey, portant qu'en exécution de la loi, elles se prépareraient à quitter le territoire de la République si elles ne sont pas comprises dans la loi d'exception qui sera portée par la Convention nationale, autorise la section de la fontaine de Grenelle, dans l'arrondissement de laquelle lesdites citoyennes résident, à leur délivrer sans délai des passe-ports pour les mettre en état d'obéir à la loi. »

La citoyenne Stéphanie-Félicité Sillery n'était autre que la fameuse comtesse de Genlis, qui avait quitté son titre pour obéir aux lois de l'époque.

plus qu'une peine contre le délit d'émigration, et cette peine était la mort.

XIV.

Si la Gironde et la Montagne se montraient l'une et l'autre impitoyables vis-à-vis des émigrés, elles étaient au contraire divisées toutes les fois qu'il s'agissait de l'existence du tribunal du 17 août. Les amis de Vergniaud et de Guadet ne pouvaient oublier que c'était Robespierre, à la tête d'une députation de la Commune, qui avait arraché à la Législative la création de cette juridiction exceptionnelle; ils avaient donc résolu d'en provoquer l'abolition.

Le 23 octobre, un individu nommé Joseph Picard et sa femme, Anne Leclerc, sont déclarés complices du vol du garde-meuble; comme ce vol est réputé le résultat d'une conspiration contre la République, ces deux conspirateurs d'un nouveau genre sont condamnés à mort et exécutés dans les vingt-quatre heures. C'était la première fois qu'une femme montait à l'échafaud par les ordres du tribunal institué pour juger les délits politiques. Ce fait qui, quelques mois plus tard, devait se renouveler si souvent, émeut profondément la population parisienne; cette émotion trouve de l'écho dans la presse et au sein de la Convention. Le Girondin Mazuyer demande que « le tribunal de sang » qui vient d'outrepasser la loi, soit cassé immédiatement.

Le tribunal, voyant son existence menacée, se hâte

de tenter une démarche solennelle. Le 28 octobre, l'accusateur public Lhuillier, se présente avec ses collègues à la barre de l'Assemblée nationale et lit l'adresse suivante :

« Citoyens législateurs,

« Le tribunal du 17 août vient déposer dans votre sein le sentiment de douleur profonde dont il est pénétré ; il vient vous demander justice. Dénoncé à la nation, à l'Europe entière, comme un tribunal de sang, il vient avec le courage inflexible de la vérité, s'arracher lui-même à la calomnie qui le poursuit, confondre ses calomniateurs, et vous déclarer que des hommes du 10 août, des hommes qui n'ont été nommés par le peuple pour juger les grands esclaves, les lâches sectateurs des complots, que parce que, libres avant la Révolution, ils n'ont jamais su s'écarter de la route de la liberté depuis 1789, parce qu'on leur a cru cette fermeté du républicain ; que de tels hommes peuvent bien être remerciés, renvoyés de leurs fonctions, si la Convention ne les croit plus utiles, mais qu'ils ne doivent pas l'être comme ces hommes véritablement de sang, qui ne respirent que le carnage, qui ne prêchent que l'agitation, le meurtre et l'anarchie. Plus le tribunal a eu de pouvoir, plus il a cherché à prévenir jusqu'au soupçon d'en abuser. Chaque procédure a été instruite avec la franchise et le courage des hommes libres ; toutes les fois que nous avons prononcé, dans l'une ou l'autre section, la peine capitale, la loi dictait notre jugement sur la déclaration du jury. Et puisque nous sommes réduits à parler de nous, nous vous dirons, sans crainte d'être démentis, que nous avons consacré tout notre temps, toutes nos veilles, depuis notre institution, à la gloire de la République. Nous a-t-on vus, à la suite de diverses instructions de trente et quarante et jusqu'à cinquante-quatre heures sans désemparer, nous a-t-on vus craindre les efforts et les murmures du peuple, ou, pour mieux nous exprimer, de ses agitateurs? Ne nous a-t-on pas vus, au contraire, maintenir le respect pour la loi dans le procès Montmorin, braver le fer et les piques pour arracher Bachmann aux vengeances du peuple et conserver l'honneur de la nation au milieu des scènes affligeantes des 2 et 3 septembre, en ne faisant tomber cette tête criminelle que sous la hache de la loi? Eh quoi! lorsque les testaments de mort des condamnés contiennent la preuve écrite de leur crime, lorsqu'ils ont reconnu eux-mêmes la justice de nos jugements, on vient dénoncer un tribunal qui n'a cessé de donner des preuves de son patriotisme, en demander la suppression, et dans quel moment! Lorsqu'il déjoue les agitateurs, lorsqu'il éclaire de plus près les complots formés contre la République, lorsqu'il tient le fil de cette trame criminelle qui a ourdi le vol du garde-meuble et ceux du 10 août. Vous pouvez, citoyens législateurs, vous pouvez nous supprimer, nous sommes prêts à donner à ceux qui nous remplaceront tous les renseignements qui seront en notre pouvoir; mais nous vous demandons, par amour pour la justice, par considération pour des services qui peuvent mériter d'être appréciés, nous vous demandons de nous laisser sortir de la carrière pénible que nous

nous étions dévoués à parcourir, dignes du peuple qui nous a nommés, dignes de vous et de nous-mêmes[1]. »

Cette adresse est accueillie par les applaudissements de la Montagne; mais le président Guadet y répond avec une extrême froideur :

« Le plus grand malheur dont puissent être accablés les hommes chargés de prononcer sur la vie de leurs semblables est sans doute le soupçon d'arbitraire et de prévarication. La Convention examinera votre pétition, elle vous accorde les honneurs de la séance. »

Tallien réclame néanmoins l'impression du factum lu par Lhuillier. Mais Lanjuinais s'écrie : « Je ne vois aucune raison de dépenser l'argent du Trésor public à l'apologie d'un tribunal qui, sans doute, n'en a pas besoin. Au reste, il ne me paraît pas qu'il se soit lavé de l'inculpation, qui lui a été faite par un de nos collègues, d'avoir condamné à mort pour recel. Je demande l'ordre du jour et le renvoi au Comité de législation[2]. » Sans plus souffrir de discussion, l'Assemblée adopte la proposition du député de Rennes. La réponse du Comité de législation ne se fait pas longtemps attendre; seulement, pour ne pas trop effaroucher les partisans de la justice révolutionnaire, elle a lieu en deux fois. Un premier

---

1. Cette pièce n'est donnée ni par le *Moniteur* ni par le *Journal des débats et décrets*. La minute que nous avons retrouvée est revêtue de la signature de Fouquier-Tinville, Naulin, Desvieux, Maire, Dobsen, Scellier, qui devaient siéger au tribunal révolutionnaire. Il faut convenir que de tels hommes avaient bien raison de protester de leur justice et de leur humanité.

2. *Moniteur*, n° 303.

décret du 15 novembre enlève au tribunal du 17 août la plus exorbitante de ses prérogatives, celle de prononcer des jugements non susceptibles de recours en cassation. Un deuxième, du 29 novembre, le supprime purement et simplement[1].

Le tribunal, en apprenant l'adoption du décret qui le frappe, ne désespère pas de retarder l'époque où il cessera ses fonctions. Il envoie à la Convention une députation pour obtenir un délai de quelques jours, sous prétexte de terminer plusieurs affaires entamées ou prêtes à être présentées au jury. Mais l'Assemblée répond dédaigneusement à cette supplique par un ordre du jour qui ordonne aux pétitionnaires de renvoyer immédiatement au tribunal criminel du département de Paris les pièces des affaires encore pendantes, et au Comité de surveillance de la Convention les pièces concernant le ci-devant roi.

Il fallait se résigner. Lhuillier, qui occupe le siége du ministère public, se voit obligé de requérir la cessation des fonctions du tribunal du 17 août. Mais peut-il négliger de faire une dernière fois le panégyrique de ceux que la loi vient de dépouiller de leur pouvoir et de faire rentrer dans la classe des simples citoyens. En leur nom, au sien propre, il s'adresse en ces termes à cette espèce de public, toujours le même, qui suivait assidûment les audiences du tribunal et qui devait plus tard

[1]. Ce fut Garran-Coulon, le président du Comité de législation, qui eut l'honneur de présenter ces deux décrets réparateurs. Ils furent adoptés l'un et l'autre presque sans discussion. (*Journal des débats et décrets,* n° 57, p. 255 ; n° 70, p. 479.

former le noyau de la bande des aboyeurs de Fouquier-Tinville et des furies de la guillotine :

« Citoyens, nommé par le peuple, le tribunal en a eu la force et l'énergie. Toutes les autorités ont paru devant nous, sans aucune exception particulière, parce que nous n'avons connu que l'égalité. Mais un caractère de justice aussi prononcé, en nous faisant redouter de cette classe d'hommes farouches qui tendent sans cesse à la suprématie et qui n'usent de la puissance du peuple que pour l'asservir; ce caractère, dis-je, devait faire de tous ces hommes des ennemis cruels pour le tribunal. En effet, vous avez vu la calomnie verser sur nous ses poisons subtils et dangereux; mais vous étiez là, vous avez applaudi à nos travaux, et, fiers de vos suffrages, nous avons méprisé la calomnie. Aujourd'hui, citoyens, le tribunal est supprimé. Mais, toujours dignes de vous, toujours dignes de nous-mêmes, nous refusons de regarder en arrière pour connaître la main qui nous a frappés. La loi a parlé, nous suspendons nos fonctions. C'est à vous de juger de quelle manière nous les avons remplies [1]. »

[1]. *Bulletin du tribunal criminel*, nº 55.
L'accusateur public attaché au tribunal du 17 août était, on le sent au ton de son discours, fort attristé d'être obligé de déposer la toge au moment même où l'écharpe municipale venait de lui être refusée par les sections qui, l'avant-veille, lui avaient préféré, comme nous l'avons vu plus haut, le médecin Chambon. Mais, quelques jours après, il fut dédommagé de ce double échec par les électeurs du deuxième degré qui avaient envoyé Robespierre, Danton et Marat à la Convention. Ils lui décernèrent l'important emploi de procureur général syndic du département de Paris, qu'il conserva pendant presque toute la Terreur.

Ainsi, tribunal extraordinaire, commune insurrectionnelle, disparaissent de la scène politique presque le même jour (30 novembre—2 décembre), mais tous deux auront des successeurs qui les égaleront, qui les dépasseront même. Bientôt, des cendres du tribunal du 17 août naîtra le tribunal révolutionnaire du 9 mars. La commune renouvelée se montrera le 31 mai aussi audacieuse contre la représentation nationale que l'avait été contre la royauté la commune du 10 août. Du reste, celle-ci, pouvait déposer ses pouvoirs sans craindre de voir son œuvre inachevée. Le roi qu'elle avait détrôné allait être livré au bourreau par la Convention.

LIVRE XXI

LE PROCÈS DU ROI.

I.

De toutes les discussions qui s'élevaient à la Convention comme à la Commune, dans les clubs comme dans les sections, les démagogues tiraient une conclusion, toujours la même : « *Il faut juger, il faut punir Louis XVI!* » Vingt fois déjà, dans nos récits, nous avons parlé incidemment de ce grand procès qui préoccupait tous les esprits, agitait tous les cœurs, exaltait toutes les passions. Après deux mois de retards forcés et d'hésitations volontaires, il s'entame enfin.

Le 6 novembre, Valazé, au nom de la Commission des Vingt-quatre; le 7, Mailhe, au nom du Comité de législation, présentent les deux rapports qui doivent servir de base au jugement du roi [1].

---

[1]. Un nombre immense de livres, de brochures ont été imprimés sur le procès de Louis XVI; il nous serait impossible d'en donner même la nomenclature. Nous renverrons souvent aux pièces officielles en ne les citant que dans leurs passages les plus importants. Ces pièces se trouvent réunies dans un seul corps d'ouvrage intitulé : *Le procès de Louis XVI, ou collection complète des opinions, discours et mé-*

Les Vingt-quatre avaient été chargés d'examiner les papiers que le fameux Comité de surveillance de la Commune de Paris avait recueillis et qu'il avait été obligé de livrer à la Convention [1]. Les pièces les plus importantes étaient celles qui avaient été saisies après la journée du 10 août chez Laporte et chez Septeuil, l'un intendant, l'autre trésorier de la liste civile; aussi était-ce sur elles que s'appuyait en très-grande partie le travail de Valazé [2].

Dans son œuvre, aussi déclamatoire que désor-

moires des membres de la Convention nationale sur les crimes de Louis XVI, ouvrage publié en l'an III de la République (1795), chez Debarle.

1. Voir tome IV, pages 115 et 117, l'origine et la composition de la Commission des Vingt-quatre. Voici comment sont détaillées, dans le rapport de Valazé, les précautions prises pour la conservation de ces papiers dont, malgré les ordres formels de la Convention, la Commune de Paris n'avait pas voulu se dessaisir entièrement :

« Le travail de la Commission des Vingt-quatre se faisait en présence des membres du Comité de surveillance et de la municipalité de Paris. Les papiers étaient déposés dans un appartement distinct de celui dans lequel se réunissait la Commission ; ils lui étaient apportés par les membres du Comité de surveillance de la Commune, ils étaient, après leur examen, reportés par les mêmes personnes dans un lieu dont la Commission des Vingt-quatre s'était elle-même interdit l'entrée. Deux fois par jour, à la fin de chaque séance, trois scellés étaient apposés sur la porte de cet appartement gardé par des gendarmes. »

Ce passage si caractéristique du rapport de Valazé se trouve omis au *Moniteur,* on ne peut deviner pour quelle raison. Nous l'avons retrouvé dans le *Journal des Débats et décrets,* n° 49, page 440, et dans le *Procès de Louis XVI,* tome Ier, page 4.

2. Le rapport de Valazé se trouve au *Moniteur,* n° 342. Les pièces annexées à ce rapport n'occupent pas moins de 125 pages dans le sixième volume du procès de Louis XVI.

donnée, le rapporteur saute sans cesse d'un sujet à un autre ; à chaque instant, il apostrophe Louis XVI et lui prodigue les épithètes de traître, de parjure, de scélérat. Citant une lettre de Choiseul-Stainville, qui mentionne la remise faite à Monsieur, frère du roi, des diamants de Madame Élisabeth, il en conclut que « toute la race des Capet conspirait contre la patrie, puisque les femmes consacraient leurs diamants aux frais de l'entreprise. » Il accuse le roi d'avoir tenté d'acheter, au prix de 1,150,000 livres, un décret reportant sur le budget de l'État une partie des pensions à la charge de la liste civile, et, au prix de 150,000 livres, un autre décret favorable à la liquidation des offices de la ci-devant maison royale. Il lui fait un crime d'avoir accordé une pension de 4,000 livres à la veuve de Favras, payé une pension de 800 livres à chacun des deux curés insermentés de Versailles, envoyé des secours à d'anciens serviteurs émigrés ; d'avoir employé les sommes « que lui avait attribuées la munificence nationale » à préparer la fuite de Varennes, à subventionner les feuilles contre-révolutionnaires, à recruter une troupe de soixante hommes aux ordres d'un nommé Gilles, dont on produisait les reçus, mais dont on n'avait pu retrouver les traces !

« De quoi n'est-il pas coupable ? s'écrie Valazé en terminant l'énonciation des crimes imputés à Louis XVI, vous allez le voir aux prises avec la race humaine tout entière ; je vous le dénonce comme accapareur de blé, de sucre et de café ! »

Une aussi grave dénonciation n'était fondée que sur une lettre de quatre lignes signée de Louis XVI et ainsi conçue : « J'autorise M. de Septeuil à placer les fonds libres de la liste civile comme il le jugera convenable, soit en effets sur Paris, soit sur l'étranger, sans néanmoins aucune garantie de sa part. » Mais de ce billet, le rapporteur des Vingt-quatre rapprochait une masse considérable de lettres qui avaient trait à des opérations commerciales que Septeuil faisait avec des négociants de Hambourg, de Londres et de Nantes. Ces opérations roulaient non-seulement sur des froments, des sucres et des cafés, mais encore sur du vert-de-gris, des suifs, des bois de Campêche et autres matières analogues, sans que le capital qui s'y trouvait employé dépassât le chiffre de 2 millions de francs. Aucun lien de connexité ne les rattachait à la liste civile, elles s'effectuaient de compte à demi entre Septeuil et son frère; et, d'ailleurs, quelle influence eût pu exercer une somme de deux millions sur la hausse ou la baisse de denrées si nombreuses et si diverses, non-seulement en France, mais en Europe?

Cette accusation d'accaparement n'était qu'une réminiscence de ce fameux pacte de famine que l'on avait prétendu naguère avoir existé pendant un demi-siècle entre les intendants de province, les parlements et les ministres de la monarchie [1]. Elle n'était pas plus sé-

---

[1]. Il est bien difficile, après un siècle, de retrouver les preuves de l'existence ou de la non-existence d'un pacte secret. Le cadre de cet ouvrage ne nous permet pas de discuter à fond ce grand problème historique : nous nous bornerons à constater seulement l'invraisemblance de ces accusations d'accaparement qui impliquaient la complicité de tous les ministres de l'ancien régime, et à donner, à la fin

rieuse que celle relative à la conspiration dénoncée par certaines sections parisiennes, c'est-à-dire par ceux mêmes qui avaient tout intérêt à prétendre qu'en renversant, le 10 août, le trône constitutionnel, ils n'avaient fait que prévenir l'explosion d'un vaste complot royaliste dont l'invisible Gilles et ses soixante *bravi* auraient été les principaux instruments [1].

II.

Le rapport de Valazé avait été l'écho des clameurs de la foule ignorante et passionnée ; celui de Mailhe fut le résumé de tous les sophismes qui s'étaient produits, depuis deux mois, dans le sein du Comité de législation en

---

de ce volume, quelques lettres émanant du dénonciateur du pacte de famine, le fameux Le Prévost de Beaumont. Il paraîtrait résulter du texte même de ces lettres, que ce personnage, devenu légendaire, n'inspirait que fort peu de confiance et fort peu d'intérêt aux Assemblées constituante et législative ; elles auraient dû cependant se montrer très-empressées de le dédommager des souffrances qu'il prétendait avoir subies pour prix de sa dénonciation patriotique, si elles avaient cru à sa véracité.

1. Une grande partie de ces dénonciations sont signées Gautier et Niquille, qui déclarent les avoir faites *civiquement* et *volontairement*. Mais on retrouve ces deux personnages, en qualité d'agents du Comité de surveillance de la Commune de Paris, enlevant les chevaux et l'argenterie du château d'Ancy-le-Franc, et excitant par leurs déprédations de graves désordres dans le département de l'Yonne. (Voir le *Moniteur* du 8 novembre 1792, n° 343.) Ainsi les braves citoyens qui faisaient des dénonciations si patriotiques n'étaient, comme les juges de Maillard à l'Abbaye, que des mouchards et des voleurs.

faveur de la thèse absolue de la souveraineté populaire[1].

Le despotisme de la rue, comme le despotisme couronné, a ses flatteurs et ses courtisans. Dans tous les temps et sous tous les régimes, lorsqu'il a plu au parti triomphant de couvrir d'un semblant de légalité les procédures monstrueuses qu'il se préparait à entamer, il n'a eu besoin que de faire un appel aux légistes de profession ; il s'en est toujours trouvé qui, rivalisant de bassesse et de subtilité, se sont empressés de démontrer au vainqueur qu'il a le droit et le devoir de faire tout ce qu'il veut, et que la violation des lois antérieures est la meilleure garantie de la religieuse exécution des lois nouvelles.

Par une singulière réminiscence d'un passé qu'ils prétendaient anéantir, les légistes de la Convention firent exactement, pour la souveraineté du peuple, ce qu'avaient fait, pour la souveraineté royale, les légistes de la monarchie : ils en érigèrent l'infaillibilité en dogme indiscutable, comme si la toute-puissance était moins susceptible d'entraînement et d'erreur lorsqu'elle est exercée par la multitude que par un despote ; comme si peuple ou roi pouvaient être dispensés de respecter les règles éternelles de la justice et de l'humanité.

Dès le début de son rapport, Mailhe posait ces deux questions : « Louis XVI est-il jugeable ? Par qui doit-il être jugé ? » Il y répondait ainsi :

[1]. La discussion avait été très-vive et très-longue dans le sein du Comité de législation. Le 1ᵉʳ novembre, Cambacérès annonçait à la Convention « que le Comité discutait depuis sept jours sans pouvoir s'entendre. »

« La nation n'était pas liée par l'inviolabilité royale, elle ne pouvait pas l'être. Louis XVI n'était roi que par la Constitution ; la nation est souveraine sans constitution et sans roi, elle ne tient sa souveraineté que de la nature, elle ne peut l'aliéner un seul instant.... Or, la nation ne l'aurait-elle pas aliénée, cette souveraineté, si elle avait renoncé au droit d'examiner, de juger toutes les actions d'un homme qu'elle aurait mis à sa tête ? Appelé devant le tribunal de la nation, comment et sous quel prétexte, le roi pourrait-il invoquer aujourd'hui une inviolabilité qu'il n'avait reçue que pour la défendre, et dont il ne s'est servi que pour l'opprimer ? »

Mailhe cherche à réfuter d'avance les objections qui peuvent être faites à un pareil système : « Louis XVI, dit-on, n'a-t-il pas déjà été puni par la privation du sceptre constitutionnel ? N'a-t-il pas encouru la déchéance, la seule peine dont il peut être passible aux termes de la Constitution ? — Oui, si la Constitution devait subsister, cette déchéance serait une peine et la Constitution résisterait à une peine ultérieure. Mais, en vertu de son droit imprescriptible, la nation a changé sa Constitution. Elle a chargé ses représentants d'en construire une nouvelle. Investis de la plénitude de ses pouvoirs, ceux-ci ont aboli la royauté parce qu'il n'y a pas de liberté sans égalité, ni d'égalité sans république.

« La Déclaration des droits, ajoute-t-on, veut que nul ne puisse être puni qu'en vertu d'une loi établie et promulguée antérieurement au délit et légalement applicable. Quelle est la loi qui peut être appliquée aux crimes dont Louis XVI est prévenu ? où est cette loi? — Elle est dans le Code pénal ; c'est la loi qui punit les prévarications des fonctionnaires publics ; c'est la loi qui frappe les traîtres et les conspirateurs ; c'est la loi qui appesantit son glaive sur la tête de tout homme assez lâche ou assez audacieux pour attenter à la liberté sociale. Ces lois ne pouvaient sans doute être appliquées aux crimes d'un roi déclaré inviolable et par des autorités que la Constitution avait placées au-dessous de lui ; mais cette prérogative royale est devenue nulle devant la nation.

« Le peuple français n'a-t-il pas le droit impérissable d'appeler Louis XVI devant son tribunal et de lui faire subir la peine des oppresseurs ou des brigands? Le droit qu'a toute nation de juger et de condamner ses rois n'est-il pas une condition nécessairement inhérente à l'acte social qui les plaça sur le trône? N'est-il pas une conséquence éternelle, inaliénable de la souveraineté nationale? N'est-il pas de l'essence de cette souveraineté de suppléer, s'il le faut, au silence des lois écrites? Les droits et les devoirs de la nation ne sont-ils pas d'un ordre supérieur à toutes les institutions? Un peuple n'a-t-il pas le droit de se venger de la perfidie d'un homme qui, ayant accepté la mission d'exécuter ses lois suprêmes, avec le pouvoir nécessaire pour la remplir, en aurait abusé pour se constituer son oppresseur et son meurtrier?...

« Ne voyez-vous pas toutes les nations de l'univers, toutes les générations présentes et futures se presser autour de vous et attendre avec une silencieuse impatience que vous leur appreniez si celui qui fut originairement chargé de faire exécuter les lois, a jamais pu se rendre indépendant de ceux qui firent les lois ; si l'inviolabilité royale a le droit d'égorger impunément les citoyens et les sociétés ; si un monarque est un Dieu dont il faut bénir les coups, ou un homme dont il faut punir les forfaits ?

« Louis XVI est jugeable. Il doit être jugé pour les crimes qu'il a commis sur le trône. Mais par qui et comment doit-il être jugé ? Le renverrez-vous devant le tribunal du lieu de son domicile ou devant celui des lieux où ses crimes ont été commis ? — Cela n'est pas proposable. Tous les tribunaux actuellement existants ont été créés par la Constitution ; l'inviolabilité du roi peut donc être opposée à leur compétence ; elle ne disparaît que devant la nation, qui seule a le droit de rechercher son ex-roi pour des crimes constitutionnels. Il faut donc ou que la Convention prononce elle-même sur les crimes de Louis XVI ou qu'elle le renvoie à un tribunal formé par la nation elle-même. »

Mailhe écarte encore ce dernier système comme présentant trop de complications, et déclare qu'il est préférable de faire juger l'ex-roi par la Convention.

« Mais l'Assemblée doit-elle s'assujettir aux formes prescrites par la loi pour l'instruction et le jugement des procès criminels ordinaires, c'est-à-dire former dans son sein un jury d'accusation et un jury de jugement, désigner parmi ses membres des directeurs de jurés, des accusateurs publics et des juges ? — Non ! car elle représente la nation elle-même. On a eu raison de reprocher au parlement d'Angleterre d'avoir violé les formes dans le jugement de Charles Ier. La chambre des Communes n'était qu'un des trois pouvoirs constitués par les lois qui régissaient alors la nation anglaise ; elle ne pouvait ni juger le roi, ni déléguer le droit de le juger ; elle devait faire ce qu'a fait l'Assemblée législative ; elle devait inviter la nation anglaise à former une Convention. Si elle avait pris ce parti, c'était la dernière heure de la royauté en Angleterre. Charles Stuart méritait la mort, mais son supplice ne pouvait être ordonné que par la nation ou par un tribunal choisi par elle.

« Or, la Convention représente entièrement et parfaitement la République française. La nation a donné pour juges à Louis XVI les hommes qu'elle a choisis pour agiter, pour décider ses propres intérêts, les hommes à qui elle a confié son repos, sa gloire et son bonheur, les hommes qu'elle a chargés de fixer ses grandes destinées, celles de tous les citoyens, celles de la France entière. Prétendre récuser la Convention nationale ou quelqu'un de ses membres, ce serait vouloir récuser toute la nation ; ce serait attaquer la société jusque dans ses bases. Vous avez à prononcer sur les crimes d'un roi ; mais l'accusé n'est plus roi. Il a repris son titre originel, il est homme. S'il fut innocent, qu'il se justifie ; s'il fut coupable, son sort doit devenir l'exemple des nations. »

De ces principes fort contestables Mailhe déduit des conséquences plus contestables encore. « Dans le cours ordinaire de la justice, les formes sont considérées comme la sauvegarde de la fortune, de la liberté, de la vie des citoyens. C'est que le juge qui s'en écarte ou qui les enfreint peut être accusé avec fondement ou d'ignorer les principes de la justice, ou de vouloir substituer sa volonté et ses passions à la volonté de la loi. Mais le grand appareil des procédures criminelles serait évidemment inutile si la société prononçait elle-même sur les crimes de ses membres, car une société qui fait elle-même ses lois ne peut être soupçonnée ni d'ignorer les principes de la justice par lesquels elle a voulu être régie, ni de vouloir se laisser entraîner par des passions désordonnées envers les membres qui la composent. Une société qui, en prononçant sur le sort d'un de ses membres, se déterminerait par des motifs non puisés dans l'intérêt de tous, tendrait évidemment à sa destruction, et un corps public ne peut jamais être supposé vouloir se nuire à lui-même. »

Le rapport de Mailhe contenait à peine deux mots sur le sort réservé à la reine et à son fils ; mais ces deux mots étaient assez significatifs : « La tête des femmes qui portaient le nom de reines de France n'a jamais été plus inviolable ou plus sacrée que celle de la foule des rebelles et des conspirateurs. Quand vous vous occuperez de Marie-Antoinette, vous examinerez s'il y a lieu de la décréter d'accusation ; mais ce n'est que devant les tribunaux ordinaires que votre décret pourra l'envoyer ; quant à Louis-Charles, cet enfant qui n'est pas encore coupable, qui n'a pas encore eu le temps de partager les iniquités des Bourbons, vous aurez à balancer ses destinées avec l'intérêt de la République. »

Mailhe, en terminant, invoquait l'autorité de Montesquieu, plaçait ses conclusions sous l'égide de deux citations de l'*Esprit des lois,* dont l'une devint bientôt le mot d'ordre de tous les agitateurs et le programme de toutes les insurrections : « Chez les peuples les plus libres, il y a des cas où il faut mettre un voile sur la liberté comme l'on cache les statues des dieux; » et dont l'autre devait servir à amnistier d'avance toutes les injustices et toutes les violences : « Dans les États où l'on fait le plus de cas de la liberté, il y a des lois qui la violent contre un seul [1]. »

1. Montesquieu, *Esprit des lois,* livre XII, chap. xix. Par une contradiction des plus singulières, et qui est un exemple frappant de toutes celles dont fourmillait le rapport du Comité de législation, Mailhe, un instant auparavant, avait reproché au célèbre publiciste du xviiie siècle d'avoir prostitué sa plume à l'apologie de la monarchie et de la noblesse. Il avait rappelé avec dédain ces paroles prophétiques dans lesquelles Montesquieu, racontant les péripéties de la Révolution de 1648, semblait prédire ce qui devait se passer dans son propre pays :

« Ce fut un assez beau spectacle que de voir les efforts impuissants des Anglais pour établir parmi eux la république, de voir le peuple étonné, cherchant la démocratie et ne la trouvant nulle part, de le voir enfin, après bien des mouvements, des chocs et des secousses, forcé de se reposer dans le gouvernement même qu'il avait proscrit. »

Mailhe déclarait, au nom de la République française, que si la Convention avait le courage de juger elle-même Louis XVI, la Révolution n'aurait pas un pareil dénoûment : les événements se sont chargés de donner un démenti solennel aux prédictions du rapporteur du Comité de législation.

I

Le rapport de Valazé ne se terminait par aucune conclusion, mais il n'en était pas de même de celui de Mailhe. La discussion porta donc exclusivement sur ce dernier ; elle s'ouvrit le mardi 13 novembre sous la présidence d'Hérault-Séchelles. Le premier inscrit était Morisson (de la Vendée), membre du Comité de législation. Organe de la minorité de ce Comité, il soutient et développe la thèse de l'inviolabilité royale : « La Constitution de 1791, s'écrie-t-il en terminant, prévoyait les cas où la déchéance pouvait être prononcée contre Louis XVI ; cette peine lui a été appliquée : que voulez-vous, que pouvez-vous de plus? Le peuple est, dit-on, souverain, et par conséquent n'a d'autre règle que sa volonté suprême. Je réponds : ses droits et ses pouvoirs ont nécessairement pour limites les devoirs que lui impose sa propre justice. Vous invoquez les lois imprescriptibles de la nature, le droit qu'a tout homme de repousser l'agression d'un autre homme. Mais sommes-nous au milieu d'un combat? Non. Celui qu'il s'agit de frapper est aujourd'hui sans armes, sans défense, dans l'impuissance de nuire. Nul ne peut être condamné qu'en vertu d'une loi préexistante. Tant qu'on ne me montrera pas un texte de loi formel, applicable aux faits reprochés à Louis, je dis que vous ne pouvez le juger. »

L'orateur qui succède à Morisson ne cherche pas de détours, n'est arrêté par aucun scrupule et marche droit à son but; c'est Saint-Just, le confident et le séide de Robespierre : « J'entreprends, dit-il, de prouver que le roi peut être jugé, que l'opinion de Morisson, qui conserve l'inviolabilité, et celle du Comité, qui veut le juger en citoyen, sont également fausses, et qu'il doit être jugé dans des principes qui ne tiennent ni de l'une ni de l'autre. L'unique but du Comité fut de vous persuader que le roi devait être jugé en simple citoyen, et moi je dis que le roi doit être jugé en ennemi; que nous avons moins à le juger qu'à le combattre, et que n'étant pour rien dans le contrat qui unit les Français, les formes de la procédure ne sont point dans la loi civile, mais dans la loi du droit des gens....

« Un jour peut-être les hommes, aussi éloignés de nos préjugés que nous le sommes de ceux des Vandales, s'étonneront de la barbarie d'un siècle où ce fut quelque chose de religieux que de juger un tyran; où le peuple qui eut un tyran à juger, l'éleva au rang de citoyen avant d'examiner ses crimes. On s'étonnera qu'au XVIIIe siècle on ait été moins avancé que du temps de César; le tyran fut immolé en plein Sénat, sans autre formalité que vingt-deux coups de poignards, sans autre loi que la liberté de Rome. Et aujourd'hui l'on fait avec respect le procès d'un homme assassin d'un peuple, pris en flagrant délit, la main dans le sang, la main dans le crime!

« Ceux qui attacheront quelque importance au juste châtiment d'un roi ne fonderont jamais une République. De quelques illusions, de quelques conventions que la royauté s'enveloppe, elle est un crime éternel contre lequel tout homme a le droit de s'élever et de s'armer. Elle est un de ces attentats que l'aveuglement même de tout un peuple ne saurait justifier. Ce peuple est criminel envers la nature par l'exemple qu'il a donné. Tous les hommes tiennent d'elle la mission secrète d'exterminer la domination en tout pays. On ne peut régner innocemment. La folie en est trop évidente; tout roi est un rebelle et un usurpateur. »

A son raisonnement de fanatique, le jeune orateur mêle des insinuations perfidement calculées contre ses adversaires politiques. Fidèle au procédé de celui qu'il a pris pour guide et pour modèle, il dénonce aux soupçons populaires tous ceux qui auraient l'audace de ne pas partager son opinion.

« Presque tous ici, nous suivons dans cette circonstance nos vues particulières; nous nous divisons et nous ménageons un tyran. Je ne perdrai jamais de vue que l'esprit avec lequel on jugera le roi sera le même que celui avec lequel on établira la République. La théorie de votre jugement sera celle de vos magistratures et la mesure de votre philosophie; dans ce jugement sera aussi la mesure de votre liberté dans la Constitution. »

Puis, tournant en dérision les efforts de ceux qui pourraient chercher à émouvoir les Français en faveur du malheureux Louis XVI, Saint-Just fait d'avance le procès à ceux de ses collègues qui reculeraient devant le régicide. « On cherche à remuer votre pitié; on achètera bientôt des larmes comme aux enterrements de Rome; on fera tout pour nous intéresser, pour nous corrompre même. Peuple, si le roi est jamais absous, souviens-toi que nous ne serons plus dignes de ta confiance et que tu pourras nous accuser de perfidie ! »

L'évêque constitutionnel du Calvados combat la thèse de Saint-Just; mais, pour faire accepter ses paroles de clémence, il se croit obligé de sacrifier aux passions du jour. Son langage semble plein de dédain; sa pensée, au fond, est généreuse et politique. Son point de vue aurait dû être celui de tous les républicains sincères, s'ils avaient eu la saine appréciation du passé, la véritable intuition de l'avenir.

« Laissons vivre Louis XVI, s'écrie Fauchet, pour qu'il soit un témoignage vivant de l'exécration vouée à la royauté. Tant que l'idée monarchique reposera sur sa tête, les aristocrates ne se rallieront pas à lui, car ils le méprisent et le haïssent à cause de sa faiblesse. Mais si nous l'envoyons au supplice, nous donnons aux conspirateurs de nouvelles armes. L'idée de la royauté replacée sur la tête d'un jeune enfant innocent a de bien meilleures chances de faire des prosélytes; la conservation de Louis parmi nous sera le tombeau des espérances factieuses... Le supplice du roi servira-t-il du moins à intimider les conspirateurs puissants? Croyez-vous, par cet exemple, arrêter celui qui a l'ambition de ceindre la couronne? La domination sera longue, se dit-il, la mort courte; marchons à l'empire! »

Enfin, revenant sur l'argument décisif déjà présenté par Morisson et sur la phrase malheureuse échappée à la plume de Montesquieu, Fauchet termine ainsi son discours :

« Je défie que l'on me cite une loi antérieure au

délit de Louis XVI qui lui soit applicable... S'il est douteux que la loi puisse condamner à mort sans outrager la nature, à plus forte raison ce serait le comble de la barbarie que d'appliquer cette peine par le seul esprit de vengeance, quand la loi ne l'a pas prononcée. Pourquoi nous rendre coupables d'une cruauté inutile? Je ne ferai pas à votre Comité de législation ni à la nation française l'injure de combattre une idée jetée en avant par le rapporteur et appuyée par l'autorité d'un publiciste célèbre, « que l'utilité publique autorise quel-
« quefois à jeter un voile sur l'image de la justice... » Quoi! le repos de la patrie dans la justice violée, dans un crime national, dans une sanglante infamie qui ferait horreur à la terre!... »

Cette première séance est terminée par un discours de Robert, ce député de Paris qui n'était pas même Français[1], ce solliciteur besogneux que Dumouriez, lorsqu'il était ministre des affaires étrangères, avait menacé de faire rouler du haut en bas de ses escaliers s'il se présentait encore pour solliciter de lui l'ambassade de Constantinople[2]. Nous ne ferons pas à ce singulier législateur l'honneur d'analyser son discours; la péroraison suffira pour faire apprécier cette plate rapsodie.

« Le 10 août, tout Français, disait Robert, avait le droit d'assassiner Louis XVI, car l'état de guerre est

1. Robert, dans la séance du 28 février 1793, demanda à l'Assemblée un congé pour se rendre à Liége, sa patrie.

2. Voir les mémoires de Mme Roland, et la notice qu'elle a laissée sur ce triste personnage.

l'état de nature, et dans l'état de nature n'a-t-on pas le droit d'assassiner son ennemi? On me dira : Nous ne sommes plus en état de guerre puisque notre ennemi est prisonnier, et on n'assassine pas un prisonnier de guerre. Sans doute, aussi ne vous dis-je pas de l'assassiner, mais de le juger. Il est ici, jusqu'à son jugement, sous la sauvegarde de la foi publique et de la loyauté du vainqueur. Mais, s'il sortait de prison sans être jugé, chaque membre de la société aurait le droit de l'assassiner. Il est donc de son intérêt de subir le jugement de ses crimes. Je conclus à l'acte d'accusation. »

La discussion fut remise du mardi 13 au jeudi 15. Ce jour-là, l'Assemblée entendit seulement deux orateurs : Rozet (de Toulouse) et Grégoire, évêque constitutionnel de Loir-et-Cher.

Le premier pose ainsi les deux questions que, suivant lui, la Convention doit décider. Est-il de l'intérêt de la nation de juger Louis XVI? est-il de la justice de le punir? Il les résout toutes deux par la négative et, à l'appui de son opinion, il fait entendre ces paroles courageuses : « Louis XVI n'a-t-il pas, à son avénement au trône, volontairement renoncé à une partie des prétendus droits que ses prédécesseurs avaient usurpés? n'a-t-il pas aboli la servitude dans ce qu'on appelait alors ses domaines? n'a-t-il pas appelé dans son conseil tous les hommes que la voix publique lui désignait? Induit en erreur successivement par les uns et les autres, sans cesse environné de personnes intéressées à le tromper, il a été précipité d'abîme en abîme... Citoyens!

ne nous faisons pas illusion, nous sommes juges et parties dans cette cause. Une grande nation doit-elle s'avilir jusqu'à mettre en pratique les maximes des despotes? La domination de ceux-ci ne peut se consolider que par la terreur, les imiterons-nous? Il n'y a plus de trône, donc il n'y a plus de peine de déchéance. La nation française est délivrée pour jamais du fléau des rois. N'est-elle pas suffisamment vengée? ne peut-elle donc l'être qu'avec du sang et toujours du sang?... Louis XVI est déjà jugé et puni plus sévèrement qu'il n'en avait été menacé par la Constitution. La sévérité qu'on vous propose ne serait qu'un acte de faiblesse, j'oserai dire de lâcheté, qu'un signe certain de fureur et de cruauté. Vous devez donner à l'univers qui vous contemple le spectacle d'un roi rentré avec sa famille dans la classe des citoyens; spectacle bien plus imposant, bien plus énergique, leçon bien plus sublime que celles que proposeraient tous les bourreaux réunis. »

Loin de suivre le préopinant sur le terrain où il vient de se placer, Grégoire s'attache à réfuter la thèse développée par Morisson. « L'inviolabilité du roi et la responsabilité des ministres, dit-il, sont des choses corrélatives; quand celle-ci manque, celle-là disparaît. Ceux qui, à l'Assemblée constituante, se faisaient les champions de l'inviolabilité étaient forcés d'avouer que cette prérogative ne couvrait que les délits politiques et non les délits privés. L'inviolabilité absolue serait une monstruosité. Elle pousserait l'homme à la scélératesse, en lui assurant l'impunité de tous ses crimes. Déclarer un homme inviolable, le charger de faire observer toutes les lois lorsqu'il peut les violer, c'est outrager non-seulement la nature, mais la Constitution. Elle porte textuellement au chapitre de la royauté, qu'il n'y a point en France, d'autorité supérieure à celle de la loi. Admettre l'inviolabilité absolue, c'est, en d'autres termes, déclarer légalement que la perfidie, la férocité, la cruauté sont inviolables. Mais l'inviolabilité fût-elle absolue, elle disparaît devant la volonté nationale sous peine de proclamer que la nation, en élevant quelqu'un au-dessus d'elle-même, le fait plus grand qu'elle, et qu'il est dans l'ordre du possible qu'un effet ne soit pas en proportion avec la cause qui l'a produit. L'inviolabilité étant une institution politique, n'a pu être établie que pour le bonheur national ; mais si cette prérogative s'étend à tous les actes de l'individu-roi, elle deviendra le tombeau de la nation, car elle est un moyen de plus de consacrer l'esclavage et la misère des peuples. Prétendre que, pour le bonheur commun, il faut qu'un roi puisse impunément commettre tous les crimes, fut-il jamais doctrine plus révoltante ? »

Cependant, Grégoire se souvient qu'il a été, qu'il est encore revêtu de fonctions sacerdotales et conclut comme Fauchet, après avoir parlé comme Saint-Just : « Il est prouvé que Louis XVI n'a jamais été roi constitutionnel des Français ; il est prouvé qu'il n'a jamais été que leur bourreau ; qu'il soit donc jugé et puni, tout le veut ; c'est votre premier devoir, c'est le vœu de vos commettants. Quant à moi, je reprouve la peine de mort ; je demande donc que Louis soit condamné au supplice de l'existence, qu'il soit abandonné à son repentir, à ses remords. Mais le repentir, les remords sont-ils faits pour le cœur des rois? »

IV

Pendant quelques jours, les discussions sur les subsistances, les émigrés et les armées, absorbèrent tous les instants de la Convention. La majorité ne demandait pas mieux que de trouver des prétextes pour retarder le moment où elle serait obligée de prendre un parti dans la grande affaire du procès du roi. Elle était incertaine, hésitante, et répugnait visiblement à s'engager plus avant dans la voie où voulait l'entraîner le Comité de législation. Tout à coup, vers la fin de la séance du 20 novembre, le ministre de l'intérieur entre dans la salle et dépose sur le bureau du président des liasses de papiers. Il les a, déclare-t-il, retirés d'une cachette pratiquée dans un corridor des Tuileries, attenant à la chambre à coucher de Louis XVI; l'existence de cette cachette lui a été révélée le matin même par l'ouvrier qui l'avait construite; les pièces dont elle était remplie et qu'il a parcourues rapidement lui ont paru avoir une haute importance; elles doivent jeter un très-grand jour sur les événements du 10 août, sur la révolution entière et sur les personnages qui y ont joué les premiers rôles. Comme plusieurs membres de l'Assemblée constituante et de l'Assemblée législative semblent être compromis par ces documents, il invite la Convention à nommer, pour en faire le dépouillement, une commission dont ne devra faire partie aucun député ayant appartenu à l'une de ces deux Assemblées [1].

La communication inattendue du ministre de l'intérieur provoque un immense tumulte. La gauche reproche énergiquement à Roland d'avoir procédé à l'ouverture de l'armoire de fer et à l'enlèvement des pièces qu'elle contenait sans en avertir les commissaires de la Convention chargés de l'inventaire des papiers des Tuileries. « Ces commissaires, lui objecte-t-on, au moment où le ministre se livrait à cette opération clandestine, siégeaient à deux pas de l'endroit même où la découverte a été faite. Rien n'était donc plus simple que de leur remettre immédiatement ces documents, au lieu de les faire voyager des Tuileries au ministère de l'intérieur et du ministère à la salle du Manége. »

Tallien réclame la lecture du procès-verbal qui a dû être dressé dans une circonstance aussi grave. Roland est obligé d'avouer que c'est une formalité qu'il a oublié de remplir. Cet aveu soulève les plus vives récriminations. Camille Desmoulins déclare « que l'Assemblée ne peut nommer une commission pour examiner des

---

[1]. Cette cachette, dite de l'armoire de fer, a joué un très-grand rôle dans le procès de Louis XVI et dans les discussions entre les Girondins et les Montagnards. Le serrurier Gamain, qui l'avait révélée, prétendit, un an après la mort du roi, avoir été empoisonné par cet infortuné monarque; il reçut, pour cet infâme mensonge, une pension nationale. M. Louis Blanc, dans le sixième volume de son *Histoire de la Révolution*, consacre un chapitre tout entier au récit de ce prétendu empoisonnement. On trouvera à la fin de ce volume une note relative à cette affaire.

papiers dont elle ignore le contenu, qu'un seul homme connaît encore, et qu'il a peut-être déjà triés. » Mais la majorité refuse de s'arrêter aux accusations qui pleuvent sur Roland. Après avoir repoussé une multitude de propositions incidentes, elle décide que l'examen des papiers trouvés dans l'armoire de fer sera confié à une commission de douze membres, tirée au sort parmi les députés qui ne font dans ce moment partie d'aucun Comité [1].

Les clubs et les journaux démagogiques, qui leur servent d'écho, s'occupent beaucoup moins de la découverte de Roland que de la manière dont elle s'est operée. Dès le 20 au soir, à la séance des Jacobins, Goupilleau de Montaigu, l'un des commissaires qui se trouvaient en permanence aux Tuileries, renouvelle les plaintes qu'il a déjà fait entendre quelques heures auparavant à la Convention. « De quel droit et dans quelle intention le ministre a-t-il voulu se réserver l'ouverture de l'armoire de fer ? En agissant ainsi, Roland a fait une insulte à l'Assemblée. Les patriotes ardents peuvent l'accuser d'avoir soustrait des pièces qui révélaient les complots de Louis XVI ; les amis de Louis peuvent

(1) Les pièces déposées sur le bureau par le ministre de l'intérieur étaient au nombre de six cent vingt-cinq. Elles furent immédiatement numérotées et paraphées par le ministre et deux des secrétaires de la Convention, Carra et Defermon. Cette opération dura jusqu'à une heure après minuit. Les douze commissaires désignés par le sort furent : Boussion, Borie, Bolot, Saurine, Bernard-Saint-Afrique, Lefranc, Ruamps, Pelissier, Gardien, Rabaut-Pommier, Anacharsis Clootz et Rülh. Ce dernier tomba plus tard malade et fut remplacé par Doulcet. — (Procès de Louis XVI, t. VII, p. 2. Procès-verbaux imprimés du mois de novembre, p. 256, 263 et 275.)

prétendre que des pièces à la décharge de l'ex-roi ont été enlevées. »

Basire, Tallien, Robespierre jeune, brodent sur ce thème de nouvelles récriminations contre le ministre girondin. La société de la rue Saint-Honoré arrête que la dénonciation de Goupilleau, rédigée par écrit, recevra la plus grande publicité [1]. Elle est naturellement reproduite par les feuilles de Marat, d'Hébert et autres, qui l'aggravent en insinuant que de l'argent et des diamants pouvaient s'être trouvés mêlés aux papiers et avoir été dérobés.

Roland comprend qu'il doit se défendre. Dès le lendemain (21 novembre), ayant été appelé à la barre de l'Assemblée pour une autre affaire, il se hâte de profiter de l'occasion. « On a prétendu, dit-il, que j'aurais dû dresser procès-verbal de l'enlèvement des pièces en en faisant sans doute un inventaire. On a prétendu que j'aurais dû être accompagné de commissaires de la Convention pour tirer ces pièces de leur cachette ; on a prétendu qu'il y avait des bijoux avec les papiers, et que sans doute j'avais escamoté ces bijoux. Le fait est que je n'ai trouvé que des papiers, et que j'étais accompagné de deux témoins lorsque je m'en suis emparé. Faudra-t-il donc que toutes les fois que je trouverai ou que je soupçonnerai trouver quelque chose, je sois obligé de demander préalablement à la Convention de me nommer des commissaires [2] ? »

---

[1]. *Journal des Débats des Jacobins*, n° 305.
[2]. *Journal des Débats et Décrets*, n° 33, p. 338, *Moniteur*, n° 323.

Les explications ministérielles sont accueillies avec faveur par la majorité, qui tient d'autant plus à conserver Roland au pouvoir que les Montagnards l'attaquent avec plus de violence. Mais le bill d'indemnité qui est accordé au ministre de l'intérieur par l'Assemblée n'est pas complétement ratifié par l'opinion publique. On trouve, que pour un puritain, qui se pique d'une régularité si rigide, Roland a agi avec beaucoup de légèreté. La haine de ses ennemis possède maintenant un prétexte plausible ; elle ne manquera pas de le mettre largement à profit.

V.

La découverte de l'armoire de fer n'amena pas d'abord un grand changement dans les hésitations de la majorité, ni une grande accélération dans la marche du procès du roi. Le 21 novembre, la Convention entendit la lecture de l'opinion de Thomas Payne.

Ce publiciste américain, auquel la Législative avait accordé le titre de citoyen français et que plusieurs départements avaient appelé à l'honneur de les représenter, concluait ainsi au jugement immédiat de Louis XVI :
« Il s'est formé, entre les brigands couronnés de l'Europe, une conspiration qui menace la liberté de toutes les nations. Tout porte à croire que Louis XVI faisait partie de cette horde de conspirateurs. Vous avez cet homme en votre pouvoir ; c'est jusqu'à présent le seul

dont on se soit assuré. Faites-lui donc son procès, car ce procès peut conduire toutes les nations du monde à connaître et à détester le système désastreux de la monarchie, les complots et les intrigues de leurs propres cours. Il servira au moins à sonder les détails de la conspiration ourdie entre tous les tyrans, à prouver la scélératesse des gouvernements et la nécessité d'une révolution universelle. Le procès une fois terminé, témoignez, je le veux bien, quelque compassion à cet homme d'un esprit faible et borné, mal élevé comme tous ses pareils, mais que cette compassion ne soit pas le résultat de la burlesque idée d'une inviolabilité prétendue. »

Après huit jours d'intervalle, le 29, la Convention put encore consacrer quelques heures à entendre deux nouveaux orateurs : Serres (des Hautes-Alpes), et Faure (de la Seine-Inférieure). Serres concluait au prompt jugement du roi, mais n'apportait à l'appui de cette opinion que les raisonnements déjà ressassés dans les discours précédents. Faure, au contraire, adjurait la Convention de donner au monde un grand exemple de vertu et de magnanimité. Déguisant sous des formes acerbes son ardent désir de sauver le roi, il s'écriait : « Un vrai républicain n'est ni cruel, ni féroce ; ferme comme Caton, il chasse les rois et ne s'abaisse pas, pour les punir, à la controverse de la politique. Faites venir Louis Capet dans cette Assemblée; qu'il comparaisse à la barre et dites-lui : « Tu n'es plus roi. Telle est la vo-
« lonté du peuple ; nous étions tes enfants et tu voulais
« nous égorger ; tu méritais la mort et nous te laissons

« la vie. Nous ferons plus, nous te ferons citoyen fran-
« çais, titre plus auguste que celui de roi ; n'oublie
« jamais la magnanimité du peuple ; s'il n'y joint pas
« pour l'instant la liberté de ta personne, c'est moins
« pour sa sûreté que pour la tienne. Le peuple français
« ne craint pas les rois [1]. »

Faure demandait que la Convention passât à l'ordre du jour sur le projet de décret présenté par le Comité de législation, mais que ce projet fût envoyé à toutes les assemblées primaires de la République, afin que l'on connût le vœu du peuple entier. C'était la première fois que l'idée de l'appel au peuple était portée à la tribune de la Convention. Elle fut reprise quelque temps après par la Gironde, comme une machine de guerre qu'elle espérait employer contre ses propres adversaires ; car, en appelant les comices populaires à décider du sort de Louis XVI, elle voulait leur faire sanctionner en même temps l'ostracisme qu'elle comptait faire prononcer un jour ou l'autre, non-seulement contre Marat, mais encore contre Robespierre et peut-être toute la députation de Paris. Lorsqu'elle reproduisit la motion de Faure, le déplorable procès avait suivi son cours, et l'appel au peuple n'avait plus chance d'être adopté par la majorité. Ce qui était possible quand les passions populaires n'étaient pas encore surexcitées, ne le fut plus un mois ou six semaines plus tard.

Au moment où nous parlons, l'Assemblée était pro-

---

[1]. *Journal des Débats et Décrets*, n° 70, p. 423, *Moniteur*, n° 334.

fondément divisée sur la manière de trancher les questions redoutables soulevées par le procès de Louis XVI. Elle se trouvait en face de trois partis à prendre. Circonstance bizarre, les deux opinions extrêmes se réunissaient pour demander que la Convention statuât sur le sort du roi sans s'astreindre aux formes d'un jugement régulier, par simple mesure de sûreté générale. Suivant les démagogues, cette mesure devait être la mort; suivant les modérés, elle ne pouvait être que le bannissement.

Les Girondins adoptèrent une opinion mitoyenne qui, comme cela n'arrive que trop souvent, devait avoir des effets aussi déplorables que celle même dont la brutalité féroce leur inspirait une insurmontable horreur. Ils crurent qu'ils devaient donner une preuve éclatante de leur républicanisme en faisant le procès de la royauté dans la personne de Louis XVI, et qu'il serait toujours temps plus tard de sauver la vie du roi s'ils pouvaient le faire sans nuire à leur popularité.

La peine de mort, décrétée par mesure de sûreté générale, ne pouvait être proposée que par des démagogues farouches de la trempe de Robespierre, Saint-Just et Jean-Bon Saint-André. Leur opinion n'aurait pas réuni cent adhésions. Au contraire, prononcer le bannissement, parce qu'aucun texte de loi ne s'appliquait aux délits imputés au roi, était tout à la fois la solution la plus généreuse et la plus intelligente; elle était digne de républicains sincères qui mettaient l'intérêt de la liberté avant la satisfaction de leur amour-propre. Elle eût réuni une immense majorité, si les Girondins l'avaient adoptée dès le commencement des débats, s'ils n'avaient pas voulu entamer une procédure où les difficultés les plus graves naissaient à chaque instant sous leurs pas. La partie s'engagea de plus en plus entre la Gironde et la Montagne, la tête de Louis XVI en devint l'enjeu.

Les retards que les questions incidentes apportaient à la marche régulière de la discussion, les appréhensions que l'on se plaisait à jeter dans le peuple sur le renchérissement de toutes les denrées, agitaient les esprits et aigrissaient les passions. Les démagogues répétaient sans cesse et partout, à la tribune, dans les clubs, dans les journaux, que la source de tous les maux, la cause de tous les embarras, la solution de toutes les difficultés étaient au Temple. La masse de la population parisienne, d'abord assez indifférente au procès, se prenait à croire que, puisque la misère, dont elle était accablée et qui ne faisait que croître avec l'hiver, devait cesser aussitôt que le roi serait monté sur l'échafaud, il valait mieux sacrifier un homme qu'une nation.

Les ennemis les plus acharnés de la royauté ne manquaient pas, du reste, de prononcer le nom de Louis XVI au milieu de toutes les discussions relatives à la cherté des grains. Avec une habileté profonde ils mêlaient au procès une question d'économie sociale, qui a le privilége bien naturel de passionner les masses, et faisaient tourner contre le prisonnier du Temple le désespoir et la rage des affamés.

Ainsi à l'occasion des troubles du pays chartrain,

que nous avons racontés dans le précédent volume [1], Robespierre demande qu'avant de s'occuper des subsistances, on fasse dans les vingt-quatre heures tomber la tête de Louis XVI, le chef des conspirateurs. Jean-Bon Saint-André ajoute aussitôt : « Que parle-t-on de procès? il n'y en a point à faire, il n'y a pas même de jugement à porter; le peuple l'a prononcé le 10 août. Il ne reste plus qu'à faire subir à Louis la peine de ses crimes. Toutes ces dissertations propres à égarer, toutes ces redondances scolastiques et puériles ne jettent pas une étincelle de lumière. » C'est pourquoi Legendre propose de décréter que les discours préparés par les différents membres de l'Assemblée soient déposés sur le bureau et imprimés, tandis que la Convention passera sans plus tarder au jugement du ci-devant roi [2].

La motion de Legendre, quoique introduite incidemment dans un débat qui n'a aucun trait au procès de Louis XVI, est immédiatement adoptée et appliquée à tous les orateurs, sauf un seul. Avons-nous besoin de nommer cet orateur privilégié? c'est Robespierre qui, croyant que devant lui devaient fléchir les décisions les plus solennelles, vient, le 3 décembre, reproduire les sophismes que Saint-Just avait entassés dans son fameux discours du 13 novembre. De ces deux pièces d'éloquence, qui ne seraient que d'assez pauvres am-

1. T. IV, p. 393.
2. Les discours imprimés par ordre de l'Assemblée en vertu du décret du 30 novembre étaient au nombre de plus de cent. Leur collection n'occupe pas moins de quatre volumes dans *le Procès de Louis XVI,* publié en l'an III et cité plus haut.

plifications de rhétorique si elles n'avaient été suivies d'un résultat sanglant, celle du maître est encore plus médiocre que celle du disciple. On peut en juger par les fragments suivants :

« L'Assemblée s'est laissé entraîner à son insu loin de la véritable question, il n'y a point de procès à faire ; Louis n'est point un accusé, vous n'êtes point des juges ; vous êtes, vous ne pouvez être que des hommes d'État et les représentants de la nation. Vous n'avez point une sentence à rendre pour ou contre un homme, mais une mesure de salut public à prendre, un acte de prudence à exercer.

« Louis fut roi et la République est fondée. La question fameuse qui vous occupe est décidée par ces seuls mots : Louis est détrôné par ses crimes. Louis dénonçait le peuple français comme rebelle, il a appelé pour le châtier les armes des tyrans, ses confrères ; la victoire et le peuple ont décidé que lui seul était rebelle. Louis ne peut donc être jugé, il est déjà condamné ; il est condamné ou la République n'est point absoute. Proposer de faire le procès à Louis XVI, de quelque manière que ce puisse être, c'est rétrograder vers le despotisme royal et constitutionnel, c'est une idée contre-révolutionnaire, car c'est mettre la révolution elle-même en litige. En effet, si Louis peut être encore l'objet d'un procès, Louis peut être absous, il peut être innocent, que dis-je ? il est proclamé l'être jusqu'à ce qu'il soit jugé.

« Mais, si Louis peut être présumé innocent, que devient la Révolution ? n'est-elle pas encore incertaine et douteuse? Si Louis est innocent, tous les défenseurs de la liberté deviennent des calomniateurs, les rebelles étaient les amis de la vérité et les défenseurs de l'innocence opprimée ; tous les manifestes des cours étrangères ne sont que des réclamations légitimes contre une faction dominatrice; les fédérés, le peuple de Paris, tous les patriotes de l'empire français sont coupables, et le grand procès pendant au tribunal de la nature entre le crime et la vertu, entre la liberté et la tyrannie, est enfin décidé en faveur du crime et de la tyrannie.

« Les peuples ne jugent pas comme les cours judiciaires, ils ne rendent pas des sentences, ils lancent la foudre ; ils ne condamnent pas les rois, ils les replongent dans le néant. Cette justice vaut bien celle des tribunaux. Et nous, que faisons-nous? nous appelons de toutes parts des avocats pour plaider la cause de Louis XVI; nous pourrons bien un jour décerner à ses défenseurs des couronnes civiques, car, s'ils défendent sa cause, ils peuvent espérer de la faire triompher; autrement vous ne donneriez à l'univers qu'une ridicule comédie. Nous osons parler de République, nous invoquons des formes parce que nous n'avons plus de principes; nous nous piquons de délicatesse parce que nous manquons d'énergie[1]. Nous étalons une fausse humanité parce que le sentiment de la vé-

---

1. Saint Just avait dit quinze jours auparavant : « Parmi nous la finesse des esprits et des caractères est un grand obstacle à la liberté. » (*Moniteur*, n° 319). Jusque dans les moindres détails, la coïncidence des idées est remarquable entre le maître et le disciple.

ritable humanité nous est étranger; nous révérons l'ombre d'un roi, nous ne savons pas respecter le peuple. Nous sommes tendres pour les oppresseurs parce que nous sommes sans entrailles pour les opprimés. Le procès à Louis XVI, mais qu'est-ce que ce procès si ce n'est l'appel de l'insurrection à un tribunal ou à une assemblée quelconque? En faisant le procès en forme à Louis XVI, en ouvrant une arène à ses champions, vous réveillez le royalisme assoupi. Voyez quels progrès rapides a déjà faits ce système de tolérance. A l'époque du mois d'août dernier, tous les partisans de la royauté se cachaient; quiconque eût osé entreprendre l'apologie de Louis XVI eût été puni comme traître. Aujourd'hui, ils relèvent impunément un front audacieux; aujourd'hui, les écrivains les plus décriés de l'aristocratie reprennent avec confiance leurs plumes empoisonnées; ils trouvent des successeurs qui les surpassent en audace. Aujourd'hui, des écrits précurseurs de tous les attentats inondent les départements, la cité où vous résidez, et pénètrent jusque dans le sanctuaire de la liberté. Aujourd'hui des hommes armés, appelés, retenus dans nos murs, et par qui! ont fait retentir les rues de cette cité de cris séditieux qui demandent l'impunité de Louis XVI [1]... »

De ceux que les Montagnards appelaient déjà la garde prétorienne de la Gironde, Robespierre passe à un adversaire, qu'il hait d'autant plus qu'il a été autre-

---

[1]. Robespierre fait ici allusion aux fédérés qui avaient repoussé les avances de Marat. (Voir t. IV, p. 347 et suivantes.)

fois son ami. Pétion avait fait adopter quelque temps auparavant le décret qui réglait l'ordre des questions à examiner pour arriver au jugement définitif de Louis XVI. Il semblait avoir reçu ou s'être donné la mission d'intervenir dans le débat chaque fois qu'il s'agissait de faire adopter par la majorité indécise une résolution pratique de quelque importance. Aussi Robespierre ne manque-t-il pas de décocher en passant un trait ironique à celui qui semble vouloir usurper un rôle qu'il croit n'appartenir qu'à lui seul.

« Il y a deux mois, dit-il, qui eût pu soupçonner qu'ici ce serait une question de savoir si Louis XVI était inviolable ou non? Mais, depuis qu'un membre de la Convention nationale a présenté cette idée comme l'objet d'une discussion sérieuse, préliminaire à toute autre question, l'inviolabilité, dont les conspirateurs de l'Assemblée constituante ont couvert ses premiers parjures, a été invoquée pour protéger ses derniers attentats... O crime! ô honte! la tribune du peuple français a retenti du panégyrique de Louis XVI! Nous avons entendu vanter les vertus et les bienfaits du tyran!.... »

Il était impossible à Robespierre de faire longtemps abstraction de sa propre personnalité; aussi, rappelant les accusations dont il a été naguère l'objet [1], mettant en parallèle la manière dont ses adversaires ont agi avec lui, et les ménagements qu'ils semblent avoir pour un roi détrôné, il s'écrie : « A peine avons-nous pu arracher à l'injustice d'une décision précipitée l'honneur et la

---

1. Voir t. IV, p. 306.

liberté des meilleurs citoyens; que dis-je? nous avons vu accueillir avec une joie scandaleuse les plus atroces accusations contre des représentants du peuple connus par leur zèle pour la liberté; nous les avons vus sur le point d'être immolés par leurs collègues presque aussitôt que dénoncés, et la cause du tyran est tellement sacrée qu'elle ne peut être ni assez longuement ni assez librement discutée. Pourquoi vous étonner de ce contraste? Ce double phénomène tient à la même cause. Ceux qui s'intéressent à Louis ou à ses pareils, doivent avoir soif du sang des patriotes qui demandent sa punition. Ils ne peuvent faire grâce qu'à ceux qui se seront adoucis en sa faveur. En faisant durer le procès quelques mois encore, on espère arriver, au printemps prochain, à l'époque où les despotes doivent nous livrer une attaque générale. Quelle carrière ouverte aux conspirateurs! quel aliment donné à l'intrigue et à l'aristocratie! Les armées étrangères pourront encourager l'audace des contre-révolutionnaires, en même temps que leur or tentera la fidélité du tribunal qui doit prononcer sur le sort de Louis XVI [1].

« Louis combat contre nous du fond de son cachot, et l'on doute s'il est coupable, s'il est permis de le traiter en ennemi! On demande quelles sont les lois qui le condamnent, on invoque en sa faveur la Constitution! La Constitution vous défendait tout ce que vous avez fait contre lui. La Constitution vous condamne; allez donc

---

[1]. Nous avons suivi ici la version du *Journal des Débats et Décrets*, n° 77, p. 62 et suivantes, plutôt que celle du *Moniteur*, qui contient plusieurs contre-sens évidents.

aux pieds de Louis invoquer sa clémence. Pour moi, je rougirais de discuter plus sérieusement ces arguties constitutionnelles. Pourquoi ce que le bon sens du peuple décide aisément, se change-t-il pour ses délégués en problème presque insoluble? Avons-nous le droit d'avoir une volonté contraire à la volonté générale et une sagesse différente de la raison universelle? »

Après avoir ainsi développé cette détestable doctrine de l'omnipotence et de l'infaillibilité du peuple, Robespierre arrive à l'application de la peine, et là il se heurte contre un obstacle dont son jeune séide n'avait pas eu à se préoccuper. Saint-Just débutait dans la carrière parlementaire et n'avait pas d'opinions antérieures à renier. Mais, à l'Assemblée constituante, Robespierre avait fait étalage de ses principes philanthropiques et s'était élevé contre l'audace des hommes qui s'arrogent le droit de condamner à mort un de leurs semblables [1]. Il n'hésite pas à proclamer de nouveau les mêmes doctrines, mais en demandant qu'il y soit fait une exception à l'égard de Louis. Cette exception, il se réserve de l'étendre plus tard à des milliers de victimes.

« Pour moi, s'écrie-t-il, j'abhorre la peine de mort prodiguée par nos lois, et je n'ai pour Louis ni amour ni haine. Je ne hais que ses forfaits ; j'ai demandé l'aboli-

---

[1]. Le 30 mars 1791, Robespierre, lors de la discussion du projet du Code pénal, avait qualifié les exécutions à mort « de lâches assassinats, de crimes solennels commis par des nations entières avec des formes légales. Il faut, s'écriait-il, que l'homme soit pour l'homme un objet sacré. Il faut effacer de nos Codes les lois de sang qui commandent les meurtres juridiques. » (*Moniteur* de 1791, n° 151.)

tion de la peine de mort à l'Assemblée que vous nommez encore Constituante, et ce n'est pas ma faute si les premiers principes de la raison lui ont paru des hérésies morales et politiques. Mais vous qui ne vous avisâtes jamais de les réclamer en faveur de malheureux dont les délits sont moins les leurs que ceux du gouvernement, par quelle fatalité vous en souvenez-vous seulement pour plaider la cause du plus grand de tous les criminels? Vous demandez une exception à la peine de mort pour celui-là seul qui peut la légitimer !

« Je prononce à regret cette fatale vérité, mais Louis doit mourir, parce qu'il faut que la patrie vive.

« Je vous propose de statuer dès ce moment sur le sort de Louis. Quant à sa femme, vous la renverrez aux tribunaux ainsi que toutes les personnes prévenues des mêmes attentats. Son fils sera gardé au Temple jusqu'à ce que la paix et la liberté publiques soient affermies. Pour Louis, je demande que la Convention le déclare traître à la nation française, criminel envers l'humanité. Je demande qu'à ce titre il donne un grand exemple au monde dans le lieu même où sont morts, le 10 août, les généreux martyrs de la liberté. Je demande qu'à ces événements mémorables soit consacré un monument destiné à nourrir dans le cœur des peuples le sentiment de leurs droits et l'horreur des tyrans, et dans celui des tyrans la terreur salutaire de la justice du peuple. »

Robespierre avait dit le dernier mot de la démagogie. Il ne s'agissait pas de prononcer un jugement, de suivre religieusement les formes qui protègent chez tous les peuples un accusé, il s'agissait d'affirmer la République par la mort d'un homme qui représentait un principe rival, ennemi, irréconciliable [1]. Mais la Montagne était encore en minorité dans le sein de la Convention, et Robespierre était loin de dominer l'Assemblée; aussi sa proposition ne fut-elle pas adoptée, pas même discutée. Sur la motion de Pétion, de celui-là même que le tribun venait de poursuivre de ses sarcasmes, l'Assemblée décida que Louis XVI serait jugé et qu'il le serait par elle.

VI.

Le jour même où cette décision fut prise, Rülh, au nom de la commission des Douze, avait fait connaître le résultat sommaire du premier examen des papiers trouvés dans l'armoire de fer. Plusieurs jours de suite, il vint lire à la tribune un grand nombre de ces documents. De pareilles communications ne pouvaient qu'entretenir le trouble et l'agitation dans les esprits. La majeure partie des séances se passait en récriminations violentes, en propositions contradictoires, en insinuations perfides, que se renvoyaient avec une égale fureur la Montagne et la Gironde. Les amis de Danton et de

---

[1]. Robespierre ayant demandé à Garat ce qu'il pensait de son discours, celui-ci prétend, dans ses mémoires, avoir eu le courage de lui répondre. « Il n'y a que les Tartares qui croient avoir le droit de passer leurs prisonniers au fil de l'épée; il n'y a que les sauvages qui croient avoir le droit de les manger. » C'était, il faut le dire, admirablement caractériser ce discours.

Robespierre ne cessaient d'accuser leurs adversaires de faire des vœux secrets pour le rétablissement de la royauté. Les amis de Vergniaud et de Brissot n'avaient d'abord opposé qu'un silence dédaigneux à cette absurde accusation; mais, comme elle risquait, à force d'être répétée, de prendre une certaine consistance dans l'imagination populaire, ils se décidèrent à la réfuter.

Le 4 décembre, un montagnard obscur [1] l'ayant renouvelée avec une insistance nouvelle, Buzot, qui était toujours sur la brèche, se précipite à la tribune. « Eh bien ! dit-il, pour écarter tout soupçon, je demande que la Convention décrète la peine de mort contre quiconque proposera de rétablir en France les rois et la royauté sous quelque dénomination que ce soit. »

L'Assemblée se lève presque tout entière en signe d'adhésion; les montagnards Basire et Phelippeaux reclament la parole pour combattre comme intempestive la proposition de Buzot. Mais celui-ci insiste pour qu'elle soit mise aux voix immédiatement, et par appel nominal. Phelippeaux parvient cependant à obtenir un moment de silence. « Je prie l'Assemblée, dit-il, de modérer son enthousiasme ; ce qui importe maintenant, c'est de préciser la manière dont le ci-devant roi sera jugé. Il faut, avant tout, sortir de l'espèce d'inquiétude, d'agitation, de souffrance, où la chose publique est depuis quelque temps ; je demande que la Convention décrète que le grand procès qui l'occupe sera jugé sans désemparer. »

---

1. Remy, dit le *Moniteur*. Il n'y avait pas de député de ce nom à la Convention. Le *Journal des Débats et Décrets* ne le nomme pas.

Une centaine de membres appuient cette motion ; des applaudissements prolongés partent des tribunes, mais la plus grande partie de l'Assemblée reste silencieuse [1]. Basire s'écrie : « La proposition de Phelippeaux est la seule qui puisse être adoptée. Celle de Buzot, au contraire, porterait atteinte à la liberté de la sanction que le peuple est appelé à donner à la Constitution. »

A ces mots éclatent de violents murmures ; on se demande si Basire et ses amis veulent stipuler des réserves en faveur du rétablissement de la monarchie. Le courant de la discussion avait fait dériver Basire bien au delà de sa pensée. Les réclamations de ses adversaires l'entraînent plus loin encore. Dans la fureur qui l'anime contre Buzot, il fait entendre un langage auquel il n'a pas habitué ses auditeurs; en haine des Girondins, il prêche la clémence et la modération. « Est-ce en vous levant tumultueusement, s'écrie-t-il, est-ce en agitant vos chapeaux que vous devez décréter la peine de mort ? Voulez-vous que l'on prétende que votre République n'est établie que par la force d'une faction, qu'elle repose sur une loi de sang et non sur le vœu libre du peuple ? »

Rewbell appuie Buzot : « On dit autour de moi que la motion de notre collègue est inutile. Je soutiens, moi, qu'elle est nécessaire pour ôter toute espérance à ceux qui intrigueront, non pour rétablir Louis XVI sur le trône, mais pour y placer un autre tyran. »

---

1. *Moniteur*, n° 344. *Journal des Débats et Décrets*, p. 83, n° 78.

Ces derniers mots excitent la colère des Montagnards ; elle s'exhale en interpellations violentes.

Lejeune. — « Buzot vient de faire une motion d'anarchie, de trouble et de désordre. Pourquoi remettre en question ce qui a été solennellement décidé ? »

Léonard Bourdon. — « Quels sont donc les prestiges de la royauté, s'il faut délibérer deux fois pour la détruire ? »

Tureau. — « Pendant tous ces débats, Louis XVI respire et la vengeance nationale est suspendue. »

La plus grande agitation règne dans l'Assemblée. Rewbell cherche à l'apaiser en expliquant la pensée qui a motivé la proposition de Buzot : « Le tumulte et le chaos de cette discussion viennent de ce qu'on ne s'entend pas. Il ne s'agit pas de délibérer une seconde fois sur l'abolition de la royauté, mais de faire une loi pénale qui n'existe pas encore contre quiconque tenterait de la rétablir. »

« Eh bien ! dans ce cas, réplique Merlin (de Thionville), qu'on ajoute ces mots à la rédaction de Buzot : « A moins que ce ne soit dans les assemblées primaires. »

A l'ordre ! à l'Abbaye ! voilà le royalisme ! voilà le mystère découvert ! crie-t-on de toutes parts.

« Quoi ! reprend l'orateur, on m'appelle royaliste, moi qui n'ai qu'un regret, celui de n'avoir pas imité Brutus au moment où le tyran se trouvait dans cette loge, » et du geste il désigne la place que Louis XVI occupait le 10 août.

Malgré cette profession de foi de républicain farouche, on insiste pour que Merlin soit rappelé à l'ordre. Guadet prend ironiquement sa défense. « Chacun ici doit être libre d'énoncer ses sentiments, et peut-être la Convention n'a-t-elle pas à regretter d'avoir entendu une opinion qui lui donne la clef du projet formé, ce me semble, depuis quelque temps, de substituer un despote à un autre, un despote sous l'égide duquel ceux qui l'auraient porté à cette usurpation seraient sûrs d'acquérir à la fois et l'impunité de leurs forfaits, et la certitude d'en commettre de nouveaux. »

Les sarcasmes de Guadet avaient toujours le privilége d'exciter les fureurs de la Montagne. Basire, Robespierre jeune, Chabot, Camille Desmoulins descendent précipitamment de leurs bancs, et assiégent la tribune. Mais l'Assemblée refuse de les entendre, passe dédaigneusement à l'ordre du jour sur la proposition de Merlin et sur toutes les propositions incidentes qui s'y rattachent; puis, par assis et levé, adopte au milieu du plus grand silence le décret rédigé par Buzot[1].

A peine le résultat du vote est-il proclamé, que Phelippeaux reproduit sa motion; il veut que la Convention se déclare en permanence jusqu'à ce qu'elle ait statué définitivement sur le sort de Louis XVI.

Mais Pétion, qui continue à se poser comme le grand régulateur du débat, fait ressortir tous les inconvénients

---

[1]. Il était ainsi conçu : « La Convention décrète, au nom de la République, la peine de mort contre quiconque proposerait ou tenterait de rétablir en France, soit la royauté, soit tout autre pouvoir attentatoire à la souveraineté du peuple. »

C'est en se basant sur ce texte de loi que le tribunal révolutionnaire envoya plus tard à l'échafaud des centaines de victimes.

de la permanence, et propose que chaque jour, depuis midi jusqu'à la fin de la séance, on s'occupe du procès de Louis XVI, à l'exclusion de tout autre objet. Robespierre demande à combattre cette proposition. Dès ses premières paroles, on s'aperçoit qu'il s'apprête à conclure à l'annulation du décret, qui a solennellement décidé que le procès en forme sera fait « au dernier roi des Français. » Des réclamations s'élèvent de plusieurs côtés à la fois. Robespierre se plaint que l'on viole en sa personne le droit de représentant du peuple, il prend les tribunes à témoin de l'intrigue et de l'oppression dont il est victime ; mais des cris : *à la question ! à l'Abbaye !* le forcent enfin de quitter la place. Aussitôt ses partisans qui remplissent les galeries font entendre d'effroyables vociférations. Barère présidait. Il n'était pas homme à se compromettre en paraissant partager les répugnances de la majorité ; il se hâte d'inviter Robespierre à remonter à la tribune. Celui-ci semble hésiter un instant, mais bientôt il se lève et traverse la salle au milieu des applaudissements tumultueux des spectateurs.

A peine a-t-il repris le fil de son discours, que les plus ardents d'entre les Girondins, Biroteau, Lidon, Rebecqui s'écrient : « Monsieur le président, consultez l'Assemblée pour savoir si nous sommes obligés d'entendre Robespierre ! » Barère n'a garde de mettre cette motion aux voix, et le tribun peut à loisir continuer ses récriminations contre ceux qui « prétendent dicter leurs volontés à la Convention et étouffer la voix de leurs collègues. »

« Oui, s'écrie-t-il, si on avait voulu m'écouter, l'Assemblée aurait pris une tout autre mesure que celle qui a été adoptée, une mesure qui aurait honoré la Convention. On aurait décrété en principe que nulle nation n'a le droit de se donner un roi. » La majorité éclate de rire. Une voix s'élève pour demander le renvoi au congrès général des nations. « Oui, je le répète, s'écrie Robespierre, sans se déconcerter, l'Assemblée a perdu l'occasion la plus précieuse de poser, sinon par un décret, du moins par une déclaration solennelle, la seule borne qui convienne au principe trop illimité et souvent mal entendu de la souveraineté du peuple. Il ne faut pas d'ailleurs s'envelopper d'une équivoque. L'Assemblée n'a pas décrété qu'il y aurait un procès en forme. Seulement, elle a décidé qu'elle prononcerait elle-même la sentence du ci-devant roi. Je soutiens que, d'après ces principes, il faut le condamner sur-le-champ à mort, en vertu du droit d'insurrection. »

Une motion aussi atroce soulève les applaudissements des tribunes et les murmures de l'immense majorité des députés. Pour toute réponse, on demande à passer au vote sur la proposition de Pétion, ce qui implique le rejet de celle de Robespierre. Conformément à ce qu'avait demandé l'ex-maire de Paris, l'Assemblée décide qu'elle s'occupera tous les jours, depuis midi jusqu'à six heures, du procès de Louis XVI [1].

Cette tumultueuse séance de la Convention a naturellement sa contre-partie au club des Jacobins. Robes-

---

1. *Moniteur*, n° 341. — *Journal des Débats et Décrets*, n° 88.

pierre, au moment où il y paraît, est l'objet d'une ovation enthousiaste. Porté en triomphe à la tribune, il y dénonce la conspiration permanente des Girondins qui essayent, dit-il, d'établir une nouvelle tyrannie sur les débris de la royauté. « On veut anéantir les hommes du 10 août; on veut animer les départements contre Paris; on y combine adroitement l'appel d'une force armée et les retards dans le jugement du Roi ; on accapare les journaux ; on arrête nos correspondances. Le pouvoir exécutif est entre les mains de nos ennemis. Dénonçons-le à l'univers entier ! »

Les séides, qui entourent le grand prêtre de la démagogie, profèrent les plus violentes menaces « contre le roi Buzot, le prince royal Barbaroux, contre Pétion, autrefois l'ami de Robespierre, aujourd'hui son Zoïle. » Le tribun profite de la circonstance pour réchauffer le zèle des membres du club qui font partie de la Convention, et qu'il accuse dans le fond de son cœur de ne pas l'avoir soutenu le matin assez vigoureusement. Il les adjure en ces termes : « Et vous, députés patriotes, je vais vous donner un conseil important. C'est de ne pas souffrir que vos collègues soient privés du droit de suffrage dans la Convention. Un député tient ses pouvoirs du peuple entier. Étouffer sa voix, c'est étouffer la voix du peuple lui-même. Jurons tous de mourir à la tribune plutôt que d'en descendre, lorsqu'on nous refusera la parole. »

Ce serment est aussitôt prêté par tous les députés présents à la séance du club. « Que toute la Montagne soit demain à son poste, s'écrie Monestier, et, si dimanche Louis XVI n'est pas mort, je demande que les Parisiens viennent encore exciter notre zèle par une bonne pétition [1]. »

VII.

La Convention venait de décider en principe que Louis XVI serait jugé par elle. Dès le lendemain, elle s'occupe de déterminer les formes qui devront être suivies dans la poursuite du procès. Après une longue discussion, elle charge les Douze de dresser l'acte énonciatif des crimes dont Louis Capet est accusé et de présenter la série des questions à lui poser. Elle leur adjoint pour cet objet neuf membres qui devront être pris dans le sein de la Commission des Vingt-quatre, des Comités de législation et de sûreté générale. Cette nouvelle Commission, dite des Vingt-et-un, est invitée à achever son travail dans le délai de cinq jours. Le lendemain du dépôt du rapport, Louis devra être traduit à la barre pour entendre la lecture de cette pièce et pour répondre aux questions qui pourraient lui être adressées. Enfin, le pouvoir exécutif est chargé, sous sa responsabilité, de prendre toutes les mesures de sûreté générale pendant le cours du procès [2].

1. *Journal du Club des Jacobins*, nos 314 et 315.
2. Les historiens qui nous ont précédé ne nous semblent pas avoir fait d'une manière assez nette l'historique des Commissions extraordinaires qui s'occupèrent successivement de préparer les éléments

On aurait pu espérer que pendant ces cinq jours, toute discussion irritante serait ajournée, mais l'animosité des Girondins et des Montagnards était trop grande pour qu'ils voulussent accepter une trêve cependant si courte. C'est Ducos qui recommence l'attaque en soulevant une question non moins brûlante que celle du jugement du Roi, celle de l'ostracisme à prononcer contre certains membres de la Convention. Après avoir, en qualité de membre du Comité de correspondance, analysé plusieurs pétitions traitant de différents objets, il lit *in extenso*, comme pour lui donner une sorte de consécration officielle, une adresse de l'assemblée électorale des Bouches du Rhône, qui demande que la Convention rende un décret d'accusation contre Marat.

---

de l'accusation dirigée contre Louis XVI. Ces Commissions furent au nombre de trois :

1° La Commission des Vingt-quatre, nommée le 1er octobre (voir t. IV, p. 117), qui fut chargée d'examiner les papiers recueillis par le Comité de surveillance de la commune de Paris, et notamment, en ce qui concernait Louis XVI, les papiers trouvés chez Laporte et Septeuil, l'un, intendant, l'autre, trésorier de la liste civile; Valazé fut le rapporteur de cette première Commission ;

2° La Commission des Douze, nommée le 21 novembre (voir p. 195 de ce volume) pour examiner les papiers trouvés dans l'armoire de fer. Rhül fut l'organe habituel de cette Commission;

3° La Commission des Vingt-et-un, créée le 6 décembre, et formée en très-grande partie des éléments des deux premières ; elle fut composée des douze conventionnels dont nous avons donné les noms, p. 195, et des neuf membres qui leur furent adjoints par délégation des trois Comités, à savoir : Duprat, Cochon, Cavaignac, Robert Lindet, Garan-Coulon, Barbaroux, Valazé, Poullain-Grandpré et Doublet. Robert Lindet et Barbaroux déposèrent leurs rapports au nom de cette Commission les 10 et 11 décembre.

Cette adresse se terminait ainsi : « Souvenez-vous que le peuple a conservé le droit de rappeler ceux de ses représentants qui oseraient trahir la patrie. »

Les amis de la Gironde avaient été secrètement avertis ; ils étaient tous à leur poste ; le reste de la salle était fort dégarni, comme cela arrivait souvent le dimanche. Guadet, le plus habile peut-être des Girondins, s'était chargé d'enlever le vote du décret.

A peine la lecture de l'adresse marseillaise est-elle achevée qu'il s'élance à la tribune et demande que le principe incontestable, énoncé dans cette pétition, soit consacré par un décret solennel. « Aux voix ! aux voix ! » crie-t-on de toutes parts. Le président Barère semble hésiter, mais l'immense majorité des membres présents exige que le décret soit voté immédiatement. Force est à Barère d'obéir aux injonctions réitérées qui lui sont adressées. Le décret préparé d'avance est lu et adopté au milieu des plus vifs applaudissements [1].

Le montagnard Merlin (de Thionville) demande quel sera le Comité chargé de proposer les moyens de mettre en pratique le principe qui vient d'être adopté ; le girondin Rouyer lui répond « que le mode d'exécution est tout trouvé et qu'il suffit de convoquer purement

---

1. Voici le texte même du décret proposé par Guadet :

« La Convention, sur la motion d'un membre, décrète que les
« assemblées primaires de chaque département de la République se
« réuniront dans le délai de huitaine pour procéder, par un scrutin
« épuratoire, ou à la confirmation ou au rappel des députés de leur
« département. Il sera procédé par le corps électoral au remplacement
« de ceux des membres qui pourraient être rappelés par la majorité
« des assemblées primaires du département. »

et simplement, et tout de suite, les assemblées primaires. »

A ce mot, la réflexion revient à certains membres de l'Assemblée. Manuel se hasarde le premier à présenter quelques observations. Il déclare qu'il a été loin de partager l'enthousiasme général, qu'il voit dans la motion de Guadet le renversement de la liberté, car elle prépare le renouvellement continuel de la Convention. « Chaque mois, explique-t-il, le peuple, trompé par des intrigants ou agité par des factieux, pourrait la changer tout entière. On veut purger la Convention de quelques hommes qui lui répugnent; mais qui vous assure que l'homme que vous voulez *vomir* ne vous sera pas renvoyé par les assemblées primaires ? Tout ceci mérite le plus mûr examen. Je demande que la question soit soumise au Comité de constitution. »

Les premières phrases de Manuel avaient été assez mal accueillies, mais les conséquences du décret ne tardent pas à être aperçues par les plus clairvoyants. Une grande indécision se manifeste dans une partie de l'Assemblée ; plusieurs députés demandent la parole contre la motion trop facilement acceptée. Guadet lui-même croit devoir expliquer sa pensée. « Ma proposition, dit-il, tend à consacrer ce grand principe : c'est que le peuple doit nommer immédiatement ses mandataires. La Convention a été élue par les corps électoraux; eh bien! je veux que les assemblées primaires soient consultées pour sanctionner le choix de ces corps électoraux et pour rappeler les membres qui auraient perdu la confiance du peuple. »

De nombreux murmures se mêlent aux applaudissements qui accueillent encore les paroles de Guadet.

« On me fait observer, reprend l'orateur, qu'un appel aux assemblées primaires, fait dans les circonstances actuelles, pourrait fournir à l'aristocratie une occasion pour fomenter des troubles. J'aime trop ma patrie pour l'exposer à de pareils dangers; je demande donc l'ajournement de ma proposition jusqu'au lendemain du jour où l'Assemblée aura prononcé le jugement du roi. »

Le président Barère demande la permission de quitter le fauteuil pour aller à la tribune parler sur le décret qu'il n'a pu s'empêcher de mettre aux voix quelques instants auparavant. Mais Prieur (de la Marne) a déjà pris la parole. « Voulez-vous, s'écrie-t-il, à la veille du jugement de Louis Capet, faire considérer tous les membres de cette Assemblée comme des représentants provisoires du peuple, comme des députés indignes de sa confiance. La proposition de Guadet ne tend qu'à avilir la Convention nationale. Bientôt peut-être on viendra vous dire que votre jugement sur le roi doit être soumis à la ratification des assemblées primaires; or, si vous décrétez cela, vous aurez décrété la guerre civile. »

La majorité est ébranlée. Barère ajoute quelques mots, qui triomphent de ses dernières hésitations. Guadet lui-même semble passer condamnation sur l'inopportunité du vote qu'il vient d'obtenir. Le décret est rapporté, et l'examen de la question renvoyé au Comité de constitution.

Laissons la Gironde marcher d'hésitation en hésitation, d'avortement en avortement, laissons-la poser des principes, les expliquer, les modifier, les rétracter dans une même séance; laissons-la forger des armes qui seront plus tard retournées contre elle-même. Nous verrons bientôt cet ostracisme dont elle voulait investir les assemblées primaires, réclamé au profit exclusif des sections parisiennes; nous verrons quelques centaines de démagogues, de par le droit d'insurrection qu'ils prétendent exercer au nom du peuple français, s'arroger le pouvoir de déclarer qui a trahi la patrie, qui doit être expulsé de la Convention, traduit au tribunal révolutionnaire, livré au bourreau. Mais il n'est pas temps encore de montrer les juges s'entre-déchirant et se proscrivant tour à tour, il faut que l'accusé, qu'ils s'apprêtent à condamner, ait franchi un à un tous les degrés qui doivent le conduire au Golgotha. Occupons-nous donc du prisonnier du Temple et, à la veille du jour où il va comparaître devant la Convention, rappelons les cruelles épreuves auxquelles lui et sa famille avaient été soumis depuis quatre mois.

VIII.

Nous avons raconté comment, le 13 août au soir, Louis XVI avait été, avec sa famille, transféré du couvent des Feuillants dans la petite tour du Temple[1].

---

1. T. III, p. 20 et 21.

Rien n'était préparé dans ce triste séjour pour la réception de ses nouveaux hôtes. Mais, dès le lendemain, le patriote Palloy, ce maçon qui avait démoli la Bastille et qui eût de même démoli les Tuileries si on l'avait laissé faire, se mit à l'œuvre pour disposer dans la grosse tour le logement définitif de la famille royale. Il fit abattre tous les bâtiments qui entouraient cet édifice, exhausser le mur d'enceinte, boucher toutes les fenêtres ouvrant sur la partie de l'enclos du Temple appelée la Rotonde.

Les femmes de la reine et de la famille royale, qui les avaient accompagnées aux Feuillants, avaient obtenu l'autorisation de les suivre dans leur nouvelle demeure; deux fidèles serviteurs, Hue et Chamilly, avaient pu ne pas quitter Louis XVI. Mais, six jours après, la Commune, à laquelle l'Assemblée législative avait remis le soin exclusif de veiller à la garde des prisonniers, prit un arrêté aux termes duquel toutes les personnes, « qui n'étaient pas membres de la famille Capet, » durent être amenées à sa barre et de là transférées dans d'autres prisons[1]. Par exception, Hue obtint la permission de retourner auprès du roi, et resta quelques jours à peu près seul chargé de tout le service de la famille royale. Le 26 août, Cléry, l'un des anciens valets de chambre du jeune prince, fut admis à l'aider et bientôt à le remplacer; car, le 2 septembre, on conduisit de nou-

---

[1]. Voir dans les *Souvenirs de quarante ans* le récit que Mlle de Tourzel fait de sa comparution dans la salle des délibérations de la Commune. Voir aussi, t. III, note XV, la notice que nous avons consacrée à Mme de Lamballe et aux autres dames de la reine.

veau Hue à la Commune et de là, à la Force, où il échappa à grand'peine aux massacres [1].

Dans les premiers temps, la famille royale était réunie depuis le déjeuner jusqu'après le souper, c'est-à-dire de neuf heures du matin à neuf heures du soir. La reine et Mme Élisabeth s'occupaient de l'éducation de la princesse ; le roi enseignait la géographie et l'histoire au Dauphin. Les prisonniers avaient la permission de descendre au jardin et de se promener dans une allée de marronniers, le seul espace qui ne fût pas envahi par les ouvriers de Palloy. Encore, pour qu'ils pussent prendre cette distraction, fallait-il que le commandant général de la force armée, assisté de quatre officiers municipaux, pût les conduire lui-même à cette espèce de préau. Santerre absent, la promenade n'avait pas lieu, au grand préjudice de la santé de tous les membres de la famille royale et surtout du Dauphin qui souffrait beaucoup du manque d'air et d'exercice si nécessaires à son âge.

Le 29 septembre, la Commune, apprenant que le logement préparé spécialement pour le roi dans la grande tour était prêt à le recevoir, donna l'ordre de l'y transférer. On n'avait pas même pris le temps de meubler d'une manière décente la dernière demeure du dernier roi de France ; on s'était contenté de dresser à la hâte un lit pour Louis XVI. Cléry, qui ne voulut pas

---

[1]. Nous avons raconté, t. III, p. 274, les scènes horribles qui se passèrent les 2 et 3 septembre aux abords du Temple et dans l'intérieur de la prison ; nous n'avons pas le courage d'y revenir.

quitter son maître, passa la nuit sur une chaise au chevet de l'infortuné monarque.

Le lendemain, le roi demanda à être conduit auprès de sa famille; mais les officiers municipaux de garde déclarèrent qu'ils n'avaient pas d'ordre, et que dès lors ils devaient s'abstenir de laisser communiquer Louis XVI avec les prisonniers de la petite tour [1].

Cette journée du 30 septembre fut bien triste pour les hôtes des deux prisons; ils faisaient l'apprentissage de séparations plus longues et plus douloureuses encore. Cependant, vers le soir, le roi ayant exprimé le désir d'avoir quelques livres, restés dans la chambre de la reine, un des officiers municipaux invite Cléry à l'accompagner. Marie-Antoinette, Mme Élisabeth et les enfants se tenaient enlacés et pleuraient. En voyant Cléry, leur douleur redouble, ils lui adressent sur le roi mille questions auxquelles il ne peut répondre qu'avec réserve; les prisonnières demandent instamment la faveur d'être réunies au roi, au moins pendant quelques instants du jour et à l'heure des repas. Leur douleur ne se traduit bientôt plus par des plaintes timides et des larmes discrètes, mais par des cris de violent désespoir. On va prévenir les municipaux de garde qui, après avoir tenu conseil, décident que, puisqu'il n'y a pas d'ordre précis, les prisonniers pourront dîner ensemble ce jour-là et que le lendemain on en référera à la Commune pour qu'elle prescrive formellement comment on devra agir désormais.

1. Les deux tours, quoique adossées l'une à l'autre, n'avaient entre elles aucune communication.

Cette décision est reçue par la famille royale avec des transports de joie et des élans de reconnaissance qui arrachent des larmes d'attendrissement à plusieurs des assistants. Simon lui-même, l'ami de Marat, le futur précepteur du Dauphin, se sent tout ému et s'écrie à demi-voix : « Je crois que ces b... de femmes me feront pleurer ! » Mais, reprenant bientôt son caractère farouche, il dit à la reine : « Lorsque vous assassiniez le peuple au 10 août, vous ne pleuriez pas. — Le peuple est bien trompé sur nos sentiments; » répond la reine avec sérénité [1].

La pitié avait vaincu. La famille royale put ce jour-là dîner chez le roi; les jours suivants, elle continua à se réunir aux heures des repas et à la promenade; on n'entendit plus parler de l'arrêté que devait prendre la Commune.

Mais, si le bonheur de voir encore les siens était laissé à l'auguste prisonnier, les avanies ne lui étaient point épargnées. Dans la journée, quelquefois même au milieu de la nuit, une invasion subite d'officiers municipaux lui apprenait qu'on avait inventé contre lui de nouvelles rigueurs. Dès le 24 août, on avait fait une visite minutieuse de tout ce qui était à sa disposition et on lui avait pris son épée. Un mois plus tard, le 29 septembre, on avait saisi et emporté papier, encre, plumes, crayons. Le 7 octobre, on ordonnait à Cléry d'enlever les ordres et décorations qui se trouvaient encore sur les habits de son maître. La défiance toujours éveillée des municipaux

---

[1]. Voir les *Mémoires de Cléry,* p. 48.

se traduisait en inventions bizarres ; l'un faisait rompre des macarons pour voir si on n'y avait pas caché quelque billet ; un autre, en proie aux mêmes soupçons, ordonnait qu'on coupât des pêches devant lui et qu'on en fendît les noyaux.

Le 26 octobre, à l'heure du dîner, un officier municipal entre, accompagné d'un greffier et d'un huissier, tous deux en costume, et suivis de six gendarmes le sabre au poing. Le roi, pensant que c'est lui qu'on vient chercher, demande ce qu'on lui veut. La famille royale se lève éperdue de crainte. Sans s'expliquer, le municipal invite Cléry à passer dans une autre chambre, et, là, le greffier lui lit un mandat d'amener qui l'appelle devant le tribunal extraordinaire du 17 août. Cléry demande la permission de prévenir son maître. « C'est inutile, lui répond-on ; de ce moment il ne vous est plus permis de lui parler. Prenez seulement une chemise ; ce ne sera pas long. » Quelques instants après, le roi et sa famille entendent, avec un indicible effroi, la populace attroupée à la porte du Temple demander la tête de celui qu'elle voit sortir et dont elle ignore même le nom. Conduit au Palais de justice, Cléry y est tenu au secret jusqu'à huit heures du soir. Enfin, il comparaît devant le tribunal et trouve sur le banc des accusés un jeune homme, qui a été de garde, vingt jours auparavant, dans l'intérieur de la tour et avec lequel il a échangé quelques mots. A la barre des témoins, se tient un officier municipal qui prétend, étant de service ce jour-là au Temple, avoir entendu le froissement d'un papier que le jeune garde national remettait au *valet du tyran*. Mais le dire de l'espion de la Commune n'étant corroboré d'aucune preuve, les juges mettent Cléry hors de cause ainsi que son coaccusé.

Lorsque le fidèle serviteur rentrait au Temple, il était minuit; le roi venait de se coucher. On ne permet point à Cléry de lui annoncer son retour; le lendemain seulement, Louis XVI sait à quel péril vient d'échapper le compagnon de sa captivité [1].

Ce fut le même jour, 26 octobre, qu'èut lieu la translation des autres membres de la famille royale dans la grande tour du Temple [2]. Elle n'amena naturellement au-

---

1. Nous avons vérifié, sur les pièces mêmes de la procédure instruite par le tribunal du 17 août, la complète exactitude des faits racontés par Cléry dans ses mémoires. Le jeune garde national s'appelait Alexandre-François Breton, âgé de 26 ans, négociant, rue de Bièvre. L'officier municipal qui l'avait dénoncé s'appelait J.-B. Fournet, ancien charron.

2. Cette tour, flanquée de tourelles, avait quatre étages. Au rez-de-chaussée était la salle où se tenaient les officiers municipaux, et que, à cause de cela, on appelait la chambre du Conseil. Le premier étage servait de corps de garde; le second et le troisième étaient affectés au logement de la famille royale.

Avant les nouveaux aménagements ordonnés par la Commune, chaque étage ne comprenait qu'une seule et vaste salle traversée par un gros pilier qui, partant du pied de la tour, en supportait la toiture. Les salles affectées à la chambre du Conseil et au corps de garde avaient été laissées dans leur état primitif; mais le second et le troisième étages avaient été divisés chacun en quatre pièces au moyen de cloisons en planches.

Le second comprenait une antichambre, la chambre à coucher du roi, où avait été placé un lit pour le Dauphin, celle de Cléry et la salle à manger. Des quatre tourelles qui flanquaient le donjon, l'une renfermait l'escalier qui montait jusqu'aux créneaux; une autre ajoutait à la chambre du roi une petite pièce dont il avait fait son ora-

cun changement dans les habitudes des malheureux prisonniers ; les repas, les lectures, les promenades restèrent réglés comme par le passé.

Depuis près de trois mois qu'ils étaient au Temple, ils n'avaient encore vu que des officiers municipaux, lorsque le 1ᵉʳ novembre, à dix heures du matin, on leur annonça l'arrivée d'une députation de la Convention nationale. Elle était composée de Drouet, de Chabot, de Duprat, tous les trois membres du Comité de sûreté générale. Elle avait été chargée « de vérifier l'état de situation de la personne de Louis Capet et de sa famille, et de prendre connaissance des mesures adoptées par le Conseil général de la Commune et par le commandant général de la garde nationale de Paris pour la conservation des otages confiés à leur garde. »

En reconnaissant Drouet, l'ancien maître de poste de

---

toire et un cabinet de lecture. Les deux dernières servaient à des usages domestiques (garde-robe, bûcher).

Le troisième étage reproduisait à peu près la même distribution que le second ; la reine logeait avec sa fille au-dessus du roi, Mᵐᵉ Élisabeth au-dessus de Cléry ; la dernière pièce qui répondait à la salle à manger de l'étage inférieur, était habitée par Tison et sa femme, spécialement chargés du service des princesses.

Le quatrième étage n'était pas occupé.

Chacune des chambres de la tour était éclairée par une fenêtre dont l'embrasure avait neuf pieds de profondeur, et qui était munie en dehors de gros barreaux de fer. L'escalier était coupé par cinq ou six guichets, dont les portes basses, étroites et garnies de gros verrous, tournaient lourdement sur d'énormes gonds. La porte d'entrée de la tour avait été munie d'une serrure apportée des prisons du Châtelet.

Varennes, la reine ne put maîtriser un sentiment d'horreur. Drouet et Chabot se montrèrent très-insolents envers Louis XVI. Sur l'invitation qui lui fut faite de déclarer s'il avait quelques plaintes à faire, l'infortuné monarque répondit qu'il n'en avait aucune; il demanda seulement qu'on lui laissât la satisfaction d'être réuni à sa famille, et qu'on fît parvenir aux prisonniers le linge et les vêtements dont ils avaient le plus pressant besoin. Les commissaires de la Convention promirent qu'il serait fait droit à cette requête; mais, une fois sortis, ils ne songèrent nullement à tenir leur parole.

Dans le cours du mois de novembre, le roi et les autres membres de la famille royale tombèrent successivement malades. Ce fut à grand'peine qu'on leur accorda la permission de recevoir la visite de leur médecin ordinaire, Lemonnier, dont la vie avait été épargnée d'une manière si miraculeuse, le 10 août, lors du sac des Tuileries[1]. La reine, malgré ses vives instances, ne put obtenir que, pendant la maladie du Dauphin, il lui fût permis de passer la nuit auprès de son fils; elle était forcée de le quitter chaque soir, sans avoir, avec lui ou avec ceux qui le veillaient, aucune communication jusqu'au lendemain matin.

L'installation de la municipalité provisoire du 2 décembre n'apporta point de changement au régime du Temple[2]. Les nouveaux commissaires firent même sou-

---

1. Voir t. II, p. 332.
2. Nous donnons à la fin de ce volume le procès-verbal de la remise de la famille royale faite par l'ancienne municipalité à la nouvelle.

vent regretter leurs prédécesseurs par leur dureté et leur brusquerie. Ainsi les jours, les mois se succédaient pour cette malheureuse famille, et aucun adoucissement n'était apporté aux tortures morales qui lui étaient infligées [1].

IX.

Le mardi, 11 décembre, était le jour fixé par l'Assemblée pour la comparution de Louis XVI à sa barre. La veille au soir seulement, Robert Lindet, au nom de la commission des Vingt-et-un, lut ce qu'il appelait « l'exposé des crimes et des trahisons de Louis Capet. » Ce document devait être suivi de l'acte énonciatif des charges sur lesquelles était basée la mise en accusation de l'ex-roi; le rapporteur annonça que cet appendice n'était pas prêt, mais qu'il le serait le lendemain avant l'heure à laquelle Louis devait être amené devant la Convention.

Dans son exposé, Robert Lindet [2], refaisant à son point de vue exclusif l'histoire de la révolution depuis le mois de juin 1789 jusqu'au 10 août 1792, rappelait toutes les journées de violence et d'insurrection qui, pendant cette période, avaient affligé la capitale et les provinces. Louis XVI était coupable de tout, respon-

---

1. Nous renvoyons, pour tous les autres détails de la captivité de Louis XVI, à l'ouvrage si éminemment intéressant de M. de Beauchesne, *Louis XVII, sa vie, son agonie, sa mort.* Que pourrions-nous ajouter à ce récit si véridique et si navrant?

2. Le rapport de Robert Lindet n'occupe pas moins de la moitié du n° 343 du *Moniteur;* nous y renvoyons nos lecteurs.

sable de tout, aussi bien du sang versé à Nancy et au Champ-de-Mars, que de celui qui rougissait encore les dalles des Tuileries ; aussi bien de la résistance du gouverneur de la Bastille que de la reddition de Longwy et de Verdun. Le rapporteur de la commission des Vingt-et-un transformait l'infortuné monarque en un tyran perfide, en un despote sanguinaire. On lui faisait un crime d'État de ses hésitations et de ses scrupules qui s'expliquaient si facilement par la nouveauté de la situation, par les conseils opposés qu'il recevait de ses anciens et de ses nouveaux serviteurs, par le conflit des intérêts et des passions qu'il ne pouvait ni maîtriser ni concilier.

Il semblait que le rapporteur n'eût rien oublié. Cependant, à peine a-t-il achevé sa lecture, que Marat s'élance à la tribune, et lui reproche amèrement de n'avoir pas rappelé avec assez de netteté certains faits tels que les accaparements de grains et de numéraire, les pactes de famine et les massacres juridiques commis au nom de Louis XVI. Le lendemain, l'*ami du peuple* renouvelle ses plaintes, lorsque Barbaroux, suppléant Robert Lindet, vient lire « l'acte énonciatif des crimes de Louis XVI, dernier roi des Français. » Cette fois il est soutenu par Rewbell, Lecarpentier, Drouet, Tallien, Gorsas, Amar, Dubois-Crancé, Rülh, Billaud-Varennes, Sergent, qui, à l'envi l'un de l'autre, énumèrent des faits qui, selon eux, n'ont pas été suffisamment détaillés dans les deux rapports. Pétion lui-même ne perd pas l'occasion de se poser en victime désignée aux poignards de la royauté, et raconte à sa manière son odyssée de la nuit du 10 août[1]. Mais l'Assemblée ne croit pas devoir satisfaire la vanité de tous les orateurs qui se disputent l'honneur d'apporter une nouvelle pierre à l'édifice si laborieusement construit par la commission des Vingt-et-un ; elle décide, sur la proposition de Ducos, qu'il ne sera rien changé à l'acte énonciatif présenté par Barbaroux.

Pendant que la Convention se livrait à ces débats préliminaires qui présageaient assez la vivacité de ceux qui allaient suivre, la ville était pleine de rumeurs, de bruit et d'anxiété. Le Conseil général de la Commune avait déclaré qu'il resterait en permanence la journée entière et que toute la force armée de la capitale serait sur pied. Dès six heures du matin, la générale avait été battue dans toutes les sections; de nombreux bataillons avaient été dirigés vers le Temple et sur toute la ligne que devait parcourir le cortége.

Louis XVI s'était levé à son heure ordinaire et était resté trois quarts d'heure en prières. Il conservait son calme habituel, quoiqu'il sût, grâce à un avis secret reçu par Cléry, que ce jour-là aurait lieu sa comparution à la barre de l'Assemblée. Sa famille en avait été également instruite; il n'y eut plus à en douter lorsque l'on entendit le bruit des tambours, les trépignements des chevaux de l'escorte et de l'état-major de Santerre, les clameurs de la foule amassée aux portes du Temple.

Le roi et le Dauphin montèrent à neuf heures pour déjeuner dans l'appartement des princesses. Le repas

---

[1]. Voir t. II, p. 258.

fut silencieux. Placés sous les yeux des municipaux qui épiaient leurs moindres gestes, leurs moindres regards, les prisonniers ne pouvaient se communiquer leurs poignantes inquiétudes. Ils savaient tout et devaient paraître tout ignorer. Le roi redescendit avec le Dauphin ; mais bientôt deux officiers municipaux entrèrent pour lui annoncer la visite du maire et le prévinrent qu'il devait se séparer de son fils. Il embrassa l'enfant, le remit aux mains de Cléry et attendit.

L'attente fut longue, car, ainsi que nous l'avons vu, la Convention avait perdu plusieurs heures à discuter les termes de l'acte d'accusation du ci-devant roi. Cependant, sur l'observation faite par Manuel qu'il importait à la tranquillité publique de réintégrer Louis XVI au Temple avant la tombée de la nuit, le décret qui pouvait seul autoriser la levée provisoire de l'écrou fut envoyé au maire Chambon et au général Santerre. Ceux-ci, depuis plus de deux heures, se tenaient dans la salle du Conseil de la tour, ne voulant aborder le prisonnier que le décret en main. Aussitôt qu'ils l'ont reçu, ils montent chez le roi. Chaumette, procureur de la Commune, Coulombeau, secrétaire-greffier et plusieurs autres officiers municipaux les accompagnent. Chambon annonce à Louis XVI qu'il vient le chercher pour le conduire à l'Assemblée, en vertu d'un décret dont le secrétaire de la Commune va lui donner lecture. En entendant ces mots : Louis Capet sera traduit à la barre de la Convention... « Capet n'est pas mon nom, dit le roi, c'est celui d'un de mes ancêtres. J'aurais désiré, monsieur, que les commissaires m'eussent laissé mon fils pendant les deux heures que j'ai passées à vous attendre ; au reste, ce traitement est une suite de ceux que j'éprouve ici depuis quatre mois. Je vais vous suivre, non pour obéir à la Convention, mais parce que mes ennemis ont la force en main. »

Louis XVI monte dans la voiture du maire, non sans jeter un regard sur la tour où il laisse tout ce qui lui est cher. Quarante-huit cavaliers de gendarmerie forment l'avant-garde du cortége, quarante-huit cavaliers de l'École militaire, l'arrière-garde ; un corps de six cents fusiliers, munis chacun de seize cartouches et disposés sur trois rangs, marchent aux deux côtés de la voiture ; trois pièces de canon la précédent, trois autres la suivent. Comme les glaces ont été laissées ouvertes, la foule peut voir Louis XVI, les traits amaigris, la barbe longue, assis au fond de la voiture à côté du maire, ayant en face de lui Chaumette et Coulombeau ; cependant aucun cri ne se fait entendre pendant la route.

La Convention, après avoir expédié le décret de translation, s'était occupée de régler plusieurs points accessoires. Sur la motion de Legendre, il fut décidé que pendant tout le temps que Louis XVI serait à la barre, aucune proposition ne pourrait être faite par un membre, aucune députation ne serait reçue. Rappelant que tout signe d'approbation ou d'improbation devait être interdit aux représentants du peuple et aux citoyens des tribunes, le boucher montagnard ajoutait : « Il faut que le silence des tombeaux effraye le coupable. »

Defermon fit observer qu'il était d'usage que les présidents des tribunaux criminels déclarassent aux prévenus, au moment même où commençait leur interrogatoire, qu'il leur était permis de s'asseoir. Il demanda formellement que la même invitation fût faite à Louis XVI; cette proposition fut adoptée sans discussion [1].

Manuel aimait à jouer le rôle de républicain farouche, et, dans ce moment, il y tenait d'autant plus que chaque jour il devenait plus suspect à ses anciens amis les Jacobins [2]. Il fait observer que toutes les questions préliminaires sont vidées. « Dès lors, ajoute-t-il, comme la Convention n'est pas condamnée à ne s'occuper aujourd'hui que d'un roi, je pense qu'il serait bon de reprendre la discussion de la loi sur les émigrés, dussions-nous faire attendre Louis à son arrivée. » En conséquence, Osselin, rapporteur de cette loi, monte à la tribune. Déjà il avait donné lecture de plusieurs articles lorsque Santerre paraît à la barre : « Citoyen président, dit-il, Louis Capet est arrivé, il est aux portes de la salle. »

Le président Barère lui répond : « La Convention nationale a ordonné que Louis serait traduit devant elle ; faites exécuter son décret. »

---

1. Le *Moniteur* ne s'explique pas sur le genre de siége qui fut offert à Louis XVI. Le *Journal des Débats et Décrets,* p. 201, n° 84, dit formellement qu'*une chaise* fut apportée à la barre.

2. Le 9 décembre, Manuel avait dénoncé la prétention élevée par Marat de prendre officiellement le titre d'*ami du peuple,* et avait fait rendre un décret qui ordonnait de faire disparaître ce surnom des pièces imprimées par ordre de l'Assemblée. (*Moniteur,* n° 346.) La vengeance ne se fit pas attendre; quinze jours après, Manuel était rayé de la liste des Jacobins. (*Journal du Club,* n° 328.)

Santerre sort, et Barère profite de ce moment pour rappeler à l'Assemblée toute la solennité de la circonstance. « L'Europe vous observe, dit-il, l'histoire recueille vos pensées et vos actions. L'incorruptible postérité vous jugera avec une sévérité inflexible; que votre attitude soit conforme aux nouvelles fonctions que vous allez remplir... Et vous, citoyens des tribunes, vous êtes associés à la gloire et à la liberté de la nation dont vous faites partie. Vous savez que la justice ne préside qu'aux délibérations tranquilles. La Convention s'en repose sur votre entier dévouement à la patrie et sur votre respect pour la représentation nationale. Souvenez-vous du silence terrible qui accompagna Louis ramené de Varennes, silence précurseur du jugement des rois par les nations. »

Louis XVI entre dans ce moment, les généraux Berruyer et Santerre sont à ses côtés. Un profond silence règne dans l'Assemblée.

X.

— « Louis, dit le président, la nation française vous accuse; on va vous donner connaissance de l'acte énonciatif des délits qui vous sont imputés. Vous pouvez vous asseoir. »

Louis XVI s'assied, et l'un des secrétaires lit l'acte entier; puis le président, reprenant chaque article, interpelle l'accusé sur ce qu'il a à répondre aux charges qui y sont énoncées.

On ne suivait dans tout ceci aucune des formes déjà

et maintenant encore pratiquées devant les tribunaux ordinaires. En effet, on signifie quelques jours à l'avance, au dernier des criminels, l'acte qui doit former la base de l'accusation dirigée contre lui ; on lui laisse le temps de préparer son système de défense. Ici, on prenait Louis XVI à l'improviste et on lui demandait de repousser à l'instant même des accusations multiples, compliquées, chargées de faits, d'incidents, de détails, qui, pour être expliqués et débattus, eussent exigé une longue réflexion, une grande habitude de la parole, une rare présence d'esprit.

Louis XVI ne décline pas la compétence de la Convention et ne proteste pas contre les actes qui le transforment en un simple accusé. Il se contente de répondre quelques mots à chacun des griefs articulés contre lui. Pour tous les faits antérieurs à la Constitution, il se base sur son droit de chef de l'armée et de la nation ; pour tous les faits postérieurs, sur la responsabilité qui incombait à ses ministres.

L'acte d'accusation lui reprochait les sommes répandues par lui dans les faubourgs et prétendait que ces distributions d'argent avaient été faites dans des vues contre-révolutionnaires. « Je n'avais pas, répond-il simplement, de plus grand plaisir que de donner à ceux qui avaient besoin, et ce que j'ai fait alors n'avait trait à aucun projet. »

A la demande que lui fait le président s'il n'avait pas autorisé Septeuil à faire un commerce considérable de grains, sucres, cafés, à Hambourg, Louis XVI oppose une dénégation pure et simple.

Devant la triple accusation d'avoir fait tirer sur le peuple le 14 juillet 1789, le 17 juillet 1791, et le 10 août 1792, il proteste de son amour pour le peuple et de sa ferme volonté de ne jamais répandre le sang de ses sujets. Aux autres questions, il répond tantôt que l'accusation est absurde, tantôt qu'il a besoin de pièces pour en prouver la fausseté. Il déclare avoir désavoué toutes les démarches de ses frères émigrés, aussitôt qu'il en a eu connaissance; quant aux décrets relatifs aux prêtres réfractaires et au camp sous Paris, sur lesquels il avait mis son *veto*, il se retranche derrière la Constitution qui lui laissait le droit absolu de refuser ou d'accorder sa sanction.

La série des questions posées par la commission des Vingt-et-un étant épuisée, un des membres de cette commission, Valazé, se place devant une table près de la barre, et présente à Louis XVI les pièces sur lesquelles est basé l'acte d'accusation. La plupart n'émanaient pas du roi. C'étaient des mémoires, des lettres, des notes à lui adressées. Aussi peut-il, afin de ne compromettre personne, déclarer, pour la plupart, qu'il ne les reconnaît pas.

Les premières pièces qui lui sont présentées avaient été saisies chez Laporte ou Septeuil; mais l'accusation avait reçu une nouvelle consistance par les documents dus à la trahison de Gamain. Lorsqu'on arrive à ceux-ci, le président Barère demande à Louis XVI s'il a fait construire une armoire avec une porte de fer dans un mur du château des Tuileries, et s'il y a fait renfermer des papiers. Le roi répond qu'il n'a aucune connaissance de ce fait. On lui présente alors plusieurs des pièces qui se trouvaient dans la cachette révélée par le serrurier. Quelques-unes étaient signées de lui. De toutes celles-là, il ne reconnaît qu'un état des pensions et secours qu'il a payés sur sa cassette depuis 1776 jusqu'en 1792, et parmi lesquelles on remarque des gratifications accordées à Acloque pour son faubourg : Quant à ces gratifications, « ce sont dit-il, des charités que j'ai faites. »

L'interrogatoire terminé, Barère s'adresse au roi : « Louis, avez-vous quelque chose à ajouter? — Je désire communication des accusations que je viens d'entendre et des pièces qui y sont jointes; je demande la faculté de choisir un conseil pour me défendre. »

Barère annonce à Louis XVI que l'Assemblée va délibérer sur le désir qu'il vient d'exprimer, et qu'elle lui fera connaître sa décision. « La Convention nationale, ajoute-t-il, vous permet de vous retirer dans la salle des Conférences. »

Le roi sort et la discussion s'engage.

Treilhard, l'un des secrétaires, lit un projet en quatre articles qu'il vient de rédiger à l'instant même, et en vertu duquel les diverses demandes de Louis étaient accordées.

La lecture en est accueillie par les murmures de la Montagne. Albitte, Duhem, Chasles, Billaud-Varennes, Tallien, Robespierre jeune, Marat et quelques autres réclament à grands cris l'ajournement de la proposition de Treilhard.

Pendant tout le temps qu'avait duré l'interrogatoire, les démagogues avaient été obligés de comprimer l'irritation dans laquelle les jetait l'attitude calme et digne du roi. Mais, à ce moment, le feu qui couvait sous la cendre éclate avec une violence inouïe. Des vociférations parties de l'extrême gauche imposent silence aux orateurs qui demandent à appuyer la proposition de Treilhard. Marat, dont la voix stridente domine toutes les autres, s'écrie : « Est-ce qu'il s'agit ici d'un procès ordinaire? Est-ce que nous devons nous arrêter à des chicanes de palais? »

La demi-obscurité dans laquelle l'Assemblée et les tribunes sont plongées (il était cinq heures et on était en décembre), favorise les fauteurs de désordre. La Convention est en proie au plus effroyable tumulte ; les menaces, les provocations s'entre-croisent. Le président Barère déclare qu'il voit avec douleur « le Temple des lois se transformer en une arène de gladiateurs[1], » il se couvre ; ce moyen suprême rétablit enfin le silence. Pétion en profite pour proposer que l'on réduise les questions soulevées par Treilhard à celle-ci : Louis Capet pourra-t-il se choisir un conseil? et il ajoute : « Personne ne peut lui refuser cette demande, à moins d'attaquer à la fois tous les principes de l'humanité. »

L'ex-maire de Paris avait encore, aux yeux d'une grande partie de la Convention, le prestige du Dieu qui apaise les tempêtes. Sa proposition, mise aux voix, est adoptée à la presque unanimité.

Les échos du violent orage qui s'était déchaîné au sein de l'Assemblée après la sortie de Louis XVI, avaient pu arriver jusqu'à lui. Il attendait dans la salle des

---

1. *Journal des Débats et Décrets,* p. 248, n° 285.

Conférences qu'il plût à la Convention de rendre un nouveau décret autorisant Santerre à le ramener au Temple. Une incroyable incurie présidait à tout ce qui touchait la personne de l'infortuné monarque; celui dont naguère tous les désirs étaient prévenus aussitôt que pressentis, n'avait pas mangé depuis le matin. Plein d'impatience et d'anxiété, il avait longtemps attendu l'arrivée des officiers municipaux chargés de le conduire à la barre de la Convention; il avait subi les regards de la foule curieuse et étonnée pendant tout le trajet du Temple au Manége de la rue Saint-Honoré; il avait souffert toutes les angoisses d'un long et pénible interrogatoire; pendant ces mortelles heures, il avait été obligé de refouler au fond de son âme toutes les révoltes de son cœur ulcéré; il était épuisé de lassitude et de faim.

Isolé au milieu de la foule de gens de toute sorte qui l'entourent et qui l'observent, Louis XVI n'a pas un ami, pas un serviteur dont il puisse recevoir quelques soins, quelque consolation. Il est obligé d'implorer la pitié d'un de ses ennemis déclarés. Voyant le procureur-syndic de la Commune, Chaumette, manger un morceau de pain, il s'approche de lui et lui demande à demi-voix la faveur de partager son maigre repas. Chaumette craint d'avoir l'air de recevoir une confidence qui pourrait lui être imputée à crime; se rejetant en arrière, il dit à Louis XVI d'un ton bourru : « Demandez tout haut ce que vous voulez, monsieur. — Je demande un morceau de pain, répond le roi avec douceur. — Volontiers, lui dit d'une voix radoucie le jeune énergumène, rompez. C'est un déjeuner de Spartiate. Si j'avais une racine, je vous en donnerais la moitié. »

Le décret ordonnant la réintégration de Louis XVI au Temple est enfin apporté à Santerre, et le triste cortége se remet en marche. Le voyage du soir est plus douloureux que n'a été celui du matin. Le roi, en descendant dans la cour des Feuillants, est salué par le terrible refrain de la *Marseillaise :*

<blockquote>Qu'un sang impur abreuve nos sillons!</blockquote>

qu'entonnent en chœur les charbonniers et les forts de la halle, qui se trouvent de garde à l'Asesmblée. Tout le long de la route, des cris : *Mort au tyran! vive la nation!* se font entendre. Les agitateurs avaient eu le temps d'enfiévrer la populace, une longue attente avait surexcité les passions, et on se vengeait sur le malheureux Louis XVI du froid et de la fatigue supportés à son occasion.

Le roi reste impassible devant le spectacle de toutes ces fureurs; mais son cœur est serré et il ne se sent plus la force d'achever le triste repas qu'il doit à la pitié de Chaumette. Le greffier Coulombeau, qui voit le prisonnier embarrassé du reste de son pain, le lui prend des mains et le jette par la portière.

« Ah! s'écrie Louis XVI, c'est mal de jeter ainsi le pain dans un moment où il est rare.

— Et comment savez-vous qu'il est rare? réplique Chaumette.

— Parce que celui que je mange sent un peu la terre. »

Après un moment de silence, le procureur-syndic s'avise d'ajouter : « Ma grand'mère me disait toujours : Petit garçon, on ne doit pas perdre une mie de pain; vous ne pourriez en faire venir autant.

— Monsieur Chaumette, dit le roi, votre grand'mère était, à ce qu'il me semble, une femme d'un grand bon sens. »

Rentré au Temple, Louis XVI demande à embrasser sa femme et ses enfants. Mais le commissaire Albertier, après avoir pris l'avis de ses collègues, lui annonce qu'il ne pourra plus communiquer avec sa famille. « C'est bien dur, dit le roi. Mais mon fils, qui n'a pas sept ans? » La défense était formelle; il fallut se résigner [1].

---

1. Le Conseil exécutif avait décidé qu'il resterait en permanence pendant tout le temps que Louis XVI serait absent du Temple. Voici le texte même du procès-verbal de la séance du Conseil qui précise les heures auxquelles ont eu lieu l'arrivée du roi à la Convention et sa réintégration au Temple.

Conseil exécutif provisoire : 11 décembre 1792.

« Tous les ministres présents.

« Le Conseil s'est réuni au lieu de ses séances à l'heure déterminée par la délibération précédente.

« Il a été arrêté que, pour tenir le Conseil informé dans tous les instants de l'état des choses, des cavaliers d'ordonnance seraient dépêchés tour à tour pour observer le moment du départ de Louis Capet, ainsi que sa route, et en rendre compte successivement au Conseil exécutif.

« A trois heures précises, le Conseil, instruit que Louis Capet est arrivé sans accident aucun à la Convention nationale, et désirant être tenu informé de l'état des choses, a fait écrire au général San-

XI.

Le lendemain, l'Assemblée reprend la discussion des articles rédigés par Treilhard. Thuriot demande que la Convention ne permette pas à Louis de s'envelopper de moyens de chicane. « Les nations étrangères, ajoute-t-il, attendent de nous un grand exemple. Il faut que le tyran porte sa tête sur l'échafaud. »

A ces mots, la conscience d'une grande partie des représentants se révolte, de violents murmures se font entendre : « Rappelez-vous votre caractère de juges ! Lorsqu'il n'y a pas liberté de la défense, une condamnation n'est qu'un assassinat, » s'écrie-t-on à droite.

Le président lui-même engage l'orateur à ne pas préjuger l'arrêt de l'Assemblée. Thuriot sent qu'il a été trop loin et déclare qu'il n'a parlé ainsi que dans l'hypothèse où les crimes imputés à Louis seraient démontrés.

Enfin, malgré l'opposition véhémente des Montagnards, la Convention décrète que quatre de ses membres

---

terre pour l'engager à lui dépêcher une personne de confiance qui pût lui rendre un compte exact, afin qu'il puisse, s'il y a lieu, prendre les mesures nécessaires. Le général a envoyé successivement deux exprès, qui ont exposé au Conseil, le premier, les détails de la séance, le second, le départ de Louis Capet pour retourner au Temple. A 6 heures 3/4, un nouvel exprès du général a informé le Conseil exécutif que Louis était réintégré au Temple.

« PACHE, CLAVIÈRE, LEBRUN, ROLAND, MONGE, GARAT,
GROUVELLE, *secrétaire.* »

se transporteront à l'instant au Temple et interpelleront Louis de déclarer, dans l'heure, le citoyen auquel il donne sa confiance.

Peu de temps après, Cambacérès, l'un des quatre commissaires, vient annoncer que Louis a choisi pour conseil Target, ou à son défaut Tronchet, et tous les deux si cela est possible.

Target avait depuis longtemps renoncé à la plaidoirie et présidait l'un des tribunaux de Paris[1]. Il crut devoir décliner l'honneur que lui faisait Louis XVI. Tronchet accepta. Au même moment, le président de l'Assemblée recevait une lettre de M. de Lamoignon de Malesherbes qui revendiquait « l'honneur de défendre celui qui avait été son maître et qui l'avait appelé deux fois dans ses conseils lorsque cette fonction était briguée par tout le monde[2]. » Le roi, informé de cette admirable preuve de dévouement, l'accueillit avec reconnaissance.

Mais, lorsque les deux conseils de Louis XVI voulurent pénétrer dans sa prison, ils trouvèrent à la porte une consigne inimaginable que les dictateurs de l'Hôtel de Ville avaient établie de leur autorité privée. En effet, le 11, dès qu'on eut appris la demande faite par le roi d'obtenir un conseil, la Commune avait pris un arrêté ainsi conçu :

« Le Conseil général, le substitut du procureur de

---

[1]. Nous l'avons vu, t. IV, p. 295, signaler, en cette qualité, à la Convention les arrestations arbitraires ordonnées par le Conseil général de la commune.

[2]. La lettre de M. de Malesherbes, cet éternel monument de loyauté et de courage, se trouve au *Moniteur*, n° 350.

« la Commune entendu, arrête que Louis Capet ne
» communiquera plus avec sa famille ;

« Le valet de chambre qu'on lui permet d'avoir
« auprès de lui, n'aura plus de relations avec personne
« autre qu'avec lui ;

« Les conseils que la Convention pourrait lui don-
« ner ne communiqueront avec personne autre que lui,
« et toujours en présence des officiers municipaux,
« attendu la complicité présumée de toute la famille ;

« En conséquence, au moment où les conseils de
« Louis Capet seront introduits, le valet de chambre se
« retirera et les seuls officiers municipaux resteront.
« L'assemblée s'en rapporte à la discrétion des officiers
« municipaux de ne pas gêner la confiance du prison-
« nier pour les confidences qu'il pourrait avoir à faire,
« et à leur prudence pour ne pas compromettre la sûreté
« du prisonnier.

« Arrête, en outre, que le présent sera envoyé
« sur-le-champ aux commissaires de la municipalité de
« service au Temple.

« Arrête, en dernier lieu, qu'il sera envoyé une
« députation de quatre membres à la Convention natio-
« nale pour connaître ses intentions sur les dispositions
« de cet arrêté.

« Mercereau, *vice-président*,
« Coulombeau, *secrétaire-greffier*. »

Cet arrêté avait été signifié immédiatement à Louis XVI. Aussi, lorsqu'il reçut la visite des quatre commissaires de la Convention, il se plaignit amèrement à eux des précautions inquisitoriales dont la Commune voulait l'entourer. Cambacérès fit part à l'Assemblée des réclamations du roi, et sur sa proposition, il fut décrété : « que les conseils choisis par l'accusé pourraient librement communiquer avec lui, et qu'il lui serait fourni des plumes, de l'encre et du papier. »

A ce décret rendu dans la matinée du 12, la Commune répondit aussitôt par un arrêté qui aggravait encore les mesures acerbes contre lesquelles Louis XVI avait réclamé.

« Le Conseil général de la Commune de Paris, con-
« sidérant qu'il est comptable à la République entière
« du dépôt qui existe à la tour du Temple et que la
« loi lui permet de prendre toutes les mesures que lui
« dicte l'intérêt public, arrête :

« 1° Qu'il maintient son premier arrêté ;

« 2° Que le conseil accordé à Louis par la conven-
« tion nationale sera scrupuleusement examiné, fouillé
« *jusqu'aux endroits les plus secrets; et qu'après s'être*
« *déshabillé, il se revêtira de nouveaux habits,* sous la
« surveillance des commissaires, et que dans ses opéra-
« tions, il ne pourra communiquer avec Louis qu'en
« présence des commissaires ;

« 3° Que le conseil ne pourra sortir de la tour
« qu'après le jugement du ci-devant roi ;

« 4° Que le conseil prêtera serment, ainsi que les
« commissaires, de ne rien dire de ce qu'ils auront
« entendu.

« Arrête enfin que le présent arrêté sera envoyé à

« la Convention nationale par les citoyens Arbeltier,
« Cheneaux et Defavanne, en l'invitant, au nom de la
« tranquillité publique, d'approuver les mesures de
« sûreté prises par le Conseil relativement aux circon-
« stances importantes dans lesquelles se trouve la Répu-
« blique.

« Les commissaires sont en outre autorisés à repré-
« senter à la Convention l'inconvénient qui résulte
« de faire rentrer Louis Capet, pendant la nuit, au
« Temple.

« MERCEREAU, *président*,
« COULOMBEAU *secrétaire*. »

Les officiers municipaux porteurs de cet arrêté se présentent, dès le 13 au matin, à la barre de la Convention pour en donner lecture [1]. Ils sont écartés

---

[1]. Le *Moniteur* donne cet arrêté dans son numéro 350, mais avec quelques variantes ou omissions. Nous avons rétabli le texte officiel après l'avoir collationné sur la pièce déposée sur le bureau du président de la Convention.

Lors de la transcription de cet arrêté sur les registres de la Commune, le secrétaire a omis, certainement à dessein, les deux membres de phrases, imprimés en italique, dont la lecture avait excité les plus violents murmures dans le sein de la Convention (*Moniteur*, n° 354). Il fallait une singulière audace pour faire disparaître d'un texte officiel une phrase insérée par deux fois au *Moniteur*, mais la Commune ne reculait devant aucune espèce de mensonge.

Nous avons retrouvé la lettre écrite par les délégués de la Commune au président de la Convention. Ils ont l'air de regarder comme une simple mesure de précaution l'exorbitant arrêté dont ils sont porteurs. Leur lettre est ainsi conçue :

« Monsieur le Président,

« Une députation de la Commune de Paris demande à être introduite

sous divers prétextes par le président Barère, qui prévoyait l'orage que devait soulever la prétention hautement affichée par la Commune, de faire la leçon à l'Assemblée nationale. Mais, le soir, ils reviennent de nouveau à la charge, et sont enfin introduits. Lorsque l'orateur arrive au passage où il était dit que *les défenseurs de Louis XVI seront déshabillés et fouillés jusques dans les endroits les plus secrets,* une violente indignation éclate de toutes parts.

On demande qu'un décret formel improuve la conduite du Conseil général et casse l'arrêté de la Commune. Le président annonce que la députation s'est déjà présentée le matin et qu'il a refusé de l'admettre ; mais qu'elle a tellement insisté qu'il n'a pu se défendre d'accueillir sa demande. Une partie de la Montagne elle-même appuie les mesures qui doivent faire justice de l'insolence de la Commune. « Aurait-on le dessein, s'écrie Basire, d'apitoyer le peuple sur le sort de Louis Capet, en prenant contre ses conseils des mesures vexatoires et tortionnaires? »

à la barre de la Convention pour lui communiquer un arrêté pris dans la séance d'hier soir par le Conseil général provisoire, relativement à des mesures de précaution qu'il a semblé nécessaire de prendre envers les conseils que Louis Capet a la faculté de prendre.

« Si les travaux de l'Assemblée ne permettent pas notre introduction, nous vous ferons passer expédition de l'arrêté pour le communiquer à la Convention, afin qu'elle reconnaisse que toutes ces mesures sont dictées par le patriotisme le plus pur, et toujours soumises à sa décision ultérieure.

« *Les citoyens députés:*

« Cheneaux, *Membre du Conseil général provisoire.*

« Defavanne, *Officier municipal.* »

Robespierre seul a le triste courage de défendre ses amis de l'Hôtel de Ville. Son étrange panégyrique est accueilli par les murmures de l'immense majorité de l'Assemblée. Mais ce tribun, comme tous les apôtres de la démagogie, ne sait pas supporter la contradiction. Il prétend qu'on viole en lui la liberté des opinions : « Je sais, s'écrie-t-il, qu'il y a un parti qui veut sauver le roi. Je m'étonne que ceux qui se montrent si tendres pour un oppresseur accusé, ne témoignent pas autant de sensibilité pour le peuple qu'on opprime. Oui, on veut nous apitoyer sur le sort du plus grand des coupables, de ce criminel dont vous devez à la nation entière la plus prompte justice. »

Les tribunes saluent par des cris d'enthousiasme la péroraison de leur orateur favori. Un membre de la droite, dont le nom malheureusement n'a pas été conservé à l'histoire, se lève et fait entendre ces nobles paroles.

« Je demande, au nom de la patrie, au nom de l'humanité, au nom de la morale publique, qu'on prenne des mesures pour que, chaque fois que quelqu'un préjuge le sort de l'accusé, nous n'entendions pas ces vociférations de cannibales. »

« Oui, s'écrie Valazé, à la seule énumération des mesures inquisitoriales édictées par la Commune, ma conscience se révolte. Que penseront la France et l'Europe qui vous regardent? que pensera la postérité, lorsqu'elle saura que cet étrange arrêté, pris pour ainsi dire sous vos yeux, vous a été fallacieusement présenté, sans doute afin de vous y faire participer? Est-ce pour que

Louis XVI ne trouve pas de conseil, est-ce afin que l'homme courageux qui se présente, se retire, est-ce afin qu'il soit jugé sans avoir été entendu, qu'on veut soumettre quiconque entreprend de plaider sa cause aux conditions les plus dures à la fois et les plus ignomineuses ? Je ne puis être suspect ici, car j'ai déjà dit que je croyais le ci-devant roi coupable ; mais c'est pour l'honneur de l'humanité, pour le maintien de la justice, en vertu du droit naturel que tout accusé a d'être défendu, pour la dignité des représentants du peuple, qui ne peuvent être respectés qu'autant qu'ils sont justes, que je demande qu'on casse l'arrêté. » L'Assemblée n'ose pas aller jusque-là, elle se contente d'adopter l'ordre du jour motivé sur son décret de la veille qui ordonne que les conseils communiqueront librement avec Louis [1].

---

[1]. Les dictateurs de l'Hôtel de Ville furent obligés de se soumettre, mais ils déclarèrent que désormais leur rôle se bornait à empêcher l'évasion du prisonnier. Un arrêté formel autorisa la remise à Cléry des rasoirs, ciseaux, qui avaient été enlevés au prisonnier. Les geôliers donnaient ainsi à entendre qu'ils déclinaient toute responsabilité, si Louis XVI venait à attenter à ses jours ; mais ils savaient bien que le petit-fils de saint Louis ne recourrait jamais au suicide pour se soustraire à la rage de ses ennemis.

Le *Moniteur* de cette époque, n° 359, contient un document éminemment curieux, parce qu'il est le plus éclatant témoignage de la résignation et de la fermeté de Louis XVI au milieu des angoisses de sa captivité. C'est le récit d'un dialogue qui eut lieu, le jeudi 20 décembre, entre le défenseur de Louis XVI et un membre de la Commune. Il nous a été transmis par l'interlocuteur de Malesherbes, qui n'était autre que Dorat-Cubières, autrefois poëte de cour, aujourd'hui adulateur officiel de la démagogie. Voyant entrer au Temple le vénérable vieillard qui avait à la main plusieurs des feuilles du

XII.

Le lendemain et le surlendemain, la Convention présente encore le scandale de débats de plus en plus tumultueux. A l'ouverture de la séance du 14 décembre, Manuel demande la parole pour une motion d'ordre. « Un grand nombre de citoyens se plaignent, dit-il, de ne pouvoir pénétrer dans les tribunes de l'Assemblée parce qu'elles sont remplies dès le matin par une foule de personnes qui, n'ayant d'autre occupation, les envahissent de bonne heure; nos concitoyens qui arrivent des départements, lorsqu'ils s'y présentent, n'y trouvent plus une seule place libre, et cependant eux aussi ont le droit d'entrer dans le temple de la loi. » Manuel est interrompu à chaque mot par les habitués des galeries, dont il ose attaquer le privilége; à peine peut-il lire jusqu'au bout le projet de décret qu'il a

---

jour, Cubières s'étonne de l'étrange communication que le défenseur du roi s'apprête à faire à son client.

« Malesherbes, lui dit-il, vous êtes l'ami du roi ; comment pouvez-vous lui porter des journaux, où il verra toute l'indignation du peuple exprimée contre lui ?

Malesherbes. — Louis n'est pas un homme comme un autre ; il a l'âme forte, il a de l'énergie qui le met au-dessus de tout.

Cubières. — Vous êtes un honnête homme ; mais si vous ne l'étiez pas, vous pourriez lui porter des armes, du poison, lui conseiller...

Malesherbes. — Si le roi était de la religion des philosophes, s'il était un Caton... il pourrait se détruire. Mais le roi est pieux, il est catholique ; il sait que la religion lui défend d'attenter à sa vie ; il ne se tuera pas. »

rédigé pour la réglementation des entrées et la distribution des billets. Robespierre, Dartigoyte et d'autres montagnards réclament la parole afin de combattre la motion de l'ex-procureur syndic; Biroteau, Rabaud Saint-Étienne, Lanjuinais demandent à l'appuyer. Mais Thuriot s'est déjà emparé de la tribune : « Je viens, dit-il, combattre les hérésies avancées par Manuel. Si vous adoptiez son projet, nous n'aurions plus pour auditeurs que les lâches apôtres d'un modérantisme ridicule au moment où nous avons besoin d'être appuyés par des hommes du patriotisme le plus énergique. » Les tribunes applaudissent avec enthousiasme; la droite et la gauche de l'Assemblée se lancent à l'envi les interpellations les plus vives. « S'il existait quelque doute sur la nécessité d'adopter le projet de Manuel, s'écrie un girondin, les applaudissements scandaleux donnés à Thuriot viennent de les lever. — Je demande, dit le montagnard Legendre, qu'on décrète que Manuel a perdu l'esprit. »

Les spectateurs se mettent de la partie : « *A l'Abbaye Manuel l'aristocrate!* » hurlent certains énergumènes, qui paraissent conduire le chœur des tricoteuses jacobines. — « Croyez-vous que ce soit par des cris de sang et de mort qu'on nous intimidera? » leur dit dédaigneusement le courageux Mazuyer.

La Montagne ne cesse de réclamer la question préalable sur la proposition de Manuel, et veut que l'on procède immédiatement à l'appel nominal. « Eh bien, oui, l'appel nominal, crie-t-on de tous les bancs de la droite; pensez-vous nous effrayer? »

Le président invite un secrétaire à se rendre à la tribune pour y procéder; mais les plus courageux du parti de la Gironde se précipitent vers le bureau pour signer la demande d'appel nominal que leurs adversaires avaient espéré tourner contre eux. Le président est obligé de se couvrir.

Le tumulte s'apaise un instant; mais il renaît bientôt lorsqu'il s'agit de formuler la question sur laquelle l'Assemblée va être appelée à voter. Lanjuinais la pose ainsi : « Y a-t-il lieu de délibérer sur le mode actuel de la formation des tribunes? » Lepelletier Saint-Fargeau la pose d'une autre manière : « La Convention peut-elle exercer quelque influence sur la composition des tribunes sans altérer le grand principe de la publicité des séances? »

En entendant l'ancien président à mortier du parlement de Paris proposer un mode d'interrogation qui semble si bien préjuger la question à résoudre, les membres de la droite se récrient sur l'astuce obséquieuse du néophyte montagnard. Le trouble recommence; l'un demande la parole pour une motion d'ordre, l'autre pour un fait, celui-ci pour motiver la question préalable, celui-là pour la combattre. Le président Defermon a beau rappeler individuellement les membres à l'ordre, poser la question, expliquer le vote, le bruit continue pendant longtemps encore. Enfin, la Convention déclare qu'il n'y a pas lieu à délibérer sur la proposition de Manuel [1].

1. *Journal des Débats et Décrets*, n° 87, p. 245. *Moniteur*, n° 350.

XIII.

Le lundi 15, la discussion s'établit de nouveau sur la marche de la procédure. Après de longs et violents débats, la Convention accorde dix jours pleins à Louis XVI pour conférer avec ses conseils et préparer sa défense.

Un montagnard, Laurent Lecointre, qui, dans d'autres temps, avait eu des relations directes avec le roi comme commandant en second de la garde nationale de Versailles, demande, par un sentiment honorable de compassion, que, pendant ces dix jours, il soit permis à l'accusé de voir sa famille. Le président Defermon se hâte de mettre cette motion aux voix. Elle est aussitôt adoptée; mais quelques montagnards se plaignent de la précipitation avec laquelle le vote a été enlevé : « Vous avez beau le vouloir, s'écrie Tallien, si le corps municipal ne le veut pas, cela ne sera pas. »

De violents murmures accueillent une si insolente déclaration; on réclame de toutes parts le rappel à l'ordre de l'ex-secrétaire-greffier de la Commune insurrectionnelle. C'est l'ancien maire de Paris qui se charge de fulminer la sentence : « Les paroles que vous venez d'entendre, dit Pétion, tendent à avilir l'Assemblée nationale; je demande que celui qui s'est permis cet outrage soit censuré à l'instant même et que son nom soit inscrit au procès-verbal. »

Marat est au pied de la tribune, apostrophant tour à tour l'orateur et le président, réclamant à grands cris la parole. Defermon la lui refuse avec énergie et l'accorde à Tallien qu'il croit disposé à se disculper. Loin de là, le jeune tribun maintient et aggrave son insolence :

« Le dépôt du Temple a été confié au corps municipal, dit-il, lui seul a donc le droit de prendre les mesures nécessaires à la conservation de ce dépôt ; je l'ai dit, je le répète : Si le corps municipal croit que votre décret est contraire à l'intérêt national, qu'il peut compromettre la sûreté publique, il fera bien de refuser.... »

On ne laisse pas achever l'orateur. Des cris « *à l'ordre, à l'Abbaye !* » partent de tous les bancs ; la censure est prononcée à la presque unanimité. Mais l'extrême gauche ne perd pas l'espoir d'épuiser l'énergie passagère de l'Assemblée ; elle réclame contre le décret qui vient de frapper Tallien. Le président est obligé de le mettre aux voix une seconde fois ; la même majorité se prononce de nouveau pour infliger au député de Seine-et-Oise la peine disciplinaire qu'il a méritée.

Les Montagnards demandent alors que l'Assemblée, revenant sur la mesure arrachée à sa pitié, rapporte la décision qui autorise Louis XVI à communiquer avec sa famille. Quel est le député qui vient à la tribune, formuler cette proposition ? C'est Drouet, le maître de poste de Sainte-Menehould. Comment s'en étonner ? Depuis que les électeurs de la Marne, terrifiés par les meurtriers de septembre[1], l'ont envoyé siéger à la Convention, ne semble-t-il pas prendre à tâche de continuer le rôle dont il s'est fatalement emparé dans la nuit du

1. Voir t. III, p. 328.

21 juin 1791? ne doit-il pas être jusqu'au bout le mauvais génie chargé de torturer la famille dont il a tenu naguère le sort entre ses mains? n'a-t-il pas à mériter une fois de plus la récompense nationale qui lui a été décernée pour avoir arrêté le roi dans sa fuite? N'a-t-il pas enfin à se venger de l'accueil méprisant que ses victimes lui ont fait subir lors de sa récente visite au Temple?

Bourbotte et Tallien soutiennent la proposition de Drouet. Mais, malgré les clameurs de l'extrême gauche, elle est écartée par la question préalable. On pouvait croire la discussion terminée par ce double vote. Il n'en est rien, et, chose extraordinaire, c'est l'auteur de la motion qui propose de la modifier, c'est Laurent Lecointre lui-même qui vient faire amende honorable du mouvement de pitié auquel il a eu l'imprudence de se laisser aller.

Dans les assemblées, il se trouve toujours des légistes habiles à trouver, au fond de l'arsenal des formalités judiciaires, certaines dispositions qui permettent de violer toutes les lois de l'humanité. Ce sont eux qui suggèrent à Lecointre le faux-fuyant qui va lui permettre de modifier sa proposition. Il déclare donc que, lorsqu'il l'a faite, il ignorait que la femme et la sœur du ci-devant roi fussent inculpées dans la procédure; mais que, s'il en est ainsi, comme on le lui assure, il comprend qu'elles ne puissent communiquer avec lui jusqu'après leur interrogatoire. Personne n'ose faire observer qu'aucun acte de procédure n'a été depuis quatre mois dirigé contre les malheureuses prisonnières du Temple; que, sous le futile prétexte d'une poursuite qui n'est pas commencée, on ne peut ajouter au supplice de Louis XVI la torture de se sentir à dix pas de tous les êtres qui lui sont chers, et de ne pouvoir les presser sur son cœur. On demande au moins que Louis XVI puisse embrasser ses enfants. Mais Dubois-Crancé répond qu'il saura par eux tout ce que sa femme et sa sœur voudront lui faire dire; « car, dit-il, les enfants ont pour cela un art inconcevable. » La majorité était à bout de résistance; elle décide que Louis Capet pourra voir ses enfants, mais que ceux-ci ne pourront plus, jusqu'au jugement définitif, communiquer avec leur mère et leur tante[1].

Les bravades prophétiques de Tallien s'étaient réalisées; l'Assemblée avait courbé la tête devant la volonté toute-puissante de la Commune, comme, la veille, elle s'était humiliée devant les vociférations des tribunes. A un jour de distance, les représentants du peuple français avaient été obligés par deux fois de passer sous les Fourches caudines de la démagogie. Ils étaient marqués désormais du stigmate d'une honteuse servitude; malheur à eux si tôt ou tard ils tentaient de secouer le joug!

1. Louis XVI préféra laisser ses enfants aux soins de leur mère, et se priva volontairement de leurs embrassements.

LIVRE XXII

L'APPEL AU PEUPLE.

I.

La Gironde n'avait pas abandonné son dessein de faire brèche dans les rangs de la députation de Paris. Elle n'avait pas su saisir le moment où, au début de la session conventionnelle, elle était toute-puissante, pour obtenir que les élections de la capitale, entachées des plus graves irrégularités, fussent annulées [1]. A défaut d'une radiation en masse qu'il n'était plus possible de proposer, elle s'était attaquée successivement à Marat, à Robespierre; elle avait réclamé des comptes aux anciens membres du fameux Comité de surveillance, à Panis, à Sergent. Plus tard, elle avait demandé, par l'organe de Guadet, que les assemblées primaires eussent le droit de révoquer les pouvoirs de ceux des membres de la Convention qui leur paraîtraient indignes de représenter la nation française. Après avoir réussi à faire consacrer ce principe par un vote, elle avait été

[1]. Voir t. IV, pages 29 et 369.

obligée de demander elle-même que l'application en fût ajournée[1]. Elle résolut alors de revenir au système des exclusions individuelles, et, par une manœuvre habile, de retourner contre les soutiens les plus fervents de la démagogie les accusations de royalisme que la Montagne lui jetait à chaque instant à la face.

Le dimanche 16 décembre, huit jours après la malencontreuse campagne de Guadet, Buzot demande la parole : « Citoyens, dit-il, un grand acte de vengeance nationale va bientôt s'accomplir. La justice, trop longtemps effrayante pour le faible, va s'appesantir enfin sur la tête des rois et consacrer son glaive à la défense de l'égalité. Le trône est renversé, le tyran ne sera bientôt plus; mais prenez garde! le despotisme vit encore et la Constitution n'est pas faite. » Après cet exorde, suivi de longs et compendieux développements, l'orateur propose que, Louis XVI une fois immolé à la sûreté publique, on prononce au nom du même intérêt national le bannissement de toute sa famille. « Si, ajoute-t-il, quelque exception pouvait être faite, ce ne devrait pas être en faveur de la branche d'Orléans; plus elle a éveillé de sympathie, plus elle est inquiétante pour la liberté; elle porte le nom de Bourbon, ce qui est un titre auprès des puissances étrangères jalouses de nous donner un maître afin de s'assurer un allié; elle porte le nom d'Égalité, ce qui ne peut que flatter les Français qui détestent toute distinction aristocratique. Autour de d'Orléans nous voyons des enfants, dont le

---

1. Voir ci-dessus, pages 220 et 222.

jeune et bouillant courage peut être aisément séduit par l'ambition, dont l'ambition peut être habilement excitée par les soins et l'alliance de quelques rois étrangers. C'en est trop pour que Philippe puisse exister en France sans alarmer la liberté. S'il l'aime, s'il l'a servie, qu'il achève son sacrifice et nous délivre de la présence d'un des descendants de Capet. Je demande que Philippe et ses fils aillent porter ailleurs que dans la République, le malheur d'être nés près du trône, d'en avoir connu les maximes et reçu les exemples; le malheur d'être revêtus d'un nom qui pourrait servir de ralliement à des factieux ou à des émissaires des puissances voisines[1]. »

Buzot est vivement applaudi; on demande que sa motion soit immédiatement adoptée; quelques voix cependant en réclament l'ajournement.

« On n'ajourne pas les principes, on n'ajourne pas le salut public, s'écrie-t-on à droite, on ne peut être républicain à demi. »

Louvet, le frère d'armes de Buzot dans toutes ses campagnes contre la députation de Paris, appuye la proposition par un discours non moins étudié que celui de son ami. Il relit toutes les pages de l'histoire romaine applicables à la circonstance, et récite à ses collègues la harangue que Tite-Live met dans la bouche de Brutus demandant l'exil de Collatin. Plusieurs fois la Montagne

---

[1]. La péroraison du discours de Buzot est beaucoup plus étendue et beaucoup plus explicite dans le *Journal des Débats*, n° 89, p. 278, que dans le *Moniteur*, n° 353.

l'interrompt en criant : « La question n'est pas à l'ordre du jour. — Le salut public y est toujours, réplique la droite. — Il y a deux cents pétitionnaires qui attendent, » fait observer Goupilleau.

Mais le combat est déjà trop vivement engagé pour que des deux côtés on consente à s'arrêter à une question de forme. Lanjuinais et Génissieux appuyent, Chabot combat l'adoption immédiate de la proposition.

Saint-Just a compris combien il importe à son parti de paraître ne pas faire cause commune avec l'ex-prince dont, au nom des principes républicains, l'ostracisme est réclamé. « Moi aussi, dit-il, je demande l'exil éternel de tous les Bourbons; oui, qu'on les chasse, excepté le roi, qui doit rester ici, vous savez pourquoi. » Cette froide et ironique allusion au sort que la Montagne prépare au malheureux monarque est fort applaudie des tribunes. Elle lave le parti jacobin du reproche de vouloir pactiser avec le royalisme sous quelque forme qu'il se déguise; elle permet à Saint-Just de récriminer contre Buzot, contre la Gironde entière et de lancer des insinuations perfides sur la pensée secrète qui semble lier l'exil de d'Orléans au jugement de Louis XVI.

Les dernières paroles du jeune tribun semblent être le signal attendu par la Montagne pour demander le renvoi du ministre qui, depuis longtemps, est l'objet tout particulier de sa haine. « La principale cause de nos divisions, s'écrie Duhem, c'est Roland; je demande qu'il sorte à l'instant du ministère. »

« Oui, ajoute Merlin (de Thionville), puisqu'au nom du salut public on veut frapper d'ostracisme un représentant du peuple, que sa qualité d'ancien prince du sang peut faire considérer comme un ferment de discorde, je demande qu'on applique la même mesure à un ministre qui, lui aussi, est pour chacun des représentants une pierre d'achoppement. »

« Non, répond-on à droite, c'est Pache, c'est le ministre de la guerre! » — « Eh bien, s'écrie Thuriot, ni Roland, ni Pache! »

Barère, qui cherche toujours à louvoyer entre les partis, déclare qu'il faut que tous ceux qui portent ombrage à la liberté disparaissent. « Nos seuls ennemis, ajoute-t-il, ne sont pas les hommes qui ont eu le malheur de naître du sang des tyrans, ce sont aussi les hommes qui ont une grande popularité, une grande renommée, un grand pouvoir. Roland et Pache ont pu avoir des intentions pures; l'opinion les jugera. Mais ils nous divisent, ils ont changé la Convention en une arène de gladiateurs. Qu'ils s'éloignent, et que le Comité de constitution soit chargé de nous présenter un mode d'organisation du pouvoir exécutif. »

Rewbell, qui disputait souvent à Barère le privilége d'exprimer la pensée de la masse passive de la Convention, ne pouvait négliger l'occasion de contredire son rival en influence. Aussi s'empresse-t-il de lui reprocher d'avoir allié une grande motion constitutionnelle avec la proposition mesquine du remplacement de deux ministres. « Que l'on croie, s'écrie-t-il, qu'un reste de respect aveugle pour le sang des Bourbons soit à craindre, je le conçois; mais, de bonne foi, comment ne pas convenir que deux êtres tels que Pache et Roland n'ont d'autre importance que celle que nous voulons bien leur donner? »

Ainsi entraînée sur le terrain des personnalités, la discussion devient confuse. Les motions incidentes se succèdent; trois fois le débat est déclaré clos, trois fois il s'ouvre de nouveau. La Montagne est dans une agitation extrême; par ses cris, elle empêche le président de se faire entendre, Barère de lire son projet de décret. Billaud-Varennes, Camille Desmoulins, Legendre, tous membres de la députation de Paris, se distinguent parmi les plus animés.

« Qu'on envoie à l'Abbaye les interrupteurs, crie-t-on à droite. — Nous irons tous, réplique-t-on à gauche. — Il est impossible, s'écrie Vergniaud, que la majorité reste plus longtemps sous la tyrannie d'une minorité séditieuse. — Nous défendons les droits du peuple, répondent les Montagnards. »

Vergniaud : — « C'est vous qui les violez sans cesse. »

Duhem : — « La majorité ne peut chasser de son sein un membre revêtu de la souveraineté nationale. »

Choudieu : — « Une fois que vous aurez exclu un représentant, qui nous répond que vous n'en exclurez pas d'autres? »

Le tumulte est à son comble, le président se couvre. Enfin Barère, qui s'est aperçu que le vent commence à tourner, lit une rédaction toute différente de celle qu'il a présentée d'abord, et, par une série de phrases à double sens, de raisonnements à double entente, il en vient à conclure qu'on doit excepter du décret celui-là même contre lequel la motion a été dirigée.

La Convention ne demandait pas mieux que de détruire les germes de discordes qui fermentaient dans son sein, mais elle craignait avant tout de se laisser entamer. Elle avait l'instinct des dangers que l'ostracisme prononcé contre un de ses membres ferait planer sur la tête de tous. Pendant les six heures qu'avait duré cette orageuse discussion, elle avait donné gain de cause à la Gironde sur toutes les propositions incidentes. Au dernier moment, elle hésite et finit par décréter que tous les membres de la famille des Bourbons qui ne sont pas détenus au Temple devront sortir dans trois jours de Paris, dans huit jours du territoire de la République, mais qu'elle ne statuera qu'après un délai de quarante-huit heures sur la question de savoir si Philippe, ci-devant d'Orléans, peut être compris dans le décret.

II.

Rien n'avait été résolu par le vote du 16 décembre; les deux côtés extrêmes de l'Assemblée avaient deux jours de répit pour se préparer de nouveau au combat. La Montagne les mit à profit. La Gironde n'en sut que faire. En réalité, Buzot et ses amis avaient été vaincus, par cela seul qu'ils n'avaient pas triomphé immédiatement. Les démagogues criaient à la surprise, à la tyrannie, à l'oubli de tous les principes. Ils déclamaient contre la violation de la représentation nationale, en attendant qu'ils pussent intervertir les rôles; car, au fond de leur cœur, ils se réservaient d'exécuter ce qu'ils reprochaient aux Girondins d'avoir projeté. La pensée de faire prononcer l'ostracisme contre leurs adversaires leur paraissait excellente à mettre en pratique du moment qu'ils seraient sûrs d'être les plus forts. Mais, pour cela, il leur fallait conquérir certaines positions qu'ils n'occupaient pas encore, il leur fallait immoler l'infortuné Louis XVI. Ils savaient que, si l'on veut enflammer la colère populaire, il importe de faire converger sur un seul objet tous les préjugés et tous les désespoirs. Après avoir accusé le prisonnier du Temple d'être l'auteur de tous les maux de la patrie, ils se réservaient, lui disparu, de représenter leurs adversaires comme les seuls obstacles au bonheur universel.

Dès le soir du 16 décembre, les Montagnards donnent, au club Saint-Honoré, le signal de l'agitation qu'ils ont résolu de propager dans tous les quartiers de la capitale. Le bouillant Desmoulins ouvre le feu; il dénonce la tactique des Brissotins, qui ont voulu placer ses amis et lui dans l'alternative ou de laisser entamer la représentation nationale ou de passer pour royalistes, en défendant la cause d'un prince du sang. Chacun des frères et amis partage l'indignation de Camille contre la perfide Gironde, et jure de venger la représentation nationale que les hommes d'État [1] ont entrepris de décimer.

---

1. C'est ainsi que Marat, Camille Desmoulins et les autres déma-

Mais voici que Robespierre entre dans la salle; il n'avait pas paru le matin à la Convention, il n'a garde de manquer la séance des Jacobins. Quelle meilleure occasion aura-t-il jamais de se draper dans sa vertu d'emprunt, dans son abnégation de commande? Il sait qu'il peut, sans courir grand risque, se déclarer prêt à imiter le dévouement de Curtius. Ses amis ne sont-ils pas là pour se jeter entre le gouffre et lui? « Je mets, dit-il, les principes au-dessus des intérêts; si j'avais assisté aux débats dont on vient de faire le récit, j'aurais voté avec Louvet et Buzot. Je vois le piège où l'on veut entraîner les patriotes en leur imputant les projets que l'on médite soi-même. On veut nous faire chasser Égalité afin de pouvoir ensuite renvoyer les vrais patriotes et les vrais amis du peuple. Dût la conséquence des principes que l'on a invoqués s'appliquer un jour contre les amis de la liberté, contre moi-même, je me soumettrais avec joie et je consentirais volontiers à un exil pour le bien de ma patrie. »

Marat n'a pas, comme Robespierre, l'habitude de déguiser sa pensée, il ignore l'art de paraître approuver ce qu'on veut précisément faire repousser. Il ne doute pas que l'exclusion de d'Orléans ne doive être le prélude de certaines autres, de la sienne en particulier. Sans précautions oratoires, il identifie sa cause avec celle de l'ex-prince. « La faction criminelle, dit-il, qui veut attaquer la représentation nationale dans Éga-

gogues à leur exemple, se plaisaient, pour se venger de leurs dédains, à désigner depuis quelque temps les membres du parti de la Gironde.

lité, voudrait exiler tous les amis du peuple. Vous-même, Robespierre, vous seriez le premier proscrit. Qu'Égalité reste donc parmi nous, que les patriotes n'abandonnent pas le champ de bataille. Si nous désertons cette cause, la liberté est perdue sans retour. — Je sais, dit Jean-Bon Saint-André, je sais de science certaine que toutes les manœuvres qui ont marqué la séance de la Convention ont été préparées dans le boudoir de madame Roland, où tous les rôles ont été distribués d'avance pour la comédie brissotine [1]. »

Ce dernier argument fait disparaître toutes les hésitations. Mme Roland était désignée spécialement aux colères jacobines, depuis le jour où, sortant un instant de la pénombre où elle s'était tenue jusque-là, elle était apparue au sein de la Convention, comme une reine au milieu de ses sujets, et avait reçu de l'immense majorité des représentants du peuple une ovation triomphale [2]. Les Montagnards répétaient partout et en toute occasion que Roland aspirait à devenir le roi véritable de la France. De là était née cette demande d'ostracisme dirigée contre le ministre de l'intérieur, en représailles de celle que Buzot et Louvet avaient formulée sous l'inspiration de l'Égérie qui les dominait en les charmant.

---

1. *Journal des Débats des Jacobins*, n° 321.
2. Voir ci-dessus, page 140.

III.

Les amis de Robespierre n'avaient pas eu de peine à comprendre ce qui se cachait sous le langage si plein d'abnégation de l'astucieux tribun. Avec les mots d'ostracisme, de souveraineté du peuple méconnue, ils agitent les sections et organisent un pétitionnement général contre le décret du 16 décembre. Cette fois, l'initiative du mouvement est prise par la section des Gardes-Françaises (ci-devant du Louvre) et par celle des Piques (ci-devant de la place Vendôme)[1]. Dès le 18 décembre, quinze autres sections se joignent à elles. Le même jour, le Conseil général de la Commune se déclare en permanence, provoque l'envoi à l'Hôtel de Ville de quarante-huit délégués et désigne deux de ses membres pour diriger les débats de cette réunion extraordinaire[2].

Les délégués des sections et les commissaires de la Commune se réunissent, le 19, de grand matin. Avant midi, l'adresse est rédigée; le Conseil général l'adopte, et le maire Chambon reçoit la mission d'aller la présenter à la Convention, suivi du Conseil tout entier. Le successeur de Pétion, depuis quinze jours à peine en

---

1. Cette dernière section était, nous avons déjà eu occasion de le faire remarquer, complétement dans la main de Robespierre qui, sans paraître très-exactement à ses séances, la gouvernait par l'intermédiaire de son hôte, le menuisier Duplay, et de son ami, le marchand de papiers Arthur.
2. Ces deux commissaires étaient Hébert et Arbeltier.

fonction, était déjà suspect de modérantisme. Les meneurs veulent bien le mettre en avant, afin de donner à leur manifestation un caractère officiel; mais ils tiennent à rester à ses côtés pour lui dicter ses moindres paroles et surveiller ses moindres gestes.

Dès le point du jour, les abords de la Convention avaient été envahis par la tourbe jacobine, convoquée à grand renfort d'affiches et de proclamations. Les tribunes avaient été remplies, comme dans les occasions solennelles, des plus purs et des plus bruyants patriotes. A l'ouverture de la séance, Thuriot, sans attendre l'arrivée de la députation municipale, profite de la lecture du procès-verbal pour réclamer le rapport du décret d'exil. Il est vivement appuyé par Sillery. Cet ancien capitaine des gardes du duc d'Orléans votait d'ordinaire avec la Gironde; mais en cette circonstance il s'en sépare hautement et déclare « que les archives de la Convention ne doivent pas être souillées par un acte aussi immoral et aussi impolitique que celui qui lui a été surpris le dimanche précédent. »

Le girondin Henri Larivière demande ce qu'on peut trouver d'immoral et d'impolitique dans un décret éloignant de la République une famille qui peut servir de point de réunion à un parti. Il propose le rappel à l'ordre du député qui a essayé de flétrir un décret solennel rendu par l'Assemblée nationale.

Interrompu par d'effroyables vociférations, Larivière se retourne vers les tribunes et s'écrie : « Je déclare que je ne reconnais pas pour le peuple français cette portion turbulente du peuple qui s'arroge la souveraineté nationale et prétend influencer nos délibérations en nous mettant sous le couteau ; je la braverai dans toutes les occasions et dans tous les temps. Je fais cette déclaration pour apprendre à ceux qui m'ont envoyé ici que nulle puissance ne me fera rien perdre de mon énergie. »

Rewbell appuie la motion de Thuriot, tout en blâmant les moyens que l'on emploie pour exercer une pression sur l'Assemblée. « Ceux qui vont dans certains quartiers de Paris exciter les citoyens à la révolte, ceux qui font mouvoir les groupes aux abords du lieu de nos séances, ne pensent pas sans doute qu'ils entraîneront la Convention à des démarches inspirées par la terreur. Mais la question qui nous occupe est prématurée, ajournons-la jusqu'après le jugement de Louis Capet, c'est le moyen de faire cesser les inquiétudes, de ramener le calme et la paix. Je demande donc le rapport du décret et l'ajournement de toutes les questions jusqu'après la décision sur le sort du roi. »

— « Eh ! quoi, dit Kersaint, vous proposez de rapporter le décret le plus solennel qui ait été rendu par l'Assemblée ? » — Les hurlements des spectateurs redoublent. — « Oui ou non, sommes-nous libres d'énoncer nos opinions ? reprend le courageux girondin. Sommes-nous les jouets d'une faction ou les représentants du peuple français ? faudra-t-il sans cesse lutter contre un parti qui conspire contre la dignité de l'Assemblée et s'allie avec les ennemis de la patrie ? Citoyens, tous vos ennemis ne sont pas sur les frontières ; beaucoup sont ici. »

La discussion s'animait de plus en plus. Mais on

fait observer de plusieurs côtés à la fois qu'un débat si grave ne peut être introduit incidemment et que l'ordre du jour fixe à midi la discussion sur la seule question qui reste à trancher : Le représentant Philippe-Égalité sera-t-il compris dans le décret du 16 décembre[1]? La majorité se rend à cette observation et reprend le cours de ses délibérations habituelles[2].

A midi, le président déclare la discussion régulièrement ouverte; mais, avant que le premier des orateurs inscrits ait pu prendre la parole, Léonard Bourdon la réclame pour une motion d'ordre.

Ce montagnard avait été le rapporteur de la commission chargée de préparer le règlement de la Convention. Il avait ainsi acquis un certain droit d'intervenir dans les questions touchant la régularité des délibérations : « Avant tout, fait-il remarquer, il faut savoir si le décret rendu, il y a trois jours, ne doit pas être rapporté purement et simplement. Ce décret a été voté en contravention à votre règlement, la question n'était pas à l'ordre du jour. Si vous le rapportiez, il deviendrait inutile de discuter la question relative à Philippe-Égalité. »

Les Girondins n'aperçoivent pas le piége que leur tendent leurs adversaires. Peut-être, d'ailleurs, sont-ils

---

1. Par une erreur qui s'explique difficilement, toute cette discussion préliminaire a été transposée au *Moniteur*, n° 356. On la retrouve à la fin de la séance, tandis qu'elle appartient au commencement. On peut facilement vérifier cette transposition en consultant le *Journal des Débats et Décrets*, n° 92 et le procès-verbal imprimé de la Convention, p. 285.

2. Voir tome IV, page 471.

ébranlés par l'attitude menaçante des tribunes et l'annonce de la manifestation préparée à l'Hôtel de Ville.

Répondant à Bourdon, Buzot est loin de tenir le langage énergique que Larivière et Kersaint ont fait entendre le matin. « Je crois, dit-il, que dans une question aussi délicate il faut mettre de la bonne foi de part et d'autre. Ce ne sont pas les passions qui doivent lutter ici, mais l'amour du bien public. On devrait regarder comme des jours malheureux ceux où l'on rapporte des décrets. La versatilité de notre conduite est le thermomètre des troubles publics. Cependant, quoiqu'on ait employé huit heures à discuter le décret que j'ai proposé dimanche, si on me prouve que je me suis égaré dans les motifs de mon opinion, je demanderai moi-même à la Convention de revenir sur son vote. Mais j'ai besoin d'être éclairé; il faut donc que la discussion se réengage de nouveau; elle devra porter sur l'ensemble des deux questions. A la rigueur, on pourrait admettre, avec Rewbell, que le décret fût ajourné jusqu'après le décret à prendre par la Convention sur le sort de l'ex-roi; car peu m'importe à quelle époque le décret soit rendu, pourvu qu'après le jugement de Louis XVI, je ne voie pas derrière le rideau celui qui doit lui succéder. »

IV.

Le débat s'engage donc sur toutes les questions à la fois, aussi bien sur celle résolue que sur celle réservée le 16 décembre. Fayau (de la Vendée) lit un discours dans lequel il examine longuement ces deux points : La Convention peut-elle retirer à un de ses membres les pouvoirs qu'il tient du souverain? Un individu, par cela même qu'il appartient à une famille de tyrans et de traîtres, doit-il être banni d'une société qui a juré l'égalité devant la loi? « Quoi, s'écrie l'orateur, les crimes seraient héréditaires, lorsque vous avez déclaré que vous ne reconnaissiez pas l'hérédité des vertus! C'est au moment même où les princes émigrés assiégent notre frontière que vous voulez punir du malheur de sa naissance celui qui est resté au milieu de nous, celui qui a envoyé ses fils défendre les droits du peuple le mousquet sur l'épaule! Citoyens, je ne suis point le panégyriste des Bourbons, ni l'intime de Philippe-Égalité; je ne connais ce dernier qu'autant qu'il faut pour être son assassin s'il cessait d'être ce qu'il a été jusqu'ici. Oui, Philippe, je te jure que ce n'est ni toi ni les tiens que je défends, c'est la justice. »

Au moment où Fayau conclut au rapport du décret, le président Defermon annonce que le maire de Paris, à la tête d'une députation nombreuse, sollicite la faveur de présenter une pétition.

L'Assemblée était peut-être déjà déterminée à revenir sur la mesure dont on venait lui demander le sacrifice, mais elle tenait à s'épargner la honte de paraître subir les injonctions de la Commune; de toutes parts on réclame l'ordre du jour, ce qui implique naturellement le refus de recevoir la députation. Il est voté à une immense majorité.

Les 144 membres du Conseil général et les 48 commissaires de sections, venus processionnellement de l'Hôtel de Ville à la salle du Manége, ne s'attendaient guère à cette déconvenue. Avertis du vote de l'Assemblée, ils se plaignent hautement de l'outrage qu'on leur fait, ils déclarent qu'on viole en leurs personnes la souveraineté du peuple et le droit imprescriptible de pétition. Leurs clameurs et celles de la foule qui les accompagne retentissent jusques dans le sein de l'Assemblée. En vain quelques représentants du peuple sortent pour apaiser le courroux des meneurs de la Commune. Le bruit continue au dehors, l'agitation devient telle au dedans que la séance est forcément suspendue. Le calme se rétablit enfin lorsque l'on voit Robespierre se diriger vers la tribune. Usant de sa tactique habituelle, il accuse ses adversaires d'être la cause du trouble provoqué par ses amis. « Je demande, dit-il, à dénoncer un complot contre la tranquillité publique. La motion faite par Buzot n'a été mise en avant que dans un seul but, celui d'exciter des troubles, de fournir un prétexte pour faire reviser toutes les élections par les assemblées primaires, c'est-à-dire d'énerver l'Assemblée nationale. Qui sont ceux qui ont dit que Paris était un foyer de troubles, que la Convention n'y était pas en sûreté, que la Constitution n'y pourrait être faite? Ce sont ceux qui ont amené la délibération dangereuse qui nous occupe. »

A la conduite perfide de la Gironde Robespierre oppose celle des vrais patriotes qui ne cessent de prêcher le calme et la paix. « Ils ne sont calomniés, dit-il, que parce qu'ils veulent retenir la Convention au milieu du foyer le plus vaste des lumières. Ah! s'il arrivait un mouvement qui pût faire croire qu'ils fussent les auteurs des maux de la patrie, ils seraient obligés de se poignarder de leur propre main... » A ces mots, de violents murmures éclatent dans la plus grande partie de l'Assemblée. « Eh bien, s'écrie le tribun en se découvrant la poitrine, écoutez-moi ou égorgez-moi! » Cette répétition de la comédie du pistolet de Marat, avec la mise en scène de moins [1], provoque l'enthousiasme des tribunes et l'indignation de la majorité.

« C'est ainsi, s'écrie Louvet, que parlait Robespierre, le 1ᵉʳ septembre, au Conseil général de la Commune, lorsqu'il voulait, par ses dénonciations vagues, faire massacrer les meilleurs patriotes! »

Le député de Paris venait de se poser en victime; Pétion, son rival, se pose en médiateur. L'ex-maire débite force généralités, représente à l'Assemblée les dangers de la précipitation, et ceux non moins graves de revenir sur la chose jugée; puis, pour déguiser la défaite de ses amis, il propose la rédaction suivante, qui est aussitôt adoptée :

« La Convention suspend l'effet du décret du 16 du
« présent mois, concernant la famille des Bourbons, et
« ajourne la question immédiatement après le jugement
« du ci-devant roi. »

Le meurtre du 21 janvier consommé, la Convention, malgré les incitations de Barbaroux et de quelques autres de ses amis, ne reprit pas l'examen de la question. Égalité

---

1. Voir tome IV, page 99.

par son vote s'était racheté du péché originel dont l'entachait sa naissance; ses fils étaient aux armées et servaient glorieusement la patrie. Les autres membres de la famille royale, compris dans le décret du 16 décembre, par leur sexe, leur âge ou leur insignifiante médiocrité, ne présentaient aucun danger. La question ne fut soulevée de nouveau qu'après la trahison de Dumouriez (avril 1793); mais la position des hommes et des choses était complétement changée. Les Montagnards pouvaient alors impunément séparer leur cause de celle de l'ex-prince; ils eurent même l'habileté d'impliquer dans les mêmes accusations, de rattacher au même complot, de confondre dans la même proscription et ceux qui avaient provoqué le décret du 16 décembre et celui contre lequel ce décret avait été dirigé. Les Girondins et le duc d'Orléans subirent l'ostracisme à deux mois d'intervalle, la mort à huit jours de distance.

Le décret de bannissement, que le malheureux prince fut bien près de voir prononcer contre lui, lui aurait épargné le vote du 17 janvier et l'expiation du 6 novembre. Que lui servit-il, cette fois encore, d'avoir recherché l'alliance des Montagnards? quelques mois plus tard, ils devaient l'envoyer à l'échafaud, après s'être servis des débris de sa popularité pour consolider l'édifice encore mal assuré de leur puissance [1].

[1]. On trouvera à la fin de ce volume une série de documents relatifs au mouvement d'agitation que provoqua le décret d'exil prononcé contre les Bourbons.

V.

La Convention avait fixé au 26 décembre le jour où Louis et ses conseils devaient être définitivement entendus.

La séance du 20 fut encore troublée par les derniers échos de l'orage que nous venons de décrire; mais, du 21 au 26, les délibérations furent assez paisibles et consacrées exclusivement aux affaires courantes. Préoccupée de la grande cause qui allait être plaidée devant elle, l'Assemblée essayait de se recueillir.

En vain l'ex-capucin Chabot, dont l'esprit inquiet, fantasque et tracassier ne pouvait s'accommoder de ce calme apparent, vient-il, le 25, entretenir la Convention de nouveaux articles dans lesquels Marat, dénonçant à tort et à travers ses collègues, ses amis, ses adversaires, demandait deux cent mille têtes, et annonçait que la nation serait bientôt obligée de renoncer à la République et de se donner un chef. En vain Marat lui-même, dans ses explications, brave-t-il la représentation nationale, répète-t-il toutes les infamies que chaque jour son journal débite contre tout et contre tous. L'Assemblée, quelque peu étonnée de voir des Montagnards se dénoncer entre eux, se contente de renvoyer les articles de l'*Ami du peuple* au Comité de législation [1].

---

[1]. *Moniteur*, n° 361; *Journal des Débats et Décrets*, n° 98, page 408.

La fin de la séance est consacrée à l'adoption de certaines mesures d'ordre nécessitées par la deuxième comparution de Louis XVI à la barre. Bourdon (de l'Oise) demande que les blessés du 10 août assistent dans une tribune spéciale au jugement du ci-devant roi. Cette étrange proposition excite quelques murmures, mais Phelippeaux l'appuie en rappelant qu'il est d'usage en matière de justice criminelle de présenter à l'accusé les pièces de conviction. « Oui, s'écrie-t-il, qu'on montre à Louis Capet les blessures sanglantes des citoyens dont il a ordonné le massacre. » Barbaroux coupe court à la discussion, en déclarant que ces citoyens, presque tous ses frères et ses amis, ne veulent pas que leur présence puisse influer sur l'arrêt à rendre [1].

Obligés de renoncer à une mise en scène qu'ils se réservent de reproduire plus tard, les Montagnards font occuper les tribunes pendant la nuit par leurs plus ardents affidés; car il ne faut pas que la parole des défenseurs de Louis puisse trouver quelque écho parmi les spectateurs.

Tronchet et Malesherbes, depuis qu'ils avaient pu pénétrer auprès de leur auguste client, s'étaient occupés nuit et jour à préparer sa défense. Fort âgés tous les deux, ils avaient obtenu l'autorisation de s'adjoindre un jeune avocat de Bordeaux, de Sèze. Quant au roi, il ne se faisait aucune illusion, et avait consacré toute la journée de Noël à écrire son testament, monument immortel

---

[1]. *Journal des Débats et Décrets*, n° 98, p. 409 et 410; *Moniteur*, n° 362.

de dignité royale et de résignation chrétienne. Le petit-fils de saint Louis était prêt à paraître devant Dieu comme devant les hommes, lorsque Santerre vint le chercher le 26 décembre, à neuf heures du matin.

A peine la Convention a-t-elle ouvert sa séance sous la présidence de Defermon[1], que Louis XVI paraît entouré de ses trois conseils. La parole est immédiatement accordée à de Sèze. L'éloquent défenseur déclare « que Louis n'a pas songé un instant à décliner la compétence de la Convention ; qu'il se présente devant l'Assemblée ou plutôt devant le peuple français tout entier, avec calme, confiance et dignité, plein du sentiment de son innocence. »

Il pose ainsi les principes qui vont servir de base à son argumentation : « Les nations sont souveraines, elles sont libres de se donner la forme de gouvernement qui leur convient, et, si elles y reconnaissent des vices, elles peuvent la changer ; c'est pour elles un droit imprescriptible. Mais une grande nation ne peut exercer elle-même sa souveraineté ; il faut nécessairement qu'elle en délègue l'exercice. La nécessité de cette délégation l'a conduite à se donner un roi ou des magistrats. En 1789, la nation assemblée ayant déclaré à ses mandataires qu'elle voulait un gouvernement monarchique, les représentants avaient pensé que le roi, chargé seul de

---

[1]. Robespierre le jeune et Thuriot avaient inutilement demandé la veille que le fauteuil fût occupé par un autre, prétendant que ce girondin avait montré à plusieurs reprises une partialité révoltante en faveur de l'accusé, et qu'il avait eu une conférence de trois heures avec les défenseurs de Louis.

l'exécution de la loi, devait jouir d'une grande puissance, et que cette puissance ne pouvait trouver l'entière liberté de son exercice que dans cette inviolabilité créée non pour les rois, mais pour les peuples eux-mêmes, dans l'intérêt de leur tranquillité et de leur bonheur. En soumettant Louis à remplir avec fidélité la fonction auguste que la nation lui avait déléguée, l'acte constitutionnel n'a pas pu le soumettre à d'autres conditions ou à d'autres peines que celles qui sont écrites dans le mandat même. En déclarant d'une manière absolue, la personne du roi inviolable et sacrée, la Constitution a cependant prévu des circonstances dans lesquelles le roi peut perdre cette inviolabilité. Elle les énumère et va jusqu'à prévoir non-seulement le cas où le roi rétracterait son serment de fidélité à la nation et à la loi, mais celui où il se mettrait à la tête d'une armée et en dirigerait les forces contre la nation ; celui où il sortirait du royaume et refuserait d'y rentrer sur l'invitation du Corps législatif. Pour tous ces faits la Constitution ne prononce que la présomption de l'abdication de la royauté, et déclare que, après son abdication expresse ou légale, le roi rentrera dans la classe des citoyens et pourra être accusé ou jugé comme eux pour les actes postérieurs à son abdication. Ainsi, après avoir prévu le plus grand des forfaits qu'un roi puisse commettre contre une nation, celui de diriger une armée contre elle pour la subjuguer et l'asservir, la Constitution ne prononce contre lui d'autre peine que celle de l'abdication présumée de la royauté. Si donc les délits, imputés à Louis, ne sont pas prévus par l'acte constitutionnel, la Convention ne peut les juger; car nul ne peut être jugé qu'en vertu d'une loi promulguée antérieurement au délit; et, s'ils sont prévus, nulle autre peine ne peut être prononcée que celle inscrite dans le pacte fondamental. c'est-à-dire la déchéance. La nation avait sans doute le droit d'abolir la royauté; mais en détruisant l'acte constitutionnel de 1791, elle ne peut priver Louis du bénéfice de ses dispositions. »

Après avoir enfermé les juges du roi dans ce dilemme invincible, de Sèze met les paroles suivantes dans la bouche de son infortuné client : « Hé quoi! « vous voudriez prononcer contre moi une peine dif- « férente de celle à laquelle je me suis soumis, vous « voudriez en créer une pour moi seul? il n'est pas « aujourd'hui de puissance égale à la vôtre; mais il y « en a une que vous n'avez pas, c'est celle d'être in- « justes! »

« Si vous refusiez, ajoute le défenseur, d'exécuter une loi que la nation s'est donnée, vous soulèveriez la réclamation de l'univers indigné et vous feriez supposer que la Constitution n'a été que le plus horrible des piéges. On a dit que Louis devait *être jugé en insurrection;* mais toute constitution qui donnera à l'insurrection, n'importe sa nature ou son but, les caractères qui n'appartiennent qu'à la loi elle-même, ne sera qu'un édifice de sable que le premier vent populaire aura bientôt renversé... On a soutenu que la royauté était un crime; mais ici le crime serait de la part de la nation qui aurait dit à Louis : *Je t'offre la royauté!* et qui se serait dit à elle-même : *je te punirai de l'avoir reçue!* »

A l'argumentation de Saint-Just et de Robespierre prétendant qu'en l'absence de lois qui pussent s'appliquer à Louis, la volonté du peuple devait en tenir lieu, le défenseur oppose l'autorité de leur maître J.-J. Rousseau, qui a écrit dans le *Contrat social* (chap. IV) : « Là où je ne vois ni la loi qu'il faut suivre, ni le juge « qui doit prononcer, je ne peux pas m'en rapporter « à la volonté générale; la volonté générale ne peut, « comme générale, prononcer ni sur un homme, ni sur « un fait. »

De Sèze examine ensuite les caractères de l'inviolabilité telle que l'a stipulée l'acte constitutionnel. « Cette inviolabilité, dit-il, est absolue; on ne peut la restreindre ou la modifier. Cette loi de l'inviolabilité fût-elle déraisonnable, absurde, funeste à la liberté nationale, la nation, en acceptant la constitution, a fait serment de l'exécuter tant qu'elle existerait. La nation peut sans doute déclarer aujourd'hui qu'elle ne veut plus du gouvernement monarchique, puisqu'il est impossible que ce gouvernement subsiste sans l'inviolabilité de son chef; elle peut renoncer à ce gouvernement à cause de cette inviolabilité même. Mais elle ne peut pas l'effacer pour tout le temps que Louis a occupé le trône constitutionnel. Louis était inviolable tant qu'il était roi; l'abolition de la royauté ne peut rien changer à sa position. On peut lui appliquer la loi qui présume l'abdication de la royauté, mais on ne peut lui en appliquer d'autre. Là où il n'y a pas de loi applicable, il ne peut y avoir de jugement; là où il n'y a pas de jugement, il ne peut y avoir de condamnation. Vous ne pouvez faire que Louis cesse d'être roi quand vous voulez le juger, et qu'il ne redevienne pas citoyen lors du jugement. »

Ces principes posés, la défense n'a pas de peine à prouver que toutes les formes conservatrices de la justice humaine ont été méconnues dans le procès actuel. Son argumentation forme un faisceau de phrases incisives et acérées qui, comme autant de coups de hache, doivent faire brèche dans les consciences les plus endurcies.

« Je vous demanderai, s'écrie de Sèze, où est cette séparation des pouvoirs, sans laquelle il ne peut exister de constitution ni de liberté?

« Je vous demanderai où sont ces jurés d'accusation et de jugement, espèces d'otages donnés par la loi aux citoyens pour la garantie de leur sûreté et de leur innocence?

« Je vous demanderai où est cette faculté si nécessaire de la récusation, qu'elle a placée elle-même au-devant des haines ou des passions pour les écarter?

« Je vous demanderai où est cette proportion de suffrages qu'elle a si largement établie pour éloigner la condamnation ou pour l'adoucir [1]?

« Je vous demanderai où est ce scrutin silencieux qui provoque le juge à se recueillir avant qu'il prononce, et qui enferme, pour ainsi dire, dans la même urne et son opinion et le témoignage de sa conscience?

---

[1]. On verra, au moment de la condamnation de Louis XVI, combien cette question, que de Sèze soulève ici incidemment et en quelques mots, acquit de gravité en présence de la très-faible majorité qui se prononça pour la mort.

« En un mot, je vous demanderai où sont toutes ces précautions religieuses que la loi a prises pour que le citoyen, même coupable, ne fût jamais frappé que par elle?

« Citoyens, je vous parlerai avec la franchise d'un homme libre. Je cherche parmi vous des juges et je n'y vois que des accusateurs. Vous voulez prononcer sur le sort de Louis, et c'est vous-mêmes qui l'accusez!

« Vous voulez prononcer sur le sort de Louis, et vous avez déjà émis votre vœu!

« Vous voulez prononcer sur le sort de Louis, et vos opinions parcourent l'Europe!

« Louis sera donc le seul Français pour lequel il n'existera aucune loi ni aucune forme?

« Il n'aura ni les droits de citoyen, ni les prérogatives de roi!

« Il ne pourra jouir ni de son ancienne position ni de la nouvelle!

« Quelle étrange et inconcevable destinée! »

Dans la seconde partie de son éloquent plaidoyer, le défenseur discute un à un les faits imputés au roi; aussi bien ceux qui sont antérieurs à l'acceptation de la Constitution que ceux qui y sont postérieurs. Arrivant enfin au 10 août, il venge le roi de l'odieuse imputation d'avoir voulu, de propos délibéré, faire verser le sang du peuple. « Est-il un agresseur celui qui, forcé de lutter contre la multitude, est le premier à s'environner des autorités populaires, appelle le département, réclame la municipalité, et va jusqu'à demander même l'Assemblée, dont la présence eût peut-être prévenu les désastres qui sont arrivés? Le pouvoir que Louis tenait de la Constitution n'était-il pas un dépôt auquel la loi lui défendait de souffrir qu'on portât atteinte? Que feraient les membres de la Convention si, en ce moment même, on venait leur dire qu'une multitude abusée et armée marche vers eux; que, sans respect pour leur caractère sacré de législateurs, elle veut les arracher de leur sanctuaire? On a dit que Louis avait excité lui-même l'insurrection du peuple pour remplir les vues qu'on lui prête ou qu'on lui suppose. Et qui donc ignore aujourd'hui que, longtemps avant le 10 août, on préparait l'insurrection, que cette insurrection avait ses agents, ses moteurs, son cabinet, son directoire?... Dans cette salle même où je parle, ne s'est-on pas disputé la gloire du 10 août? »

De Sèze raconte rapidement les phases de cette fatale journée; il rappelle que Louis s'est rendu à l'Assemblée pour ne pas être l'objet d'une collision entre la troupe et le peuple. Il invoque le droit d'asile, sacré chez toutes les nations, et termine par cette éloquente et pathétique péroraison :

« Entendez d'avance l'Histoire qui redira à la Renommée : « Louis était monté sur le trône à vingt ans,
« et à vingt ans il donna sur le trône l'exemple des
« mœurs; il n'y porta aucune faiblesse coupable ni
« aucune passion corruptrice; il fut économe, juste,
« sévère; il s'y montra toujours l'ami constant du peu-
« ple. Le peuple désirait la destruction d'un impôt dé-
« sastreux qui pesait sur lui; il le détruisit. Le peuple
« demandait l'abolition de la servitude, il commença

« par l'abolir lui-même dans ses domaines. Le peuple
« sollicitait des réformes dans la législation criminelle,
« pour l'adoucissement du sort des accusés, il fit ces
« réformes. Le peuple voulait que des milliers de Fran-
« çais, que la rigueur de nos usages avait privés jus-
« qu'alors de droits qui appartiennent aux citoyens,
« acquissent ces droits ou les recouvrassent; il les en
« fit jouir par ses lois. Le peuple voulut la liberté, il la
« lui donna. Il vint même au-devant de lui par ses
« sacrifices, et c'est cependant au nom de ce même peu-
« ple qu'on demande aujourd'hui..... » Citoyens, je
n'achève pas; je m'arrête devant l'Histoire; songez
qu'elle jugera votre jugement et que le sien sera celui
des siècles! »

Louis, prenant la parole après son défenseur, proteste en quelques mots contre l'imputation qui pesait le
plus sur son cœur, celle d'avoir voulu faire répandre
le sang français. C'était la seule calomnie qu'il ne pouvait pardonner à ses accusateurs.

On présente à l'accusé diverses clefs trouvées dans
le secrétaire de son valet de chambre Thierry, une
entre autres qui s'adaptait à la serrure de l'armoire de
fer. Le roi se borne à déclarer qu'il ne peut les reconnaître, trop de temps s'étant écoulé depuis la remise
faite à Thierry.

Le président lui demande s'il a quelque chose à
ajouter à sa défense et, sur sa réponse négative, lui
annonce que la Convention lui permet de se retirer.

VI.

A peine le roi a-t-il quitté la salle, que se reproduit le phénomène qui s'était manifesté le 11 décembre. Les passions jacobines, contenues durant la plaidoirie de de Sèze comme pendant l'interrogatoire de Louis XVI, éclatent avec la dernière violence.

Duhem s'écrie que, toutes les formalités ayant été remplies, l'accusé ayant déclaré n'avoir plus rien à dire pour sa défense, il ne reste qu'à décider si Louis Capet subira, oui ou non, la peine de mort. Et, aux applaudissements des tribunes, il demande l'appel nominal immédiat sur cette seule et unique question. — « Oui, ajoute Basire, qu'on le juge sans désemparer. »

Mais Lanjuinais réplique avec ce courage admirable dont il a déjà donné tant de preuves [1] : « Le règne des hommes féroces est passé, il ne faut plus songer à nous arracher des délibérations qui nous déshonoreraient. Aujourd'hui, on veut nous faire prononcer un jugement sans que nous ayons eu le temps de méditer la défense. A cette proposition atroce qui vient d'être faite, je n'ai qu'une réponse à faire. Je demande le rapport du décret insensé, irréfléchi, qui a constitué la Convention en cour de justice pour juger Louis XVI. Ce décret, vous l'avez

---

1. Le *Journal des Débats et Décrets*, n° 100, p. 440, bien mieux que le *Moniteur*, n° 363, donne au discours de Lanjuinais son véritable caractère.

voté en une minute. Pourquoi ne le rapporteriez-vous pas? vous avez bien rapporté, il y a quelques jours, un autre décret rendu après huit heures de délibération [1]. On a déjà écrit et imprimé trois volumes sur cette affaire; à quoi se réduisent-ils? à ces deux points : Louis sera-t-il jugé ou prendra-t-on à son égard une mesure de sûreté générale? Si Louis doit être jugé, il faut que la loi soit appliquée à son égard comme à l'égard de tout autre prévenu. Il faut que toutes les formes salutaires, conservatrices qui protègent tous les citoyens sans exception, soient observées pour le ci-devant roi. Qu'on ne vienne donc plus nous parler de le faire juger par la Convention nationale, qu'on ne vienne plus nous dire : Il faut que Louis soit jugé par les conspirateurs qui se sont déclarés hautement à cette tribune les auteurs de l'illustre journée du 10 août... »

Ce mot *conspirateurs du 10 août,* de Sèze avait pu le prononcer impunément une heure auparavant; mais lorsque la Montagne l'entend répéter par Lanjuinais, elle éclate en imprécations formidables : « A l'ordre, à l'Abbaye! quel est le royaliste qui fait le procès à la journée du 10 août? c'est un fauteur de guerre civile. Qu'il descende de la tribune, qu'il aille se justifier à la barre. »

Lanjuinais est resté impassible, les bras croisés, attendant que ce torrent d'injures soit écoulé. « Eh quoi! ne savez-vous donc pas qu'il y a de saintes con-

---

[1]. Lanjuinais fait ici allusion au décret relatif à l'exil des Bourbons restés en France.

spirations contre la tyrannie? s'écrie-t-il; j'en atteste Brutus dont j'aperçois ici l'image. » Et du geste il désigne la statue de l'illustre Romain.

Tout en maintenant son assertion, Lanjuinais était ainsi parvenu à désarmer la fureur de ses adversaires. Il profite du silence qu'il a réussi à obtenir pour développer les arguments déjà présentés par de Sèze.

« Non, dit-il, vous ne pouvez rester juges de l'homme désarmé, duquel plusieurs d'entre vous ont été les ennemis directs et personnels, puisqu'ils ont tramé l'invasion de son domicile et qu'ils s'en sont vantés; vous ne pouvez pas rester accusateurs, jurés d'accusation, jurés de jugement, applicateurs de la loi; car vous avez d'avance, tous ou presque tous, donné votre avis, et quelques-uns de vous avec une férocité scandaleuse. Quant à moi, je déclare, et plus d'un de mes collègues, je le sais, partage mon opinion, j'aime mieux mourir que condamner à mort, en violant toutes les formes, le tyran le plus abominable. »

A cette déclaration, la fureur de la Montagne se rallume. « Vous aimez donc mieux, crie-t-on à l'orateur, le salut du tyran que le salut du peuple? »

« Eh bien, oui, reprend le courageux Breton, c'est dans l'intérêt du peuple, c'est au nom du salut public que je conjure la Convention de ne pas se déshonorer, de ne pas s'exposer à tout ce qu'entraînent les revirements de l'opinion publique, qui passe en un instant de la rage à la pitié et de la haine à l'amour. Je demande que l'Assemblée, rapportant ou interprétant le décret par lequel elle a décidé qu'elle jugerait Louis XVI, déclare qu'elle prononcera sur son sort, par mesure de sûreté générale. »

Amar essaye de répondre à Lanjuinais en reprenant la thèse absolue et tranchante de Saint-Just et de ses amis; il soutient qu'il serait ridicule de suivre dans ce procès les formes ordinaires. « Il ne s'agit point ici d'audition de témoins, de procédures, de recherches, de juré d'accusation ou de juré de jugement; il s'agit d'un fait notoire, public, consigné sur toutes les pages de l'histoire. Il n'y a pas d'individu qui ne les connaisse, il ne vous reste donc plus qu'à décider purement et simplement si les faits dont Louis est accusé sont vrais, et ensuite à appliquer la peine. Mais quel sera le jury de jugement? Vous êtes tous partie intéressée, a-t-on dit; mais ne nous dira-t-on pas aussi que le peuple français est partie intéressée, parce que c'est sur lui qu'ont porté les coups de la tyrannie? où donc faudra-t-il en appeler? aux planètes sans doute! »

La droite demande l'ajournement de toute la discussion à trois jours pour que la défense de Louis XVI puisse être imprimée comme l'ont été toutes les pièces de l'accusation. « Lorsque les tyrans égorgeaient les patriotes, s'écrie Duhem, ils n'ajournaient pas; lorsque les Autrichiens bombardaient Lille au nom du ci-devant roi, ils ne désemparaient pas. — Que signifient ces déclamations? répond Kersaint; nous sommes ses juges et non ses bourreaux. — Il faut, dit Saint-Just, préalablement à toutes choses, répondre aux arguments des défenseurs de Louis Capet. » — Le girondin Rouyer réclamant la parole pour une motion d'ordre : « Il n'y en a plus qu'une seule, réplique Duhem, c'est de venger la nation. » Basire demande ironiquement à Rouyer s'il est encore en correspondance avec le roi, et Duhem ajoute brutalement : « Allez servir le tyran, nous voulons servir le peuple, nous [1] ! ».

Le président déclare qu'il faut vider le débat et qu'il met l'ajournement aux voix. La majorité se lève pour l'adoption; mais, avant qu'on ait le temps de faire la contre-épreuve, une cinquantaine de Montagnards se précipitent vers le bureau; Duhem, Thuriot, Billaud-Varennes, Camille Desmoulins, Julien (de Toulouse) sont à leur tête; ils entourent Defermon, le menacent du geste et de la voix. Sans écouter ses amis qui lui crient de se couvrir, le président reste impassible sous le feu croisé d'invectives dont l'accablent les énergumènes qui s'agitent autour de son fauteuil. Enfin les Montagnards se décident à signer une demande d'appel nominal et à retourner à leur place.

Après cette scène tumultueuse, qui a duré un quart d'heure, le président veut justifier sa conduite, mais Julien l'interrompt violemment. Defermon fait observer au député de Toulouse qu'il n'a pas la parole. « Eh! bien, je la demande contre vous, s'écrie celui-ci. — C'est un moyen facile de l'avoir, car je ne la refuserai jamais contre moi. » — Julien profite de la magnanimité du président pour dénoncer à l'Assemblée « la trame la

---

[1]. Les Montagnards faisaient ici allusion à une lettre écrite au roi par Rouyer dans les premiers mois de l'année et qui avait été découverte après le 10 août dans les papiers de Laporte. (Voir cette lettre dans le volume VII, page 73, du *Procès de Louis XVI*, déjà cité.)

plus odieuse, la perfidie la plus noire, une conspiration qui ne tend à rien moins qu'à dissoudre la République en attaquant la Convention jusque dans ses bases. » Il adjure « les amis imperturbables du peuple de combattre à outrance ces menées ténébreuses, » et, se retournant vers ceux qui siégent avec lui sur les bancs supérieurs de l'extrême gauche, il s'écrie du ton le plus emphatique : « J'habite les hauteurs qu'on désigne ironiquement sous le nom de la Montagne. Ce passage deviendra celui des Thermopyles. »

« Oui, oui, nous y mourrons! » crient en se levant Billaud-Varennes, Duhem, Tallien, Legendre et quelques autres. Les tribunes applaudissent avec enthousiasme. — Julien reprend : « Là, les Spartiates sauront mourir s'il le faut; mais en ce moment, ils sauront sauver la liberté. » Les mêmes cris, les mêmes applaudissements répondent au nouvel appel du fougueux orateur. Julien entre alors dans le détail du complot qu'il a entrepris de dévoiler : « La partialité révoltante, que le président vient de montrer en mettant si brusquement aux voix l'ajournement de la discussion, est le résultat scandaleux des entretiens qu'il a eus avec Malesherbes, l'un des défenseurs officieux de Louis le dernier. Il s'est montré indigne de notre confiance. Je demande donc que la sonnette soit arrachée à Defermon, et qu'il aille se cacher dans le coin de la salle le plus obscur; c'est celui qui lui convient le mieux; je demande que le plus ancien président prenne le fauteuil; c'est là ma motion. » Les dernières paroles de Julien sont accueillies par les murmures de l'Assem-

blée presque entière. Le président répond avec calme :
« Oui, Malesherbes est venu hier chez moi ; c'était pour
me donner connaissance d'une lettre qu'il m'a demandé
de faire lire à l'Assemblée. Je lui en ai fait la promesse.
Oui, les trois défenseurs de Louis sont venus ce matin
chez moi ; c'était pour me demander comment ils pourraient pénétrer dans l'intérieur de la salle. Je leur ai
donné un billet d'entrée signé de moi. Maintenant l'Assemblée peut délibérer sur les propositions qui lui sont
faites. Elle peut m'ôter la présidence ; je suis moins jaloux des honneurs que de mon honneur[1]. »

L'Assemblée, sans s'occuper davantage des vaines
réclamations de Julien et du serment prêté par ses amis
de mourir à leur poste, reprend la discussion interrompue. Adoptant la proposition de Couthon, qui, par
extraordinaire, parle dans un sens assez modéré, elle
décide, à l'unanimité, que la discussion est ouverte sur
Louis Capet, et qu'elle sera continuée, toute affaire ces-
sante, jusqu'au jugement définitif.

Lanjuinais fait observer que ces derniers mots préjugent la question, et demande qu'on leur substitue
ceux-ci : « Jusqu'à ce qu'il soit prononcé sur le sort de
Louis. » On lui oppose le décret formel qui porte que
Louis Capet sera jugé. Couthon l'accuse de dénaturer
sa motion et de tendre un piége à l'Assemblée.

Au moment où la discussion est déclarée close,
Pétion veut faire une motion nouvelle. Chabot, Benta-
bolle, Legendre, Julien, Duhem protestent contre le

---

[1]. *Journal des Débats*, n° 100, p. 443.

privilége que semble vouloir s'arroger l'ex-maire de Paris.

« Président, s'écrie Billaud-Varennes, envoyez donc un huissier faire descendre Pétion de la tribune. » Marat, quittant sa place avec précipitation, s'avance vers le bureau et apostrophe ainsi l'orateur : « Parbleu! vous n'introduirez pas ici un privilége. Qu'est-ce que c'est que cela? La discussion est fermée, et vous voulez parler?

Le président. — « Je vais consulter l'Assemblée. »

Marat. — « Il n'y a point à la consulter. La discussion est fermée. »

Plusieurs voix de la gauche. — « A bas de la tribune, Pétion! »

Marat, s'adressant à ses amis de la Montagne. — « Ne voyez-vous pas que c'est la partialité en personne que ce président-là? Il nous a déjà fait cinquante tours de charlatan aujourd'hui. »

Cependant l'Assemblée décide à une très-grande majorité que Pétion aura la parole; mais la gauche persiste à ne pas vouloir qu'il en use. Toutes les fois qu'il tente de commencer une phrase, il est salué par une bordée d'interpellations plus injurieuses les unes que les autres.

Duhem. — « Nous ne voulons pas d'opium à la Pétion! »

Legendre. — « Nous n'avons pas besoin de ses leçons!

— Ah! ah! le roi Jérôme Pétion! » répètent en chœur les amis de Robespierre.

A ces vociférations tumultueuses, à ces cris sauvages, la majorité avait jusqu'alors opposé le plus grand calme; mais à ce moment la patience lui échappe

« C'en est trop ! il est temps que cela finisse ! » s'écrient un grand nombre de voix; par une impulsion spontanée, la Convention presque entière se lève; Barbaroux, Rebecqui, Duperret et une centaine de députés se précipitent dans l'hémicycle et se dirigent vers les interrupteurs; les plus animés semblent vouloir en venir aux mains.

Le président se couvre. Peu à peu chacun reprend sa place. Le silence rétabli, Defermon dit, avec le sang-froid et la dignité qui ne l'ont pas quitté un instant : « Il est déplorable que de pareils désordres s'élèvent au sein de la Convention nationale. J'invite tous les membres à se respecter eux-mêmes et à ne pas avilir le caractère dont ils sont revêtus. Un décret formel a décidé que Pétion serait entendu; Pétion, tu as la parole. »

S'apercevant que son auditoire est horriblement fatigué, Pétion se contente d'avoir été reconnu encore une fois comme le directeur du débat. Il prononce quelques phrases banales sur les calomnies que la Montagne lance à tort et à travers contre tous ceux qui s'opposent à ses fureurs, sur l'horreur que doit inspirer la royauté, sur la maturité qui doit présider aux décisions de la représentation nationale. Il demande simplement qu'il soit bien compris que la rédaction du décret rendu sur la proposition de Couthon ne préjuge en rien les questions qui restent à résoudre.

L'Assemblée lui donne acte de ses réserves, et se sépare au milieu du plus violent tumulte.

VII.

Cette séance du 26 décembre peut donner une idée de la manière dont la Convention savait conserver le calme et l'impassibilité, attributs essentiels des fonctions judiciaires qu'elle s'était conférées. Jamais pareil spectacle n'avait été donné au monde ; jamais on n'avait vu, jamais peut-être on ne verra une assemblée politique s'érigeant ainsi en cour de justice pour statuer sur une accusation capitale, violant toutes les formes protectrices du droit des accusés ; des juges s'injuriant les uns les autres, se menaçant du geste et de la voix, laissant les spectateurs se mêler aux débats, les provoquant parfois à exercer une pression véritable sur ceux de leurs collègues qui semblent enclins à la clémence[1], préjugeant, dès les premiers moments, la décision de la majorité, poussant des cris de mort contre l'accusé avant même que sa culpabilité ait été déclarée. Il nous est impossible de décrire un à un tous les incidents de ces séances orageuses, où le prétendu sanctuaire de la justice était transformé en arène de gladiateurs,

---

1. Voir notamment la scène scandaleuse provoquée par le montagnard Bentabole, donnant aux tribunes le signal d'applaudissements ironiques et bravant pendant une heure la censure de l'Assemblée. — N° 101 du *Journal des Débats et Décrets* et n° 364 du *Moniteur* de 1792.

comme le disait Barère lui-même, où Montagnards et Girondins, divisés sur toutes les questions de fond et de forme, se jetaient à la face les invectives les plus cruelles, les menaces les plus violentes.

Les deux partis ne s'accordaient que sur la volonté formelle de ne souffrir l'intervention d'aucune influence étrangère dans le débat qui s'agitait devant l'Assemblée, devant la France entière.

Aussi lorsque, le 28 décembre, Lebrun vient annoncer que le premier ministre du roi d'Espagne, le duc d'Alcudia, et son ambassadeur à Paris, le chevalier d'Ocaritz semblent offrir pour condition de la neutralité de cette puissance le droit de faire entendre, en faveur de Louis XVI[1], la voix d'un allié, d'un parent, on réclame de tous côtés l'ordre du jour.

Thuriot se précipite à la tribune et lance un véritable réquisitoire contre les rois en général, contre le monarque espagnol en particulier. « Le roi d'Espagne n'a pas abandonné toutes ses prétentions à la couronne de France. Il se berce encore en secret de l'idée que ses descendants pourront un jour régner sur les Français. Aujourd'hui il nous menace, il fait dépendre sa neutralité du jugement de Louis XVI. Loin de nous, citoyens, tout ménagement, toute faiblesse. Montrons que nous sommes décidés à ne pas nous laisser imposer la loi, même au nom de toutes les puissances réunies. Calculez bien les mouvements des cours d'Espagne et d'Angle-

---

1. Les lettres du duc d'Alcudia et du chevalier d'Ocaritz sont au *Moniteur*, n° 365.

terre; tout est en harmonie comme au temps où l'Assemblée législative reçut le message de Brunswick. On déclare aujourd'hui aux réprésentants de la nation que ce n'est pas à eux à exercer la souveraineté nationale, mais bien aux puissances liguées contre la France. Souffrirez-vous que les ministres des cours étrangères forment ici un congrès pour nous intimer la déclaration des brigands couronnés? Je demande que toutes les pièces adressées par Lebrun soient renvoyées au Comité diplomatique; je demande que, quels que soient les écrits envoyés par les puissances étrangères relativement au grand procès qui nous est soumis, aucun d'eux ne soit lu avant que l'on ait statué sur le sort de Louis Capet; je demande enfin que le Conseil exécutif ne puisse traiter avec les têtes couronnées tant que la République française n'aura pas été solennellement reconnue. »

On applaudit la harangue de Thuriot, on adopte ses propositions; la Convention se montre résolue à faire une guerre sans trêve ni merci à tous les despotes de l'Europe.

Un ou deux ennemis de plus ou de moins semblent lui importer peu. Dût l'Espagne suivre l'exemple de l'Autriche et de la Prusse, l'Angleterre suivre celui de l'Espagne, elle n'hésite pas, elle assume sur elle la terrible responsabilité de la guerre universelle.

VIII.

De peur de tomber dans des redites, passons rapidement sur les discours prononcés dans les séances des 27 et 28 décembre, aussi bien sur le réquisitoire de Saint-Just que sur celui de Barbaroux, qui s'attachent à refuter le plaidoyer de de Sèze. Le montagnard et le girondin font entre eux assaut de violences et de haine contre le roi et la royauté. L'un procède par phrases saccadées et par aphorismes sibyllins, l'autre par périodes cadencées et par banalités humanitaires; mais tous deux arrivent à la même conclusion : la mort. Négligeons les harangues de Lequinio, de Salles, de Buzot; elles ne nous apprendraient rien de nouveau. Seulement donnons acte à Rabaud Saint-Étienne de ces paroles courageuses : « Si les juges sont en même temps législateurs; s'ils décident la loi, les formes, le temps; s'ils accusent et s'ils condamnent, s'ils ont toute la puissance législative, exécutive et judiciaire, ce n'est pas en France, c'est à Constantinople, c'est à Lisbonne, c'est à Goa, qu'il faut aller chercher la liberté. Quant à moi, je vous l'avoue, je suis las de ma portion de despotisme, je suis fatigué, harcelé, bourrelé de la tyrannie que j'exerce pour ma part, et je soupire après le moment où vous aurez créé un tribunal national qui me fasse perdre les formes et la contenance d'un tyran. » Arrivons au discours de Robespierre, l'expression la plus exacte et la plus complète des opinions de la Montagne dans ce grave débat.

Suivant son usage, l'implacable tribun commence par faire étalage de son exquise sensibilité : « Je partage, dit-il, avec le plus faible d'entre nous toutes les affections particulières qui peuvent l'intéresser au sort de l'accusé. Inexorable quand il s'agit de calculer d'une manière abstraite le degré de sévérité que la justice des lois doit déployer contre les ennemis de l'humanité, j'ai senti chanceler dans mon cœur la vertu républicaine en présence du coupable humilié devant la puissance souveraine. La haine des tyrans et l'amour de l'humanité ont une racine commune dans le cœur de l'homme juste, qui aime son pays ; mais la dernière preuve de dévouement que les réprésentants du peuple doivent à la patrie, c'est d'immoler les premiers mouvements de la sensibilité naturelle au salut d'un grand peuple et de l'humanité opprimée. La sensibilité qui sacrifie l'innocence au crime est une sensibilité cruelle ; la clémence qui compose avec la tyrannie est barbare. C'est à l'intérêt suprême du salut public que je vous rappelle. Quel est le motif qui vous force à vous occuper de Louis ? ce n'est pas le désir d'une vengeance indigne de la nation, c'est la nécessité de cimenter la liberté et la tranquillité publique par la punition d'un tyran. Tout mode de le juger, tout système de lenteur qui compromet la tranquillité publique, contrarie directement votre but, et il vaudrait mieux que vous eussiez absolument oublié le soin de le punir que de faire de son procès un élément de troubles et un commencement de guerre civile. Chaque instant de retard amène pour nous un nouveau danger, tous les délais réveillent les aspirations coupables, encouragent l'audace des ennemis de la liberté ; ils nourrissent au sein de cette Assemblée la sombre défiance, les soupçons cruels. C'est la voix de la patrie alarmée qui vous presse de hâter la décison qui doit la rassurer. »

Ayant ainsi écarté tous les motifs de retard, Robespierre demande aux fondateurs de la république s'ils peuvent douter du crime de Louis. « Non, répond-il, car vous douteriez de la légitimité et de la nécessité de l'insurrection, et c'est à la nation elle même que vous feriez le procès. Plus l'Assemblée se laissera engager dans un système dilatoire, plus elle perdra de son énergie et de sa sagesse, plus la volonté des représentants du peuple, égarée même à leur insu peut-être, s'éloignera de la volonté générale qui doit être leur suprême régulatrice. Au retour de Varennes, il n'y eut d'abord qu'une voix dans l'Assemblée constituante pour condamner Louis. Peu de temps après, toutes les idées avaient changé ; les sophismes et les intrigues avaient prévalu sur la liberté et la justice ; c'était un crime que de réclamer contre lui la sévérité des lois à la tribune de l'Assemblée nationale. Louis seul était sacré, les représentants du peuple qui l'accusaient n'étaient que des factieux, des désorganisateurs, qui pis est, des républicains ; le sang des meilleurs citoyens, le sang des femmes et des enfants coula pour lui sur l'autel de la patrie. Sachons mettre à profit l'expérience de nos devanciers.

« La gloire de la Convention nationale consiste à déployer un grand caractère et à immoler les préjugés serviles aux grands principes de la raison et de la philosophie. Je vois sa dignité s'éclipser à mesure que nous oublions cette énergie des maximes républicaines, pour nous égarer dans un dédale de chicanes inutiles et ridicules, et que nos orateurs, à cette tribune, font faire à la nation un nouveau cours de monarchie.

« Votre rigueur sera la mesure aussi de l'audace ou de la souplesse des despotes étrangers avec vous, elle sera le gage de notre servitude ou de notre liberté. La victoire décidera si vous êtes des rebelles ou les bienfaiteurs de l'humanité; et c'est la grandeur de votre caractère qui décidera de la victoire. »

Robespierre déclare que, dans l'appel au peuple, il ne voit que le bouleversement inévitable de la République, le moyen de ramener la nation au despotisme par l'anarchie. « Cet appel est le cri de ralliement de tous les royalistes. Pourquoi ne viendraient-ils pas défendre leur chef, puisque la loi appellera elle-même tous les citoyens pour venir discuter cette grande question avec une entière liberté? Or qui est plus disert, plus adroit, plus fécond en ressources que les intrigants, que les *honnêtes gens*, c'est-à-dire que les fripons de l'ancien et même du nouveau régime? Si on voulait persuader au monde qu'un roi est un être au-dessus de l'humanité, si on voulait rendre incurable la maladie honteuse du royalisme, quel moyen plus ingénieux pourrait-on imaginer que de convoquer une nation de 25 millions d'âmes pour le juger? Pas même pour le juger; c'est, dit-on, seulement pour appliquer la peine qu'il peut avoir encourue..... Mais si une partie de la cause de Louis est portée au souverain, qui peut lui contester le droit de revoir le procès, de revoir les mémoires, d'entendre la justification de l'accusé qui voudra demander grâce à la nation assemblée et dès lors plaider la cause tout entière?»

L'orateur montre les difficultés d'exécution d'une pareille mesure, les lenteurs qu'elle entraînerait, les dangers auxquels elle exposerait la nation ; puis il se jette dans de longues déclamations et termine, comme toujours, par une dénonciation en règle contre ses adversaires « qui ne veulent pas que Louis tombe sous le glaive de la loi, parce qu'ils désirent qu'il soit immolé dans un mouvement populaire.

« Ce mouvement, s'écrie l'astucieux tribun, ils ne négligeront rien pour le provoquer, afin d'en faire ensuite un crime au peuple de Paris, de solliciter contre lui les citoyens des autres parties de la France et d'en éloigner la Convention, qui, en partant, lui laisserait pour adieux la misère, la guerre et la perte de la République. Déjà, pour éterniser la discorde, pour se rendre les maîtres des délibérations, on a imaginé de distinguer l'Assemblée en majorité et en minorité... La vertu fut toujours en minorité sur la terre... »

En entendant sa propre glorification, la Montagne éclate en applaudissements enthousiastes. Cependant du sommet de l'extrême gauche part cette exclamation discordante : « Tout cela n'est que du charlatanisme! » C'est Marat, qu'importune le succès de son rival en démagogie. Mais personne ne relève le sarcasme de l'*ami du peuple*, et Robespierre continue la lecture de son manuscrit[1].

---

[1]. Une preuve évidente que Robespierre n'improvisa pas ce dis-

« Oui, reprend-il, la vertu fut toujours en minorité sur la terre, sans cela la terre serait-elle peuplée de tyrans et d'esclaves? Hampden et Sidney étaient de la minorité, ils expirèrent sur un échafaud[1]! Les Critias, les Anitus, les César, les Clodius étaient de la majorité; mais Socrate était de la minorité, car il avala la ciguë. Caton était de la minorité, car il déchira ses entrailles... Je connais ici beaucoup d'hommes qui serviraient, s'il le faut, la liberté à la manière de Sidney et de Hampden, et n'y en eût-il que cinquante, forts des armes de la justice et de la raison, tôt ou tard vous les verrez triompher.

« Cette seule pensée doit faire frémir un petit nombre d'intrigants qui croient tyranniser la majorité. En attendant cette époque, je demande au moins la priorité pour le tyran.

« Je demande que la Convention nationale déclare Louis Capet coupable et digne de mort. »

---

cours, qui sentait l'huile et respirait le sang, c'est que, malgré son extrême longueur, il est identiquement le même au *Moniteur*, n° 365 et au *Journal des Débats et Décrets*, n° 101, supplément.

1. Ce que dit ici Robespierre n'est qu'à moitié exact. Le républicain Algernon Sidney fut en effet condamné à mort en 1683, avec lord William Russel, illustres victimes, l'un et l'autre, de la réaction royaliste qui signala la restauration de Charles II; mais ce n'est pas sur l'échafaud que périt Hampden, si justement célèbre par l'exemple de résistance légale qu'il avait donnée à l'Angleterre. Il mourut en 1643, au début de la guerre civile, des suites de blessures qu'il avait reçues dans une rencontre entre les troupes parlementaires et l'armée de Charles Ier.

IX.

Les orateurs entendus après Robespierre se montrent bien plus humains. Guiter (des Pyrénées-Orientales), propose de décréter que Louis, sa femme et ses enfants seront bannis à perpétuité du territoire de la République. Morisson va jusqu'à demander qu'il soit alloué au monarque déchu et proscrit une pension de 500,000 francs de rentes. Fockedey (du Nord) s'élève à la fois et contre la toute-puissance que veut s'arroger la Convention en se déclarant compétente pour juger Louis, et contre les idées de république universelle préconisées par Thuriot.

« Quels sont donc ces peuples, s'écrie-t-il, pour lesquels nous prodiguons nos trésors et notre sang ? A Francfort, à Bruxelles, le sang de nos frères a coulé sous le fer des assassins. Le peuple nous a envoyés ici pour assurer sa liberté et non celle des autres peuples. Si la vie accordée à un seul homme peut diminuer le nombre de nos ennemis, si son bannissement peut épargner le sang de plusieurs milliers de citoyens, pouvez-vous balancer ? »

Les démagogues comprennent qu'il faut répondre par une éclatante manifestation aux généreuses paroles prononcées par Guiter, Morisson et Fockedey. Le dimanche suivant (30 décembre), ils jouent la scène qu'ils avaient projetée pour la séance où de Sèze avait présenté la défense de Louis XVI ; ils traînent à la barre de la Convention des femmes et des enfants en deuil, des individus qui marchent avec des béquilles ou qui sont couchés sur des civières : « Vous voyez devant vous[1], dit l'orateur de la bande, des veuves, des orphelins, des patriotes mutilés qui viennent vous demander vengeance. Ce sont les victimes échappées à la mort à laquelle Louis le tyran les avait vouées. Les larmes de ces veuves, le cri de ces orphelins, les gémissements de ces hommes mutilés, les mânes de plusieurs milliers d'hommes immolés vous disent que la clémence est un crime quand elle compromet le salut du peuple[2]; il faut que Louis meure... »

L'Assemblée ne se laisse guère émouvoir par cette exhibition des martyrs du 10 août; et, dès le lendemain, elle se repose des scènes tumultueuses qui ont marqué ses séances précédentes en entendant le grand orateur de la Gironde. Dans la première partie de son discours, Vergniaud examine quels sont les principes sur lesquels est basée la souveraineté nationale et cherche à démontrer que l'Assemblée ne peut prononcer une peine irrévocable contre Louis sans la soumettre à la sanction du peuple. Dans la seconde partie, il laisse déborder son âme tout entière; par une admirable intuition de l'avenir, il déroule aux yeux de ses concitoyens

---

1. *Journal des Débats et Décrets,* n° 202, p. 478; *Moniteur,* p. 366.

2. Les pétitionnaires répètent ici en termes presque identiques ce que Robespierre avait dit l'avant-veille. (Voir plus haut, page 305.) Le tribun aurait-il donc non-seulement inspiré, mais rédigé leur factum?

le tableau des misères que doivent forcément engendrer l'anarchie, la guerre universelle et le mépris de toutes les règles de la justice et de l'humanité. Il fait entendre des accents de clémence que devait démentir, hélas! le vote fatal que, dix-huit jours après, il laissa tomber de ses lèvres.

« Qu'est-ce, se demande Vergniaud, que la souveraineté du peuple dont on parle sans cesse? C'est le pouvoir de faire tous les actes qui intéressent l'ordre social. Le peuple exerce ce pouvoir par lui-même ou par ses représentants. Pourquoi, dans ce dernier cas, les décisions des représentants du peuple doivent-elles être exécutées comme des lois? parce qu'elles sont présumées être l'expression de la volonté générale; de cette présomption seule dérive leur force. Tout acte émané de la représentation nationale est un acte de tyrannie, une usurpation de la souveraineté nationale, s'il n'est pas soumis à la ratification formelle ou à la ratification tacite du peuple. La conduite de l'Assemblée a été conforme à ces principes; seulement on a distingué entre l'acte constitutionnel et les actes réglementaires. L'acte constitutionnel étant la base de l'organisation sociale, le pacte qui unit les citoyens entre eux, on a pensé avec raison qu'il devait être soumis à l'acceptation de tous les citoyens. Mais comme les actes réglementaires se multiplient à l'infini suivant les circonstances, comme il n'est pas possible de faire exercer tous les jours au peuple son droit de souveraineté, ils sont exécutés provisoirement, sauf la ratification tacite du peuple; car le peuple conserve le pouvoir de réclamer contre tout acte qui serait contraire à son vœu. Le jugement qui prononce sur le sort de Louis XVI est évidemment un acte de souveraineté nationale. Peut-il être exécuté sans la ratification formelle du peuple? peut-on, dans cette circonstance, se contenter de la ratification tacite? Mais le silence ne peut être regardé comme une approbation que lorsque celui qui se tait, a la faculté de se faire entendre avec quelque fruit. Si le jugement est exécuté, le peuple n'aurait à présenter que des réclamations stériles; son vœu serait illusoire, ses droits impudemment outragés.

« On a voulu vous assimiler à des juges ordinaires; on vous a dit que des juges ne soumettaient pas leurs actes à la ratification du peuple. Mais quelle parité y a-t-il entre eux et vous? les juges ne sont que les organes d'une volonté générale déjà exprimée par la loi, ils ne font qu'appliquer cette loi; vous êtes tout à la fois mandataires et représentants du peuple. Vous avez réuni sur votre tête, les fonctions de jury d'accusation, de jury de jugement, de législateur pour déterminer la forme du jugement, et de juge pour appliquer la peine. Cette cumulation de pouvoirs est-elle légitime? je le veux bien, car les pouvoirs que vous avez reçus du peuple sont sans bornes; mais elle est une telle monstruosité dans l'ordre politique que, si jamais elle se reproduisait (et avec la maxime que vos pouvoirs sont sans bornes qui empêchera qu'elle ne se reproduise?) elle nous conduirait à la tyrannie avec une rapidité si effrayante qu'aucun acte de votre session n'aurait plus que celui-là besoin de la sanction du peuple.

« Lorsque Louis accepta la Constitution, la nation lui dit : « Tes ministres répondent de tes actions; toi, tu seras inviolable. » Je n'entends pas dégrader ma raison en me rendant l'apologiste du dogme absurde de l'inviolabilité, car ce dogme n'irait à rien moins qu'innocenter tous les crimes des rois. Mais, si Louis ne peut se prévaloir de l'inviolabilité qui lui a été promise contre le peuple qu'il a trahi, il n'est pas moins certain que le peuple peut seul punir Louis, sans avoir égard à l'inviolabilité dont lui-même l'avait investi. Car ce ne fut pas seulement l'Assemblée des représentants du peuple qui promit l'inviolabilité à Louis, ce fut le peuple lui-même par le serment individuel que prêtèrent tous les citoyens de maintenir la Constitution.

« Aujourd'hui vous pouvez déclarer comme un principe d'éternelle vérité que la promesse d'inviolabilité faite à Louis par le peuple ne fut point obligatoire pour le peuple; mais au peuple seul il appartient de déclarer qu'il ne veut pas tenir sa promesse. Vous pouvez déclarer comme un principe d'éternelle vérité que le peuple ne peut jamais renoncer valablement au droit de punir un oppresseur; mais il appartient au peuple de déclarer qu'il veut user du droit terrible auquel il avait renoncé; autrement vous usurpez la souveraineté, vous vous rendez coupables d'un des crimes dont vous voulez punir Louis.

« On a parlé des difficultés qu'il y aurait à consulter les assemblées primaires sur la question que nous proposons de leur faire décider en dernier ressort; mais quoi de plus simple que de faire voter les assemblées au scrutin, par *oui* ou par *non*, sur la confirmation de la peine prononcée par la Convention?

« On a parlé de discordes, d'intrigues, de guerre civile. Des discordes! on a donc pensé que les agitateurs exerçaient dans les départements le même empire qu'une honteuse faiblesse les a laissés usurper à Paris. Ces hommes pervers se sont bien répandus sur la surface de la République; mais partout ils ont été repoussés avec mépris, partout on a donné le plus insigne témoignage de respect pour la loi, en ménageant le sang impur qui coule dans leurs veines. Des intrigues! Eh quoi! suivant certains orateurs, la majorité de la nation serait composée d'intrigants! Ils calomnient le peuple que, dans d'autres circonstances, ils flagornent avec tant de bassesse; à les entendre il n'y aurait dans toute la République de vraiment purs, de vraiment vertueux, de vraiment dévoués au peuple, à la liberté, qu'eux-mêmes et peut-être une centaine de leurs amis qu'ils auront la générosité d'associer à leur gloire. Ainsi, pour qu'ils puissent fonder un gouvernement digne des principes qu'ils professent, il faut transformer la France en un vaste désert et l'abandonner dès à présent aux conceptions sublimes de leur politique meurtrière.

« La guerre civile! mais n'avez vous pas décrété, et en cela vous avez fait votre devoir, n'avez-vous pas décrété que le décret qui abolit la royauté et établit une constitution républicaine, serait soumis à la sanction du peuple? Vous n'avez pas craint ces intrigues, ces discordes, cette guerre civile pour ce décret; pourquoi tant de sécurité dans un cas et tant de crainte dans un autre?

soyez conséquents dans vos frayeurs ou renoncez à nous persuader de leur sincérité.

« On a senti combien il serait facile de dissiper tous ces fantômes, dont on a voulu vous effrayer; pour atténuer d'avance la force des réponses que l'on prévoyait, on a eu recours au plus lâche, au plus vil des moyens, à la calomnie. On a représenté ceux qui ont adopté l'opinion de Salles comme des conspirateurs contre la liberté, des amis de la royauté !...

« On nous accuse! ah! si nous avions l'insolent orgueil ou l'hypocrite ambition de nos accusateurs; si, comme eux, nous aimions à nous targuer du peu de bien que nous avons fait, nous dirions avec quel courage nous avons constamment lutté contre la tyrannie des rois, et contre la tyrannie plus dangereuse encore des brigands, qui, dans le mois de septembre, voulurent fonder leur puissance sur les débris du trône. Nous dirions que nous avons concouru, au moins par notre suffrage, au décret qui a fait disparaître la distinction aristocratique entre les citoyens actifs et inactifs, et appelé également tous les membres du corps social à l'exercice de la souveraineté. Nous dirions surtout que, le 10 août, nous n'avons quitté ce fauteuil que pour venir à cette tribune proposer le décret de suspension de Louis, tandis que tous ces vaillants Brutus, si prêts à égorger les tyrans désarmés, ensevelissaient leurs frayeurs dans des souterrains et attendaient l'effet du combat que la liberté livrait au despotisme...

« La guerre civile! ceux qui la veulent, ce sont ceux qui font un précepte de l'assassinat, qui appellent les poignards contre les représentants de la nation et l'insurrection contre les lois; qui demandent la dissolution du gouvernement, l'anéantissement de la Convention. N'est-ce pas, en effet, proposer l'anéantissement de la Convention, la dissolution du gouvernement que de prétendre que c'est à la minorité à se rendre juge des erreurs de la majorité, à légitimer les insurrections contre le vœu de la majorité; que c'est aux Catilina à régner dans le Sénat, que la volonté particulière doit être substituée à la volonté générale et la tyrannie à la liberté? Oui, ils veulent la guerre civile, les hommes qui enseignent ces maximes subversives de tout ordre social, à cette tribune, dans les assemblées populaires, dans les places publiques; ils veulent la guerre civile, les hommes qui accusent la raison d'un feuillantisme perfide, la justice d'une déshonorante pusillanimité, la sainte humanité de conspiration; ceux qui proclament traître tout homme qui n'est pas à la hauteur du brigandage et de l'assassinat; ceux enfin qui pervertissent toutes les idées de morale, et, par des discours artificieux, des flagorneries hypocrites, ne cessent de pousser le peuple aux excès les plus déplorables.

« Mais, dit-on, par l'appel au peuple, vous ne jugez pas Louis comme un homme ordinaire, vous ne le traitez pas comme un autre homme et, en agissant ainsi, vous violez les principes de l'égalité. Mais, de votre propre aveu, si Louis était un homme ordinaire, faudrait-il une convention nationale pour prononcer sur son sort? A-t-on respecté les principes de l'égalité quand on l'a éloigné des tribunaux où sont jugés tous les citoyens et qu'on a tenté de vous induire à le juger vous-mêmes, sans observer aucune forme?...

« Louis n'est pas un accusé ordinaire, on le sait bien. On ne cesse de crier que son existence sera le germe d'une fermentation continuelle. Pourquoi ne pas examiner si sa mort ne causera pas de plus grands désordres? J'aime trop la gloire de mon pays pour proposer à la Convention de se laisser influencer dans une occasion aussi solennelle par la considération de ce que feront ou ne feront pas les puissances étrangères. Mais on nous répète à chaque instant que nous devons agir comme pouvoir politique; examinons donc la question sous le point de vue politique.

« Si l'Angleterre ne rompt pas la neutralité, si l'Espagne nous promet de la respecter, n'est-ce pas par crainte de hâter la perte de Louis en accédant à la ligue formée contre la France?

« Vous vaincrez ces nouveaux ennemis, je le crois; le courage de nos soldats et la justice de notre cause m'en sont garants. Cependant résistons un peu à l'ivresse de nos premiers succès; ce sera un accroissement considérable à nos dépenses, ce sera un nouveau recrutement à faire pour nos armées, ce sera une armée navale à créer; ce sera de nouveaux risques pour notre commerce, qui déjà a tant souffert par le désastre des colonies; ce sera de nouveaux dangers pour nos soldats qui, pendant que vous disposez ici tranquillement de leurs destinées, affrontent les injures de l'air, les rigueurs de la saison, les fatigues, les maladies et la mort.

« Et, si la guerre, par un prolongement funeste,

conduit nos finances à un épuisement auquel on ne peut songer sans frémir, si elle vous force à de nouvelles émissions d'assignats qui feront croître dans une proportion effrayante les denrées de première nécessité; si elle augmente la misère publique par des atteintes nouvelles portées à notre commerce, si elle fait couler des flots de sang sur le continent et sur les mers, quels grands services vos calculs politiques auront-ils rendus à l'humanité? Quelle reconnaissance vous devra la patrie pour avoir fait, en son nom et au mépris de sa souveraineté méconnue, un acte de vengeance devenu la cause ou seulement le prétexte d'événements si calamiteux? Oserez-vous lui vanter vos victoires? Je ne parle pas de défaites et de revers, j'éloigne de ma pensée tous présages sinistres; mais, par le cours naturel des événements, même les plus prospères, elle sera entraînée à des efforts qui l'épuiseront insensiblement. Sa population s'affaiblira par le nombre prodigieux d'hommes que la guerre dévore. L'agriculture manquera bientôt de bras. Vos trésors écoulés appelleront de nouveaux impôts. Le corps social, fatigué des assauts qui lui seront livrés au dehors, des secousses convulsives que lui imprimeront les factions intérieures, tombera dans une langueur mortelle. Craignez que, au milieu de ses triomphes, la France ne ressemble à ces monuments fameux qui, dans l'Égypte, ont vaincu le temps. L'étranger qui passe s'étonne de leur grandeur; s'il veut y pénétrer, qu'y trouve-t-il? des cendres inanimées et le silence des tombeaux.

« N'avez-vous pas entendu dans cette enceinte et

ailleurs des hommes crier avec fureur : « Si le pain est
« cher, la cause en est au Temple; si le numéraire est
« rare, si nos armées sont mal approvisionnées, la cause
« en est au Temple; si nous avons à souffrir chaque
« jour du spectacle de l'indigence, la cause en est au
« Temple! » Ceux qui tiennent ce langage n'ignorent
pas cependant que la cherté du pain, le défaut de circulation dans les subsistances, la mauvaise administration
dans les armées et l'indigence, dont le spectacle nous
afflige, tiennent à d'autres causes que celles du Temple.
Quels sont donc leurs projets? Qui garantira que ces
hommes, qui proclament partout qu'une nouvelle révolution est nécessaire, qui font déclarer telle ou telle section en état d'insurrection permanente; qui disent, à la
Commune, que, lorsque la Convention a succédé à Louis,
on n'a fait que changer de tyrans, qu'il faut une autre
journée du 10 août; que ces mêmes hommes qui publient, dans les assemblées de section et dans leurs écrits,
qu'il faut nommer un *défenseur* à la République, qu'il
n'y a qu'un *chef* qui puisse la sauver; qui me garantira,
dis-je, que ces mêmes hommes ne crieront pas, après la
mort de Louis, avec la même violence : « Si le pain est
« cher, la cause en est dans la Convention; si le numé-
« raire est rare, si nos armées sont mal approvision-
« nées, la cause en est dans la Convention; si la ma-
« chine du gouvernement se traîne avec peine, la
« cause en est dans la Convention chargée de la diri-
« ger; si les calamités de la guerre se sont accrues par
« la déclaration de l'Angleterre et de l'Espagne, la
« cause en est dans la Convention qui a provoqué ces

« déclarations par la condamnation précipitée de Louis? »

« Qui me garantira qu'à ces cris séditieux de la turbulence anarchique, ne viendront pas se rallier l'aristocratie avide de vengeance, la misère avide de changement et jusqu'à la pitié que des préjugés invétérés auront excitée sur le sort de Louis? Qui me garantira que, dans cette nouvelle tempête, où l'on verra ressortir de leurs repaires les tueurs du 2 septembre, on ne vous présentera pas, tout couvert de sang et comme un libérateur, ce *défenseur*, ce chef que l'on dit être si nécessaire? Un chef! ah! si telle était leur audace, il ne paraîtrait que pour être à l'instant percé de mille coups. Mais à quelles horreurs ne serait pas livré Paris? Paris, dont la postérité admirera le courage héroïque contre les rois et ne concevra jamais l'ignominieux asservissement à une poignée de brigands, rebut de l'espèce humaine, qui s'agitent dans son sein et le déchirent en tous sens par les mouvements convulsifs de leur ambition et de leur fureur! Qui pourrait habiter une cité où régneraient la désolation et la mort? Et vous, citoyens industrieux, dont le travail fait la richesse et pour qui les moyens de travail seraient détruits; vous qui avez fait de si grands sacrifices à la Révolution et à qui l'on enlèverait les derniers moyens d'existence; vous dont les vertus, le patriotisme ardent et la bonne foi ont rendu la séduction si facile, que deviendriez-vous? quelles seraient vos ressources? quelles mains essuieraient vos larmes et porteraient des secours à vos familles désespérées?

« Iriez-vous trouver ces faux amis, ces perfides flatteurs qui vous auraient précipités dans l'abîme? Ah!

fuyez-les plutôt, redoutez leur réponse ; je vais vous l'apprendre. Vous leur demanderiez du pain ; ils vous diraient : « Allez dans les carrières disputer à la terre « quelques lambeaux sanglants des victimes que nous « avons égorgées ; » ou, « voulez-vous du sang ? prenez, « en voici. Du sang et des cadavres, nous n'avons pas « d'autre nourriture à vous offrir... » Vous frémissez, citoyens ; ô ma patrie ! je demande acte, à mon tour, des efforts que je fais pour te sauver de cette crise déplorable.

« Mais non, ils ne luiront jamais sur nous ces jours de deuil. Ils sont lâches, les assassins ; ils sont lâches, ces petits *Marius* nourris de la fange du marais où ce tyran, célèbre au moins par de grandes qualités, fut réduit à se cacher un jour. Ils savent que, s'ils osaient tenter l'exécution de quelques-uns de leurs complots contre la sûreté de la Convention, Paris lui-même sortirait de sa torpeur, que tous les départements se réuniraient à lui pour les écraser de leurs vengeances et leur faire expier, par le plus juste des supplices, les forfaits dont ils n'ont que trop souillé la plus mémorable des révolutions !

« Ils le savent, et leur lâcheté sauvera la République de leur rage. Je suis sûr que, quelque soit le succès de leurs efforts, la liberté ne périra pas ; je suis sûr que, souillée de sang, elle trouverait un asile dans les départements. Mais enfin la ruine de Paris, sa scission avec les départements, le gouvernement fédératif qu'elle amènerait, tous ces désordres, aussi possibles et plus probables peut-être que les guerres civiles dont on nous a menacés, ne sont-ils pas d'une assez haute considération pour mériter d'être mis dans la balance où vous pesez la vie de Louis?

« Je me résume, citoyens. Tout acte émané des représentants du peuple est un acte de tyrannie attentatoire à la souveraineté du peuple s'il n'est pas soumis à sa ratification formelle ou tacite.

« Le peuple avait promis l'inviolabilité à Louis. Lui seul a le droit de l'en dépouiller. Des considérations puissantes vous prescrivent de vous conformer aux principes. Si vous y êtes fidèles, vous n'encourrez aucun reproche. Si le peuple veut la mort de Louis, il l'ordonnera. Si, au contraire, vous vous écartez de votre devoir, quelle effrayante responsabilité cette déviation ne fera-t-elle pas peser sur vos têtes! Je n'ai plus rien à dire[1]. »

X.

Pendant deux heures, Vergniaud avait tenu l'Assemblée haletante sous le feu de son ardente parole; il avait tour à tour excité les applaudissements de l'enthousiasme en exaltant le patriotisme de ses auditeurs, et les frémissements de l'indignation en leur prédisant les horreurs qui suivraient le triomphe de l'anarchie.

Aussi, ce jour-là et les jours suivants, la Convention

---

[1]. Nous avons cherché à reproduire, en les rattachant les uns aux autres, les passages les plus saillants du magnifique discours de Vergniaud. Nous nous sommes servis pour ce travail et du *Moniteur*, n° 2, année 1793, et du *Journal des Débats et Décrets*, n° 104, p. 500 et suivantes.

ne prête-t-elle qu'une très-faible attention aux divers orateurs qui se succèdent à la tribune. Dubois-Crancé, Jean Bon Saint-André, Moreau (de la Marne), Guillemard, parlent contre l'appel au peuple. Ils sont soutenus par un journaliste girondin, Carra, qui, se séparant de ses amis, montre, une fois de plus, combien il y a peu de cohésion dans ce parti auquel on attribue l'ambition d'imposer à l'Assemblée une direction exclusive.

Brissot et Gensonné, au contraire, appuient Vergniaud par des considérations nouvelles tirées de leur position particulière.

Brissot, en qualité de président du Comité diplomatique, examine le résultat que peut avoir l'exécution de Louis XVI au point de vue des relations extérieures : « Dans nos débats, dit-il, nous ne voyons pas assez l'Europe, nous voyons trop ce qui nous entoure. Savez-vous pourquoi Pitt nous a aliéné la nation anglaise, pourquoi ses adversaires de l'opposition, qui avaient montré quelque grandeur en défendant nos principes, sont tombés dans la stupéfaction? c'est que l'on nous a peints à tous les yeux comme des cannibales ; c'est que l'on a accusé le peuple de Paris tout entier des massacres de septembre, tandis qu'ils n'étaient l'ouvrage que de quelques brigands ; c'est que l'on a prêté à la nation les atrocités de quelques individus ; c'est que l'on a abusé des paroles des faux amis de ce peuple qui lui faisaient honneur de ces assassinats ; c'est que l'on s'est prévalu de notre silence plus qu'imprudent sur les coupables et qu'on l'a travesti en complicité. A entendre le ministre anglais, il semble que chacun de nous envie de porter à Louis le dernier coup et se dispute la dernière goutte de son sang.

« Voilà les images avec lesquelles on a facilement égaré un peuple qui aime la liberté, mais qui ne la conçoit pas sans le respect pour la loi, sans moralité, sans humanité. Voilà comment un peuple, qui non-seulement nous avait assuré de sa neutralité, mais qui semblait désireux de former une alliance avec nous, a passé tout à coup de l'amitié à la haine, et de la neutralité paisible au fracas des préparatifs guerriers. La comédie machiavélique jouée par Pitt a été répétée par presque toutes les puissances de l'Europe. Je l'ai dit et je ne cesserai de le répéter : la guerre actuelle est un combat à mort entre la liberté française et la tyrannie universelle. Les tyrans le savent. Ils savent aussi qu'ils ne peuvent nous vaincre qu'en mettant leurs peuples de moitié dans leurs complots contre nous. Et quel en est le moyen? c'est de dépopulariser notre Révolution dans leur esprit, c'est de les aigrir, de les irriter contre nous. Toutes les puissances veulent la mort de Louis; elles la veulent parce que, pour réussir à diviser la France, il leur faut nous faire haïr; parce que Louis XVI, méprisé de tous les partis, n'en peut plus former un, tandis que Louis XVII, jeune encore, pourrait devenir un point de ralliement pour les mécontents. Elles veulent sa mort parce qu'elle leur semble un sûr garant de la restauration de la royauté, comme la mort de Charles Ier l'a été pour l'Angleterre. Le renvoi du jugement de Louis aux assemblées primaires déjouera la comédie de l'intervention et les calculs des rois. Il délivrera la Convention des accusations soit de corruption si elle est indulgente, soit de cruauté si elle est sévère. C'est un hommage rendu à la souveraineté du peuple. Six millions d'hommes sont nécessairement impassibles, impartiaux, au-dessus de toute influence. Une nation qui prononce sur le sort d'un individu ne peut être que juste, ne peut être que grande. Son jugement, quel qu'il soit, doit écraser tous les partis, anéantir toutes les calomnies. Il en imposera aux nations étrangères. »

Gensonné était l'un des principaux membres du Comité de constitution; aussi commence-t-il par traiter la question au point de vue des principes qui, suivant lui et suivant ses amis, doivent présider à l'établissement de la République :

« Le peuple ne confie à ses représentants que les pouvoirs qu'il ne peut exercer par lui-même; il doit conserver le droit imprescriptible de consacrer ou d'approuver les résolutions que ses représentants prennent en son nom. Sans cela, il n'aurait pas délégué l'exercice de sa souveraineté; il l'aurait aliéné. Toutes les lois générales, toutes les mesures importantes doivent être sanctionnées par le peuple. Non pas qu'il faille qu'il délibère sur tout; il suffit que, pouvant le faire, il ne censure pas, pour que son approbation soit présumée. L'esclavage des nations, les succès des usurpateurs n'ont d'autres causes que la facilité avec laquelle un peuple consent à se dessaisir de la souveraineté. »

Ces principes posés, Gensonné tourne toute son argumentation contre ses adversaires politiques. « Il est temps, s'écrie-t-il, de mettre le peuple à même de distinguer ses vrais amis des sycophantes qui le trompent et des charlatans qui ne flattent ses passions que pour usurper ses droits. » Prenant à partie Robespierre, il discute ses arguments, réfute ses calomnies, et, faisant allusion à la péroraison du héros de la démagogie, offrant sa poitrine aux poignards des ennemis de la liberté, il dit avec une ironie amère : « Tranquillisez-vous, Robespierre, vous ne serez pas égorgé, et je crois même que vous ne ferez égorger personne ; la bonhomie avec laquelle vous reproduisez sans cesse votre douloureuse invocation à la vengeance me fait craindre seulement que ce ne soit là le plus cuisant de vos regrets. »

Une fois entré dans la voie dangereuse des personnalités, l'orateur déverse à flots le ridicule sur ses adversaires et démontre, une fois de plus, ce qui désormais devient évident aux yeux de tous, c'est que la discussion, qui paraît uniquement porter sur le sort de Louis, n'est à vrai dire que la première passe du combat à mort qui va s'engager entre la Gironde et la Montagne. Gensonné promène alternativement ses sarcasmes sur les démagogues de haut et bas étage, aussi bien sur Marat, qui se proclame *l'ami du peuple*, que sur Robespierre, qui s'en déclare le *défenseur incorruptible;* sur « cette nuée de commissaires du pouvoir exécutif qui parcourent les départements et se mettent à la suite des armées, » aussi bien que sur « cette foule d'hommes à cheveux lisses et à brusqueries prétendues républicaines qui encombrent les bureaux de la guerre, et dont l'impéritie et les déprédations coûteront à la nation le double de ce que coûtera la guerre ; » sur ces députés de la Montagne qui n'ont

sans doute choisi cette dénomination que pour rappeler
« ce tyran célèbre dans l'histoire par le dévouement fanatique de la horde d'assassins chargés d'exécuter ses ordres sanguinaires; » enfin sur « les charlatans de patriotisme et les faux adorateurs de la liberté, dont le culte a, comme les autres cultes, ses hypocrites, ses cafards et ses cagots. » Tous ces braillards qui importunent la Convention de leurs insupportables clameurs, prétendent, ajoute-t-il, avoir sauvé la chose publique; « si cela est, ils n'ont agi que par instinct, comme l'avaient fait avant eux les oies du Capitole; mais, certes, le peuple romain, par reconnaissance pour cette espèce de libérateurs, n'en fit pas des dictateurs et des consuls, et ne les rendit pas les arbitres suprêmes de ses destinées. »

XI.

Le discours de Vergniaud avait atterré les démagogues; celui de Gensonné les exaspéra. Jamais ils n'avaient été aussi courageusement mis à nu, aussi violemment flagellés, aussi spirituellement livrés à la risée publique. Ils résolurent de se venger à tout prix; seulement, suivant une tactique qui leur était assez habituelle, ils poussèrent en avant un député qui n'appartenait pas à leur faction et qui devint, sans trop se rendre compte du rôle qu'on lui faisait jouer, l'instrument de leur rancune et l'interprète de leur ressentiment.

Gasparin, ancien officier d'infanterie et député des

Bouches-du-Rhône à la Législative et à la Convention, était depuis longtemps brouillé, à raison de certains dissentiments locaux, avec Barbaroux, et, par suite, avec les amis de celui-ci. Il avait reçu, six mois auparavant, les confidences d'un ancien peintre du roi nommé Boze, et les avait rapportées à quelques-uns de ses collègues, notamment à Carnot et à Lacombe Saint-Michel. Ces confidences étaient relatives à une lettre demandée à Gensonné peu de temps avant le 10 août, destinée à être mise sous les yeux de Louis XVI par l'intermédiaire de Thierry de Ville-d'Avray, l'un des valets de chambre du roi [1]. Gasparin fut circonvenu par les séides de Robespierre; on lui représenta qu'il était de son devoir le plus strict de révéler les faits qu'il connaissait à la charge de celui qui s'était érigé en censeur acrimonieux d'une partie de la Convention.

Dès le lendemain du jour où Gensonné avait prononcé sa philippique, Gasparin demande à révéler un fait important, et déclare qu'il engage sa responsabilité par une dénonciation signée.

« Je logeais, dit-il, au mois de juillet dernier, chez le peintre Boze. Il me parla d'un mémoire que Vergniaud, Guadet, Brissot et Gensonné lui avaient remis pour être transmis à Thierry, et par celui-ci au roi; ce mémoire contenait plusieurs demandes auxquelles Louis XVI crut ne pas devoir faire droit. Ce mémoire aurait dû se retrouver avec les papiers saisis dans l'armoire de fer. Il n'y était pas. Je demande que Boze soit

---

[1]. Nous avons déjà parlé de cette lettre, t. II. p. 117.

immédiatement mandé à la barre et que les scellés soient apposés sur ses papiers. »

Ce coup de théâtre, habilement préparé, jette l'Assemblée dans une extrême agitation.

Ducos appuie la proposition de Gasparin, « car, s'il est l'ami des hommes que l'on vient de dénoncer, il est encore plus l'ami de la chose publique, et il veut savoir si, oui ou non, les hommes qui, depuis quatre ans, sont en possession de son respect et de son estime en sont toujours dignes. » Lanjuinais demande, avec sa franchise toute bretonne, que Gasparin soit mis en arrestation pour avoir pendant cinq mois trahi la patrie en gardant pour lui un secret si précieux. Marat et Robespierre jeune répondent par des récriminations contre Roland qui, prétendent-ils, a été saisir lui-même des papiers importants chez Thierry, à la campagne. Guadet réclame la parole; le montagnard Turreau soutient que les députés accusés ne doivent pas être entendus avant l'interrogatoire de Boze.

— « Prétendez-vous, lui répond Guadet, me mettre au secret?

— « Qu'on les envoie à l'Abbaye, ajoute ironiquement Boyer-Fonfrède, et qu'on leur donne les juges du 2 septembre! »

Guadet obtient enfin la parole.

« J'admire, dit-il, avec quelle lenteur s'est réveillé dans l'âme de Gasparin l'amour de la patrie et de la liberté. J'admire comment, dépositaire d'un complot qui, à l'en croire, compromettrait la chose publique, il a attendu, non pas qu'il eût des preuves, il n'en a point, mais que la vigoureuse opinion de Gensonné l'eût averti qu'il fallait lui opposer, sinon des raisons, du moins des calomnies; comment le besoin de calomnier a pu faire oublier à Gasparin la conduite que Gensonné et ses amis ont tenue à la commission des Vingt-et-Un, au 10 août; comment, enfin, notre dénonciateur a tout vu, tout lu, tout connu, excepté la pièce qui est la base de sa bruyante accusation.

« Eh bien, oui, à l'approche du 10 août, Boze, qui était un patriote pur et éprouvé, s'inquiétait, comme tous les bons citoyens, de la chose publique; il demanda à Gensonné d'exposer dans un mémoire ses vues sur les moyens de remédier aux maux qui menaçaient la France. Gensonné rédigea le mémoire; il nous le lut; nous le trouvâmes bien, Vergniaud et moi. Je le signai. J'ignore ce qu'il est devenu; mais ce que je sais bien, ce qu'il faut que ces messieurs sachent aussi, c'est que si ce mémoire se retrouve, ce n'est pas à eux qu'il prépare un triomphe. »

Vergniaud appuie de l'autorité de sa parole les déclarations de Guadet. Bientôt Boze paraît à la barre, et ses explications concordent parfaitement avec celles que viennent de donner les deux députés girondins[1], et qu'il n'avait pu entendre puisqu'il était en état d'arrestation provisoire au Comité de sûreté générale. Il dépose sur le

---

[1]. Gensonné n'assistait pas à la séance du 3 janvier, il vint le lendemain confirmer les faits tels que les avaient rapportés Vergniaud et Guadet. Brissot n'avait pas signé la lettre, il n'eut donc pas besoin de donner d'explications sur une affaire à laquelle il était resté complétement étranger.

bureau la lettre que Thierry lui a répondue pour lui accuser réception du mémoire et pour lui faire connaître l'impression que sa lecture avait produite sur l'esprit du roi. Cette réponse prouvait de quelle nature étaient les conseils donnés par les trois chefs de la Gironde à Louis XVI; c'était, sauf la forme acerbe propre à Roland, la répétition de ce qu'avait écrit au roi le ministre de l'intérieur au moment de sa sortie du ministère [1].

Dès lors, Vergniaud et Guadet n'ont pas de peine à démontrer que la dénonciation de Gasparin n'est qu'une répétition de la scène préparée un mois auparavant par une partie du Comité de sûreté générale, lorsqu'on avait fait comparaître à la barre Achille Viard, et qu'à l'aide de faux rapports d'un misérable intrigant on avait voulu montrer le ministre de l'intérieur complotant avec les émigrés de Londres.

Kersaint et Barbaroux, saisissant l'occasion, dénoncent de nouveau la partie montagnarde du Comité de sûreté générale, « qui lance beaucoup trop témérairement des ordres d'arrestation et s'empare avec une rare impudeur du secret des familles en faisant saisir chez les particuliers des correspondances privées qu'on livre ensuite à une publicité éhontée. » Ce qui venait de se passer pour Boze et pour la saisie de ses papiers, opérée par un simple commis du Comité de sûreté générale, sans caractère officiel, en était une preuve convaincante.

« Je demande, s'écrie Kersaint, si nous pouvons

---

[1]. Voir tome Ier, pages 121 et 124.

nous permettre de violer jusqu'à cet excès les droits les plus sacrés, les secrets les plus respectables. Je demande si, au mépris du secret des familles, un comité inquisitorial peut ainsi fouiller dans les papiers d'un citoyen et s'en emparer. Vous tous qui m'entendez, brûlez les lettres de vos amis, brûlez les lettres de vos femmes et de vos enfants! Craignez qu'un calomniateur ne vienne demain vous traîner à cette barre et s'emparer, sans inventaire, sans procès-verbal, de tous vos papiers. »

Barbaroux signale l'épouvantable désordre qui règne dans la tenue des registres du Comité de sûreté générale. « On ne tient aucune note des mandats d'arrestation qu'on lance. La majorité ignore ce que fait la minorité; des citoyens ont été détenus plusieurs mois sur l'ordre de quelques-uns des membres du Comité, sans que le Comité en fût officiellement instruit. Des papiers importants ont été soustraits, notamment plusieurs mandats d'arrêt signés *Marat, l'ami du peuple*. Ces mandats avaient été déposés au Comité avec cinq ou six cents autres trouvés à la Commune de Paris. »

On demande les noms des signataires de l'ordre d'arrestation de Boze. « C'est moi, s'écrie Tallien, qui l'ai rédigé; Chabot, Ingrand, Ruamps, Lavicomterie et Audoin l'ont signé avec moi. » Ces noms, qui appartiennent à la fraction montagnarde du Comité de sûreté générale, excitent les murmures de l'immense majorité de la Convention. Marat réclame la parole au milieu du bruit, et apostrophe violemment le président qui la lui refuse. Barbaroux propose le renouvellement complet et immédiat du Comité de sûreté générale; mais cette proposition n'a pas de suites.

La Convention révoque l'ordre d'arrestation de Boze, l'admet aux honneurs de la séance, et passe à l'ordre du jour malgré les vociférations de la Montagne [1].

XII.

Cependant le procès du roi continuait avec un certain calme apparent. Le 3 janvier, Dartigoyte et Pétion sont entendus l'un contre et l'autre pour l'appel au peuple. Le premier ressasse, sans y ajouter rien de saillant, les arguments de la Montagne; le second, ceux de la Gironde. Le 4, Barère prononce un discours très-long et très-laborieusement préparé, dans lequel, s'étudiant comme toujours à tenir la balance égale entre Vergniaud et Robespierre, il essaie de réfuter pied à pied l'orateur girondin, et aussi de lancer parfois quelques sarcasmes à l'adresse des députés de Paris et de leurs adhérents. Mais ces sarcasmes, la Montagne les lui pardonne facilement, parce qu'il conclut contre l'appel au peuple.

L'orateur commence par déclarer que la décision à

---

[1]. Les Jacobins ne voulurent pas en avoir le démenti, ils prétendirent que la conduite des trois girondins et celle de Boze cachait une conspiration; le 4 janvier, ils exclurent ce dernier de la société. Voir le *Journal des débats des Jacobins*, n⁰ˢ 3̃3 et 337.

prendre sur le sort de Louis est une mesure de sûreté générale. Il se demande seulement quel est le meilleur moyen de lier la nation entière à cette décision. « Il n'y a pas de doute, dit-il, que la nation s'est liée elle-même d'avance et par sa propre volonté. Ne vous a-t-elle pas envoyés après que Louis Capet avait été suspendu de ses pouvoirs, emprisonné et accusé de conspiration contre l'État? Ne vous a-t-elle pas investis de pouvoirs illimités et d'une confiance sans bornes? N'êtes-vous pas enfin la Convention nationale d'une république représentative?

« J'avoue que ce qui aurait pu me faire hésiter à soutenir l'opinion que j'ai adoptée, c'est de voir qu'un des orateurs qui se sont élevés contre cette mesure dans un État républicain est le même qui la réclama en juillet 1791 dans un État monarchique [1]. Si quelque chose avait pu me faire changer, c'est d'être accusé de défendre la même opinion que cet homme que je ne peux me résoudre à nommer et qui n'a émis parmi nous que des propositions sanguinaires; c'est de voir mon opinion se rapprocher de quelques sections de Paris, entre autres de cette section du Luxembourg, dont on aurait dû punir l'arrêté provocateur de la désobéissance aux lois. Mais ces considérations ne sauraient m'arrêter, parce que j'envisage avant tout les dangers de la proposition d'appeler la nation à se prononcer sur le sort de l'individu qui fut roi.

1. Ici Barère fait allusion au discours prononcé par Robespierre, lors du retour de Varennes (voir le *Moniteur* de 1791, n° 196); quelques lignes plus bas il désigne évidemment Marat.

« Je ne dis qu'un mot sur la demande de rapporter le décret qui a déclaré que la Convention jugerait Louis Capet : ce décret a été exécuté par la défense publique de Louis qui en a été la suite nécessaire, par votre discussion qui dure depuis près de dix jours. Il ne peut plus être rapporté. Dans les événements révolutionnaires, les chemins par lesquels on a marché sont rompus, les vaisseaux qui vous ont portés sont brûlés : on ne rétrograde pas en révolution.

« D'ailleurs, la Convention pouvait-elle remettre à la conscience de quelques jurés, à la pusillanimité de quelques juges, le soin important de la sûreté générale qui lui était confiée ? Il eût suffi d'un quart des voix pour absoudre un tyran, pour le rendre à la nation, et pour faire le procès à l'Assemblée législative, au peuple français et à la révolution républicaine. Et, pour obtenir ou pour arracher une telle minorité de suffrages, les diverses aristocraties et les cours étrangères auraient-elles manqué de moyens ?

« Qu'un tribunal eût jugé et qu'il eût absous ou condamné Louis, dans l'un ou l'autre cas, la Convention avait à intervenir ; dans le cas d'absolution, pour prendre de nouvelles mesures de sûreté générale contre Louis Capet, et cela au milieu d'une guerre universelle au dehors et d'une anarchie cruelle au dedans. Dans le cas au contraire où Louis Capet aurait été déclaré coupable, le tribunal pouvait être embarrassé pour déterminer la peine, les lois existantes étant muettes sur l'espèce particulière des crimes de Louis Capet ; il aurait encore fallu recourir à la Convention. Un homme qui fut roi présentait trop de rapports d'intérêt national, trop de considérations d'intérêt public, pour que des magistrats autres que les représentants du peuple pussent en connaître.

« Sans doute ce procès n'aurait pas consumé le temps précieux qui doit être consacré à l'établissement de la constitution, au bien-être et à la direction de nos armées, à la défense générale, s'il avait pu être renvoyé à un grand tribunal ou jury national; mais la Convention a décrété sa compétence unique; la Convention s'est formée en tribunal révolutionnaire; il n'y a point à revenir sur ce point. Tout à coup la question a changé de face. Le recours au peuple, qui était l'arme de l'accusé, est devenu l'arme de quelques-uns des juges. Des bornes ont été posées à votre mandat conventionnel; des doutes ont été jetés dans vos esprits. On a parlé de faire confirmer ou infirmer un décret qui n'est pas encore rendu. Des juges se sont occupés des moyens qui peuvent être allégués contre leur jugement avant que le jugement ne soit prononcé.

« Quelques orateurs se sont élevés contre le défaut de formes dans cette grande affaire; mais on oublie donc que Louis Capet, par le caractère de ses fonctions et par la nature de son crime, est une sorte d'exception forcée à la forme générale des jugements... Vous n'avez pas ouvert ici le tribunal des formalités minutieuses, mais le tribunal de la raison publique et de la justice nationale.

« La publicité est de l'essence des procédures criminelles pour tous les citoyens. Qui donc sera jugé plus solennellement et avec plus de publicité que Louis Capet?

« La loi donne un conseil aux accusés; Louis Capet en a eu trois, choisis par lui-même et entendus avec lui dans toutes leurs défenses.

« Tous les citoyens accusés sont jugés d'après la conviction intime du juré. Louis Capet sera jugé de même et sur les mêmes principes.

« Le scrutin silencieux et secret est celui des jugements criminels. Mais le scrutin à haute voix étant le plus solennel, et retentissant jusqu'aux extrémités les plus reculées de la République, n'en sera que plus imposant et plus pur.

« On nous parle de récusation parce que nous avons discuté hautement nos opinions : comme si les récusations pouvaient atteindre une magistrature politique et représentative... L'espèce de tribunal national formé pour juger des faits révolutionnaires ne peut pas être plus récusé que la nation même.

« On oppose que nous jugeons sans loi préexistante au crime. Nous n'avons pas besoin d'en chercher une dans la suprême loi des nations, le salut public; le Code pénal frappe les auteurs des attentats à la sûreté intérieure et extérieure de l'État... La loi doit être égale pour tous, soit qu'elle protége, soit qu'elle punisse; c'est la faux inexorable de l'égalité politique et légale qui se promène indifféremment sur toutes les têtes. Ainsi la liberté n'aura triomphé de ses ennemis qu'en ouvrant le code sacré des lois.

« Mais quand nous aurons prononcé, la nation n'a-t-elle rien à prétendre? Sa puissance souveraine n'a-t-elle rien à réclamer?

« Examinons cette question et posons d'abord quelques principes.

« Le peuple ne doit jamais être juge de ses propres offenses; cela présente trop d'inconvénients et de dangers. L'appel au peuple ne peut pas avoir lieu dans un pays qui a établi une représentation nationale. Et d'ailleurs, comment réunir six millions de citoyens? comment parvenir à les faire délibérer, puisque sept cent quarante-neuf ont bien de la peine à y parvenir?

« Ce que nous allons prononcer n'est ni un jugement, ni une loi. C'est une grande mesure de sûreté générale; c'est un acte de salut public; c'est un acte révolutionnaire comme la déportation des prêtres...

« Mais, a dit Vergniaud, il s'agit d'enlever à Louis « Capet le caractère d'inviolabilité que le peuple lui avait « donné par sa Constitution; le peuple seul peut lui « ôter ce qu'il lui a conféré. Le recours au peuple est « donc inévitable. » Je réponds : Cette inviolabilité, les fédérés brestois, nantais et marseillais en ont dépouillé Louis en faisant la sainte insurrection du 10 août. La nation a approuvé la perte de l'inviolabilité royale, d'abord en confirmant l'ouvrage de l'Assemblée législative qui avait suspendu Louis de ses fonctions et l'avait retenu prisonnier, et ensuite en élisant les députés de la Convention. Mais, si c'est à celui qui a revêtu le roi de cette inviolabilité à l'en dépouiller, cette fonction n'est pas dévolue aux assemblées primaires, car elles ne furent pas convoquées. Les citoyens jurèrent isolément la

Constitution, mais ne se réunirent pas en comices pour l'accepter ; c'est dans ces comices seuls que réside le souverain. C'est donc tacitement que Louis fut investi de l'inviolabilité constitutionnelle. Le dépouillement tacite est donc aussi légitime que l'investiture.

« C'est en vain d'ailleurs que Louis invoquerait la Constitution royale. Les articles invoqués sont couverts du sang des Français. Louis a détruit de ses propres mains cette inviolabilité, si elle pouvait exister pour les crimes qui sont hors et au delà de la Constitution. C'est lui qui le premier aurait rompu le contrat, s'il pouvait en exister un entre une nation et un roi ; c'est lui qui aurait détruit par ses propres actions son bouclier constitutionnel, en tournant des regards conspirateurs vers son ancienne puissance.

« L'opinion soutenue avec tant d'éloquence par Vergniaud a un avantage naturel sur l'opinion contraire ; Vergniaud a réuni en sa faveur tout ce qu'il y a de penchants nobles et délicieux dans le cœur humain : la générosité, l'adoucissement des peines, le plus bel attribut de la souveraineté, la clémence et l'hommage légitime que tout citoyen se plaît à rendre à la souveraineté du peuple. Cet orateur a eu pour son opinion tout ce qu'il y a de favorable et de touchant ; il ne reste à la mienne que ce qu'il y a de sévère et d'inflexible dans les lois. Il n'y a dans mon lot que l'austérité républicaine, la sévérité des principes, la fidélité aux mandats et la terrible nécessité de faire disparaître le tyran, pour ôter tout espoir à la tyrannie.

« Le peuple est souverain ; le peuple est la source

de toute puissance légitime. Voilà le dogme politique des nations. Ce dogme a été consacré dans la défense même du ci-devant roi. A Athènes et à Rome, le peuple exerçait ses droits par lui-même. Mais cet exercice constant ressemblait plus à une émeute perpétuelle, à un tumulte populaire, qu'à une assemblée de souverains : voilà le vice politique et le germe de dissolution que les républiques anciennes portaient dans leur sein, et c'est par ce vice intérieur qu'elles périrent. Le système représentatif est venu éclairer, tempérer et régler successivement cette souveraineté tumultueuse. Le principe des véritables démocraties est celui-ci : La nation, qui a la souveraine puissance, doit faire par elle-même tout ce qu'elle peut bien faire, et ce qu'elle ne peut bien faire, elle doit le faire par des délégués ou représentants [1].

« Une nation disséminée sur un vaste territoire ne peut parler que par ses représentants. Comment la nation française pourrait-elle statuer par elle-même sur le sort du roi, traiter la question de son inviolabilité, discuter et rapprocher les faits de conspiration, en recueillir et apprécier les preuves? Comment pourrait-elle analyser et peser les intérêts de la politique et les considérations de la diplomatie? Aussi la représentation a-t-elle été invoquée par la nation entière; aussi a-t-elle reçu d'elle le caractère le plus solennel, les pouvoirs les plus étendus. N'a-t-elle pas été nommée au milieu des événements les plus révolutionnaires, au bruit du canon de

---

[1]. C'est ce qu'avait dit, dans des termes presque identiques, Montesquieu, *Esprit des lois,* livre II, chap. 11.

l'Autriche et de la Prusse, en présence des amis de Brunswick, en face de la prison du tyran?

« Renvoyer au peuple le jugement de l'affaire de Louis Capet, c'est altérer le principe du gouvernement représentatif, c'est reporter au souverain ce que le souverain vous a chargés de faire. Selon Vergniaud, tout acte émané des représentants du peuple est un acte de tyrannie, une usurpation de la souveraineté, s'il n'est pas soumis à la ratification formelle ou tacite du peuple. Mais avec cette théorie, il faut établir la permanence des assemblées primaires et faire tout ratifier par la nation. Sans cela, tous vos décrets sont une usurpation constante de pouvoirs. Cependant ils s'exécutent tous les jours. Avez-vous fait ratifier par la nation la loi terrible, mais juste, qui, sur un simple procès-verbal et sans la procédure établie pour tous les citoyens, fait périr les émigrés? L'Assemblée législative, après qu'un des pouvoirs de la Constitution fut suspendu, consulta-t-elle la nation pour l'acte de salut public qui déporta des milliers de prêtres conspirateurs sans aucune forme de procès. Ne sommes-nous donc devenus si respectueux pour le peuple que quand il s'agit du tyran?

« Si la Convention nationale ne peut pas juger Louis, elle n'est plus Convention...

« Nos contradicteurs ne sont pas même d'accord entre eux. Salles renvoie à la nation pour appliquer la peine, Buzot demande la ratification du jugement par le peuple comme un des droits inaliénables de la nation, Vergniaud exige qu'on consulte la nation comme un de nos devoirs; Brissot déclare que ce n'est qu'un hommage à la souveraineté, et non un droit ni un devoir ; Gensonné invoque la censure du peuple sur tous les actes des représentants, comme étant un des moyens essentiels que la Constitution républicaine viendra bientôt consacrer. Ces variations dans les partisans d'un même système prouvent qu'il n'est pas basé sur des droits rigoureux et sur des principes incontestables.

« On a parlé de guerre civile. Cette objection est commune à toutes les opinions ; c'est à la Convention de choisir le parti le moins funeste, le moins long dans ses résultats, le moins terrible dans ses conséquences ; or ce parti, c'est celui qui laisse la responsabilité où la nature l'a placée, et qui expose les représentants à la malveillance plutôt que la nation tout entière à ses propres divisions.

« Si vous décrétiez le recours au peuple, vous verriez aussitôt sortir des caves et des souterrains de Paris les agitateurs à gages qui soufflent également le mépris des lois et la haine de la liberté ; ces hommes que l'on croirait avoir mission de donner à l'État républicain des formes hideuses qui puissent faire désirer un maître ou regretter la royauté.

« Le jour où vous aurez décrété le recours au peuple, ou pour la peine, ou pour l'appel, ou pour la ratification du jugement, ce jour-là, vous aurez agrandi le domaine de l'anarchie.

« Encore, si vous pouviez présenter à la fois aux Assemblées primaires le jugement et la Constitution, je verrais dans cette mesure simultanée le poison et le remède, je verrais la République établie et la tyrannie abattue. Mais sommes-nous dans une telle situation? »

Passant aux considérations de politique internationale sur lesquelles s'étaient appuyés Vergniaud et Brissot, Barère continue ainsi :

« On nous dit que si Louis n'existe plus par le jugement de la Convention, les puissances neutres se décideront contre la France. Mais quelle est cette neutralité tant vantée, puisque l'Espagne arme sur ses frontières et dans ses ports, et que l'Angleterre équipe sourdement ses flottes? Quelle est cette neutralité si avantageuse qui n'accrédite et ne reçoit officiellement aucun de nos ambassadeurs, à Londres et à Madrid, depuis le 10 août dernier?

« Si vous pouviez pénétrer dans les cabinets diplomatiques et voir les motifs secrets des gouvernements européens, vous verriez les politiques sourire à l'espérance de l'appel au peuple; c'est alors qu'ils s'attendraient à tout diviser pour mieux nous conquérir; c'est alors qu'ils dissémineraient dans les diverses parties de la République les moyens et les instruments de corruption, et qu'ils nous attaqueraient par terre et par mer, pendant que la nation se débattrait dans les horreurs de la guerre civile.

« On vous parle sans cesse de nouveaux manifestes que lanceraient les cours de l'Europe à l'occasion du jugement de Louis Capet; mais, pour les cours, Louis Capet n'est qu'un roi indigne qui a laissé avilir les couronnes. L'Angleterre ne s'occupe que de l'ouverture de l'Escaut, de l'intérêt de ses alliés et de son commerce; l'Autriche ne voit que la perte du Brabant et l'épuisement de son trésor; la Prusse ne regarde que la Silésie; l'Espagne craint pour ses colonies opulentes, et l'Italie pour ses gouvernements absolus.

« Quelque parti que vous preniez, votre jugement n'influera en rien sur les mouvements de vos ennemis naturels. Le seul intérêt qu'ils prennent à Louis, c'est qu'il ne soit pas jugé; c'est que, s'il est jugé et que le recours soit fait au peuple, le jugement ne soit pas confirmé ou que, s'il est confirmé, Louis ne périsse pas par le glaive de la loi... Ils vous pardonneraient volontiers de le faire périr sous le fer d'un assassin, mais non de le juger comme un coupable ordinaire. Ils ne veulent pas de cette justice des nations qui les importune et qui peut-être les attend un jour. « Périsse, disent-ils, le « roi, pourvu que la royauté soit sauvée! »

Répondant ensuite à la partie la plus éloquente du discours de Vergniaud, Barère cherche à rassurer l'Assemblée sur la responsabilité qui pèserait sur elle si les malheurs publics venaient à s'aggraver :

« Louis n'existant plus, a-t-on dit, ce sera la Convention à laquelle s'adresseront les plaintes populaires. Aujourd'hui, la cause est au Temple; demain on dira : La cause est dans la Convention. Certes, ce serait un barbare procédé de conserver la vie à un homme pour en faire l'objet des plaintes du peuple ou l'égout des haines publiques. Ce serait une lâcheté cruelle de rejeter et de pallier ainsi la cause des maux inséparables des révolutions, de conserver à la Convention un pareil bouclier contre les injustices du peuple. Non, je ne puis me résoudre à réfuter une pareille objection plus oratoire que solide ; je la repousse comme une injure faite au peuple français. Le peuple peut être quelquefois aigri par des maux subits, ou trop fortement frappé par les inconvénients attachés aux révolutions ; mais je crains de penser seulement qu'une nation loyale et généreuse eût envoyé ses représentants sur la brèche pour combattre la tyrannie, et qu'ensuite cette même nation pût les poursuivre ou les immoler. Non, les Français ne seront jamais ni aussi injustes ni aussi atroces. »

Barère finit en invitant la gauche et la droite à immoler tous leurs dissentiments sur l'autel de la patrie ; il gourmande avec une certaine apparence d'énergie Robespierre et ses amis, qui ont voulu diviser l'Assemblée en majorité et en minorité, qui ont représenté « la sainte montagne comme les Thermopyles de la France. »

« Des Thermopyles dans l'enceinte de la Convention nationale, s'écrie-t-il avec un enthousiasme de commande! Sommes-nous dans un sénat ou dans un camp? Les Thermopyles étaient le 20 septembre aux gorges de l'Argonne, elles étaient le 6 novembre aux redoutes de Jemmapes ; mais ici, mais dans le temple des lois où nous sommes tous frères, tous égaux, où le peuple français nous tirant tous de son sein nous a donné la même délégation, nous a investis de la même confiance, est-il encore un homme assez orgueilleux ou assez injuste pour dire : « Ici sont les Thermopyles ; là « est le camp de Xerxès[1]? »

---

1. Voir plus haut, page 297, la violente sortie de Julien (de Toulouse) auquel Barère fait ici allusion.

Le discours de Barère, surtout dans sa seconde partie, est fort

Le discours que nous venons d'analyser a été considéré à bon droit comme le commentaire anticipé des diverses décisions que prit successivement la Convention dans la dernière période du procès du roi. On y trouve le spécimen le plus complet du genre de talent que l'ancien rédacteur du *Point du jour*, l'auteur de tant de bouquets à Chloris, devait mettre au service de la terrible déesse dont le culte allait s'introniser en France : la démagogie.

Revêtir de formes acceptables les propositions brutales et sauvages des orateurs de la Montagne; persuader aux esprits hésitants et timides qu'ils pouvaient faire, sans grand danger pour eux et sans grand dommage pour la chose publique, un pas de plus vers les mesures ultra-révolutionnaires ; fournir des prétextes aux âmes faibles et pusillanimes, des phrases toutes faites, des arguments tout préparés à ceux qui cherchaient à se payer de mots et de sophismes pour étouffer les derniers avertissements de leur conscience : tel fut, pendant deux ans, le rôle ou plutôt le métier de ce vil courtisan de la souveraineté populaire qui savait semer de fleurs la pente des abîmes.

<small>abrégé par le *Moniteur*. Nous avons suivi la version beaucoup plus étendue du *Journal des Débats et Décrets*. La plupart des historiens de la Révolution ont constaté l'effet que produisit ce discours, mais ils en ont donné très-peu de fragments. Sous leur analyse écourtée, il perd à peu près toute sa physionomie et toute sa signification. Nous avons cherché à rétablir l'une et l'autre.</small>

LIVRE XXIII

LA LIBERTÉ DE LA PRESSE ET LA LIBERTÉ DES THÉATRES EN 1793.

I.

Dès sa première entrevue avec Malesherbes, Louis XVI avait exprimé la conviction intime qu'il était perdu. Le 26 décembre, le roi, en sortant de la salle de la Convention, avait dit à ses défenseurs : « Êtes-vous convaincus à présent que, avant même que je fusse entendu, ma mort était jurée ? » Rentré au Temple il écrivit à la reine un mot pour la rassurer sur son sort. Ses conseils étant survenus, il prit M. de Malesherbes à part et lui témoigna son regret de ne pouvoir, dans le dénûment où il était réduit, s'acquitter envers MM. Tronchet et de Sèze qui venaient de se dévouer pour sa défense. « Sire, répondit le noble vieillard, ils seront plus que récompensés si vous leur exprimez que vous êtes touché de leur zèle. » Le roi, se rapprochant de ses deux nouveaux amis, les serra dans ses bras, mais sans pouvoir proférer une parole.

Le 1er janvier arriva. Ce jour où le souverain avait

l'habitude de recevoir les hommages empressés de sa cour, Louis le passa seul avec le compagnon de sa captivité, Cléry. A peine put-il entretenir un instant ses défenseurs qui venaient respectueusement le voir chaque matin[1]. Il fut réduit à employer l'intermédiaire d'un membre de la Commune pour adresser à la reine, à sa sœur, à ses enfants, ses souhaits de nouvelle année : triste message, messager encore plus triste ! Et cependant, il faut le dire pour l'honneur de l'humanité, à l'aspect de cette immense infortune plus d'un cœur s'était attendri, plus d'une âme s'était ouverte à la pitié. L'officier municipal Vincent, entrepreneur de bâtiments, s'était chargé de porter secrètement à la reine un exemplaire du plaidoyer de de Sèze ; pour récompense de ce léger service, il exprima au roi le désir d'avoir la moindre chose qui lui eût appartenu. Le petit-fils de Louis XIV n'avait plus le moyen de faire de riches présents : il détacha sa cravate, et la remit à Vincent. Quelque temps après, il donna ses gants à un autre municipal qui lui avait fait une demande analogue. Aux yeux de ses gardiens, déjà ses dépouilles étaient sacrées.

La nécessité avait suggéré aux prisonniers du Temple divers expédients pour se ménager des relations qui

---

1. La plupart de ces détails nous ont été transmis par l'ancien valet de chambre du roi, M. François Hue, dans son livre intitulé : *Dernières années du règne et de la vie de Louis XVI.* Il les avait recueillis de la bouche de M. de Malesherbes lorsque, quelques mois après la mort du roi, ils se trouvèrent réunis tous les deux dans les bâtiments de l'ancienne abbaye de *Port-Royal,* convertie alors en prison et dont, par une amère dérision, on avait changé le nom en celui de *Port-Libre.*

échappassent à la vigilance inquiète de leurs geôliers. Un ancien garçon de *la bouche,* nommé Turgy, était parvenu à se faire employer au Temple avec deux de ses camarades, Marchand et Chrétien. Ils sortaient de la prison à tour de rôle, s'informaient de ce qui se passait dans Paris et rapportaient ce qu'ils avaient appris au fidèle serviteur du roi. Quelquefois ils réussissaient à introduire des journaux, des mémoires et autres imprimés qui pouvaient intéresser la famille royale. Turgy, se glissant sous différents prétextes dans l'appartement du roi, les plaçait dans une cachette convenue d'avance. La chambre de Cléry était placée au-dessous de celle de Mme Élisabeth. Une ficelle, qui avait servi à lier des paquets de bougies et que le valet de chambre avait su cacher à tous les yeux, permettait de transmettre d'un étage à un autre les billets qui s'échangeaient entre les illustres prisonniers.

Ces billets étaient écrits par les princesses avec des piqûres d'épingle; ceux du roi avec de l'encre. Car, aussitôt son procès régulièrement commencé, on n'avait pu refuser à l'accusé les moyens de préparer sa défense. C'était à la nuit tout à fait close que s'établissaient ces communications mystérieuses. Après avoir plus d'une fois rassuré les prisonniers sur la santé des uns des autres, ce fil conducteur, messager discret, associa le roi aux inquiétudes de sa famille. A l'approche du 15 janvier, jour où allait se décider son sort, il apprit que sa fille, Madame Royale, était malade. Il ne fut tranquillisé qu'en sachant que les sollicitations de la reine avaient obtenu qu'on fît entrer au Temple M. Brunier, médecin des enfants de France. L'indisposition de la princesse n'eut heureusement pas de suites.

Grâce aux journaux qu'on lui faisait passer, le roi, bien qu'il n'espérât déjà plus, put éprouver au moins la consolation de savoir qu'il n'était pas oublié et méconnu de tous ses anciens sujets. Paris, depuis trois semaines, était fort agité, et la véritable opinion publique, malgré l'effroyable pression exercée par la presse, par les clubs, par les sections, saisissait avec empressement toutes les occasions qui se présentaient pour faire entendre sa voix et réclamer les droits de la justice et de l'humanité.

Jetons un coup d'œil rapide sur ce qui se passait dans la capitale, et prenons pour guide le rapport du nouveau maire de Paris.

II.

Dans la séance du 24 décembre, la Convention avait, sur la proposition de Bréard et de Barère, ordonné à la municipalité de venir, le 5 janvier, à midi, rendre compte de l'état de Paris, de son esprit, de sa police, de sa force publique. Le 6, jour des Rois (devenu le jour des nations suivant Barère, le jour des sans-culottes, suivant Hébert), le conseil exécutif provisoire devait, à son tour, présenter un rapport général sur l'état des relations extérieures, des colonies, de la marine et des armées [1].

---

[1]. *Moniteur*, n° 360.

Au jour prescrit, Chambon vient lire le compte rendu officiel de la situation de la capitale. L'organe de la municipalité est le premier à reconnaître qu'il existe une fermentation dangereuse, que les souffrances populaires sont grandes et résultent « de la cherté des vivres, de la cessation du travail dans beaucoup d'ateliers et de l'absence d'un grand nombre de soutiens de famille partis comme volontaires. »

« La force armée, qui compte 121,000 hommes, ajoute-t-il, suffirait amplement au maintien de l'ordre et à la sûreté publique, si le service de la garde nationale était fait par tous les citoyens avec le même zèle. Par malheur, — et le maire insiste sur ce point, — les gens aisés ne veulent pas s'assujettir à monter leur garde, et manifestent la plus grande indifférence pour leur plus grand intérêt... L'ancienne police est désorganisée ; la nouvelle n'a pas encore reçu les perfectionnements nécessaires. »

Ce rapport avait été rédigé, non par Chambon luimême, mais dans ses bureaux. Il est empreint de l'esprit qui régnait à l'Hôtel de Ville depuis le 10 août. On y sent la main de Chaumette et celle d'Hébert. On voit que leur haine s'est détournée des ministres insermentés du culte catholique pour se porter tout entière contre les prêtres jureurs[1]. On peut en juger par le passage suivant : « Le Conseil général avait ordonné de tenir exactement fermées pendant la nuit de Noël les églises, pour qu'elles ne servissent pas de repaire aux malveil-

---

1. Voir ce que nous avons dit déjà à cet égard, t. IV, p. 405.

lants. Cette mesure, toute de précaution, a servi de prétexte aux agitateurs qui ont vivement réclamé la liberté des cultes et tenté de jeter l'alarme dans plusieurs quartiers[1]. Car il faut vous dire toute la vérité, législateurs; plusieurs de ceux qui ont d'abord annoncé le plus de patriotisme, n'ont voulu que des places terrestres. Nous craignons moins les prêtres réfractaires que les menées de ces pontifes qui, dans les assemblées publiques, profèrent des serments démentis par leur conscience. »

Ce factum se terminait par des récriminations très-vives contre Roland, par des plaintes très-amères sur le peu de sympathie que l'Assemblée, comme le pouvoir exécutif, témoignait aux intérêts particuliers de la ville de Paris. « Ces intérêts, y disait-on, n'ont été défendus par personne ni à la Constituante, ni à la Législative, ni à la Convention ; ce qui a rendu les Parisiens inquiets, soupçonneux, prêts à s'alarmer. »

---

[1]. Le 24 décembre, plusieurs sections, notamment celles de l'Arsenal, de Mauconseil, du Louvre et de la Maison Commune, avaient demandé au Conseil général de revenir sur l'arrêté qui ordonnait la fermeture des églises pendant la nuit de Noël; de nombreuses députations, venant des différents quartiers de Paris, firent la même demande. Mais, sur le réquisitoire de Chaumette, la Commune déclara persister dans son arrêté, et donna à plusieurs officiers municipaux, entre autres aux deux prêtres qu'elle comptait dans son sein, Jacques Roux et Claude Bernard, la mission d'aller prêcher aux citoyens, rassemblés aux portes des églises, la paix et la concorde. Les envoyés de la Commune furent accueillis avec très-peu de faveur. A Saint-Merry, à Saint-Jacques-de-la-Boucherie, à Saint-Eustache, ils faillirent être écharpés. C'est ce que nous apprend le procès-verbal du Conseil général lui-même.

Aussitôt que le chef de la municipalité parisienne a terminé la lecture de son exposé, quelques représentants en demandent l'impression et l'envoi aux départements. Mais un député de Paris, Dussaulx, s'y oppose à moins qu'on ne rectifie le passage où il est dit que la capitale ne trouve au sein de l'Assemblée nationale aucun soutien de ses droits. Lanjuinais ne veut pas non plus que la Convention paraisse donner un caractère officiel à un document, « où la grande cité est représentée comme partageant l'opinion de quelques factieux qui s'efforcent de faire renvoyer un ministre aimé, estimé de la France entière. »

« Comment d'ailleurs, ajoute-t-il, pourrait-elle se plaindre de n'avoir pas vu sa cause défendue dans le sein des assemblées qui se sont succédé dans cette enceinte, lorsqu'il est constaté, par un récent rapport de votre comité des finances, que depuis la révolution elle a coûté à l'État 110 millions. »

Chabot, au contraire, prend la défense de Paris et des Parisiens : « Oui, cette ville a été oubliée dans la révolution ; oui, elle a fait d'énormes sacrifices depuis quatre ans. La suppression des entrées, avec lesquelles elle pouvait payer ses dettes, a tourné au profit des cultivateurs des départements, mais les denrées n'ont point baissé. Paris a beaucoup perdu au départ des princes ; le commerce de luxe se trouve anéanti, et le pain est plus cher que sous l'ancien régime. Oui, ceux que le peuple de Paris accuse, ne cessent d'exciter contre lui les haines du reste de la France. En voulez-vous la preuve ? Lisez l'arrêté que vient de prendre le département de la Haute-

Loire et que vous dénonce la section Bonne-Nouvelle. »

La Montagne n'attendait très-probablement que le mot d'ordre de Chabot pour changer le terrain de la discussion. Elle demande à grands cris qu'on lise l'arrêté auquel l'orateur vient de faire allusion. Cette lecture est faite par un des secrétaires.

« Citoyens, écrivaient les administrateurs de la Haute-Loire aux habitants de ce département, les agitateurs de Paris et les ennemis de la révolution conspirent tous les jours contre elle et flagornent le peuple de cette ville, en lui persuadant qu'il est le souverain presque exclusif de la République dont il n'est que la quatre-vingt-quatrième partie. Le seul moyen de remédier à ces abus est d'organiser une garde départementale qui puisse environner la Convention et l'escorter vers la ville qu'elle choisira pour son séjour, si elle juge cette démarche nécessaire.

« Hâtez-vous, citoyens, et souscrivez l'enrôlement momentané que nous vous proposons pour dissoudre une horde de brigands qui veut usurper les fruits d'une révolution qui coûte tant de sacrifices à tous les citoyens. »

L'extrême gauche veut que cette adresse soit renvoyée au pouvoir exécutif, pour qu'il en poursuive les auteurs et rende compte de leur punition à l'Assemblée dans le plus bref délai.

La Gironde rappelle, par l'organe de Guadet, les arrêtés que prennent chaque jour les sections parisiennes, et où la désobéissance aux lois est prêchée avec le cynisme le plus éhonté.

« Ah! ils savent bien ce qu'ils font, les anarchistes! s'écrie le véhément député de Bordeaux, en faisant élire à haute voix les membres de la municipalité, comme vient de le faire aujourd'hui même la section des Gravilliers. Ils ne veulent avoir que des hommes selon leur goût. Ils dictent leur volonté avec des bourreaux, leurs ordres avec des assassins. Certes, je ne prétends pas accuser la majorité des sections de Paris. Consultez-les; elles vous diront que la faction désorganisatrice et anarchique a des émissaires dans leur sein; que ces émissaires jettent, par leurs menaces sanguinaires, l'épouvante dans le cœur de tous les bons citoyens; que les délibérations les plus importantes sont livrées à quelques factieux et à quelques brigands. Tous les bons citoyens sont unanimes pour faire cesser enfin cet état d'anarchie qui donnerait à la République naissante une base d'argile et de sable. Mais, nous dit-on, c'est le fédéralisme que vous prêchez; vous cherchez à rompre l'unité de la République, vous voulez armer les départements contre Paris. Citoyens, il faut en finir une bonne fois avec toutes ces insinuations. Et, d'abord, le fédéralisme n'a-t-il pas d'abord été proposé, il y a encore peu de temps, par un des coryphées du parti qui nous jette aujourd'hui cette accusation à la face, par Billaud-Varennes? Mais là n'est pas la question. On vous propose de casser l'arrêté du département de la Haute-Loire; cassez donc avant tout les arrêtés liberticides, désorganisateurs, insensés de certaines sections parisiennes; sachez prendre des mesures pour faire exécuter vos décrets dans la ville même où vous tenez vos séances.

Ordonnez de poursuivre ces hommes qui, en quatre jours, ont fait reculer d'un siècle la liberté de l'Europe... Ils m'entendent. »

Électrisée par ces paroles, la Convention prononce, à une grande majorité, l'ordre du jour sur toutes les propositions tendant à casser et même à blâmer l'arrêté du département de la Haute-Loire; puis elle vote l'impression, mais repousse l'envoi aux départements du compte rendu de la municipalité de Paris.

III.

Dès l'ouverture de la séance du 6, la lutte de la veille se ranime plus vive et plus ardente. Comme la Haute-Loire, le Finistère envoie à la Convention une adresse contre les agitateurs et les démagogues : « Nos plus grands ennemis, y était-il dit, sont dans votre sein. Les Marat, les Robespierre, les Danton, les Chabot, les Bazire, les Merlin et leurs complices, voilà les anarchistes, voilà les vrais contre-révolutionnaires... Chassez-les du sanctuaire de vos délibérations, vous n'avez rien de commun avec eux; vous ne pouvez respirer le même air que des scélérats. Si vous croyez manquer de pouvoirs pour prononcer leur exclusion, consultez le souverain, interrogez les assemblées primaires; elles parleront hautement, et bientôt le danger de la patrie disparaîtra[1]. »

---

[1]. Le département du Finistère, en même temps qu'il envoyait

On conçoit facilement la fureur qu'un pareil acte d'accusation excite au sein de la Montagne. « Je demande, s'écrie Marat, que cette adresse soit renvoyée à sa source, au boudoir de la femme Roland ! » Les murmures de l'immense majorité de l'Assemblée, bien loin de lui imposer silence, ne font que l'animer davantage : « Oui, je veux vous dénoncer cette faction qui cherche à immoler à ses projets criminels la députation de Paris ; cette faction qui met tout en œuvre, intrigue, imposture, diffamation, sourdes menées, pour en arriver à ses fins. On vous demande de vous faire respecter : il n'y a qu'un moyen, c'est d'être respectables. — Disparaissez, lui réplique-t-on à droite, et nous le serons ! »

La discussion, mise sur ce ton, devient de plus en plus tumultueuse ; pendant une heure, des interpellations de la dernière violence s'échangent et se croisent. Aussitôt qu'un orateur veut prendre la parole, il est violemment interrompu par le côté de l'Assemblée qui ne partage pas ses opinions. Robespierre et Roland ont le même sort, ils ne peuvent parvenir à se faire entendre. Ils sont tous les deux à la tribune, et le président est impuissant pour faire obtenir un moment de silence à l'un ou à l'autre. « Votre devoir, s'écrie Robespierre, est de m'entendre ; j'ai à dénoncer un complot contre la tran-

cette adresse à l'Assemblée, invitait les autres départements à diriger vers Paris, comme il allait le faire lui-même, une force armée de cent hommes choisis entre les plus braves et les plus patriotes, pour protéger la Convention nationale. Presque tous les jours, des adresses de même nature arrivaient à l'Assemblée. Nous citerons notamment celles émanées des directoires de la Loire-Inférieure, du Morbihan et des Côtes-du-Nord.

quillité publique; il ne peut appartenir à un parti de m'ôter la parole; je l'aurai, en dépit des âmes vénales et des ministres factieux! »

Roland le regarde et sourit; l'immense majorité se soulève d'indignation. Marat, se dressant sur son banc et montrant le poing à la droite, crie : « Coquins de l'ancien régime, s..... faction rolandiste, gredins éhontés, vous trahissez impudemment la patrie! » Les tribunes acclament l'*ami du peuple* et poussent d'effroyables vociférations contre ceux qu'il dénonce à leurs vengeances. Le président sollicite en vain le silence, la sonnette se brise dans ses mains, il se couvre; les huissiers font longtemps des efforts inutiles avant d'obtenir que les députés, réunis en groupes animés au milieu de la salle, consentent à reprendre leurs places.

Enfin le calme se rétablit peu à peu, et le président Barère peut déclarer que la discussion est ouverte de nouveau. « Mais auparavant, dit-il, il faut que la République sache s'il existe une Convention nationale, car je ne vois ici qu'une assemblée anarchique. Je rappelle les tribunes au respect et Robespierre à l'ordre avec censure. »

La Montagne invoque alors en faveur de son orateur le droit qui appartient à tout membre rappelé à l'ordre de faire entendre sa justification.

Robespierre obtient la parole. Il se garde bien de présenter des excuses à l'Assemblée, et prend à partie le président, qui « met plus d'art à prouver son impartialité que d'exactitude à suivre les règles. La censure qui m'a été infligée, ajoute-t-il, ne peut m'atteindre, puisque je ne l'ai pas méritée ; l'opiniâtreté de Barère a seule causé tout le désordre. »

Abusant du prétexte qui lui a livré la tribune, le héros de la démagogie s'y installe et parvient à débiter le long acte d'accusation qu'il a préparé contre Roland, contre ce ministre qui « se prétend chargé de former l'esprit public et qui le déprave en se louant, lui et ses amis, comme des modèles de vertu, en dépeignant ses adversaires comme des scélérats, des brigands, des factieux et des désorganisateurs. »

Lorsque l'orateur a fini sa harangue, Barère, qui ne veut pas rester sous le coup des paroles du chef du parti jacobin, qui ne tient pas cependant à rompre avec le trop populaire et trop dangereux tribun, se contente de dire : « Je pourrais répondre à Robespierre, mais je ne veux pas occuper l'Assemblée de moi ; il y a entre nous un juge qu'il ne peut ni récuser, ni corrompre, c'est l'opinion publique. »

Il veut donner ensuite la parole à Roland qui, depuis longtemps, attend qu'il plaise à la Montagne de le laisser lire son rapport sur la situation intérieure de la République.

Mais on fait observer que la Convention n'a point appelé les ministres pour entendre leurs rapports individuels ; qu'elle a réclamé du Conseil exécutif provisoire tout entier un exposé collectif et général de la situation de la République. La majorité reconnaît que tel est, en effet, le vrai sens du décret du 24 décembre, et la parole est retirée au ministre de l'intérieur. Celui-ci, à peine rentré en son hôtel, se hâte de protester contre cette décision dans une lettre où il déclare rester à son poste jusqu'à ce qu'on le renvoie ou qu'on l'immole[1].

IV.

L'agitation n'était pas seulement dans l'Assemblée; elle était dans Paris tout entier. Chaque jour, des incidents imprévus venaient donner un nouvel aliment à la fièvre qui s'était emparée des esprits. Deux méritent d'être spécialement remarqués, car l'un intéresse la liberté de la presse, l'autre, la liberté des théâtres.

Vers la fin du mois de décembre, la *Chronique*, journal rédigé par Condorcet, publiait une lettre de Charles Villette, député de l'Oise. Dans cette lettre très-courageuse, celui qui avait été l'ami de Voltaire mourant dénonçait aux Parisiens le tort immense que faisait aux citoyens paisibles et au commerce de la capitale la recrudescence des dénonciations contre les signataires de la pétition Guillaume et de celle sur le camp de Paris, contre les anciens membres du club de la Sainte-Chapelle et du club de 1789; il assurait qu'à la suite de ces dénonciations quatorze mille personnes avaient quitté Paris; il se demandait comment imposer silence aux brigands dénonciateurs. « Au lieu de déguerpir, s'écriait-il, il faut rosser ces fabricateurs de listes comme nos volontaires étrillent les soldats de la Prusse et de l'Autriche. Si on

---

[1]. Voir cette lettre datée du 6 janvier même et insérée au n° 40 du *Moniteur*.

se résigne à subir ce joug, si on se soumet à de nouvelles visites domiciliaires, pourquoi s'étonner des massacres de septembre exécutés si paisiblement? Pourquoi s'étonner que Paris devienne un désert, que l'herbe croisse dans ses plus belles rues, que le silence des tombeaux règne dans les thébaïdes du faubourg Saint-Germain? Pensez-vous que l'on soit tenté d'habiter une ville où la violence et l'assassinat sont à l'ordre du jour, où les autorités sont avilies, où les représentants du peuple sont insultés jusque dans le sanctuaire des lois?... N'accusons point les départements d'une ridicule jalousie contre l'ancienne métropole. Il ne faut pas que Paris soit le vampire de la République; mais il faut reconnaître la nécessité d'un point central d'où partent les rayons du gouvernement. Ne craignons pas ces fédérés qui nous arrivent de toutes parts, ce sont nos vrais défenseurs; ils viennent protéger l'éloquence et la raison qu'une ligue impie repousse tous les jours de la tribune nationale [1]. »

Cette lettre est à peine publiée que la section du Panthéon-Français la dénonce au Conseil général de la Commune. Celui-ci ordonne au procureur-syndic de poursuivre « Charles Villette et tous les autres journalistes payés par Roland pour soulever les départements contre Paris, en le représentant comme un ramas de factieux toujours en opposition avec les autorités constituées [2]. »

Villette se montre prêt à soutenir contre la Commune

[1]. La lettre de Ch. Villette se trouve *in extenso* au *Moniteur* de 1793, n° 10.

[2]. Procès-verbal du Conseil général, séance du 28 décembre 1792.

du 2 décembre une lutte pareille à celle que Girey-Dupré a soutenue quelques mois auparavant contre la Commune du 10 août[1]; mais le collaborateur de Brissot n'était pas député, tandis que l'ami de Condorcet est membre de la Convention. Aussi, dès le 31 décembre, Villette écrit-il au chef de la municipalité parisienne pour lui annoncer que c'est à la barre de l'Assemblée nationale qu'il l'attend, si le Conseil général veut donner suite à la dénonciation « de quelques oisifs de la section du Panthéon-Français[2]. » Cette menace n'arrête pas les poursuites; le 5 janvier, le député de l'Oise reçoit une assignation à comparaître devant le tribunal de police « pour avoir employé, dans une lettre rendue publique, des expressions, des tours de phrase anticiviques et tendant à diminuer la confiance due à la municipalité. »

Villette envoie l'exploit à la Convention en l'accompagnant de deux lettres, l'une adressée à Chaumette, l'autre au président de l'Assemblée nationale. Dans la première, il plaisante le magistrat municipal sur ses prétentions à faire revivre le code de l'ancien lieutenant de police, « ce code que l'on croyait enseveli sous les ruines de la Bastille. » Dans la deuxième, il demande à la Convention s'il doit obéir. « J'invoque, dit-il, la liberté de la presse, l'inviolabilité des législateurs, le droit que nous avons d'exprimer librement nos pensées, sans en devoir compte qu'au souverain. Il est temps de montrer la puissance nationale dont nous sommes

---

1. Voir t. III, page 151 et suivantes.
2. Voir la lettre de Charles Villette, *Moniteur* de 1793, n° 1.

investis! il est temps d'imposer aux autorités provisoires qui voudraient se rendre permanentes! il est temps d'écraser les anarchistes et les agitateurs! Mandez à votre barre ces hommes turbulents qui soulèvent les sections paisibles et n'ont d'autre but que de nous troubler et de nous avilir. »

La conduite de la Commune était impossible à défendre. Marat lui-même ne l'ose pas. Il abandonne Chaumette qui, dit-il, n'est qu'un intrigant; mais il veut voir dans cette affaire « la main de la faction criminelle qui cherche à compromettre les sections et la Commune pour ensuite dénoncer leurs actes à la vindicte de la Convention. » L'Assemblée ne prend pas au sérieux les audacieux mensonges de l'impudent bouffon; elle décide, sur la demande de Kersaint, de Lanjuinais et de Boyer-Fonfrède, que le procureur-syndic sera immédiatement mandé à la barre.

Chaumette obéit. Ce fougueux démagogue, nous l'avons déjà vu plus d'une fois, savait s'humilier à propos et ne reculait pas devant une palinodie nouvelle. Il déclare donc que c'est par une erreur de commis que la citation a été envoyée à Charles Villette, que l'arrêté qui ordonnait la comparution du représentant du peuple devant le tribunal de police a été révoqué le matin même. Il était difficile d'admettre ces excuses, si on avait pris la peine de les examiner à fond; mais la Convention sait depuis longtemps à quoi s'en tenir sur le personnage. Elle se contente de la nouvelle preuve qu'il vient de donner de sa platitude; seulement elle lui refuse les honneurs de la séance, bien que la Montagne les eût réclamés pour le représentant de la Commune de Paris, bien que d'ordinaire ils fussent accordés presque comme un droit à tout individu mandé à la barre, lorsqu'il s'était justifié [1].

Pendant qu'à la Convention la liberté de la presse était ainsi consacrée, elle était proscrite dans la salle des Jacobins par ceux-là mêmes qui ne cessaient de s'en proclamer les seuls vrais défenseurs. Les démagogues de tous les temps et de tous les pays sont ainsi faits. Ils se considèrent comme une caste à part, ayant seule en dépôt l'avenir de l'humanité; ils s'arrogent le droit de briser, de réduire en poussière, de jeter au vent ce qui, avant eux, a fait l'objet du culte des siècles antérieurs. Mais ils regardent la moindre atteinte portée à leurs préjugés et à leurs superstitions comme un sacrilége digne des derniers châtiments. Dès qu'on n'épouse pas toutes leurs querelles, dès qu'on ne flatte pas toutes leurs passions, ils vous renient et lancent sur vous les plus terribles anathèmes. Nous avons vu naguère les vainqueurs du 10 août proscrire en masse tous les journaux royalistes et distribuer leurs presses aux écrivains patriotes. Cinq mois plus tard, les frères et amis de la rue Saint-Honoré se montrent plus exclusifs encore. Ils jettent à la porte du lieu de leurs séances le rédacteur du *Journal des débats et de la correspondance de la société*, dont tout le crime consiste à avoir inséré maladroitement dans sa feuille quelques adresses dirigées par quelques sociétés affiliées contre les idoles du

---

[1]. *Moniteur,* n° 10.

jour, Marat et Robespierre. Ils arrêtent qu'à l'avenir aucun journal n'aura le droit de publier le compte rendu des séances du club, si préalablement son rédacteur ne le soumet à l'examen de censeurs qu'ils nomment à cet effet. Bien plus, de peur d'être trahis par un des leurs, ils excluent de la société tous les journalistes, à l'exception du patriote créole Milscent, de Marat et de Tallien[1]. C'est ainsi que ceux qui faisaient parade de sentiments ultra-libéraux entendaient, en 1793, la liberté de la presse. Comment maintenant comprenaient-ils la liberté des théâtres proclamée par l'Assemblée constituante? c'est ce que nous allons voir.

V.

Le 2 janvier, le Théâtre-Français donnait la première représentation de l'*Ami des Lois*, comédie en cinq actes et en vers du citoyen Laya; la pièce était jouée par l'élite de la comédie française, Fleury, Dazincourt, Saint-Prix, Saint-Phal, etc. L'ouvrage, il faut le reconnaître, était assez pauvre d'intrigue; les vers n'étaient pas très-châtiés, mais on sentait qu'ils avaient été écrits sous le coup d'une vertueuse indignation. Ce n'était pas une bonne pièce, c'était beaucoup mieux que cela : une bonne action.

Le personnage principal, ami des lois, voyait les suspicions populaires excitées contre lui, sa maison pillée, sa

---

[1]. *Journal des débats des Jacobins*, n°ˢ 324, 329 et 333.

conduite dénoncée devant un tribunal auquel il avait grande peine à faire reconnaître son innocence. Malgré les péripéties imaginées par l'auteur, la pièce en elle-même ne pouvait, il faut le reconnaître, inspirer qu'un médiocre intérêt. Mais, dans les trois dénonciateurs à la fin démasqués, dans le trio démagogique que, durant cinq actes, l'auteur flagellait de ses sarcasmes, chacun reconnaissait le type des révolutionnaires les plus célèbres. La pièce avait été écrite de verve, elle était jouée de même. Les moindres allusions aux doctrines et aux événements du jour, vigoureusement soulignées par les interprètes, soulevaient tour à tour de formidables tonnerres d'applaudissements ou d'immenses éclats de rire.

Il nous serait impossible de citer tous les vers qui avaient le privilége d'exciter chez les spectateurs un enthousiasme sans doute plus politique que littéraire ; quelques passages de la pièce suffiront pour en faire comprendre la saisissante actualité.

L'un des trois démagogues mis en scène explique ainsi ses principes d'économie politique et sociale :

> De la propriété découlent à longs flots
> Les vices, les horreurs, messieurs, tous les fléaux.
> Sans la propriété, point de voleurs!...
> . . . Si le mal vient de ce qu'on possède,
> Donc ne plus posséder est le plus sûr remède.
> Murs, portes et verrous, nous brisons tout cela ;
> On n'en a plus besoin dès que l'on en vient là.
> Cette propriété n'était qu'un bien postiche,
> Et puis le pauvre naît dès qu'on permet le riche.
> Dans votre République, un pauvre bêtement

Demande au riche! Abus! dans la mienne, il lui prend.
Tout est commun. Le vol n'est plus vol; c'est justice.
J'abolis la vertu pour mieux tuer le vice.

Forlis, l'ami des lois, flétrit en ces termes les démagogues de tous les temps :

Patriotes! ce titre et saint et respecté
A force de vertus veut être mérité.
Patriotes! Eh quoi, ces poltrons intrépides
Du fond d'un cabinet prêchant les homicides,
Ces Solons nés d'hier, enfants réformateurs
Qui rédigent en lois leurs rêves destructeurs!...
Ah! ne confondez pas le cœur si différent
Du libre citoyen, de l'esclave tyran.
L'un n'est point patriote et vise à le paraître;
L'autre tout bonnement se contente de l'être.
Le mien n'honore point, comme vos messieurs font,
Les sentiments du cœur de son mépris profond.
L'étude, selon lui, des vertus domestiques
Est notre premier pas vers les vertus civiques.
Il croit qu'ayant des mœurs, étant homme de bien,
Bon parent, on peut être alors bon citoyen.
Compatissant aux maux de tous tant que nous sommes,
Il ne voit qu'à regret couler le sang des hommes;
Et du bonheur public posant les fondements,
Dans celui de chacun en voit les éléments.
Voilà le patriote! il a tout mon hommage.
Vos messieurs ne sont pas formés à cette image...
Ce sont tous ces jongleurs, patriotes de places,
D'un faste de civisme entourant leurs grimaces;
Prêcheurs d'égalité, pétris d'ambition;
Ces faux adorateurs dont la dévotion
N'est qu'un dehors plâtré, n'est qu'une hypocrisie;
Ces bons et francs croyants dont l'âme apostasie;
Qui, pour faire haïr le plus beau don des cieux,
Nous font la liberté sanguinaire comme eux.
Mais non, la liberté, chez eux méconnaissable,

> A fondé dans nos cœurs son trône impérissable.
> Que tous ces charlatans, populaires larrons,
> Et de patriotisme insolents fanfarons,
> Purgent de leur aspect cette terre affranchie!...
> Royalistes tyrans, tyrans républicains,
> Tombez devant les lois; voilà vos souverains!
> Brigands, l'ombre a passé; songez à disparaître!

Enfin, faisant allusion à la théorie du salut public, invoquée à chaque instant dans le procès qui s'agitait alors au sein de la Convention, un personnage se hasarde à dire :

> Et quoi qu'enfin du peuple ordonne l'intérêt,
> S'il frappe l'innocence, il n'est plus qu'un forfait!

La plupart des journaux annoncent le succès de la première représentation; le *Moniteur*, d'ordinaire si réservé, fait lui-même l'éloge des sentiments patriotiques dont la nouvelle pièce est remplie[1]. A chaque représentation, une foule de plus en plus nombreuse se porte vers le théâtre de l'Odéon, dont étaient en possession ceux des sociétaires de la Comédie-Française restés fidèles aux anciennes traditions. Tout Paris veut rire aux dépens des démagogues qui depuis cinq mois le font trembler, tout Paris veut s'associer à l'acte de courage de Laya. Les Jacobins sont furieux qu'on ose traduire leurs dieux sur la scène. Ils avaient trouvé très-légitime et très-naturel que l'on représentât chaque soir des

---

1. Voir le *Mercure* des 8 et 14 janvier, le *Patriote français* des 12 et 14 janvier, les *Annales patriotiques et littéraires* du 12 janvier, le *Moniteur* du 4 janvier, les *Révolutions de Paris*, n° CLXXXIV.

pièces où les plus basses et les plus viles passions étaient lâchement adulées, où le sarcasme et le ridicule étaient déversés à pleine main sur tout ce qui jadis était entouré de respect. Mais ils bondissent de colère à la seule pensée que, au nom de la liberté, on puisse offrir aux républicains du XVIIIe siècle un spécimen des épigrammes qu'Aristophane lançait impunément contre les hommes puissants de son époque. A chaque séance du club Saint-Honoré, les frères et amis éclatent en menaces contre l'auteur, les acteurs et les spectateurs. Laya, qui voit grossir l'orage, s'empresse en homme prudent et avisé de chercher un abri dans la protection de la Convention elle-même. Il lui dédie son ouvrage par une lettre ainsi conçue :

« Citoyens législateurs,

« Ce n'est point un hommage que je vous présente, « c'est une dette que j'acquitte. L'*Ami des lois* ne peut « paraître que sous les auspices de ses modèles. »

La lecture de cette lettre est favorablement accueillie d'une grande partie de l'Assemblée. On demande qu'il soit répondu à l'auteur par une mention honorable insérée au procès-verbal. « C'est un ouvrage détestable, c'est une œuvre contre-révolutionnaire; l'ordre du jour doit en faire justice, » répliquent Prieur, Chasles, David et quelques autres montagnards. La majorité, qui ne veut prendre parti ni pour ni contre, renvoie l'ouvrage à l'examen du comité d'instruction publique.

La Commune est plus prompte à se décider. Sur la demande de plusieurs sections, qui lui dénoncent « les principes affreux prêchés dans l'*Ami des lois,* » elle prend, le 11 janvier, un arrêté qui défend aux comédiens de jouer la pièce. Cet arrêté est affiché très-tard dans la soirée, notifié plus tard encore aux sociétaires du Théâtre-Français, de sorte que, le 12 au matin, l'annonce de la cinquième représentation s'étale sur tous les murs de Paris à côté de la défense officielle de la donner. Dans la journée, une foule immense se dirige vers l'Odéon, désireuse de connaître comment se terminera le conflit qui s'élève entre la municipalité parisienne et les comédiens français. Les bureaux s'ouvrent comme à l'ordinaire; bientôt la salle, les couloirs, les escaliers regorgent de monde. Les abords du théâtre et les rues adjacentes sont encombrés de milliers de curieux, qui ne veulent pas se disperser avant de savoir si, oui ou non, la pièce sera jouée.

VI.

Un peu avant l'heure fixée pour le commencement du spectacle[1], un grand mouvement se produit dans la foule : c'est le maire Chambon qui arrive en voiture. Mais il est bientôt obligé de mettre pied à terre, et ce n'est pas sans peine qu'on lui ouvre passage au milieu de la foule compacte qui invoque à grands cris la

---

1. A cette époque, les théâtres s'ouvraient généralement à quatre heures de l'après-midi.

loi outrageusement violée par l'arrêté municipal. Aucune insulte personnelle n'est adressée à Chambon ; bien plus, on lui déclare que l'on a confiance en sa sagesse et en sa loyauté. Le maire arrive enfin dans la salle. Il essaye d'expliquer les motifs sur lesquels s'est basée la municipalité pour interdire la représentation de l'*Ami des Lois*. Mais sa voix est couverte par les cris des spectateurs. On demande que le rideau soit levé et la pièce jouée quand même. Cependant, pour tout concilier, on propose d'envoyer à la Convention une députation chargée d'obtenir que la liberté des théâtres soit respectée. Chambon, bien qu'il soit venu avec l'ordre formel de la Commune d'empêcher à tout prix la représentation, est forcé d'appuyer par écrit la demande unanime du public. Une députation est envoyée à l'Assemblée ; elle est conduite par Laya lui-même.

L'auteur et ses amis sollicitent l'honneur d'être admis sur-le-champ à la barre. Après un violent débat et une épreuve douteuse, leur admission est refusée. Laya fait alors parvenir au président le billet écrit par le maire. Les Montagnards prétendent que cette affaire ne peut regarder la Convention, qu'elle doit, comme toute autre, suivre la filière administrative et que, s'il y a des citoyens qui se trouvent lésés par l'arrêté municipal, ils doivent s'adresser au département, ensuite au ministre de l'intérieur. Cependant Kersaint propose un biais qui concilie le respect des formes légales avec le désir de faire prompte justice de l'arrêté de la Commune. C'est un ordre du jour motivé sur la lettre même du maire et qui déclare qu'il n'y a point de loi qui autorise les corps municipaux à censurer les pièces de théâtre[1].

Chambon n'avait pas quitté l'Odéon ; il était retenu dans sa loge à peu près en chartre privée. Santerre, qui, pendant ce temps, est survenu, accompagné de son état-major empanaché, tâche de parvenir jusqu'au maire pour prendre ses ordres ; il est repoussé, bafoué, conspué. Il veut haranguer la foule ; il ne peut se faire entendre et, de guerre lasse, il quitte la place et va rendre compte de sa déconvenue au Conseil général.

Quelque temps après, arrive la députation munie du décret rendu par la Convention Un silence complet s'établit lorsqu'on voit le maire s'apprêter à en donner lecture à haute voix. Aussitôt que Chambon a fini de lire, une immense acclamation retentit, la toile se lève et la représentation commence au milieu des plus vifs

---

[1]. On trouve au *Moniteur*, n° 14, la lettre de Chambon au président de la Convention et celle qu'il écrivit le soir au Conseil général pour expliquer sa conduite. Mais ni le *Moniteur* ni le *Journal des Débats et Décrets* ne donnent le texte même du décret que fit adopter Kersaint. Le voici ; sa rédaction assez vicieuse prouve qu'il fut écrit au courant de la plume :

« 12 janvier 1793.

« Sur la lecture d'une lettre du maire de Paris qui annonce qu'il y a un rassemblement autour de la salle du théâtre de la Nation, qui demande que la Convention nationale prenne en considération une députation dont le peuple attend l'effet avec impatience, et dont l'objet est d'obtenir une décision favorable afin que la pièce de l'*Ami des Lois* soit représentée nonobstant l'arrêté du corps municipal de Paris qui en défend la représentation,

« La Convention nationale passe à l'ordre du jour, motivé sur ce qu'il n'y a point de loi qui autorise les corps municipaux à censurer les pièces de théâtre. »

applaudissements. Elle se termine sans encombre et sans tumulte.

On avait appris successivement à l'Hôtel de Ville que l'arrêté de défense était bravé par les comédiens, que la Convention avait levé l'interdiction, que le maire assistait tranquillement à la représentation. Chacune de ces nouvelles redouble la colère du Conseil général. Il envoie un exprès à Chambon pour qu'il ait à revenir sur-le-champ à la Maison commune. Mais le maire fait répondre qu'il ne peut quitter le théâtre parce qu'il est obligé de veiller à l'ordre, tant au dedans qu'au dehors. Il reste jusqu'à la fin de la représentation et ce n'est que vers minuit qu'il se rend auprès du Conseil qui siége en permanence. En entrant dans la salle, il est accueilli par les murmures de ses collègues. Il veut prendre le fauteuil de la présidence ; on s'y oppose avec violence, on lui fait subir un véritable interrogatoire. Après un long débat, et sur un réquisitoire de Chaumette, le Conseil général déclare improuver la conduite du maire et ordonne que l'arrêté de censure sera imprimé et envoyé aux quarante-huit sections.

En présence du décret de la Convention, il était difficile de proscrire nominativement l'*Ami des Lois ;* mais on s'avise d'un autre moyen qui doit avoir le même résultat. Le Conseil décide que le maintien de la tranquillité publique, sur laquelle il est spécialement chargé de veiller, exige « qu'au moment où le jugement du roi peut être prononcé d'un moment à l'autre, tous les théâtres soient fermés jusqu'à nouvel ordre. »

Le pouvoir exécutif casse ce nouvel arrêté, en déclarant que les circonstances ne nécessitent pas une mesure aussi extraordinaire. Voulant cependant ménager jusqu'au bout les autocrates de la Commune, il a l'imprudence d'insérer au bas de sa décision une espèce de *post-scriptum* qui infirme complétement la mesure vigoureuse qu'il vient de prendre : « Au nom de la paix publique, il invite les directeurs de théâtre à éviter la représentation des pièces qui, jusqu'à ce jour, ont occasionné des troubles et qui pourraient les renouveler dans le moment présent. » Le Conseil général, fort de la faiblesse qu'on montre à son égard, maintient son premier arrêté, et pousse la dérision jusqu'à déclarer que, s'il en agit ainsi, « c'est parce qu'il est de son devoir de maintenir le respect dû aux autorités [1]. »

L'audace toujours croissante de la Commune est dénoncée par Buzot à la Convention, mais l'Assemblée, au moment de reprendre les débats sur le jugement de Louis XVI, ne paraît pas disposée à continuer, à propos d'une comédie, la lutte avec le pouvoir qui trône à l'Hôtel de Ville. « Eh bien ! s'écrie Kersaint, je fais la motion expresse que, si la Convention ne fait pas ouvrir les spectacles, elle ordonne que tout lieu de rassemblement soit fermé. Du moins, les assassins du 2 septembre n'iront plus aiguiser leurs poignards sur le bureau du président des Jacobins. » Cette dernière apostrophe n'a pas même le don de galvaniser l'Assemblée. Elle passe à l'ordre du jour sur les plaintes des deux girondins.

L'arrêté municipal ne fut pas, il est vrai, exécuté en

---

1. *Moniteur,* n° 17.

ce qui concernait la fermeture des spectacles, mais les comédiens français ayant compris qu'ils ne seraient soutenus ni par le pouvoir exécutif, ni par la Convention, et qu'ils couraient grand risque d'être livrés sans défense au courroux des Jacobins, se le tinrent pour dit; ils firent disparaître de leur affiche toute annonce qui aurait pu faire espérer que la pièce de Laya serait jouée de nouveau [1]. C'est tout ce que voulait la Commune.

Ainsi, tantôt en s'humiliant comme dans l'affaire Villette, tantôt en payant d'audace comme dans l'affaire de l'*Ami des Lois*, les meneurs de l'Hôtel de Ville en arrivaient toujours à leurs fins : confisquer toutes les libertés et n'en laisser aucune à qui ne pensait pas comme eux.

---

[1]. Laya fut arrêté quelque temps après et ne dut son salut qu'à la chute de Robespierre. Nous avons retrouvé l'arrêté du Comité de sûreté générale qui lui rendit la liberté trois mois après le 9 thermidor; il porte la date du 20 vendémiaire an III :

« Le Comité, considérant que le citoyen Jean-Louis Laya, auteur
« de plusieurs ouvrages qui ont servi à propager l'esprit public et à
« consolider le républicanisme, n'a été mis en arrestation que par les
« traîtres qui ont subi la peine due à leur crime; arrête que ledit
« citoyen Laya sera mis sur-le-champ en liberté et les scellés levés
« au vu du présent arrêté.

« *Les représentants du peuple* : A. Dumont, Legendre,
« Lesage-Senault, Clauzel, Laporte, La Reveillère-
« Lepaux. »

VII.

Dans la Convention, il n'y avait qu'un petit nombre de membres qui parussent comprendre que la nouvelle Commune s'apprêtait résolûment à suivre l'exemple de celle du 10 août. La situation était toujours la même. Nulle direction, nulle cohésion, nulle entente parmi les Girondins. Les propositions les plus importantes, lancées au hasard, soutenues avec ardeur pendant quelques instants, puis abandonnées presque aussitôt, retombent de tout leur poids sur la tête de ceux qui les ont soulevées. Le 6 janvier, au milieu d'une très-vive discussion engagée entre la Montagne et la Gironde, un député assez obscur, Richoux (de l'Eure), demande que l'on supprime la permanence des sections[1]. Cette motion est appuyée par Fockedey, combattue par Duhem et Billaud-Varennes. Thuriot essaye de l'écarter par un simple ajournement, sous prétexte que les dangers

---

1. Le *Moniteur*, n° 8, nomme Richaud comme l'auteur de cette proposition. Cela est évidemment une erreur. Richaud, l'ancien maire de Versailles, dont nous avons raconté, tome III, page 393 et suivantes, l'héroïque conduite au 9 septembre, lors du massacre des prisonniers d'Orléans, était, il est vrai, député suppléant à la Convention nationale pour le département de Seine-et-Oise, mais il ne fut appelé à y siéger que le 22 février 1793, par suite de la démission que Kersaint donna le 20 janvier. Richaud ne pouvait donc faire une motion le 6 janvier. Il faut restituer à Richoux, député de l'Eure, l'un des soixante-treize girondins exclus de la Convention le 3 octobre 1793, l'honneur de cette proposition.

publics ne sont pas encore passés. Salles insiste pour que l'on brise immédiatement « un instrument révolutionnaire qui chaque jour peut faire naître de nouveaux mouvements, ramener de nouveaux massacres. » — « Oui, oui, s'écrie Marat, nous savons les motifs de cette demande. Les intrigants ont hâte de se soustraire à la surveillance des patriotes. » Mais les injures de l'*Ami du peuple* ne font pas grand effet sur la majorité. Robespierre se décide alors à combattre de toute l'autorité de sa parole une proposition dont nul mieux que lui ne comprend l'importance. « Je crains, dit-il, que, une fois la vigilance des sections disparue, on ne veuille, en excitant perfidement une émeute populaire, violer le dépôt à la fois fatal et précieux qui est au Temple. Que sais-je, moi, au milieu de tant d'étrangers qui affluent dans Paris, que sais-je ce qui se tramera quand le peuple sera dispersé !... Les sections, au commencement de la Constituante, ont maintenu la tranquillité ; elles ont fait la révolution ; elles l'ont soutenue contre les aristocrates et contre les perturbateurs. La tranquillité règne en dépit de quelques factieux, elle règne dans les sections et ce sont les sections qui la maintiennent [1]. »

Robespierre avait entremêlé son discours de toutes sortes de récriminations contre Roland et contre la droite, de toute espèce d'éloges pour ceux qui, « comme lui, avaient le courage de résister au ministre. » Aussi réussit-il merveilleusement à égarer la discussion et à empêcher qu'il ne soit immédiatement donné suite à la motion de

---

[1]. *Moniteur*, n° 9.

Richoux. Le lendemain, la Gironde, occupée d'un autre objet, ne pense plus à renouveler le débat.

Les meneurs des sections parisiennes ne virent dans ce nouvel avortement qu'un motif de plus pour redoubler d'extravagance. Choisissant leur jour et leur heure, ils apostaient d'avance leurs affidés pour se préparer un triomphe facile et éclatant; ils cherchaient à enchérir les uns sur les autres par le dévergondage de leur civisme. Dans des pièces d'éloquence, où le bon sens et la grammaire étaient également maltraités, ils décernaient le blâme et l'éloge aux autorités constituées, gourmandaient la Convention, ébranlaient ou rétablissaient l'Europe sur sa base. A toute autre époque, on aurait ri des prétentions ridicules de ces mouches du coche; mais, dans ces jours de troubles, ces espèces de taons, en ne laissant aucune trêve, aucun repos à la population parisienne, l'entretenaient dans un état de fièvre continuelle. Peu leur importait d'ailleurs que la révolution, ainsi surmenée, tombât d'épuisement avant d'avoir fourni la fin de sa carrière. Ce que voulaient ces politiques de carrefour, c'était sortir de la foule, se faire un nom; ce que voulaient les sections qui subissaient leur influence, c'était se montrer plus révolutionnaires que toutes les autres, se donner la gloire de l'initiative des motions les plus retentissantes et les plus audacieuses.

La section du Théâtre-Français se déclare en état d'insurrection, tant que Louis XVI ne sera pas immolé, et prête ce serment, qui serait burlesque s'il n'était atroce : « Nous le jurons par les droits du peuple, par le souvenir des victimes du 10 août, par le besoin d'être libres; Louis périra ou aucun républicain ne lui survivra!»

La section des Gravilliers invite ses sœurs à nommer des commissaires pour se réunir en Comité central à l'Évêché et aviser en commun au moyen de maintenir efficacement la tranquillité publique et notamment de veiller à la sûreté de la Convention nationale.

Cette protection n'est pas du goût de Gensonné, celui de tous les Girondins qui avait le plus l'esprit d'organisation. Lui et ses amis reprennent donc le projet qu'ils ont plus d'une fois mis en avant, celui d'enlever à la Commune de Paris son plus puissant moyen d'action en lui retirant l'administration de la police et en l'attribuant exclusivement au Comité de sûreté générale. Mais, pour cela, il faut commencer par épurer le Comité qui se trouvait composé, depuis le début de la session conventionnelle, presque mi-partie de Montagnards et mi-partie de modérés. Ces derniers avaient la majorité lorsqu'ils y étaient exacts, mais ils l'étaient peu; en revanche, leurs adversaires, très-disciplinés et très-ardents, l'étaient beaucoup.

La Gironde et la Montagne étaient d'accord pour signaler la fâcheuse composition de ce Comité [1]. Il était, en effet, impossible de faire une police tant soit peu effi-

---

[1]. Marat avait déclaré (*Journal de la République*, n° du 28 novembre), qu'il ne reconnaissait dans le Comité de sûreté générale que onze bons patriotes, à savoir : Héraut-Séchelles, Basire, Rovère, Ruamps, Ingrand, Chabot, Maribon-Montaut, Brival, Goupilleau, Lavicomterie et Musset; il refusait sa confiance à plusieurs montagnards et notamment au fameux Drouet. On peut juger par là de l'ardeur et du zèle que déployaient les onze membres qui avaient trouvé grâce devant l'*Ami du peuple*.

cace avec des éléments aussi hétérogènes. Pour remédier à un pareil état de choses, chacun des deux partis proposait une solution différente : la Gironde voulait augmenter le nombre des membres du Comité ; la Montagne, le restreindre. Ce fut la Gironde qui l'emporta et qui, le 7 janvier, fit adopter le décret suivant :

« La Convention nationale décrète que le nombre
« des membres du Comité de sûreté générale sera dou-
« blé ; qu'il ne pourra donner de mandats d'arrêt que
« d'après une délibération prise à la majorité des deux
« tiers des voix et inscrite sur le registre, et que ces dé-
« libérations ne pourront être prises qu'autant que les
« membres seront réunis au nombre de dix-huit. »

Dès le 9, le nouveau Comité de sûreté générale est élu. Il se trouve composé en presque totalité de membres de la droite et de la Plaine [1]. Lorsque le président donne lecture de la liste, la Montagne se répand en murmures : « C'est une conspiration ! s'écrie Marat. Reconnaissez-vous enfin les intrigues de la faction ? C'est Roland qui a fait la liste. Ce ne sera plus un Comité de sûreté générale, mais un Comité de contre-révolution [2]. »

1. A peine si dans la nouvelle liste figuraient deux montagnards bien avérés, Ingrand et Dartygoyte ; les autres membres appartenaient tous aux opinions modérées ; les plus connus étaient Grangeneuve, Fauchet, Kervelegan, Chambon, Duperret, Gomaire, Rebecqui, Gorsas, Biroteau, Delahaye, qui faisaient partie du groupe girondin proprement dit ; Zangiacomi, Génissieux, Delaunay, Durand-Maillane y représentaient la Plaine, c'est-à-dire la portion de l'Assemblée qui ne voulait pas s'enrôler sous la bannière exclusive de l'un des deux partis, mais qui à cette époque votait généralement avec la Gironde et lui assurait la majorité.

2. Ce nouveau Comité ne subsista que du 9 au 21 janvier ; les

Ce n'était pas assez que d'avoir renouvelé le Comité chargé de la police; il fallait lui assurer un pouvoir incontesté. Le 14, Gensonné propose à la Convention, comme complément de la réorganisation qu'elle avait ébauchée le 7, un décret ainsi conçu :

« Article 1er. La police de la ville où la Convention
« tient ses séances lui appartient.

« Art. 2. Aucune mesure de sûreté générale ne
« pourra être prise à la municipalité et au Conseil gé-
« néral sans en avoir préalablement rendu compte à la
« Convention nationale.

« Art. 3. Tous les matins le maire sera tenu de ren-
« dre compte par écrit de la situation de Paris [1]. »

Montagnards s'étaient promis de profiter de la première occasion pour le renverser, ils n'y manquèrent pas. Nous verrons dans le volume suivant comment ils y réussirent.

1. Pour démontrer jusqu'où allait l'audace de certaines sections, nous n'avons qu'à citer l'arrêté suivant par lequel, maintenant leur premier arrêté cité page 379, les Gravilliers faisaient la leçon à la Convention sur le décret qu'elle venait de rendre, organisaient dans Paris une police nouvelle et investissaient des commissaires non reconnus par la loi du droit de lancer des mandats d'arrêt.

« Sur la motion d'un membre, la section, considérant la difficulté
« d'approcher du Comité de sûreté générale, à cause de la mul-
« tiplicité de ses travaux; instruite qu'aux termes d'un dernier
« décret, les mandats d'arrêt à lancer par ce Comité doivent être
« signés par dix-huit membres, nombre difficile à réunir, ce qui
« peut donner le temps aux conspirateurs de se soustraire à la ven-
« geance de la loi, arrête : 1° Que les quarante-sept autres sections
« seront invitées à nommer, chacune dans leur sein, deux commis-
« saires, à l'effet de se constituer en comité central et secret de sû-
« reté publique; 2° que les membres du Comité recevront toutes les
« dénonciations contre la chose publique; ils auront le droit de

En entendant cette proposition, la Montagne se met en fureur. « Voilà les conspirateurs qui se démasquent, crie-t-elle en chœur.

— « Eh bien, réplique Louvet, je demande que l'on entende le Comité de sûreté générale; il vous prouvera que les tyrans sont là! » et, du doigt, il désigne les bancs où siégent les interrupteurs.

Chambon [1] lit l'arrêté de la section des Gravilliers qui institue une nouvelle police dans Paris. Léonard Bourdon prend la défense de cette section, dont il a été le principal représentant à la Commune insurrectionnelle. Suivant lui, la proposition de Gensonné annihile entièrement le pouvoir exécutif. Il rappelle que ce pouvoir a été, par un décret formel, chargé d'assurer la tranquillité publique pendant toute la durée du procès du roi.

« lancer des mandats d'arrêt contre les prévenus, de les interroger,
« et, après les vingt-quatre heures, de les traduire au Comité de
« sûreté générale de la Convention nationale, pour en ordonner
« comme il le jugera convenable; sauf même, si lesdits quatre-vingt-
« seize commissaires le jugeaient à propos, à rendre responsables
« les patriotes dénonciateurs des suites de la dénonciation, afin que la
« liberté individuelle et mobilière soit plus respectée et moins violée;
« sauf enfin, à faire part des opérations aux autorités constituées, et
« à requérir l'autorisation de la Convention. »

1. Il ne faut pas confondre Chambon, député de la Corrèze, avec son homonyme Chambon, maire de Paris; ils n'étaient pas parents; le premier, l'un des plus courageux girondins, avait été trésorier de France; aussi Marat, son ennemi personnel, lui reprochait-il à chaque instant ses antécédents aristocratiques. Il fut mis hors la loi après le 31 mai 1793, et périt obscurément dans son pays, où il s'était réfugié. Le second était médecin; il se retira, dès le 1er février 1793, de la scène politique et survécut à la tourmente révolutionnaire.

« Ce décret, réplique Barbaroux, ne vous lie pas tellement qu'il vous empêche de prononcer sur un fait qui vous est dénoncé. Si vous attendez des renseignements du pouvoir exécutif, vous attendrez longtemps. La municipalité ne rend jamais compte au département, le département ne rend jamais compte au ministre. Plusieurs lettres de ce dernier sont restées plusieurs mois sans réponse. »

Par malheur, la motion de Gensonné était trop énergique pour le tempérament de la majorité. Elle avait adopté la première partie du programme des Girondins, mais elle rejette la seconde, qui seule pouvait rendre efficace l'ensemble des mesures prises et à prendre contre la dictature démagogique de la Commune de Paris et du club des Jacobins. C'est ce qui n'arrivait que trop souvent à la Convention, assemblée dont on a bien mal à propos, selon nous, vanté l'inébranlable fermeté.

VIII.

S'apercevant de la faiblesse de plus en plus manifeste de la majorité, la Gironde hésitait à remettre sur le tapis la question de la garde départementale, si souvent débattue, si souvent ajournée. Elle avait résolu de réaliser en fait l'organisation de cette garde avant de la faire décréter en droit. La Montagne ne tarda pas à pénétrer cette tactique. Pour la déjouer, elle poussait chaque jour la Commune et les sections à venir dénoncer à la barre l'arrivée clandestine de nombreux volontaires, envoyés par les directoires de département en communion d'idées et de principes avec la Gironde. Mais la majorité de la Convention ne demandait pas mieux que d'être entourée d'une garde sûre et nombreuse, capable de tenir en échec les sections armées qui avaient le monopole de faire la police, et Dieu sait quelle police! aux abords de la salle du Manége. Aussi répondait-elle invariablement par l'ordre du jour pur et simple aux pétitions qui lui arrivaient des divers centres d'action établis dans la capitale pour répandre et répercuter par des échos successifs les élucubrations jacobines.

Il était, à Paris, un corps qui recevait naturellement toutes les circulaires envoyées par les directoires à l'Assemblée, pour l'assurer de leur concours si on osait attenter à sa liberté et à son indépendance : c'était le Conseil général du département. Depuis qu'il avait été reconstitué[1], et bien qu'il comptât dans son sein quelques démagogues exaltés, il avait joué un rôle assez effacé. Néanmoins les meneurs de l'Hôtel de Ville avaient pris ombrage des éléments modérés que ce Conseil renfermait encore. Se targuant tout à coup d'un ardent amour de légalité, ils avaient invoqué le caractère provisoire de la loi du 13 août, et, après un débat assez vif qui fut porté jusque dans le sein de la Convention, ils étaient parvenus à obtenir que l'on procédât à la réorganisation du département. Les élections nouvelles donnèrent le fameux Lhuillier pour successeur à l'obscur Berthelot comme procureur-général-syndic, et opérèrent des chan-

---

1. Voir t. III, page 105.

gements analogues dans tout le reste du personnel du Conseil[1]. Mais, avant qu'ils cédassent la place aux nouveaux élus, on insinua aux anciens administrateurs qu'ils devaient laisser un testament politique attestant leur civisme et leur sympathie pour les intérêts parisiens.

Le 11 janvier, le département de Paris, ayant encore à sa tête le procureur général Berthelot, se présente à la barre de l'Assemblée nationale et dénonce les adresses que chaque jour il reçoit des départements, « adresses, dit l'orateur, qui se ressemblent toutes et ne peuvent émaner que de directoires corrompus ou égarés. On y prétend que les agitateurs dominent dans la capitale, que la Convention n'est ni libre ni respectée; on y annonce l'envoi vers Paris d'une force imposante pour débarrasser l'Assemblée d'une poignée de factieux. Toutes ces calomnies ne sont que la répétition de celles dont la Constituante et la Législative ont fait justice, lorsqu'après le massacre du Champ-de-Mars, lorsqu'après le 20 juin, des adresses écrites dans le même esprit prétendirent flétrir la conduite du peuple de Paris dans ces grandes circonstances...

« Nous ne venons point repousser les calomnies atroces répandues contre les citoyens de Paris : la justice et la vérité n'ont pas besoin de défenseurs. Ces ci-

---

[1]. Voir, à la fin de ce volume, la note que nous avons consacrée au renouvellement du Conseil général du département de Paris et à la lutte assez vive que cette question amena entre le corps électoral, le pouvoir exécutif et la Convention. Le récit de cette lutte peut mieux que tout autre commentaire servir à faire comprendre le mécanisme assez compliqué de la loi du 27 décembre 1789, qui institua les conseils généraux de département.

toyens ont renversé le despotisme, voilà leur droit à la reconnaissance publique; ils ont tout sacrifié pour la patrie, voilà leur réponse; ils ont bien mérité de la patrie, vous l'avez décrété, voilà leur récompense. Nous ne venons pas vous demander, comme les directoires de département se le sont permis de leur autorité privée, de lever une force armée sous le prétexte de vous servir de garde, quand vous, dépositaires des droits de la nation, n'avez pas cru, après une mûre délibération, devoir la décréter. Nous réclamons de vous les moyens de prévenir les obstacles que des mesures aussi illégales qu'inattendues ont jetés dans l'administration départementale. Veuillez nous tracer la marche à tenir relativement à cette force armée extraordinaire qu'on envoie languir dans Paris, tandis que tous les jours il sort du sein de la capitale de nouvelles phalanges pour marcher à l'ennemi. — Citoyens, après avoir parlé comme administrateurs, nous venons comme citoyens vous déclarer que nous irons au-devant de nos frères; nous les serrerons dans nos bras, nous remplirons à leur égard tous les devoirs de la fraternité. Leur erreur ne sera pas de longue durée; ils retrouveront encore les hommes du 14 juillet et du 10 août. Réunis et confondus dans les mêmes sentiments, nous jurerons tous ensemble guerre aux tyrans, guerre aux calomniateurs, guerre aux factieux, unité indivisible de la République, amitié éternelle entre tous les citoyens. »

Vergniaud présidait. Il désirait, ainsi que ses amis, ne pas laisser entamer de discussion sur ce sujet brûlant; aussi ne répond-il au directoire du département que par quelques phrases banales. Mais les Montagnards, qui se sentent, par extraordinaire, sur le terrain de la stricte légalité, entendent bien profiter de la circonstance pour forcer leurs adversaires à dévoiler leurs projets définitifs. « Il est temps, s'écrie Robert, que la Convention nationale se montre aussi franche que les habitants de Paris ; il est temps qu'elle s'occupe des mesures à prendre sur les forces déployées dans les départements. Nous avons délibéré en principe l'organisation d'une force armée pour le service de l'Assemblée nationale. Pendant deux mois cette question a constamment été à l'ordre du jour. Je demande qu'on la discute demain. »

Fidèles à la tactique qu'ils ont adoptée, les Girondins s'opposent à la prise en considération de la motion de Robert. En novembre[1], c'était Buzot, le rapporteur même de la loi, qui avait demandé que l'on ajournât le débat sur la garde départementale, sous prétexte qu'il y avait des questions plus urgentes à résoudre. Aujourd'hui, c'est Rouyer qui veut que l'on sursoie à cette même discussion jusqu'après le procès du roi ! Mais il dévoile toute la pensée de la Gironde lorsqu'il s'écrie : « Vous avez décrété le principe de l'organisation d'une force départementale, il ne vous reste plus qu'à l'organiser ; mais, pour cela, il faut que vous l'ayez ! »

Couthon et Chaudron-Rousseau, s'emparant de cet aveu, demandent que la Convention se fasse faire un rapport sur toutes les adresses départementales, « qui contiennent une usurpation manifeste du pouvoir législatif. »

---

1. T. IV, page 361.

Il devenait de plus en plus difficile aux Girondins de refuser à leurs adversaires une explication catégorique. Buzot, dont ses amis ne peuvent retenir l'ardeur juvénile, court à la tribune. « Les adresses qu'on vous dénonce, dit-il, sont très-nombreuses ; il y en a mille du même genre qui sont déposées au Comité de correspondance. Mais que résulte-t-il de toutes ces délibérations ? C'est que, dans les départements, même les plus éloignés de Paris, on est très-bien renseigné sur la situation où nous sommes. On n'a pas eu besoin d'instigations étrangères ; il a suffi de connaître, par vos décrets, l'état affreux où est Paris. » — De violents murmures partis de la Montagne interrompent l'orateur. — « Vos décrets n'apprennent-ils pas chaque jour à tous que les autorités constituées ne sont pas respectées dans cette ville, et que vous ne pouvez pas y faire exécuter les lois ? Souvenez-vous du rapport qu'est venu vous faire récemment le maire, ici, à votre barre ; c'est la seule pièce de conviction que je veuille vous opposer. « Cent « vingt et un mille hommes, vous a-t-il dit, composent « la garde de Paris ; mais, s'il y a beaucoup d'hommes « inscrits, la force réelle est insuffisante, parce que le « plus grand nombre se dispense du service. » Oui, je vous le dis, la capitale est dominée par une poignée d'hommes turbulents. Dans des sections qui contiennent trois à quatre mille citoyens, vingt-cinq seulement forment l'assemblée et parlent au nom de tous. Ces hommes audacieux sont parvenus à chasser tous les bons citoyens des lieux de réunion. Il n'y a pas un seul homme ayant quelque chose dans cette ville qui ne craigne d'être insulté, frappé, s'il ose, dans sa section, élever la voix contre les dominateurs. »

« Si de tels désordres existent, crie Couthon, prenez des mesures pour les faire cesser; décrétez même l'établissement d'une force armée; mais ne permettez pas aux départements de la décréter eux-mêmes. »

Sans se laisser émouvoir, le jeune girondin poursuit son éloquente apologie du soulèvement des départements contre l'anarchie de la capitale : « S'il est vrai que les assemblées permanentes des sections de Paris sont composées d'un petit nombre d'hommes qui en ont éloigné le reste des citoyens, si c'est par ce petit nombre d'hommes que la Convention nationale est obsédée; si ces mêmes hommes viennent nous insulter jusqu'aux portes de ce sanctuaire, s'ils nous menacent de leurs poignards... »

L'extrême gauche semble vouloir protester contre ces assertions. « Eh bien! j'en atteste mes collègues! » dit Buzot, et aussitôt deux cents membres se lèvent à la fois et répondent : « Oui! oui! c'est vrai! »

L'orateur reprend : « Quand trente ou quarante hommes au plus, flétris ou ruinés, qui ont besoin de troubles pour vivre, qui se rassasient de crimes, composent ou dirigent dans chaque section des assemblées permanentes; quand ces assemblées suffisent pour remuer tout Paris; quand nous sommes environnés sans cesse de ces coquins, peut-on croire à notre liberté? »

A ce mot de *coquins* appliqué si heureusement aux affidés de la Commune, les Montagnards se récrient : « Vous calomniez Paris! — Vous prêchez la guerre civile ! — Vous n'êtes qu'un factieux...! » — « Oui, continue Buzot, quand on sait que certaines sections se sont déclarées en insurrection, quand on sait qu'il nous faut une force départementale même pour pouvoir librement en décréter l'institution... »

A ce nouvel aveu du projet secret de la Gironde, nouveaux cris, nouveau tumulte.

« Je dis qu'en présence des faits que je viens de rappeler, il est impossible aux départements de résister à l'impulsion du civisme qui fait marcher aujourd'hui une partie de leurs citoyens à la défense de l'Assemblée nationale. Et pourquoi les départements n'auraient-ils pas une volonté à eux? pourquoi la Convention, lorsqu'elle n'a pas encore réprimé les sections de Paris qui se sont déclarées en insurrection, lorsqu'elle a permis au procureur de la Commune de Paris de l'insulter au milieu du corps municipal, lorsqu'elle ne l'a pas poursuivi pour avoir attenté à l'inviolabilité d'un de ses membres, pourquoi se montrerait-elle rigoureuse seulement envers les citoyens des départements plus éloignés qui quittent leurs foyers par cela seul qu'ils ont des inquiétudes sur la liberté de leurs représentants? Quels seraient donc les motifs de cette faveur particulière pour Paris? Chez nous les lois sont observées, les autorités respectées, les impôts payés; ici les lois sont ouvertement violées, les autorités méconnues, les contributions ne se payent point. Sont-ce là, sectionnaires de Paris, vos titres à l'insurrection? »

Buzot est encore arrêté par les vociférations de l'extrême gauche, mais il n'en tient pas compte. Se tournant vers les administrateurs départementaux qui sont restés à la barre, il les apostrophe en ces termes : « Et vous, directoire de Paris, qui vous vantez de votre respect de la loi au moment même où vous prêchez l'insurrection au sein de la Convention, n'avez-vous donc pas autre chose à dénoncer que les départements qui ne partagent pas le vertige inconcevable d'une partie de vos concitoyens? Que ne venez-vous nous présenter les arrêtés liberticides émanés de certaines sections de Paris? mais que dis-je? ne vois-je pas parmi vous un Momoro, qui présidait la section qui s'est déclarée en insurrection? L'Assemblée nationale serait coupable si elle osait renvoyer au Comité de sûreté générale, c'est-à-dire au Comité chargé de la recherche des conspirations, les adresses de nos propres commettants.

« Je demande que, reconnaissants du zèle de concitoyens qui nous jugeront un jour, et qui aujourd'hui sacrifient leur fortune et leur vie pour venir nous défendre, je demande, dis-je, que vous décrétiez la mention honorable, dans votre procès-verbal, des arrêtés et des actes sur lesquels Couthon vous proposait d'émettre un vote de censure. »

L'effet du discours de Buzot avait été très-grand; aussi Rabaut Saint-Étienne propose-t-il de discuter sur-le-champ l'organisation de la force armée. Cette proposition est appuyée par un grand nombre de membres; mais la Gironde croit plus prudent d'attendre la manifestation que Barbaroux et ses amis se préparent à faire faire par les fédérés eux-mêmes.

IX.

Deux jours après, le dimanche 13 janvier, paraît à la barre la députation officielle des volontaires des départements, « réunis à Paris pour le maintien de la liberté et de l'égalité contre toute espèce de tyrannie. »

« Nous venons vous demander, dit son orateur, à partager avec les citoyens de Paris la garde des représentants du peuple français. C'est ici, c'est en nous pressant auprès des pères de la patrie que nous attendons nos frères des autres départements. Nous voulons ne sortir de cette enceinte que lorsque les anarchistes seront soumis et vaincus. Les hommes du 2 septembre peuvent se présenter; ils trouveront en face d'eux les hommes du 10 août; c'est un cartel que la vertu donne au crime.

« Eh quoi! faudra-t-il souffrir longtemps encore que cinquante ou soixante factieux se constituent en tyrannie permanente dans quelques-unes des sections de la quatre-vingt-quatrième partie de la République, et que, rivalisant entre eux d'extravagance, ils viennent vous prescrire ce qu'ils appellent la volonté du souverain? que des tribunes forcenées injurient nos représentants, leur prodiguent les insultes et les menaces de mort? qu'autour de cette enceinte les suppôts de l'anarchie, les apôtres de l'assassinat vous couvrent d'injures à votre passage et vous crient que cinq cents de vos têtes rouleront bientôt à leurs pieds? France! France! n'auras-tu nommé des représentants que pour les envoyer à la boucherie?...

« Notre devoir est de sauver vous et la patrie; nous jurons de maintenir la souveraineté du peuple, l'unité et l'indivisibilité de la République, et d'immoler tout traître, tout conspirateur qui oserait y porter atteinte [1]. »

Le président Vergniaud déclare que la Convention applaudit au zèle des pétitionnaires, Kersaint convertit leur demande en motion.

« Aucun bon citoyen, dit-il, ne peut s'opposer à ce que réclament nos frères des départements. Je suis sûr que le décret que je vais lire sera adopté à l'unanimité :

« Les fédérés qui sont à Paris feront le service près
« de la Convention conjointement avec la garde natio-
« nale de cette ville; le Comité de défense générale pré-
« sentera demain un projet de décret sur l'organisation
« des fédérés, aux fins du service auquel ils sont
« admis [2]. »

Vergniaud met aux voix le décret. L'extrême gauche ne vote ni pour ni contre. Tout le reste de la Convention l'adopte avec enthousiasme.

Le soir, au club Saint-Honoré, on est dans la consternation. « Nous avions bien prédit, s'écrie un orateur, que les rassemblements secrets des fédérés n'avaient d'autre but que d'organiser la garde départementale... La Convention a décrété aujourd'hui la force armée contre laquelle la Montagne s'était toujours élevée avec tant de chaleur et de raison... »

« Les fédérés qui se sont présentés aujourd'hui à la

1. *Moniteur*, n° 15.
2. *Moniteur*, n° 16; *Journal des Débats et Décrets*, n° 118, page 469.

Convention, ajoute Chabot, étaient de faux Marseillais. Ils se sont dits les hommes du 10 août; ils en ont menti. Je connais tous ceux qui étaient à la prise des Tuileries, je n'en ai pas reconnu un seul. Les Marseillais du 10 août n'étaient que trois cents, ceux-ci sont plus de huit cents. On veut faire jouer à ces prétendus volontaires le rôle des grenadiers des Filles-Saint-Thomas; mais cela ne réussira pas [1]. »

Le plus difficile n'était pas de faire décréter la création d'une garde départementale, mais de l'organiser et, après l'avoir organisée, d'y maintenir une discipline sévère et rigoureuse. C'est ce que les Girondins négligèrent complétement. Or, les démagogues étaient très-versés dans l'art d'endoctriner un à un les soldats (troupe de ligne ou fédérés), de les attirer dans les sociétés populaires, de leur offrir tous les enivrements de la flatterie et de la débauche. Ils étaient parvenus plus d'une fois à démoraliser des troupes anciennes et régulières; à plus forte raison devaient-ils réussir auprès de volontaires arrivant de différents points de la France, ne se connaissant pas entre eux, n'ayant pas de chefs sur lesquels ils pussent compter et qui leur inspirassent confiance.

Les affidés de la Commune s'étaient déjà mis à l'œuvre. Après l'adoption du décret proposé par Kersaint, ils redoublent d'efforts. Déjà les Jacobins avaient ouvert une souscription pour construire dans la salle Saint-Honoré de nouvelles tribunes d'où les volontaires provinciaux pussent entendre les discours de leurs frères et

---

[1]. *Journal des débats du club des Jacobins,* n°ˢ 338 et 340.

amis. Marat envoie cent francs pour témoigner combien il est sympathique à cette œuvre de propagande. On fait demander par les premiers fédérés séduits que la salle du club soit mise à leur disposition, afin que tous les matins ils puissent délibérer sur les moyens de sauver la patrie. Naturellement, la permission est accordée avec le plus grand enthousiasme [1].

Le 14, au soir, ceux des fédérés qui ont fait leur soumission entre les mains des Jacobins et qui marchent sous leur bannière, se réunissent dans l'église Saint-Bon, près la place de Grève, avec les délégués des quarante-huit sections. Un comité mixte organise une fête pour célébrer l'union intime des volontaires départementaux avec les sans-culottes parisiens. La Commune consent à honorer de sa présence la cérémonie fraternelle qui se prépare. La place du Carrousel est le lieu de réunion assigné par le programme. « On doit y brûler les pamphlets de Roland, verser des larmes sur la tombe des citoyens morts en combattant un tyran qui respire encore, mais dont le glaive de la loi va bientôt purger la terre; se jurer une union indissoluble et se donner l'accolade fraternelle [2]. »

Le 17, ce programme s'accomplit de point en point. Les embrassements terminés, Marseillais et officiers municipaux, sectionnaires et fédérés, mêlés les uns aux autres, se rendent à l'Hôtel de Ville. Le Conseil, qui avait suspendu sa séance à midi, la rouvre à une heure, au milieu d'une affluence considérable. Sur le réquisitoire

1. *Journal des débats du club des Jacobins*, n° 336.
2. *Journal des débats du club des Jacobins*, n° 341.

du procureur-syndic Chaumette, il arrête[1] : « que l'historique de cette belle journée sera gravé sur des pierres de la Bastille, envoyé aux quatre-vingt-quatre départements, et que, au milieu de la place du Carrousel sera planté un arbre *vivant,* dit arbre de la fraternité [2]. » Des applaudissements éclatent; plusieurs fédérés prononcent des discours, on renouvelle les baisers fraternels et l'on descend sur la place de l'Hôtel de Ville danser la carmagnole!

Toutes ces danses, toutes ces embrassades, toutes ces fêtes étaient parfaitement calculées pour jeter le trouble et la confusion dans la future armée de la Gironde. Aussi pouvait-on prévoir que, si jamais la garde départementale se formait, elle serait, par son manque d'unité et de discipline, plus embarrassante pour ceux qui avaient provoqué sa création que dangereuse pour ceux qui l'avaient combattue.

1. *Moniteur,* à l'article *Commune,* 17 janvier (n° 19).
2. La plantation de cet arbre devait servir de prétexte à une nouvelle fête célébrée le 22 janvier (*Moniteur,* n° 25).

LIVRE XXIV

LES APPELS NOMINAUX.

I.

Le procès du roi avait été interrompu brusquement après le résumé habile et insidieux que Barère avait prononcé le 4 janvier.

On s'attendait à entendre quelques-uns des principaux Girondins réfuter les arguments à double tranchant du député des Hautes-Pyrénées, surtout ceux au moyen desquels il avait essayé de repousser l'appel au peuple. Bien au contraire, au moment où la Convention se préparait, le 7, à reprendre le débat, ce fut Guadet qui en demanda la clôture. Cette proposition fut adoptée sans conteste, quoiqu'il y eût encore un grand nombre de députés inscrits pour prendre la parole. Seulement on décida : 1° que l'on imprimerait aux frais de la République, comme on l'avait fait dans la première phase du procès[1], les opinions des membres qui se voyaient ainsi privés du droit de prononcer leur opinion à la

---

1. Voir livre XX, page 202.

tribune; 2° que, sur toutes les questions qui seraient posées, chaque député aurait le droit de motiver son vote.

Il ne restait plus à décider que la manière dont les questions seraient posées. La Convention renvoya à huitaine cette discussion importante. Dans l'intervalle, Vergniaud fut élu président à une très-grande majorité. L'honneur fait à l'illustre girondin était la sanction éclatante de son discours du 30 décembre et de sa justification dans l'affaire Boze.

Le 14, Daunou rouvre la discussion en proposant une série de questions qui, bien qu'évidemment conçues dans un but de clémence, respectaient toutes les opinions[1]. Suivant lui, la Convention devait successivement examiner : 1° si elle entendait statuer par mesure de sûreté générale et si, par conséquent, elle devait rapporter le décret qui déclarait que Louis serait jugé par elle; 2° si elle prononcerait par appel nominal ou au scrutin secret sur le sort de l'accusé; 3° si la simple majorité suffirait, ou s'il faudrait les deux tiers des voix pour la condamnation; 4° si la peine, quelle qu'elle fût, serait soumise à la sanction du peuple.

Mais la proposition de l'ancien oratorien, subdivisée

---

1. Le *Moniteur* attribue cette série de questions à Danton; mais c'est évidemment une erreur; car quelques pages plus loin (p. 80, col. 3), on voit que le célèbre tribun, lors du premier et du deuxième appel nominal (séance du 15), était absent par commission. Il ne parut à la Convention que le 16. Du reste, le *Journal des Débats et Décrets* désigne nominativement Daunou comme le rédacteur des dix-sept questions.

en dix-sept questions, paraît trop compliquée. Cette raison la fait écarter.

Cambacérès, tout en se déclarant convaincu de la culpabilité de Louis, émet des doutes sur le droit que la Convention s'attribue de juger sans appel. Il propose de demander au peuple les pouvoirs nécessaires.

Appuyant vivement le préopinant, Louvet ajoute : « Si l'appel au peuple n'était pas adopté, nulle puissance au monde ne pourrait me forcer à voter; car, dans ce cas, je voterais souverainement, je porterais un jugement qui serait irréparable. »

Un très-long débat s'engage sur la priorité à donner à telle ou telle question. On sentait que cette priorité pouvait exercer une immense influence sur le vote définitif. La Montagne voulait qu'après avoir déclaré Louis coupable, la Convention prononçât la peine et ne discutât qu'en troisième lieu la question de l'appel au peuple. La Gironde soutenait que, si l'on votait d'abord sur la culpabilité, puis sur la peine, on se trouverait trop engagé pour statuer en pleine liberté sur l'appel.

La discussion est aussi confuse qu'animée. Plusieurs fois elle est fermée par un vote formel, et plusieurs fois elle se rouvre par suite de nouveaux incidents.

Couthon, irrité de tant de lenteurs, s'écrie : « Voilà trois heures que nous perdons notre temps pour un roi; sommes-nous des républicains? Non, nous sommes de vils esclaves! Il n'y a personne qui ne soit convaincu que Louis est coupable; donc il n'y a aucun inconvénient à déclarer que la priorité sera accordée à cette première question, et à passer de suite à l'appel nominal sur les autres. — Et moi, dit Rabaut Saint-Étienne, je demande avant tout que l'on décide si la ratification du peuple aura lieu, oui ou non. — On paraît d'accord, soutient insidieusement Barère, que le fond du procès, c'est-à-dire la question du délit, ne doit pas être soumis à la sanction du peuple; pourquoi ne serait-elle pas soumise la première à la délibération de l'Assemblée? Elle est indépendante des deux autres, et les deux autres dépendent d'elle. Il est inutile de s'occuper d'un jugement et d'un recours au peuple s'il n'y a pas de coupable. »

Toutes ces propositions contradictoires ne font que jeter l'Assemblée dans une plus grande perplexité. L'agitation est telle que le président est obligé de se couvrir. Lorsque ce moyen suprême a rétabli un instant le calme, Vergniaud fait observer qu'il est étonnant que les auteurs de ces désordres indécents soient ceux-là mêmes qui semblent vouloir hâter le jugement de Louis.

Mais l'extrême gauche n'en continue pas moins à pousser des exclamations d'impatience, qui empêchent les orateurs de se faire entendre. A la fin, Vergniaud, épuisé de fatigue, cède le fauteuil à Treilhard; celui-ci, moins mal vu de la Montagne, parvient à calmer le tumulte dont depuis cinq heures la Convention est le théâtre. D'ailleurs, la Gironde, se laissant prendre au piége que lui a tendu Barère, finit par renoncer elle-même à demander la priorité pour la question de l'appel au peuple. Boyer-Fonfrède fait la motion de poser ainsi les trois questions qui doivent être soumises successivement à l'Assemblée :

« *Première question*. — Louis est-il coupable de conspiration contre la liberté de la nation et d'attentat contre la sûreté générale de l'État?

« *Deuxième question*. — Le jugement, quel qu'il soit, sera-t-il renvoyé à la sanction du peuple?

« *Troisième question*. — Quelle sera la peine infligée? »

Le jeune orateur en faisant cette concession à ses adversaires demande que, pour faire cesser les luttes scandaleuses qui viennent d'absorber toute la séance, on se borne à arrêter la série des questions et que l'on renvoie au lendemain les appels nominaux sur chacune d'elles.

Ces diverses propositions sont adoptées. La Montagne est satisfaite de ce que la question de culpabilité soit posée avant toute autre; la Gironde de ce que la question de l'appel au peuple précède celle relative à la peine. Elle se figure avoir, par cela seul, tout gagné; elle avait, au contraire, tout compromis! Il n'y avait qu'un moyen de faire revenir honorablement la Convention sur la décision fatale qu'elle avait prise un mois auparavant en décrétant que Louis serait jugé par elle, c'était de faire voter tout d'abord sur l'appel au peuple. En renonçant à cet avantage, les Girondins abandonnaient le seul terrain sur lequel ils pussent asseoir une argumentation solide. Fonfrède avait bien déclaré que la solution de chacune des questions qu'il avait posées ne préjugerait en rien celle à donner sur les autres, que les consciences resteraient parfaitement libres jusqu'à la fin du dernier vote. Le jeune Girondin le croyait puisqu'il le disait, car c'était un parfait honnête homme, un cœur droit et sincère; mais il se trompait grossièrement. Un légiste de profession ne se serait pas laissé prendre aux artifices de Barère ; mais Fonfrède ne connaissait rien aux subtilités du Palais. Il ignorait que, d'après la législation en vigueur : 1° les jurés devaient être interrogés, non sur une seule question vague et générale de culpabilité, mais sur autant de questions distinctes qu'il y avait de délits spéciaux imputés à l'accusé; qu'ainsi il était monstrueux de faire résoudre par un seul et même vote les trente-quatre points sur lesquels avait porté l'interrogatoire de Louis XVI; 2° que la question de culpabilité sur chacun de ces points devait se diviser en deux questions, soumises séparément et successivement aux jurés, culpabilité matérielle, culpabilité intentionnelle [1]. La Convention, en mettant de côté toutes les formes judiciaires, violait pour la première fois, et dans quelle circonstance! les notions les plus élémentaires du droit nouveau que la Constituante avait établi aux applaudissements de tous les amis de l'humanité. Dès la première question, tout était préjugé, tout était confondu. Chaque membre de l'Assemblée, qu'il le voulût ou qu'il ne le voulût pas, qu'il crût ou non en avoir le pouvoir, était constitué juge de Louis XVI; il ne lui était même pas permis de scruter

---

1. Toutes ces garanties, destinées à protéger l'accusé, avaient été consacrées par le Code d'instruction criminelle du 16-29 septembre 1791. Elles avaient été observées même dans les procédures instruites devant le tribunal extraordinaire du 10 août. — Voir la note sur le procès Montmorin (tome III, page 461).

les intentions qui avaient fait agir le roi dans telle ou telle circonstance; de placer dans le plateau de la balance, qu'on avait remise, bon gré, mal gré, entre ses mains, le poids des préjugés, des conseils, des espérances, des regrets, des humiliations, des contraintes que l'infortuné monarque pouvait faire valoir en sa faveur.

II.

La séance du 15 janvier s'ouvre, sous la présidence de Vergniaud, par la lecture de la correspondance; mais, à midi, on demande que cette lecture soit interrompue et que l'on passe immédiatement au vote par appel nominal sur la première question posée la veille par Boyer-Fonfrède.

Sur les propositions successives de Buzot, de Rouyer, de Biroteau, de Jean-Bon Saint-André et de Léonard Bourdon, la Convention décide :

1° Que chaque membre se placera à la tribune pour y donner son opinion, que les opinions seront recueillies par un secrétaire, signées par les votants, imprimées et envoyées dans les départements;

2° Que les membres non présents auront le droit d'émettre leur vœu après l'appel;

3° Que les absents sans cause seront censurés et que leurs noms seront inscrits au procès-verbal.

Beaucoup de députés se réservent d'adopter toutes les mesures qui pourront sauver le roi, mais aucun d'eux n'ose le déclarer non coupable. Quelques-uns font observer qu'ils se prononcent comme législateurs et non comme juges[1]. Quelques autres refusent de voter, parce qu'ils ne se reconnaissent aucun pouvoir judiciaire[2]. D'autres encore accompagnent leur vote de certaines restrictions ; cinq, enfin, se récusent[3]. Huit sont

[1]. Les premiers étaient au nombre de quinze, savoir :

Antiboul (du Var), Bourgeois (d'Eure-et-Loir), Cazeneuve (des Hautes-Alpes), Coutisson-Dumas (de la Creuse), Dupuis (de Seine-et-Oise), Garnier de Saintes (Charente-Inférieure), Gaudin (de la Vendée), Lanjuinais (d'Ille-et-Vilaine), Lemaréchal (de l'Eure), Lobinhes (de l'Aveyron), Meynard (de la Dordogne), Pellé (du Loiret), Rameau (de la Côte-d'Or), Rouzet (de la Haute-Garonne), Salicetti (de la Corse).

Sur ces quinze, treize votèrent sur la troisième question pour la détention comme mesure de sûreté générale; deux, Salicetti et Garnier (de Saintes), votèrent pour la mort. Ils avaient déclaré qu'ils n'étaient pas juges, et ils votèrent comme législateurs la peine capitale !

[2]. Les seconds étaient au nombre de huit, dont trois évêques constitutionnels, qui déclarèrent que leur caractère de ministres de paix ne leur permettait pas d'être juges en matière criminelle. Ces trois évêques étaient Fauchet (du Calvados), Wandelaincourt (de la Haute-Marne), Lalande (de la Meurthe). Les autres députés qui refusèrent de voter sur la question de culpabilité, étaient :

Conte (des Basses-Pyrénées), Giroust (d'Eure-et-Loir), Henri Larivière (du Calvados), Lomont (du Calvados), Yzarn-Valady (de l'Aveyron).

Ces huit députés se prononcèrent tous pour l'appel au peuple et pour la simple détention.

[3]. Les cinq députés qui se récusèrent étaient : Lafond (de la Corrèze), Noël (des Vosges), Morisson (de la Vendée), Baraillon et Debourges (de la Creuse).

Lafond ne siégeait à la Convention que depuis le 9 janvier; il y avait remplacé, en qualité de suppléant, Germignac décédé. Il déclara qu'il ne pouvait voter parce qu'il n'avait pas assisté au commencement des débats.

absents pour cause de maladie, vingt par commission ; six cent quatre-vingt-trois répondent par une affirmation pure et simple[1].

Dès que Vergniaud a proclamé le résultat, l'appel nominal commence sur la deuxième question : « Le jugement de la Convention nationale contre Louis Capet sera-t-il soumis à la ratification du peuple? »

Un assez grand nombre de députés motivent leur vote en des termes et par des considérations qu'il est bon de signaler. Anacharsis Clootz se pique peu de logique, car il s'exprime ainsi : « Je ne connais d'autre

---

Noël allégua une raison particulière : « Mon fils, dit-il, était grenadier au bataillon des Vosges, il est mort aux frontières en défendant la patrie. Le cœur déchiré de douleur, je ne puis être juge de celui qu'on regarde comme le principal auteur de cette mort. » Noël était un des députés les plus modérés de la Convention. Il fut proscrit comme ami des Girondins et périt sur l'échafaud.

Morisson avait, dès le début du procès, soutenu avec un grand courage la thèse de l'inviolabilité absolue du roi. Voyant cette thèse résolue négativement par le fait de la position des questions, il déclara ne pouvoir voter.

Debourges et Baraillon s'exprimèrent ainsi. Debourges : « Que l'on définisse en quelle qualité on demande mon vote; sinon je ne puis voter. » Baraillon : « Je ne crois pas être ici pour juger des criminels, ma conscience s'y refuse, en conséquence je me récuse. »

Lors de l'appel nominal sur la troisième question, Debourges persista à ne pas vouloir voter; Baraillon vota pour la détention; mais un autre député, Chevalier (de l'Allier), s'étant récusé parce que l'on avait rejeté l'appel au peuple, le nombre des récusations fut le même sur la première et la troisième question, — cinq.

1. Dans l'énoncé du résultat des quatre appels nominaux donné par le *Moniteur*, il existe plusieurs erreurs. Nous ne suivrons donc pas ce journal, mais bien le procès-verbal officiel de la Convention.

souverain que le genre humain, c'est-à-dire la raison universelle. Je dis non. »

Cambacérès se prévaut d'une usurpation de pouvoir commise par la Convention pour lui en conseiller une autre. « Nous devions aussi renvoyer à la sanction du peuple le décret par lequel nous nous sommes constitués juges de Louis XVI ; nous ne ne l'avons pas fait. Je dis non. »

Treilhard et Pons (de Verdun) déclarent qu'après avoir été favorables, au premier abord, à l'appel au peuple, ils se décident maintenant à voter contre. Quelques représentants[1] font une distinction toute en faveur de l'accusé. Ils déclarent se prononcer pour l'appel au peuple, si l'accusé est condamné à mort; contre, s'il ne l'est pas. Dans ce moment solennel, plusieurs députés, au lieu de conserver l'impassibilité du juge, ne songent qu'à satisfaire la haine de l'homme de parti. Louvet motive ainsi son vote : « Parce que si, comme on le dit et comme je le crois, il arrive en France beaucoup de guinées anglo-ministérielles, elles sont plus redoutables dans une assemblée de 749 membres qu'au milieu d'un peuple composé de 25 millions d'hommes; parce que je ne suis que mandataire; parce que la nation seule est souveraine; parce que je ne veux pas que Louis Capet soit remplacé par Philippe d'Orléans, ni par aucun autre; parce que ce n'est point un jugement que vous

---

1. Notamment Lanjuinais (d'Ille-et-Vilaine), Opoix (de Seine-et-Marne), Lacroix (de la Haute-Vienne), Baraillon (de la Creuse), Izoard (des Hautes-Alpes), Lehardi (de la Seine-Inférieure) ; ces six députés votèrent tous contre la mort lors du troisième appel nominal.

renvoyez au peuple, puisque déjà vous avez déclaré le fait et que vous appliquerez la peine, mais seulement une mesure de sûreté générale, — je dis oui. » — Camille Desmoulins, appelé un peu plus tard, réplique : « Comme le roi de Pologne a été acheté par la Russie, il n'est pas étonnant que beaucoup d'entre nous, qui ne sont pas rois, soient vendus !..... »

Ces paroles soulèvent de violents murmures; on demande, de plusieurs côtés, que Desmoulins soit censuré. — « L'ordre du jour! crie Gensonné; Camille est au-dessous de la censure ! — Tous nos collègues sont libres de motiver leur opinion, répond Bréard, mais il n'est pas tolérable qu'ils puissent la motiver en insultant la Convention. C'est ce que vient de faire Camille. Je l'entends me dire qu'il n'a fait que répondre à Louvet. S'il en est ainsi, je suis fâché que l'on n'ait pas demandé contre Louvet ce que je demande contre Camille. » La censure est prononcée contre le député de Paris, qui, satisfait du scandale qu'il a excité, n'achève pas le développement de son opinion, et se contente de rejeter l'appel au peuple.

Robespierre, Danton et plusieurs autres membres de la députation parisienne votent purement et simplement contre l'appel. Il n'en est pas de même de Manuel et de Marat.

« Citoyens, dit Manuel, je reconnais ici des législateurs ; je n'y ai jamais vu des juges : car des juges sont froids comme la loi, des juges ne murmurent pas, des juges ne s'injurient pas, ne se calomnient pas. Jamais la Convention n'a ressemblé à un tribunal. Si elle l'eût été, certes, elle n'aurait pas vu le plus proche parent du coupable n'avoir pas, sinon la conscience, du moins la pudeur de se récuser. » (On murmure.)

Le président : « Il ne doit point y avoir de personnalités. Manuel, je vous rappelle à l'ordre. »

Manuel : « C'est autant par délicatesse que par courage, autant pour honorer que pour sauver le peuple, que je demande sa sanction. Je dis oui. »

— « Je rends hommage à la souveraineté du peuple, dit Marat s'exprimant avec une gravité qui ne lui est pas habituelle; mais le seul cas où la nation puisse exercer sa souveraineté doit être restreint à la déclaration des droits. Étendre la sanction du peuple à tous les décrets est chose impossible, l'appliquer aux décrets importants est chose impraticable. Renvoyer à la ratification des assemblées populaires un jugement criminel qu'ont décidé des raisons politiques bien approfondies, c'est vouloir métamorphoser en hommes d'État des artisans, des laboureurs, des ouvriers, des manœuvres. Cette mesure est le comble de l'imbécillité, pour ne pas dire de la démence; elle n'a pu être proposée que par des compères du tyran, qui ne voient d'autre moyen de le soustraire au supplice que d'exciter la guerre civile; en conséquence, je dis non. »

Voici quels furent les votes de plusieurs autres coryphées de la Montagne :

Couthon : « L'appel au peuple est attentatoire à la souveraineté; car il n'appartient pas aux mandataires de transformer le pouvoir constituant en une simple autorité constituée. C'est une mesure de fédéralisme, une mesure lâche, une mesure désastreuse, qui conduirait infailliblement la République dans un abîme de maux. Je dis non. »

Billaud-Varennes : « Comme Brutus n'hésita pas à envoyer ses enfants au supplice, je dis non. »

Saint-Just : « Si je ne tenais du peuple le droit de juger le tyran, je le tiendrais de la nature. Je dis non. »

Plusieurs députés, en votant pour l'appel au peuple, font, comme Louvet et Manuel, des allusions très-directes au projet qu'ils supposent aux Montagnards, de mettre le duc d'Orléans à la place de Louis XVI. Barbaroux est très-explicite à cet égard : « Il est temps, dit-il, que le peuple des quatre-vingt-quatre départements exerce sa souveraineté, qu'il écrase, par la manifestation de sa volonté suprême, une faction au milieu de laquelle je vois Philippe d'Orléans, et que je dénonce à la République en me vouant avec tranquillité aux poignards des assassins. »

Comme toujours, les Montagnards se montrent unis, les Girondins divisés. Plusieurs des amis les plus intimes de Vergniaud votent contre l'appel au peuple[1]. Leur exemple est suivi par un grand nombre de membres de la Plaine, même par ceux qui se sont déjà montrés et

---

[1]. Parmi les Girondins qui votèrent contre l'appel au peuple, nous citerons : Boyer-Fonfrède, Ducos, Lacaze, Carra, Antiboul, Lesterp-Beauvais, qui, tous les six, firent partie de l'holocauste du 31 octobre; Condorcet, Masuyer, Deschezeaux, Doulcet de Pontécoulant, Dulaure, Isnard, qui, tous les six, furent mis hors la loi; les trois premiers périrent, les trois derniers survécurent à la tourmente révolutionnaire.

doivent se montrer encore le plus favorables à l'accusé[1]. Ils ne voient pas qu'en rejetant l'appel, ils enlèvent peut-être à Louis XVI sa dernière chance de salut.

A dix heures du soir, au moment de lever la séance, Vergniaud proclame en ces termes le résultat du vote sur la deuxième question :

« Sur 717 membres présents,

10 ont refusé de voter,

424 ont voté contre l'appel au peuple,

283 ont voté pour.

« En conséquence je déclare, au nom de la Convention, que le recours au peuple est rejeté. »

III.

La fin de la séance du 15 avait été marquée par un violent désordre. Un membre de l'ancien comité de surveillance de la Commune insurrectionnelle, le fameux Jourdeuil, avait grossièrement apostrophé le vénérable Dussaulx, député de Paris, qui venait de voter pour l'appel au peuple. Après un débat assez vif, l'Assemblée s'était contentée d'envoyer l'insulteur s'expliquer devant la Commission des inspecteurs de la salle [2].

---

1. Notamment Daunou, Chasset (du Rhône), Charles Villette, Mercier, Harmand (de la Meuse), Delaunay jeune.

2. Le *Moniteur* ne mentionne pas même cet incident, qui est consigné au procès-verbal imprimé de la Convention, page 224, et au *Journal des Débats et Décrets*, n° 121, p. 212. C'est à cette occasion que le girondin Rouyer s'écria : « Nos départements nous ont-ils envoyés ici pour faire des lois ou pour être le jouet de

Le lendemain, l'agitation continue ; car l'indulgence, que la Convention a montrée envers l'ami et le protégé de Marat, a encouragé les énergumènes des sections. Dès le matin, les affidés des Jacobins assiégent les portes de la salle du Manége, gardent tous les abords, et exercent une police sévère vis-à-vis de ceux qui entrent ou qui sortent. Quiconque ne témoigne pas bruyamment de sa colère contre l'accusé est écarté avec violence. La foule est bientôt unanime dans ses fureurs et dans ses cris. Ses dispositions peuvent faire illusion aux députés timides et hésitants sur les sentiments vrais de la population parisienne ; c'est tout ce que veulent les meneurs. Chaque député, pour pénétrer dans la salle, est obligé de passer devant une haie compacte d'hommes à figure sinistre, dont les propos et les gestes sont plus sinistres encore. Les représentants du peuple qui ne jouissent plus de la faveur des frères et amis de la rue Saint-Honoré sont accueillis par des cris farouches, par des invectives grossières. Au contraire, dès qu'un montagnard fameux par sa violence se présente, il est salué par les plus vifs applaudissements.

L'enthousiasme est à son comble quand apparaissent Danton, Lacroix et Collot-d'Herbois, arrivés dans la nuit même, les deux premiers de l'armée du nord, le troisième de l'armée des Alpes, pour venir apporter dans la balance, où se pèse le sort de Louis XVI, le poids de leur influence.

quelques factieux ? Sommes-nous ici dans la forêt d'Orléans ou dans le Sénat français ? »

A peine la séance est-elle ouverte que Danton signale son retour par une violente sortie. La Convention entendait la lecture d'un rapport relatif aux derniers troubles dont la représentation de l'*Ami des lois* avait été l'occasion[1]. Le ci-devant ministre de la justice s'écrie : « Doit-il donc s'agir aujourd'hui d'une misérable comédie ? Non ! il s'agit de faire tomber sous la hache des lois la tête d'un tyran. Je demande que la Convention prononce sans désemparer sur le sort de Louis. »

Mais Chambon vient, au nom du Comité de sûreté générale, lire une lettre du ministre de l'intérieur qui avertit la Convention de l'état violent où se trouve la capitale, des mouvements qui se manifestent autour des barrières et des prisons et font craindre à chaque instant le renouvellement des scènes sanglantes de septembre. Le rapporteur est, à toutes ses phrases, interrompu par les dénégations furibondes de la Montagne ; mais les faits par lui avancés sont confirmés par plusieurs députés, qui se plaignent d'avoir été insultés aux portes de la salle et même menacés de mort.

L'Assemblée paraît tellement convaincue qu'elle délibère entourée de sicaires qu'un représentant qui n'est pas suspect, un intime de Robespierre et de Saint-Just, Lebas, s'écrie : « Eh bien ! je demande que la Convention rende un décret pour faire assembler nos suppléants dans une autre ville. Nous braverons ici le poignard des assassins. — Allons donc ! crie Marat en éclatant de rire ; j'invite la Convention à se respecter elle-même. Je

---

[1]. Voir plus haut, pages 365 et suivantes.

ne comprends rien à la comédie qui se joue ici. Il ne faut pas être dupe de terreurs simulées. Parmi tous ces gens qui vous disent qu'ils votent sous les poignards, y en a-t-il un qui ait reçu quelque égratignure[1] ? »

« Toutes ces peurs fantastiques, ajoute Legendre, ne sont qu'une manœuvre pour retarder le jugement du roi... Ah! s'il fallait faire le procès du peuple, au lieu de faire celui des rois, ce ne serait pas si long ! »

« Il n'y a, répond Rouyer, qu'un moyen de confondre les agitateurs : c'est d'opposer les braves gens aux lâches et aux assassins. Je demande que les fédérés des départements commencent dès aujourd'hui à partager avec les corps armés de Paris la garde de la Convention. »

Plusieurs Montagnards qui, comme Lebas, semblent jaloux de donner à la Plaine un gage de sécurité, déclarent appuyer la proposition de Rouyer. C'est un Girondin qui vient la combattre : « Citoyens, dit Boyer-Fonfrède, j'ai désiré que les fédérés vinssent ici; je désire que vous leur permettiez de faire le service autour de cette enceinte, avec les citoyens de Paris; mais je viens m'opposer à ce que leur service commence aujourd'hui... Ne calomniez pas vous-mêmes le jugement que

---

1. Marat et ses amis employèrent la même tactique et, chose remarquable, les mêmes expressions lorsqu'ils voulurent, au 31 mai, persuader de nouveau à l'Assemblée qu'elle était libre. Trois jours après, tous les chefs du parti de la Gironde étaient proscrits; cinq mois après, ils portaient leurs têtes sur l'échafaud. La Convention fut aussi libre le 16 janvier que le 31 mai, elle vota ces deux jours sous les poignards. Il faut nier la lumière pour contester une pareille vérité.

vous allez porter ; reposez-vous de ce soin sur vos ennemis. »

L'opinion chevaleresque du jeune Girondin n'est pas partagée par la majorité, qui se prononce pour l'adoption immédiate du décret[1]. A peine le vote est-il proclamé que l'on voit apparaître à la tribune le ministre de la justice, Garat, dont le rôle consistait, depuis son entrée au Conseil, et consistera longtemps encore à rassurer les faibles et les timides sur les conséquences des mouvements populaires dénoncés par les Girondins.

Au nom du pouvoir exécutif, il rend compte de l'état de Paris. Son rapport est fort peu explicite et, sur certains points, en contradiction avec une lettre du maire que le président vient de recevoir. Le premier magistrat de la ville de Paris reconnaissait que les craintes sur la sûreté des prisons et la tranquillité de la capitale avaient quelque fondement ; il ne niait pas

---

1. Le décret était ainsi conçu :
« La Convention décrète que les fédérés des départements qui
« sont actuellement et qui viendront à Paris, feront, en nombre égal
« avec les corps armés de Paris, le service auprès des établissements
« nationaux.
« Le Conseil exécutif donnera les ordres nécessaires pour que le
« présent décret soit mis dès demain à exécution. Elle renvoie le
« surplus du projet au Comité de défense générale et au Comité de la
« guerre pour faire leur rapport dès demain. » (Procès-verbaux imprimés, p. 256.)
On ne trouve aucune trace de ces deux rapports dans les séances suivantes. Le *Moniteur*, n° 24, se contente d'insérer à l'article *Paris*, ces quelques lignes : « Le 18, les volontaires des départements ont commencé à concourir avec les citoyens de Paris à la garde de la Convention et des établissements publics. »

l'existence de certains projets incendiaires, il espérait seulement que l'union des bons citoyens saurait les déjouer.

Gensonné fait ressortir tout ce qu'il y a de vague et d'incertain dans les allégations ministérielles et dans les promesses des autorités parisiennes. Il se plaint amèrement de l'étrange manière dont la municipalité et le commandant général de la force armée exécutent le décret qui leur ordonne de rendre tous les jours compte de l'état de Paris; il demande que le pouvoir exécutif soit investi du droit de requérir la force armée sans aucun intermédiaire. Quelques députés proposent d'ajourner à des temps plus calmes une motion aussi grave. Mais Lacroix qui, comme son ami Danton, tient à signaler son retour et à donner des gages certains de dévouement à la Montagne, s'élance à la tribune : « Pas d'ajournement! dit-il; cette proposition ne mérite pas cet honneur; elle est le renversement de toutes les lois. Elle tend à dégrader aux yeux du peuple les magistrats; elle confère la dictature au Conseil exécutif. Toutes nos lois attribuent aux magistrats municipaux le droit terrible de requérir la force armée. Vous ne pouvez le leur enlever sans les déclarer indignes de la confiance de leurs concitoyens, sans avoir la preuve qu'ils en ont fait un mauvais usage. On ne peut faire ce reproche à la nouvelle municipalité et aux nouveaux administrateurs du département de Paris. La tranquillité règne dans la capitale. Ils ont exactement rendu compte au Conseil exécutif de la situation de la ville. Je demande la question préalable sur la proposition de Gensonné. »

Mais Chambon insiste : « Les autorités constituées elles-mêmes nous envoient des rapports qui ne sont pas uniformes. Les uns (le ministre de l'intérieur) annoncent que tout est dans la plus entière désorganisation; qu'on peut craindre une explosion prochaine. Les autres (le ministre de la justice et le maire de Paris) conviennent qu'il y a un germe de fermentation, mais nous laissent espérer qu'il peut être contenu. Qu'on ne nous fasse pas de phrases, mais que l'on déclare la vérité tout entière. Malgré tous les rapports qui annoncent votre tranquillité, je dis que vous n'êtes point tranquilles. »

Quelques murmures se font entendre; Chambon reprend aussitôt : « Je sais que l'on est toujours tranquille quand on a du courage. La question n'est pas de savoir si vos cœurs sont tranquilles, mais s'ils ont des droits à l'être. Je sais bien qu'il est des hommes tranquilles sur les événements : ce sont ceux qui les préparent ; qu'il est des hommes qui ne craignent pas les assassins : ce sont ceux qui les dirigent. Sans doute, dans toute autre circonstance, il serait dangereux d'accorder au Conseil exécutif un pouvoir tel, qu'il mettrait sous sa direction immédiate une force publique immense ; mais enfin, puisqu'il faut qu'une autorité quelconque en soit revêtue, je demande à laquelle il est plus dangereux de la confier, du pouvoir exécutif ou de la municipalité de Paris ? »

La pensée de Gensonné et de Chambon avait une portée immense, car elle ne tendait à rien moins qu'à détruire cette savante organisation des pouvoirs, établie avec tant d'art mais si peu de discernement, par la Constituante; cette organisation qui remettait toute la force armée entre les mains de la municipalité parisienne, et ne laissait au département, à plus forte raison au ministre de l'intérieur, qu'un droit inefficace de contrôle. La Convention s'effraye de la gravité même de la question, et, pour ne pas entamer de nouvelles luttes avec la Commune, elle passe à l'ordre du jour. Peu de temps auparavant, elle avait refusé de confier la police à son Comité de sûreté générale[1]; aujourd'hui elle refuse de confier le droit de réquisition au pouvoir exécutif. Elle n'ose se mettre hors de tutelle; plus tard elle apprendra comment les démagogues savent récompenser le désintéressement dont on use envers eux.

IV.

Les appréhensions que certains députés exprimaient sur la tranquillité publique, sur la liberté assurée à leur vote, sur la sécurité garantie à leur vie, étaient-elles sérieusement motivées? La Montagne avait-elle raison de mettre en doute la réalité des troubles que dénonçaient ses adversaires, et de rire de leurs terreurs?

La plupart des historiens n'ont pas hésité à reconnaître qu'une immense agitation ne cessa de régner dans Paris pendant les journées des 15, 16 et 17 janvier. Un

---

[1]. Voir plus haut, page 384.

seul, M. Louis Blanc, ose affirmer que jamais la capitale ne fut plus tranquille qu'au moment où la Convention vota la mort de Louis XVI [1].

[1]. M. Louis Blanc, page 46 du VIIIe volume de son *Histoire de la Révolution*, déclare vaguement que le fait est attesté par les journaux et les documents officiels, mais il ne cite que le journal de Prudhomme, *les Révolutions de Paris*. Voilà, il faut en convenir, une bien imposante autorité! Qui ne sait que ce journal, rédigé sous l'influence des puissants du jour, ne diffère que par le style du journal d'Hébert et des autres feuilles démagogiques; qu'il est rempli des mêmes mensonges et des mêmes absurdités? Nous en avons donné assez de preuves dans nos précédents volumes et notamment tome IV, page 418, pour que nous croyions avoir besoin de revenir sur ce chapitre.

Dans l'intérêt de sa thèse, M. Louis Blanc ne paraît pas se souvenir de ce qu'il a dit lui-même, quelques pages plus haut (page 37) lorsqu'il nous montre « Paris livré aux mouvements les plus orageux, la crise du travail se développant, la famine et le soupçon inspirant d'homicides conseils. »

Est-il possible de soutenir raisonnablement que l'agitation des derniers jours de décembre avait subitement cessé à l'approche du jugement du roi? C'est le contraire qui devait naturellement se réaliser, et c'est ce qu'attestent tous les documents officiels, quoi qu'en puisse dire M. Louis Blanc.

Si nous parcourons les registres mêmes des sections parisiennes, nous voyons, dès le 15, les Gravilliers proposer aux quarante-sept autres sections de nommer des délégués spéciaux, chargés de se réunir dans la salle capitulaire de l'Évêché pour veiller à la sûreté publique. Or, durant toute la Terreur, tous les grands mouvements parisiens ont commencé par des réunions illégales de prétendus délégués des sections dans cette même salle de l'Évêché. Un grand nombre de sections adhèrent à cette mesure et envoient leurs commissaires. D'autres délibérations parlent des circonstances périlleuses où se trouve la chose publique (Mail, Mauconseil, 15 janvier), des dangers qui paraissent menacer les prisons (Droits-de-l'Homme, 15 janvier, Poissonnière, 16 jan-

Voici les faits dans leur réalité. Les assemblées des sections devenaient de plus en plus tumultueuses. Chaque soir les démagogues se livraient, vis-à-vis des courageux citoyens qui se hasardaient à y paraître, à des menaces violentes, à des expulsions arbitraires, à des scènes de pugilat dignes des plus mauvais lieux [1]. Les troubles suscités autour de l'Odéon par l'interdiction des représentations de l'*Ami des lois* [2] n'étaient point apaisés. Les agitateurs ordinaires s'étaient dirigés à diverses reprises vers les barrières, pour les faire fermer; des hommes, à bon droit suspects, rôdaient autour des prisons et semblaient attendre un moment favorable pour en forcer les portes [3]. Diverses sections, notamment celle du Faubourg-Montmartre, avaient demandé que tous ceux qui entreraient à Paris, ou en sortiraient, fussent soigneusement visités. On faisait courir

---

vier); d'autres dénoncent Roland comme voulant s'évader de Paris et demandent qu'il soit mis en arrestation (Bonne-Nouvelle et Amis de la patrie, ci-devant du Ponceau, 15 janvier). Enfin, dès le 17 janvier, pendant que la Convention procède encore à l'appel nominal sur le sort réservé à Louis XVI, plusieurs sections préjugent la décision de l'Assemblée et s'occupent des mesures de police à prendre pour le jour où Capet sera exécuté. Les Gravilliers notamment demandent que ce jour-là aucune femme ne puisse sortir de chez elle.

1. Voir la pétition de la section des Champs-Élysées; *Moniteur* de 1793, n° 1.

2. Voir le procès-verbal de la séance du Conseil général de la Commune, du 15 janvier. — *Histoire parlementaire,* tome XXIII, page 335.

3. Voir la lettre de Roland et le rapport du maire Chambon, *Moniteur,* n° 20.

le bruit qu'un grand nombre de députés appartenant au parti modéré s'apprêtaient à fuir, ce qui justifiait d'avance les visites domiciliaires et les recherches inquisitoriales que la Commune pouvait ordonner d'un moment à l'autre.

Quelques jours auparavant, les sections du Finistère, de l'Observatoire et de Bonne-Nouvelle avaient envoyé des députations au ministre de la guerre pour lui demander de remettre entre les mains de l'armée démagogique, commandée par Santerre, cent trente-deux canons qui se trouvaient à Saint-Denis. La Commune avait appuyé cette demande, sous prétexte que les pièces lui appartenaient, comme ayant été cédées par elle à la nation dans des circonstances périlleuses[1]. Pache, toujours désireux d'obtempérer aux volontés jacobines, s'était empressé de donner les ordres nécessaires pour la prétendue restitution. Cette nouvelle avait été reçue avec joie au club de la rue Saint-Honoré[2], avec stupeur dans le reste de Paris.

---

1. Voir le *Moniteur* du 11, article *Commune*.

2. Nous lisons ce qui suit dans le *Journal des débats du Club des Jacobins*, n° 339 : « Demain, disait un membre de la société, l'artillerie de Saint-Denis sera à Paris pour contenir les intrigants de tout genre qui veulent exciter des troubles. Après-demain, s'il faut encore un siège, les provocateurs y trouveront leur tombeau et le terme de leurs coupables espérances. »

« Oui! s'écriait un autre énergumène, c'est à vous de sauver encore une fois la patrie... A Rome, un orateur disait tous les jours : Il faut détruire Carthage! eh bien! qu'un Jacobin monte tous les jours à la tribune pour dire ces seuls mots : Il faut détruire les intrigants. »

Ce ne fut que le 16 au matin que Pache daigna donner, à la Convention, quelques explications sur l'arrivée de ces arguments irrésistibles. Mais, par ses explications mêmes, chacun put comprendre que le complaisant des Jacobins et leur représentant au sein du conseil exécutif était charmé d'avoir eu la main forcée par la Commune. Il avait livré d'abord les pièces, puis les poudres pour les charger, et enfin les chevaux pour les conduire. Tout était maintenant réuni entre les mains des sectionnaires. Seulement, le ministre de la guerre, pour rassurer ses collègues du pouvoir exécutif, leur avait déclaré que les canons, qui causaient tant d'alarmes, étaient de gros calibre et manquaient des équipements nécessaires pour être employés. Il faut convenir que tout cela était fort peu rassurant, et, sans être alarmiste, on pouvait n'ajouter qu'une foi très-médiocre à ce nouveau billet de La Châtre, contre-signé par Pache. Aussi le prudent et cauteleux Garat, lorsqu'il vint, comme nous l'avons dit plus haut, faire son rapport sur l'état de Paris, glissa-t-il fort légèrement sur la livraison des canons de Saint-Denis, en en laissant toute la responsabilité à son collègue du ministère de la guerre[1].

V.

La séance était ouverte depuis sept heures ; déjà

---

[1]. Voir au *Moniteur*, n° 20, la lettre de Pache et le rapport de Garat.

tout le temps de la Convention avait été absorbé par l'exposé de la situation de Paris et les discussions que cette situation avait suscitées. Enfin Vergniaud peut annoncer que l'appel nominal va commencer sur la troisième question : « Quelle peine sera infligée à Louis ? » Mais Lehardy (du Morbihan), l'un des plus courageux membres de la droite, demande qu'avant tout l'on décide quelle sera la majorité nécessaire pour donner force au jugement. — « Cette majorité doit au moins être des deux tiers, » s'écrie Lanjuinais.

Garran-Coulon pense, au contraire, que la Convention ne doit rien changer à son mode habituel de votation. « Il faut, dit-il, que tous vos décrets soient également respectés, qu'ils aient obtenu une majorité considérable ou qu'ils n'aient été votés qu'à la majorité d'une seule voix. » Lehardy insistant, Danton lui répond : « Comment élève-t-on aujourd'hui cette question ? On ne l'a pas élevée lorsque nous avons prononcé sur le sort de la nation entière, voté l'abolition de la royauté, proclamé la république, déclaré la guerre. Maintenant qu'il s'agit de statuer sur le sort d'un individu, d'un conspirateur, on voudrait adopter des formes plus sévères, plus solennelles. Nous prononçons comme représentants du peuple, exerçant sa souveraineté par provision, car c'est en lui seul qu'elle réside. Quand vous faites une loi contre des individus quelconques, attendez-vous que le peuple ait prononcé pour l'exécuter définitivement ? Quand vous faites une déclaration de guerre, cette déclaration, qui doit fatalement entraîner la mort de plusieurs milliers de citoyens, n'est-elle que provisoire ? Le sang coule-t-il provisoirement? Les complices de Louis n'ont-ils pas subi immédiatement la peine sans aucun recours au peuple? ils sont morts définitivement. Celui qui a été l'âme de tous ces complots mérite-t-il une exception? Le peuple vous a constitués ses juges. Si le ci-devant roi eût été cité devant un tribunal, il aurait joui de la majorité ordinaire; mais ici, je le répète, vous ne pouvez, vous ne devez prononcer qu'à la simple majorité[1]. »

« On a souvent parlé, réplique Lanjuinais, de craintes depuis le commencement de ce procès; vous n'en devez avoir qu'une : celle de violer la justice et la raison. La première violation des principes fait toujours marcher de violations en violations. Cette affaire en présente déjà plusieurs; mais, au moins, soyez d'accord avec vous-mêmes; soyez conséquents dans vos violations. Vous invoquez sans cesse le Code pénal; vous vous dites sans cesse : Nous sommes jury. Eh bien! c'est le Code pénal que j'invoque, ce sont les formes du jury que je demande. Vous dites que les lois se font à la majorité des voix plus une; par cela même, vous reconnaissez que vous faites un acte mixte et qui participe de ces deux fonctions. Vous avez rejeté toutes les formes que peut-être la justice, que certainement l'humanité réclamait : la récusation et la forme silencieuse du scrutin. On paraît délibérer ici dans une Convention libre; mais c'est sous les poignards et les canons des factieux. »

La Convention reste froide devant les suprêmes adju-

---

[1]. *Moniteur* du 20, *Journal des Débats et Décrets*, n° 123, page 234.

rations du courageux député d'Ille-et-Vilaine. Entraînée par la décision fatale qui la constitue cour de justice et assemblée politique tout à la fois, elle passe à l'ordre du jour, motivé sur ce que tous ses décrets doivent être rendus indistinctement à la simple majorité absolue. Alors commence le fatal appel.

Par suite du roulement établi entre tous les départements, c'est à la députation de la Haute-Garonne qu'échoit le triste avantage de voter la première. Le premier élu de ce département était Jean Mailhe. Rapprochement bizarre, celui qui préside et celui qui ouvre le débat ont tous deux déjà, dans d'autres circonstances, attaché leur nom aux principales phases de ce triste procès. Le 10 août, Vergniaud avait, comme président de la Législative, prononcé le décret de déchéance; il allait, comme président de la Convention, prononcer le décret de mort. Mailhe avait, le 7 novembre, comme rapporteur du comité de législation, inauguré le procès[1]; il inaugure la condamnation et opine pour la mort. Mais il demande à faire, en votant, « une simple observation, » qui paraît, au premier abord, n'avoir qu'une portée assez médiocre et qui en aura une considérable, parce qu'elle entraînera le vote d'un certain nombre de députés. « Je crois, dit-il, que si la mort a la majorité, il serait digne de la Convention d'examiner s'il ne serait pas utile de retarder le moment de l'exécution. »

Des dix-neuf députés de la Haute-Garonne et du Gers, treize avaient voté pour la mort, six pour la détention et

---

1. Voir plus haut, page 177.

le bannissement, quand arriva le tour de la Gironde. Le premier député de ce département était Vergniaud. Quel vote va tomber des lèvres du pathétique orateur du 31 décembre?

« Je me suis prononcé, dit-il, pour que le décret ou jugement qui serait rendu par la Convention nationale fût soumis à la sanction du peuple. Dans mon opinion, les principes et les considérations politiques de l'intérêt le plus majeur en faisaient un devoir à la Convention. L'Assemblée en a décidé autrement. J'obéis : ma conscience est acquittée. Il s'agit maintenant de statuer sur la peine à infliger à Louis. J'ai déclaré hier que je le reconnaissais coupable de conspiration contre la liberté et la sûreté nationales. Il ne m'est pas permis d'hésiter aujourd'hui sur la peine. La loi parle : c'est la mort; mais en prononçant ce mot terrible, inquiet sur le sort de ma patrie, sur les dangers qui menacent même la liberté, sur tout le sang qui peut être versé, j'exprime le même vœu que Mailhe, et je demande qu'il soit soumis à une délibération de l'Assemblée. »

Guadet émet un vote identique à celui de Vergniaud. Gensonné vote pour la mort, sans adhérer à l'amendement de Mailhe. Il demande qu'aussitôt après le jugement de Louis, la Convention s'occupe des mesures à prendre à l'égard de la famille de l'accusé, et qu'elle ordonne au ministre de la justice de faire poursuivre devant les tribunaux les assassins du 2 septembre.

Ducos, par une étrange contradiction, constate une fois de plus toutes les illégalités qui ont entouré le jugement de Louis, et cependant vote pour la mort :

« Quant aux formes employées dans l'instruction de cette affaire, je crois qu'elles sortent des règles ordinaires, comme le jugement devait en sortir lui-même par l'état unique de l'accusé et la nature particulière de l'accusation. J'ai dû examiner, non si elles étaient conformes aux lois et aux usages des tribunaux, mais si elles étaient suffisantes pour opérer ma conviction intime. La division des fonctions judiciaires en jury d'accusation, jury de jugement et juges appliquant la loi, est à la fois une précaution et un moyen pris par la société pour assurer la justice; mais cette division n'est pas la justice. La justice consiste dans l'application exacte du droit au fait. Voilà ce que j'ai dû chercher dans l'instruction du procès de Louis. Je déclare cependant que l'état extraordinaire de l'accusé a pu seul me faire concevoir et approuver la forme extraordinaire du jugement qui doit être unique comme la cause qu'il va décider. Je déclare que si la Convention voulait en porter un second sur un citoyen ordinaire en employant les mêmes violations de formes, je la regarderais comme criminelle et tyrannique, et la dénoncerais à la nation française... Condamner un homme à mort, voilà de tous les sacrifices que j'ai faits à ma patrie le seul qui mérite d'être compté. »

Boyer-Fonfrède vote comme son beau-frère Ducos; mais, d'une nature plus froide, d'un esprit plus dogmatique, il s'exprime avec moins de sensibilité : « Me dépouillant de cette haine vertueuse que l'horreur de la royauté inspire à tout républicain contre tous les individus nés auprès du trône, appliquant la loi comme je le ferais à ma dernière heure, le cœur froissé de douleur, mais la conscience tranquille, je vote la mort. »

Ainsi, des cinq membres importants de la députation de la Gironde, aucun n'avait émis un vote de clémence. Trois n'avaient pas même admis l'amendement de Mailhe.

VI.

D'autres amis de Vergniaud opinent également pour la mort, mais avec certaines restrictions qui permettent de ne pas compter leur vote pour la sentence funèbre.

Louvet s'exprime ainsi : « Nulle puissance au monde, je vous l'ai dit hier lors du vote sur la deuxième question, ne me fera méconnaître la souveraineté nationale, ne me fera l'usurper. Vous avez rejeté l'appel au peuple; vous me forcez à prononcer souverainement sur une question politique de la plus haute importance, dont la décision suprême appartient à la nation. Je vote la mort, mais à cette condition seulement, que le jugement ne pourra s'exécuter qu'après que le peuple français aura accepté la Constitution que vous êtes chargés de lui présenter... Si, au contraire, l'exécution soudaine d'un jugement irréparable venait à être décrétée, puisse du moins le génie tutélaire de ma patrie détourner loin d'elle les maux qu'on lui prépare! Puisse sa main toute-puissante nous retirer de l'abîme incommensurable où quelques ambitieux auront contribué à nous précipiter! Puisse sa main vengeresse écraser les nouveaux tyrans qu'on nous garde! »

De violentes clameurs parties de l'extrême gauche accueillent ces paroles. Louvet continue : « Ne me dites pas que je représente en d'autres termes l'appel au peuple déjà rejeté. Pour vous déterminer à rejeter cet appel, qu'a-t-on allégué? Qu'on ne pourrait actuellement assembler le peuple sans risquer d'allumer la guerre civile. Eh bien, dans la nouvelle mesure que je vous propose, le peuple ne s'assemble pas actuellement. A l'époque que j'indique, rien ne peut empêcher qu'il s'assemble; car vous-mêmes avez décrété qu'il n'y aurait de Constitution que celle qu'il aurait acceptée. A cette époque, si Louis XVI ne vit plus, croyez-vous qu'il ne se présentera pas quelque intrigant dévoré du désir de lui succéder, avide du pouvoir suprême, et plus redoutable parce que ses forfaits, moins connus, ne l'auraient pas aussi complétement avili? Je vote pour la mort de Louis, mais à la condition expresse que je viens d'exprimer; je déclare formellement que mon opinion est indivisible. »

Brissot et Buzot opinent dans le même sens que Louvet.

« J'étais et je suis encore convaincu, dit le premier, que le jugement de la Convention, quel qu'il fût, entraînerait de terribles inconvénients. J'étais et je suis convaincu que le jugement de la nation, quel qu'il eût été, n'aurait aucun de ces inconvénients, et que, s'il s'en présentait, ils seraient facilement écartés par la force, par la toute-puissance nationale. La Convention a rejeté l'appel. Le mauvais génie qui a fait prévaloir cette décision a préparé des malheurs incalculables pour la France.

« Je vois dans la réclusion un prétexte aux factions, un prétexte aux calomnies. On ne manquerait pas d'accuser la Convention de pusillanimité et de corruption ; on la dépouillerait de la confiance qui lui est nécessaire pour sauver la chose publique. Je vois dans la sentence de mort le signal d'une guerre terrible qui coûtera prodigieusement de sang et de trésors à ma patrie. Ce n'est pas légèrement que j'avance ce fait. Non pas que la France ait à redouter les tyrans et leurs satellites ; mais les nations, égarées par des calomnies sur le jugement de la Convention, se joindront à eux.

« Convaincu que le jugement va être suivi de malheurs, j'ai cherché longtemps le genre de peine qui pût réunir au plus haut degré la justice à l'intérêt de la chose publique, qui pût faire respecter la Convention par tous les partis, qui nous conciliât les nations, qui effrayât les tyrans en même temps qu'il détruirait les calculs de leurs cabinets, qui déjouât les prétendants au trône, qui pût associer la nation au jugement de la Convention. Or, toutes ces conditions, je les ai trouvées dans la sentence de mort, avec l'amendement de Louvet, c'est-à-dire en suspendant l'exécution de cette sentence jusqu'après la ratification de la Constitution par le peuple. »

Buzot. — « J'ai voté pour l'appel au peuple parce que j'ai pensé que c'était la seule mesure propre à éloigner de la République les malheurs dont elle est menacée ; parce que j'ai pensé que c'était une occasion favorable de donner aux autres départements l'influence politique qu'ils n'avaient pas et qu'ils devaient avoir ; parce que j'ai pensé que refuser au peuple la sanction d'un décret de cette importance, c'était commettre un délit national, auquel je ne voulais pas participer. La Convention en a décidé autrement ; je respecte son décret et je m'y soumets. Mais, citoyens, je ne vous dissimulerai pas que votre décision m'a plongé dans une cruelle incertitude. D'une part, la réclusion me paraît une mesure extrêmement dangereuse ; elle double nos dangers, elle hâte l'instant de notre perte. Louis sera égorgé ; du moins c'est ce que je prévois. On vous accusera de faiblesse, de pusillanimité, et vous perdrez la confiance dont vous avez besoin de vous environner pour sauver la chose publique. Cependant, citoyens, il me semble qu'il faut beaucoup plus de courage pour soutenir cette opinion que l'autre, et ce motif seul a suffi pour balancer longtemps celle que j'avais énoncée dans mon premier discours.

« D'ailleurs la mort de Louis, si elle est exécutée sur-le-champ, me présage aussi des malheurs dont il est impossible de prévoir le terme... Je condamne Louis à la mort, mais je demande, comme Louvet, que la Convention mette un intervalle entre le jugement et son exécution [1]. »

Barbaroux et Pétion qui, avec les trois préopinants, étaient les intimes de la maison Roland, votent pour la

---

1. Il paraîtrait que Buzot changea son vote au réappel qui eut lieu, comme nous l'expliquerons plus loin, dans la séance du 18, car au procès-verbal officiel il est porté comme ayant voté la mort avec l'amendement de Mailhe seulement et non plus avec l'amendement de Louvet. Ce qui permit de compter définitivement son vote dans celui de la majorité.

mort, et n'adoptent ni l'amendement de Mailhe, ni celui de Louvet.

« Je déclare, dit Barbaroux, que je vote librement, car jamais les assassins n'ont eu d'influence sur mes opinions. Louis est convaincu d'avoir conspiré contre la liberté. Les lois de toute société prononcent contre les conspirateurs la peine de mort. Je vote donc pour la mort de Louis; dans quelques heures, je voterai pour l'expulsion de toute la race des Bourbons. »

« Plus j'ai réfléchi, dit Pétion, sur toutes les opinions énoncées dans cette affaire, plus je me suis convaincu qu'il n'y en a aucune qui ne soit sujette aux inconvénients les plus graves. Voilà pourquoi j'ai tant insisté sur la nécessité de la ratification de votre jugement par le peuple. L'Assemblée en a décidé autrement; j'obéis. Je vote pour la peine de mort. »

L'exemple de Pétion et de Barbaroux, se prononçant pour la mort sans restriction, est imité par Carra, Boileau, Chambon et Lasource. Ce dernier motive ainsi son opinion : « Dans ma manière de voir, il n'y a pas de milieu; il faut que Louis règne ou qu'il aille à l'échafaud. Mais j'ai une observation à faire. La mesure que vous prenez suppose que vous êtes à une grande hauteur; si la Convention s'y maintient, elle écrasera les factieux et établira la liberté. Mais, si les partis, si les haines continuent, si la Convention n'a pas le courage de les étouffer, alors on dira qu'elle n'était composée que des plus vils et des plus lâches des hommes; elle ne passera à la postérité qu'avec l'exécration universelle. Après cette réflexion je prononce la mort. »

Malgré tant d'exemples funestes, le plus grand nombre des Girondins se refuse à voter la mort [1]. Lanjuinais, Defermon, Gardien, Gorsas, Henri Larivière, Sillery, Doulcet de Pontécoulant, Kervelegan, Lacaze, Bergoeing, Gommaire, Duperret, Mazuyer se prononcent pour la détention jusqu'à la paix et le bannissement ensuite.

Grangeneuve, Salles, Mollevaut, Lehardy, Rabaut Saint-Étienne, Yzarn-Valady, Fauchet, Kersaint, émettent des votes analogues en les motivant ainsi :

Grangeneuve. — « Quelque indéfinis que soient mes pouvoirs, je n'y trouve point, je ne puis pas même y supposer le pouvoir extraordinaire d'accuser, de juger, de condamner souverainement à mort l'individu détrôné depuis cinq mois. Je ne puis d'ailleurs me dissimuler :

---

[1]. Il est difficile de déterminer d'une manière complétement exacte où commençait et où finissait le parti de la Gironde. Nous avons pris pour base de notre calcul le fameux décret du 3 octobre 1793, qui déclara traîtres à la patrie 20, décréta d'accusation 40 et ordonna d'arrêter 66 députés, comme ayant appartenu au parti girondin. Ces députés formeraient un total de 126, s'il n'en fallait défalquer l'ex-duc d'Orléans, dont les Montagnards, ses défenseurs en décembre et janvier 1793, surent, en octobre suivant, englober la cause dans celle de ses anciens ennemis. Il reste donc 125 Girondins, dont :

- 81 votèrent pour la détention,
- 1 pour la peine la plus grave après la mort,
- 9 pour la mort, mais avec des restrictions qui empêchèrent de compter leurs voix pour la sentence fatale,
- 6 pour la mort avec l'amendement de Mailhe,
- 22 pour la mort sans restriction,
- 6 ne faisaient pas encore partie de la Convention.

1° qu'à ce jugement souverain participent un trop grand nombre de mes collègues qui ont manifesté avant le jugement des sentiments incompatibles avec l'impartialité du juge ; 2° qu'on a mis en œuvre autour de nous tous les moyens d'influence possibles pour arracher à la Convention une sentence de mort. Dans de semblables circonstances, je ne puis et ne veux prendre qu'une mesure de sûreté générale. Je vote pour la détention. »

Salles. — « Mes adversaires m'ont dicté le vote que j'émets comme législateur, parce qu'aucun de vos décrets ne peut m'ôter ces fonctions ni me forcer à les cumuler avec d'autres incompatibles. Ils m'ont dit : ne renvoyez pas au peuple, parce qu'il ne voterait pas pour la mort. Moi, je ne veux prononcer que comme le peuple, je demande que Louis soit détenu jusqu'à la paix. »

Mollevaut. — « Le jour qui verra tomber la tête du tyran sera peut-être celui de l'établissement d'une tyrannie nouvelle. La mort de Louis sera pour le peuple français ce que fut celle de Charles Ier pour les Anglais. Je vote pour la détention pendant la guerre et le bannissement à la paix. »

Lehardy. — « Je regarderais la liberté de la Convention comme entièrement anéantie si nous étions à la fois accusateurs, jurés, juges et législateurs. Non, nous ne sommes pas juges ; si nous l'étions, je demanderais que la Convention exclût au moins soixante de ses membres. La malheureuse histoire de tous les peuples nous apprend que la mort des rois n'a jamais été utile à la liberté. Je demande que Louis soit détenu jusqu'à ce que le peuple accepte la Constitution; alors, et seulement alors, vous décréterez le bannissement. »

Rabaud Saint-Étienne. — « L'Assemblée législative a convoqué une Convention nationale pour prendre, ce sont les termes du décret, une mesure de sûreté générale au sujet de la suspension du roi. Il s'agissait donc alors moins de venger la nation du passé que de veiller à sa sûreté pour l'avenir. Louis mort sera plus dangereux pour la liberté publique que Louis vivant et enfermé. Une nation qui, pouvant se venger de son tyran abattu à ses pieds, ne se venge que par le mépris, mérite l'estime des nations étrangères. Je veux que ma patrie imite non la férocité du tigre qui déchire, mais le courage du lion qui méprise. Je conclus à la réclusion. »

Yzarn-Valady. — « Lors de l'acceptation de la Constitution de 1791, je me suis efforcé d'éclairer mes concitoyens sur les vices qu'elle renfermait. Ils l'ont acceptée, ils doivent remplir la clause onéreuse du contrat qu'ils se sont imposé alors. Je ne puis donc condamner à mort le ci-devant roi. La justice éternelle me le défend parce qu'elle ne veut point qu'on aggrave des lois criminelles pour les appliquer à des faits passés. Je demande que Louis, ses enfants et sa femme soient transférés sous bonne et sûre escorte au château de Saumur et qu'ils y soient retenus en otages jusqu'à ce que François d'Autriche ait reconnu la souveraineté de la République française et l'indépendance des Belges, jusqu'à ce que l'Espagne ait renouvelé ses traités avec la France.

« Je demande en second lieu que la sœur de Louis soit libre ou de le suivre ou de se retirer où bon lui semblera; qu'elle soit partout sous la sauvegarde des lois et dotée par l'État d'une pension convenable.

« Je demande, enfin, le bannissement immédiat et perpétuel de ceux des membres de la famille des Bourbons qui, recherchant des emplois sous le nouveau régime, ont dû exciter la défiance des patriotes vigilants et désintéressés par les signes d'une ambition sourde et dangereuse. Vous sentirez assez combien mes alarmes sont fondées quand je vous dirai que, par un reste de privilége, le fils aîné de Philippe d'Orléans a été fait lieutenant général à vingt ans. Citoyens, je ne viens point ici calomnier, je lui reconnais des services et je lui crois des vertus; je les honore, mais je les crains. Dans peu, on le mettra à la tête de vos armées. Jugez s'il est temps de le bannir. »

Fauchet. — « La Convention n'a pas le droit de cumuler et de confondre les pouvoirs. C'est le droit des tyrans. Je puis le subir; je ne l'exercerai jamais. Je brave les tyrans; je ne les imite pas. Je ne suis pas juge : je vote, comme législateur, une mesure de sûreté générale. Je vote pour la reclusion.

Kersaint. — « Je vais motiver mon dernier avis. Je ne me crois pas appelé à prononcer une sentence. Si je pouvais partager l'opinion de ceux qui se croient revêtus de pouvoirs sans bornes, ce serait pour céder à la clémence et non à la haine ; car je pourrais espérer alors être le véritable interprète des sentiments d'un peuple généreux. L'idée d'une nation qui se venge d'un homme ne peut entrer dans mon esprit. L'image de l'inégalité de ce combat le révolte, et la majesté du peuple, nécessairement dégradée dans un tel différend, ne reprend sa grandeur dans ma pensée qu'au moment où il fait grâce. Nulle puissance humaine n'est capable de me faire juger Louis XVI, ci-devant roi des Français, sans appel et souverainement; je ne suis pas le souverain. Je vote pour la reclusion jusqu'à la paix[1]. »

Quelques députés de la Plaine accompagnent également leur vote de clémence de paroles généreuses. — Casenave (des Basses-Pyrénées) demande que l'on exige pour ce scrutin la majorité des deux tiers, afin de suppléer aux récusations qui n'ont pu être exercées par l'accusé, et que l'on défalque du recensement les suffrages de ceux qui n'ont point pris part à l'instruction. — Bresson (des Vosges) motive ainsi son vote[1] : « Je ne suis pas juge, une autorité supérieure à la vôtre, ma conscience, me défend d'en remplir les fonctions... Nous ne sommes pas juges ; car les juges ont un bandeau glacé sur le front, et la haine de Louis nous brûle et nous dévore... Homme

---

1. L'opinion de Kersaint est donnée d'une manière plus détaillée et plus complète dans le *Journal des Débats et Décrets* (n° 124, p. 270), que dans le *Moniteur*.

2. Bresson, persécuté plus tard pour ses opinions modérées, fut obligé de se cacher pendant la tourmente révolutionnaire. Recueilli par des amis fidèles, il se promit de sauver à son tour un proscrit. Vingt ans après, il put tenir sa parole. Ce fut lui qui, étant chef de division de la comptabilité des affaires étrangères, cacha pendant près de deux mois, dans les combles mêmes du ministère, M. de la Vallette, condamné à mort par la réaction de 1815.

d'État, j'oublie les maux que Louis nous a faits sur le trône. Je ne m'occupe que de ceux qu'il pourrait nous faire sur l'échafaud. » — Viennet (de l'Hérault) exprime la même idée : « Dans les réflexions que j'ai soumises à votre examen [1], je vous ai déclaré que je ne me croyais pas autorisé par mes commettants à me constituer juge. J'ai toujours pensé qu'une assemblée de législateurs ne pouvait s'ériger en tribunal judiciaire ; que le même corps ne peut à la fois exercer la justice et faire des lois, que cette cumulation de pouvoirs serait une monstruosité ; dans cette situation, nous devons adopter la mesure politique qui tourne le plus certainement à l'avantage de la société. Je conclus à ce que Louis soit détenu pendant tout le temps de la guerre, et banni à la paix. »

VII.

Il était quatre heures du matin : l'appel nominal durait depuis huit heures déjà, lorsque arrive le tour de la députation de Paris.

Avant de prêter l'oreille aux voix sinistres qui vont se faire entendre, jetons un coup d'œil sur cette salle du Manége dont les voûtes, depuis trois ans, ont retenti de tant de débats passionnés, ont vu s'accomplir tant

---

[1]. Viennet, dans une opinion remarquable qui n'avait pas été prononcée à la tribune mais seulement imprimée, son tour de parole n'étant pas venu en ordre utile, avait soutenu avec énergie l'appel au peuple. (On trouve cette opinion page 264 du tome III du *Procès de Louis XVI*.)

d'immenses événements. Aucun de ces débats, aucun de ces événements n'égale à beaucoup près celui dont elle est le théâtre aujourd'hui. On juge le petit-fils de saint Louis, d'Henri IV et de Louis XIV; l'arrêt qui va être prononcé sera peut-être le signal de la guerre universelle, certainement celui de la guerre civile.

Les sept cent quarante-neuf mandataires du peuple français qui, en décidant du sort d'un homme, décident en réalité du sort de toute une nation, sont-ils calmes et dignes comme il convient à des jurés prononçant dans un procès où il s'agit de la peine capitale? Les spectateurs qui encombrent les tribunes et suivent avec anxiété la marche lente et terrible de l'appel nominal, gardent-ils un silence religieux? ont-ils, soit pour la cause qui se débat devant eux, soit pour les magistrats qui opinent, ce respect que le moindre tribunal exige de ceux qui sont admis dans son prétoire?

Non. Des groupes agités et bruyants, formés dans l'hémicycle, calculent les chances des diverses opinions et établissent des paris indécents sur le résultat de l'appel nominal. Un certain nombre de Montagnards se tiennent au pied de la tribune et exercent une dernière pression sur ceux de leurs collègues qui vont voter. Quelques députés, étendus sur les banquettes, sommeillent en attendant que la voix de l'huissier les appelle. D'autres lorgnent les viles courtisanes empanachées de rubans tricolores qui s'étalent au premier rang des galeries. On se croirait dans une salle de spectacle, ou plutôt dans un vaste tripot; car plus d'un juge, plus d'un auditeur, sont munis de cartes où ils marquent les votes, comme les joueurs de profession pointent le passage de la rouge et de la noire.

Dans l'une des tribunes se fait remarquer une femme de la halle qu'on a surnommée l'archiduchesse, parce qu'elle a l'air de tenir sa cour, et que, du geste, elle donne le signal des applaudissements et des murmures; autour d'elle se range le chœur des tricoteuses jacobines, qui huent, apostrophent, injurient les députés qu'elle désigne à leur colère. Le vin, l'eau-de-vie, se distribuent à grands flots : l'on boit à la mort de Louis comme autrefois, dans les jours de réjouissance publique, on buvait à sa santé. Ces scènes ignobles et terribles, dignes du pinceau de Callot ou de Salvator-Rosa, sont éclairées par des lampes fumeuses qui projettent leurs lueurs blafardes sur certaines parties de la salle et laissent le reste dans une ombre sépulcrale [1].

Les votes de clémence sont accueillis par de grossières exclamations qui glacent de terreur plus d'un cœur hésitant encore. Les votes de mort sont reçus avec une joie bruyante que ne parviennent à atténuer ni la monotonie des opinions exprimées par certaines députations, ni la fatigue extrême dont ne peut se défendre aucun des assistants. Mais le délire et l'enthousiasme sont

---

[1]. MM. Michelet et Louis Blanc empruntent, comme je l'ai fait moi-même, à Mercier la plupart des traits qui composent le tableau qu'ils ont eux-mêmes donné de cette séance. Aussi leur description, quoiqu'ils aient cherché à en atténuer les couleurs, ne diffère-t-elle pas sensiblement de la nôtre. L'auteur du *Nouveau Tableau de Paris*, qui était membre de la Convention, avait été témoin oculaire de tout le drame.

à leur comble, lorsqu'on voit paraître à la tribune Robespierre, le premier élu de la grande cité.

« Je n'aime point, dit-il, les longs discours dans les questions évidentes; ils sont d'un sinistre présage pour la liberté. Ils ne peuvent suppléer à l'amour de la vérité et au patriotisme qui les rend superflus. Je me pique de ne rien comprendre aux distinctions logomachiques imaginées pour éluder la conséquence évidente d'un principe reconnu. Je n'ai jamais su décomposer mon existence politique pour trouver en moi deux qualités disparates, celle de juge et celle d'homme d'État; la première pour déclarer l'accusé coupable, la seconde pour me dispenser d'appliquer la peine. Tout ce que je sais, c'est que nous sommes des représentants du peuple, envoyés pour cimenter la liberté publique par la condamnation du tyran; et cela me suffit. Je ne sais pas outrager la raison et la justice en regardant la vie d'un despote comme d'un plus grand prix que celle des simples citoyens, et en me mettant l'esprit à la torture pour soustraire le plus grand des coupables à la peine que la loi prononce contre des délits beaucoup moins graves et qu'elle a déjà infligée à ses complices. Je suis inflexible pour les oppresseurs, parce que je suis compatissant pour les opprimés. Je ne connais point l'humanité qui égorge les peuples et qui pardonne aux despotes. »

Après ce début ironiquement amer où le tribun vante son laconisme en laissant couler les flots de son intarissable faconde, il continue ainsi :

« Le sentiment qui m'a porté à demander, mais en

vain, à l'Assemblée constituante, l'abolition de la peine de mort, est le même qui me force aujourd'hui à demander qu'elle soit appliquée au tyran de ma patrie. Je ne sais point prédire ou imaginer des tyrans futurs ou inconnus pour me dispenser de frapper celui que j'ai déclaré convaincu comme la presque unanimité de cette Assemblée, et que le peuple m'a chargé de juger avec vous. Des factions véritables ou chimériques ne seraient point à mes yeux des raisons de l'épargner, parce que je suis convaincu que le moyen de détruire les factions n'est pas de les multiplier, mais de les écraser toutes sous le poids de la raison et de l'intérêt national. Je vous conseille, non de conserver celle du roi pour l'opposer à celles qui pourraient naître, mais de commencer par abattre celle-là et d'élever ensuite l'édifice de la félicité générale sur la ruine de tous les partis antipopulaires. Je ne cherche point non plus, comme plusieurs autres, des motifs de sauver le ci-devant roi dans les menaces ou dans les efforts des despotes de l'Europe; car je les méprise tous, et mon intention n'est pas d'engager les représentants du peuple à capituler avec eux. Je sais que le seul moyen de les vaincre, c'est d'élever le caractère français à la hauteur des principes républicains et d'exercer sur les rois et sur les esclaves des rois l'ascendant des âmes fières et libres sur les âmes serviles et insolentes. Je croirai bien moins encore que les despotes répandent l'or à grands flots pour conduire leur pareil à l'échafaud, comme on l'a intrépidement supposé. Si j'étais soupçonneux, ce serait précisément la proposition contraire qui me paraîtrait vraie; je ne veux point abjurer ma propre raison pour me dispenser de remplir mes devoirs. Je me garderai bien surtout d'insulter un peuple généreux en répétant sans cesse que je ne délibère point avec liberté, en m'écriant que nous sommes environnés d'ennemis, car je ne veux point protester d'avance contre la condamnation de Louis, ni en appeler aux cours étrangères. J'aurais trop de regrets si mes opinions ressemblaient à des manifestes de Pitt et de Guillaume ; enfin je ne sais point opposer des mots vides de sens et des distinctions inintelligibles à des principes certains et à des obligations impérieuses. Je vote pour la mort. »

A l'astucieux Robespierre succède l'impétueux Danton ; la foudre après le nuage. Malgré les tendances si divergentes qui se révéleront entre eux plus tard, ils sont d'accord aujourd'hui pour écraser non-seulement celui qui naguère régnait aux Tuileries, mais aussi ceux qu'ils accusent de vouloir dominer la représentation nationale. Ils sont moins occupés de prononcer la sentence de Louis XVI que de rédiger l'acte d'accusation de leurs adversaires, les *hommes d'État*. Les démagogues, nous avons déjà eu occasion de le dire, avaient affublé les Girondins de cette ironique dénomination, comme ils avaient désigné sous le nom d'*honnêtes gens* les partisans de Lafayette. Ils savaient que le vulgaire se paye de mots et veut qu'on lui fournisse une nouvelle épithète pour chaque aristocratie qu'on désigne à sa haine.

Ce sarcasme obligé, que Robespierre avait su enchâsser et mettre en relief au milieu de sa harangue laborieusement travaillée, sert d'exorde à Danton. « Je ne suis pas, dit-il, de cette foule d'hommes d'État qui ignorent qu'on ne compose point avec les tyrans, qui ignorent qu'on ne frappe les rois qu'à la tête, qui ignorent qu'on ne doit rien attendre de ceux de l'Europe que par la force des armes ; je vote la mort du tyran. »

Marat, Collot-d'Herbois, Billaud-Varennes, votent pour la mort dans les vingt-quatre heures.

Manuel fait, au contraire, entendre quelques accents de pitié, qui contrastent avec les votes farouches de ses collègues et doivent, aux yeux de l'histoire, lui valoir le rachat de bien des fautes. « Des lois de sang, dit-il, ne sont pas plus dans nos mœurs que dans les principes d'une république. Les Français étaient humains quand ils étaient esclaves ; nous ne devons pas l'être moins parce que nous sommes libres. Je vote pour la détention jusqu'à la paix [1]. »

[1]. Dans l'opinion qu'il avait fait imprimer au mois de novembre, lorsque la Convention avait fermé la discussion sur le rapport de Mailhe (voir *le Procès de Louis XVI*, tome Ier, page 171), Manuel avait manifesté des sentiments bien moins élevés. « Nous devons, y disait-il, rendre aux peuples, par une leçon terrible, les droits qu'ils n'auraient jamais dû perdre. Il n'est pas trop à plaindre celui qui mourra pour le bonheur du monde, il le serait bien davantage si vous le condamniez à vivre pour inspirer le dégoût de la royauté partout où il traînerait sa crapuleuse majesté sous les haillons de la monarchie. Législateurs, hâtez-vous de prononcer une sentence qui consommera la Révolution. L'agonie des rois ne doit pas être lente. Entendez-vous tous les peuples qui la sonnent ! *Un roi qui meurt n'est pas un homme de moins.* »

Le spectacle de l'infortune royale avait fini par attendrir ce cœur plus vaniteux que mauvais. Manuel, du mois de novembre au mois de janvier, avait changé complétement de langage et d'attitude. Mais les démagogues ne souffrent pas qu'on les quitte au milieu du chemin ; plusieurs, dans le vote qu'ils émirent après Manuel,

Camille Desmoulins, que le besoin incessant de polémique entraînait sans cesse à injurier ses adversaires, termine ainsi son opinion : « Je vote pour la mort, trop tard peut-être pour l'honneur de la Convention. » Quelques voix demandent le rappel à l'ordre ; mais la droite dédaigne de relever cette insolence.

Les démagogues en sous-ordre, que les électeurs avaient donnés pour acolytes à Marat, Robespierre et Danton, suivent docilement l'exemple de leurs chefs.

Des vingt-quatre députés de Paris, vingt avaient opiné pour la mort; trois seulement, Manuel, Dussaulx et Thomas, pour la détention ; il ne restait plus qu'un vote à connaître, celui de Philippe-Égalité. A l'appel de son nom, le ci-devant duc d'Orléans se lève, se dirige lentement vers la tribune et, d'une voix sourde, il lit un papier qu'il presse convulsivement entre ses doigts.

« Uniquement occupé de mon devoir, dit-il, convaincu que tous ceux qui ont attenté ou attenteront par la suite à la souveraineté du peuple méritent la mort, je vote pour la mort. »

Un mouvement de stupeur se produit sur presque tous les bancs de l'Assemblée. Il est évident que l'immense majorité ne demandait pas au cousin de Louis XVI un gage aussi certain de républicanisme, une renonciation aussi éclatante à tous les liens de parenté. Mais le malheureux prince ne s'appartenait plus depuis long-

firent une allusion sanglante à l'horrible maxime que celui-ci avait laissé échapper de sa plume. Un an plus tard, l'ex-procureur-syndic de la Commune paya de sa tête ses velléités de pitié.

temps. Les invectives et les menaces de la Gironde, les avances et les flatteries de la Montagne, les dédains de la Plaine l'avaient asservi plus que jamais aux volontés absolues de ceux qu'il avait reconnus pour ses maîtres et ses inspirateurs, du jour où il avait accepté de leurs mains le triste honneur de siéger à côté d'eux au sein de la Représentation nationale.

VIII.

L'appel nominal, un instant interrompu, se continue par le département du Pas-de-Calais. Des deux députés les plus célèbres de cette députation, Carnot vote pour la sévérité, Daunou pour la clémence. Les généreuses paroles que fait entendre ce dernier résument admirablement l'opinion qui aurait dû être celle de tous les vrais amis de la liberté : « Les formes judiciaires n'étant pas suivies, ce n'est point un jugement criminel que la Convention a voulu prononcer. Je ne lirai donc pas les pages sanglantes de notre Code, puisque vous avez écarté toutes celles où l'humanité avait tracé les formes protectrices de l'innocence. Je ne prononce donc pas comme juge. Or, il n'est pas de la nature d'une mesure d'administration de s'étendre à la peine capitale. Cette peine sera-t-elle utile? L'expérience des peuples qui ont fait mourir leur roi prouve le contraire. Je vote donc pour la déportation et la reclusion provisoire jusqu'à la paix. »

Couthon et Barère sont appelés peu après, et votent

tous deux pour la mort, le premier avec toute la roideur d'un légiste, le second avec toute l'emphase d'un poëte.

Couthon. — « Louis a été déclaré coupable de conspiration. Comme un de ses juges, j'ouvre la loi ; j'y trouve écrite la peine de mort. Mon devoir est d'appliquer cette peine, je le remplis : je vote pour la mort. »

Barère. — « Au tribunal du droit naturel, celui qui fait couler injustement le sang humain doit périr ; au tribunal de notre droit positif, le Code pénal frappe de mort le conspirateur ; au tribunal de la justice des nations, je trouve la loi suprême du salut public. Cette loi me dit qu'entre les tyrans et les peuples il n'y a que des combats à mort. Elle me dit aussi que la punition de Louis, qui sera la leçon des rois, sera encore la terrible leçon des factieux, des anarchistes, des prétendants à la dictature ou à tout autre pouvoir semblable à la royauté. Il faut que les lois soient sourdes et inexorables pour tous les scélérats et ambitieux modernes. L'arbre de la liberté, a dit un auteur ancien, croît lorsqu'il est arrosé du sang de toute espèce de tyrans. La loi dit : la mort. Je ne suis que son organe. »

Un certain nombre de députés se prononcent pour la mort, mais ils semblent n'émettre ce vote qu'à regret car ils l'entourent de restrictions. Ainsi les uns expriment le désir que Louis XVI condamné serve d'otage à la nation française, et que la sentence ne reçoive son application qu'en cas d'envahissement du territoire par les armées étrangères. D'autres mettent pour condition à leur vote qu'il soit sursis à l'exécution de

Louis, 1° jusqu'au moment où la Convention aura statué sur le sort de la famille des Bourbons; 2° jusqu'après la ratification de la Constitution par le peuple; 3° jusqu'à ce qu'il ait été pris certaines mesures de sûreté générale [1].

Il était naturel que, dans un pareil procès, la question générale de l'abolition de la peine de mort préoccupât un certain nombre d'opinants. Mais les uns, en se déclarant partisans du principe de l'abolition, le font fléchir devant le désir de punir « un tyran tel que le dernier roi des Français [2]. » Les autres, plus logiques avec eux-mêmes, déclarent que la peine de mort leur paraît tellement contraire au droit naturel, que Louis XVI ne doit pas plus la subir que n'importe quel autre accusé [3].

IX.

Commencé le 16, à huit heures du soir, l'appel no-

[1]. Ces députés furent au nombre de quarante-six; les plus connus étaient : Brissot (Eure-et-Loir), Cambacérès (Hérault), Dubois-Dubais (Calvados), Louvet (Loiret), Treilhard (Seine-et-Oise), Valazé (Orne). Leur vote ne fut pas compté pour la condamnation à raison des restrictions qu'ils y avaient attachées, et qu'ils avaient déclarées indivisibles de leur opinion.

[2]. Lamarque (Dordogne), Paganel (de Lot-et-Garonne), Penières (de la Corrèze), Isabeau (d'Indre-et-Loire), Lombard-Lachaux (du Loiret), Dornier (de la Haute-Saône), Romme (du Puy-de-Dôme).

[3]. Villars (Mayenne), Jourdan (Nièvre), Bancal (Puy-de-Dôme), Jard-Panvilliers (Deux-Sèvres), Faye (Haute-Vienne), Garan-Coulon et Lepage (du Loiret), Condorcet et Dupin (de l'Aisne).

minal se termine le jeudi 17, à la même heure de la soirée. Il avait duré sans discontinuer toute une nuit et tout un jour.

Pendant que le bureau s'occupe du recensement des voix, Vergniaud reprend le fauteuil, qui, dans cette interminable séance, avait été occupé successivement par plusieurs anciens présidents. Il informe l'Assemblée qu'il trouve sur le bureau deux lettres, l'une des défenseurs de Louis, l'autre du ministre des affaires étrangères, annonçant une communication de l'ambassadeur d'Espagne [1].

Un grand nombre de députés demandent que la Convention passe à l'ordre du jour sur cette dépêche. Garran-Coulon veut motiver cette proposition; mais Danton lui coupe violemment la parole — « Tu n'es pas encore roi, crie Louvet; président, frappez l'interrupteur du rappel à l'ordre.

— Et moi, répond Danton, je demande le rappel à l'ordre et la censure contre l'insolent qui dit que je ne suis pas encore roi. — Non, tu n'es pas encore roi, reprend Louvet, et ta dictature du 2 septembre ne m'effraye point [2]. »

La solennité du moment n'empêchait pas, on le voit, les orateurs de se livrer aux plus violentes personnalités. Lorsque le tumulte est apaisé et que Garran-Coulon a achevé ses observations, l'ex-ministre de

---

[1]. Déjà l'ambassadeur d'Espagne avait fait une première démarche en faveur de Louis XVI. (Voir plus haut, page 302.)

[2]. *Journal des Débats et Décrets*, n° 123, page 236.

la justice s'élance à la tribune : « Je suis étonné, je l'avouerai, de l'audace d'une puissance qui ne craint pas de prétendre exercer son influence sur votre délibération. Si tout le monde était de mon avis, on voterait à l'instant, pour cela seul, la guerre à l'Espagne. Quoi! on ne reconnaît pas notre république et on veut lui dicter des lois! on ne la reconnaît pas et on veut lui dicter des conditions, participer au jugement que ses représentants vont rendre! Cependant, qu'on entende, si l'on veut, cet ambassadeur ; mais que le président lui fasse une réponse digne du peuple dont il sera l'organe! qu'il lui dise que les vainqueurs de Jemmapes ne démentiront pas la gloire qu'ils ont acquise, et qu'ils retrouveront, pour exterminer tous les rois de l'Europe conjurés contre nous, les forces qui déjà les ont fait vaincre! Point de transaction avec la tyrannie! Soyez dignes du peuple qui vous a donné sa confiance, et qui jugerait ses représentants si ses représentants l'avaient trahi[1]. »

La Convention passe, à l'unanimité, à l'ordre du jour, et la discussion s'établit sur la lettre des défenseurs de Louis XVI. Danton avait lui-même déclaré qu'il ne s'opposait pas à ce qu'ils fussent entendus aussitôt après que le résultat de l'appel nominal aurait été proclamé. Robespierre veut, au contraire, que cette demande ait le même sort que celle de l'ambassadeur d'Es-

---

2. Le *Moniteur*, n° 24, donne l'analyse de la lettre que le chevalier d'Ocaritz avait écrite le 17 au ministre des affaires étrangères. Nous avons tenu entre les mains la pièce originale, et nous avons pu nous assurer que l'analyse du *Moniteur* est exacte.

pagne. « Les principes, dit-il, qui ont dicté votre jugement vous défendent d'entendre les défenseurs de Louis. Lorsqu'un décret est rendu, nul ne peut réclamer contre son exécution, surtout lorsque, par ce décret, les représentants du peuple ont prononcé la peine due à un tyran. — Les formes ordinaires, lui répond Chambon, ne sauraient être suivies dans cette circonstance ; si elles avaient été adoptées, nous n'en serions pas où nous en sommes... »

A ce moment, la discussion est interrompue par une vive agitation qui se manifeste à l'une des portes de la salle. C'est Duchastel (des Deux-Sèvres) qui arrive sur une civière, et qui, quoique tremblant la fièvre, s'est fait apporter pour déposer son vote. Il monte péniblement à la tribune et demande à user de son droit. « Le scrutin est fermé ! » crie la Montagne avec fureur. On fait observer que la délibération n'a pas été déclarée close ; que, bien plus, il existe un décret formel et spécial qui autorise les absents à se présenter au réappel.

L'Assemblée, malgré l'opposition de Duhem et de quelques autres énergumènes, permet au député des Deux-Sèvres de voter. Il déclare se prononcer pour le bannissement. Mais alors de nouvelles réclamations s'élèvent contre la tolérance dont il a été l'objet. Un Montagnard assez obscur, Seconds, dénonce le courageux malade : « Je viens d'entendre Duchastel dire à un collègue assis près de moi : *Je ne suis venu que pour cela.* Je demande que ce vote ne soit pas compté. — Et moi, s'écrie un autre Montagnard, Charlier, je demande que

Duchastel soit interpellé sur la question de savoir qui l'a envoyé chercher. »

Cette proposition inquisitoriale soulève de violents murmures même sur les bancs de la gauche. Un député du département de la Gironde, qui votait d'ordinaire avec la Montagne et venait d'opiner pour la mort, Garrau s'écrie :

« Pour l'honneur de la Convention nationale, au nom de la justice et de l'humanité, au nom de votre propre gloire, je demande que le suffrage du citoyen Duchastel soit compté. S'il eût voté pour la mort, j'eusse moi-même réclamé la radiation de son suffrage ; il a voté pour l'indulgence, je demande que sa voix soit portée au recensement. »

Ces belles paroles mettent fin au débat ; un décret formel déclare que le vote de Duchastel sera compté. Garrau alors demande des explications sur un autre vote, celui de Mailhe, qui a une importance d'autant plus grande que vingt-cinq de ses collègues ont déclaré y adhérer. « Son suffrage, dit-il, est-il pur et simple, ou a-t-il entendu y mettre une réserve ? » Le député ainsi directement interpellé déclare « qu'au point où en sont les choses, il ne veut rien changer à son vote, pas un mot, pas une lettre, et qu'il n'a aucune explication à donner. »

La discussion allait peut-être s'engager sur la portée de ce vote ; mais des cris tumultueux, partis de l'extrême gauche, détournent l'attention de l'Assemblée : « Arrêtez Manuel ! il emporte la minute de l'appel nominal. » L'ex-procureur-syndic de la Commune venait, en effet, de quitter le bureau des secrétaires et de se diriger vers une des portes de la salle. Aussitôt, quelques Montagnards se précipitent sur lui, le saisissent au collet et paraissent disposés à lui faire un mauvais parti. Les huissiers accourent pour prendre sa défense et parviennent à le dégager. L'agitation est extrême ; le président se couvre ; les députés regagnent lentement leurs places. Manuel traverse la salle à pas lents, et sort par la porte opposée à celle à laquelle il s'était d'abord présenté[1].

Le calme rétabli, Vergniaud s'exprime ainsi avec un amer accent de douleur : « Un désordre violent s'est manifesté ; votre président s'est couvert, le désordre a continué malgré ce signe de deuil et de danger. Je rappelle l'Assemblée au calme et à la dignité qui lui sont nécessaires dans la grande circonstance où elle se trouve. Je vais maintenant proclamer le résultat du scrutin. Vous allez exercer un grand acte de justice ; j'espère que l'humanité vous engagera à garder le plus profond silence. Quand la justice a parlé, l'humanité doit avoir son tour.

« La majorité absolue est de 361 à raison des députés absents ou qui se sont récusés ; 366 ont voté pour la mort[2]. Je déclare donc, au nom de la Convention

---

[1]. Manuel n'emportait rien. Ayant quitté un instant sa place au bureau des secrétaires, il l'avait retrouvée occupée par Chabot et un autre Montagnard ; n'ayant pas voulu la reprendre, il sortait afin d'échapper pour un instant à cette atmosphère de violence et de haine qui lui faisait horreur.

[2]. Nous ne donnons ici qu'une analyse très-succincte de la pro-

nationale, que la peine qu'elle prononce contre Louis Capet est la peine de mort. »

X.

Un profond silence accueille la proclamation du résultat du troisième appel nominal.

Les défenseurs de Louis sont introduits à la barre. De Sèze donne, d'une voix émue, lecture d'un écrit que Louis leur avait remis d'avance. Il est daté de la tour du Temple, 16 janvier, et est ainsi conçu :

« Je dois à mon honneur, je dois à ma famille de ne point souscrire à un jugement qui m'inculpe d'un crime que je ne puis me reprocher. En conséquence, je déclare que j'interjette appel à la nation elle-même du jugement de ses représentants. Je donne par ces présentes pouvoir spécial à mes défenseurs officieux, et charge expressément leur fidélité de faire connaître à la Convention nationale cet appel par tous les moyens qui seront en leur pouvoir et de demander qu'il en soit fait mention dans le procès-verbal de la Convention[1]. »

clamation faite par Vergniaud le soir du 17 janvier, parce que, comme on le verra plus loin, on s'aperçut le lendemain que le résultat du vote, tel qu'il avait été annoncé primitivement, contenait plusieurs erreurs. Il fallut le rectifier dans les séances des 18 et 19 janvier par un nouvel appel nominal.

Pour ne pas fatiguer l'attention de nos lecteurs par des redites, nous donnerons plus loin, en son lieu et place, le détail du résultat rectifié.

1. Le *Moniteur*, en donnant cette pièce, la fait suivre de cette si-

Cette lecture achevée, les défenseurs du roi demandent la permission d'ajouter quelques réflexions. De Sèze fait remarquer que l'on ne peut repousser l'appel interjeté par Louis, sur le motif que la Convention n'a pas accueilli une proposition analogue faite spontanément par quelques-uns de ses membres. « Le droit, dit-il, que nous invoquons est le droit naturel et sacré qui appartient à tous les individus; oui, à tous, et par conséquent à Louis. Ce droit, ici, mérite d'autant plus d'être écouté que la majorité, qui a prononcé la peine de mort, est plus faible. Vous avez, je le sais, déclaré par un décret que la majorité de plus d'une voix suffirait pour la validité du jugement que vous alliez rendre. Je vous le demande, au nom de la justice, au nom de la patrie, au nom de l'humanité, ne donnez pas à la France, à l'Europe, le spectacle douloureux d'un arrêt de mort prononcé à une majorité de cinq voix. »

Tronchet ajoute quelques nouvelles observations. Malesherbes lui-même veut donner un dernier témoignage d'attachement à celui qui fut son maître; mais son émotion le trahit, il ne peut prononcer que quelques phrases entrecoupées par ses sanglots. Il finit par une dernière supplication : « Lorsque j'étais magistrat, et depuis encore, j'ai longuement réfléchi sur cette ques-

---

gnature : — *Louis Capet*. Le procès-verbal officiel rétablit la signature véritable : *Louis*. On voit dans quelles erreurs le *Moniteur* jetterait la postérité, si ses assertions n'étaient pas sévèrement contrôlées; car ici elles feraient croire que le roi de France a, pour un moment, accepté cette ridicule dénomination de Capet, dont lui et son malheureux fils après lui furent affublés par leurs bourreaux.

tion : En matière criminelle, comment les voix doivent-elles être comptées pour qu'une condamnation soit prononcée? Permettez-moi de mettre ces réflexions sur le papier, car je n'ai pas l'habitude de parler en public ; je vous demande jusqu'à demain pour vous les présenter. »

« Citoyens, répond Vergniaud, la Convention nationale a entendu vos réclamations. Elles étaient pour vous un devoir sacré, puisque vous étiez chargés de la défense de Louis, la Convention vous accorde les honneurs de la séance. »

Le président déclare la discussion ouverte sur la demande des conseils du condamné. Aussitôt Robespierre s'élance à la tribune; il ne saurait souffrir qu'on lui dispute un instant sa proie. « Je pardonne, dit-il, aux défenseurs de Louis les réflexions qu'ils se sont permises; je leur pardonne leurs observations touchant un décret qu'il était nécessaire de rendre, qu'il est maintenant dangereux d'attaquer; je leur pardonne encore d'avoir fait une démarche qui tend à consacrer la demande de l'appel au peuple; je leur pardonne enfin ces sentiments d'affection qui les unissaient à celui dont ils avaient embrassé la défense. Mais il n'appartient pas aux législateurs, aux représentants du peuple de permettre qu'on vienne ici donner un signal de discorde et de trouble dans la République [1].

---

[1]. Robespierre semble pardonner aux défenseurs de Louis XVI leur courage et leur dévouement, mais lui et ses amis oublièrent bien vite la grâce ainsi octroyée du haut de la tribune nationale. Malesherbes, un an après, était conduit à l'échafaud. De Sèze fut arrêté à Limeil, près Villeneuve-Saint-Georges, le 8 octobre 1793, par les

« Le décret que vous avez rendu est irrévocable, il doit être regardé comme le vœu de la patrie elle-même. La nation n'a pas condamné le roi qui l'opprima, pour exercer seulement un grand acte de vengeance; elle l'a condamné pour donner un grand exemple au monde, pour affermir la liberté française, pour susciter la liberté de l'Europe, pour assurer parmi nous la tranquillité et la paix; je demande donc que vous déclariez ce prétendu appel rejeté comme contraire aux principes de la liberté, aux droits du peuple, à la puissance de ses représentants; je demande qu'il soit interdit à qui que ce soit d'y donner aucune suite, sous peine d'être poursuivi comme perturbateur du repos public. »

Étrange exemple des contradictions humaines! C'est le girondin Guadet qui vient revendiquer le droit de prononcer comme juge en dernier ressort, dans un procès dont il a voulu naguère déférer la révision au peuple. « L'accusé, s'écrie le député de la Gironde, n'a pas le droit, à la faveur d'un appel, de dire au peuple français ce que ses représentants seuls peuvent lui dire : « Examine s'il est de ton intérêt que le jugement que « tes représentants ont rendu soit exécuté ou s'il ne

soins du célèbre Maillard qui, avec sa bande d'espions, battait la campagne dans les environs de Paris, pour faire la chasse aux suspects. (Voir tome III, p. 487.) Il fut écroué le 20 octobre à la Force et resta en prison jusqu'au 9 thermidor.

Nous donnons à la fin de ce volume une lettre très-digne, que de Sèze écrivit, mais en vain, au Comité de sûreté générale, pour invoquer la sauvegarde de la loi sous laquelle la Convention l'avait placé. Tronchet fut également inquiété, mais il sut échapper aux poursuites révolutionnaires.

« convient pas mieux que la peine portée soit com-
« muée. »

« Si aujourd'hui vous admettiez cet appel, ce serait l'entière révision du procès que vous ordonneriez : alors ce ne serait plus une question politique que le peuple français aurait à examiner dans toute l'acception que ce mot présente, ce serait toute la procédure qui serait à revoir, il faudrait que l'accusé subît un nouvel interrogatoire devant chaque assemblée primaire. L'énoncé seul d'un pareil système démontre assez qu'il ne peut être exécuté. Quant à moi, c'est comme membre d'un tribunal que j'ai prononcé. Je n'ai donc eu qu'à appliquer la loi sur un fait dont la preuve était dans ma conviction intime. Si j'eusse voté comme législateur, si j'eusse cru que je n'avais à prendre que des mesures de sûreté générale, certes ce n'est pas la mort, mais la reclusion de Louis que j'aurais votée.

« La Convention, devenue tribunal national, n'a pas de supérieur; ce n'est que de ses actions législatives qu'elle doit compte à ses commettants. Il n'y a donc lieu à aucune ratification. Mais il est un autre vœu formé par les défenseurs de Louis, c'est que vous reveniez sur le décret par lequel vous avez déclaré que la majorité des voix plus une formera le jugement; c'est sur cette question que Malesherbes a demandé la permission de vous présenter des observations écrites. Il faut le dire, c'est une chose bien déplorable qu'au moment où ce décret a été porté, la Convention n'en ait pas davantage apprécié les termes; car, si elle avait déclaré que son décret serait soumis, comme tous les autres, au vote de la simple majorité, ceux qui ont cru énoncer ici leur vœu comme membres d'un tribunal, auraient eu à s'exprimer autrement. Si, au contraire, elle avait déclaré que c'était un jugement qu'elle allait rendre, il n'y aurait eu aucune équivoque possible, et vous seriez soumis vous-mêmes à la loi qui veut que, dans tout jugement criminel, les deux tiers des voix soient nécessaires. Mais ce n'est pas après une séance de trente-six heures que l'on peut discuter une question de cette importance; d'ailleurs, l'Assemblée a paru consentir à ce que l'un des défenseurs de Louis présentât demain une pétition sur ce sujet. Vous avez encore à décider également demain une autre question, celle de savoir s'il convient que le jugement soit exécuté immédiatement, ou que l'exécution en soit retardée. »

Guadet avait fait deux parts dans les demandes formulées par les défenseurs de Louis; il avait rejeté les unes et appuyé les autres. Deux légistes, Merlin (de Douai) et Barère, déclarent qu'ils partagent l'avis de Guadet en ce qu'il a de rigoureux, mais qu'ils doivent le combattre en ce qu'il a de favorable à l'accusé. « Le Code, dit Merlin, n'exige les deux tiers des voix que pour la déclaration du fait et non pour l'application de la peine. — Vouloir, ajoute Barère, une majorité différente que la majorité ordinaire pour le décret qui a prononcé contre Louis la peine de mort, ce serait déranger le système des travaux de la Convention. Eh quoi! c'est à cette majorité que les émigrés ont été condamnés comme conspirateurs et traîtres à la patrie, que des milliers de prêtres fanatiques ont été déportés; et l'on viendrait invoquer aujourd'hui d'autres lois en faveur du tyran ! »

L'Assemblée, entraînée par de pareils raisonnements, repousse l'appel au peuple interjeté par Louis XVI, passe à l'ordre du jour sur la proposition de modifier le décret qui a déterminé la manière dont seraient comptées les voix, et ajourne au lendemain la discussion sur la question de savoir si, oui ou non, il y aura sursis à l'exécution de l'arrêt de mort prononcé contre Louis.

Cette fatale séance, qui a duré trente-sept heures consécutives, est levée à onze heures du soir.

XI.

Au début de la séance du 18, plusieurs réclamations s'élèvent contre diverses erreurs que contient la proclamation du résultat du scrutin de la veille. Gasparin fait observer notamment que le nombre des membres de la Législative, et par suite de la Convention, avait été, il est vrai, fixé originairement à 745 membres, mais que, par suite de la réunion du Comtat-Venaissin, il avait été porté à 749, et que cependant, dans le résultat annoncé hier, ne figuraient que 745 députés. « Il est évident, dit Lacroix, que les suffrages ont été mal recueillis. On a fait voter plusieurs députés contrairement à l'opinion qu'ils avaient réellement émise. » Thuriot demande qu'un des secrétaires vienne relire à la tribune le relevé des votes et que chaque député déclare si on a bien exprimé son opinion. Cette proposition est adoptée.

On procède à cette espèce de réappel, et, comme cela n'arrive que trop souvent, il se trouve des membres qui, tenant essentiellement à faire partie de la majorité, modifient leur vote en l'aggravant. Ainsi plusieurs députés, qui avaient voté la mort avec la restriction du sursis, déclarent que leur opinion est divisible, et qu'ils n'ont exprimé qu'un simple désir de voir examiner par l'Assemblée cette question subsidiaire; ils demandent, en conséquence, que leur vœu n'en soit pas moins compté pour la peine de mort.

Arrive la question du vote de Mailhe et des vingt-cinq députés qui ont déclaré adhérer à son opinion. Mailhe est malade, ou du moins il ne paraît pas. « Mais, fait remarquer un de ces commentateurs officieux qui se trouvent toujours à point nommé dans les assemblées pour expliquer dans le sens de la majorité ce qui paraît douteux et équivoque, l'opinion de Mailhe, tel qu'il l'a d'abord énoncée, tel qu'il l'a répétée depuis, ne renferme aucune restriction ni condition. La demande qu'il a faite d'une discussion sur l'époque de l'exécution est indépendante de son vote pour la mort. » Personne n'ose réclamer contre cette interprétation : le vote de Mailhe et de ses collègues est ajouté à ceux qui ont opiné pour la mort pure et simple.

A l'appel de son nom, Kersaint se lève et rappelle son vote de clémence; des murmures et des menaces se font entendre contre lui. « Je veux, dit-il, épargner un crime aux assassins en me dépouillant moi-même de mon inviolabilité. Je donne ma démission, et je dépose les motifs de cette résolution entre les mains du président. »

Enfin, après une révision qui dure plusieurs heures. le président Vergniaud proclame en ces termes le résultat rectifié du scrutin :

L'Assemblée est composée de 749 membres ;

15 se sont trouvés absents par commission[1].

7 par maladie[2],

1 sans cause et sera censuré[3],

5 non votants[4],

total 28 ;

1. Absents par commission. — Beauchamp (Allier), Camus (Haute-Loire), Couturier (Moselle), Dentzel (Bas-Rhin), Grégoire (Loir-et-Cher), Godefroy (Oise), Gossuin (Nord), Haussmann (Seine-et-Oise), Hérault (Seine-et-Oise), Jagot (Ain), Merlin (Moselle), Pelet (Lozère), Rewbell (Haut-Rhin), Rülh (Bas-Rhin), Simond (Bas-Rhin). Aux deux appels du 15, il y avait vingt membres absents par commission. Cinq revinrent dans la nuit du 15 au 16, à savoir : Danton et Lacroix de l'armée du Nord, Lasource, Goupilleau de Fontenay et Collot-d'Herbois de l'armée des Alpes. Depuis longtemps absents, ils n'avaient assisté ni à l'interrogatoire, ni à la défense de l'accusé. Ils votèrent tous les cinq pour la mort.

2. Absents par maladie. — Bourgeois (Eure-et-Loir), Cayla (Lot), Ehrman (Bas-Rhin), Fabre (Pyrénées-Orientales), Hugo (Vosges), Mailhe (Cantal), Topsent (Eure).

Le 15, Cayla et Bourgeois avaient voté sur les deux premières questions, mais le nombre des absents par maladie fut le même les deux jours, parce que Drouet (de la Marne) et Duchastel (des Deux-Sèvres), qui étaient malades le 15, vinrent voter le 16. Nous avons vu quel fut le vote de Duchastel; avons-nous besoin de dire quel fut celui de Drouet? Fidèle à la mission de mauvais génie de la famille royale qu'il s'était donnée, il vota pour la mort.

3. Ce membre était Daubermesnil (Tarn), qui était malade. Il fut relevé de la censure prononcée contre lui par un décret en date du 19 janvier. (Voir le procès-verbal imprimé de la Convention, page 299.)

4. Chevalier (Allier), Debourges (Creuse), Lafont (Corrèze), Moris-

reste 721;

la majorité absolue est de 361;

sur quoi,

> 286 ont voté pour la détention et le bannissement à la paix, ou pour le bannissement immédiat, ou pour la reclusion; quelques-uns y ont ajouté la peine de mort conditionnelle si le territoire était envahi;
>
> 46 ont voté pour la mort avec sursis, soit après l'expulsion des Bourbons, soit à la paix, soit à la ratification de la Constitution;
>
> 2 ont voté pour les fers;
>
> 361 pour la mort;
>
> 26 pour la mort en demandant, conformément à la

motion de Mailhe, une discussion sur le point de savoir s'il conviendrait à l'intérêt public qu'elle fût ou non différée, et en déclarant leur vœu indépendant de cette demande.

Résumé :

pour la mort, sans condition.............. 387
pour la détention ou la mort conditionnelle.... 334
absents ou non votants................... 28

total..... 749 [1]

son (Vendée), Noël (Vosges). (Voir ce qui a été dit à leur égard, page 404.)

1. Les chiffres que nous donnons ne sont pas ceux du *Moniteur*, mais ceux du procès-verbal officiel.

Le *Moniteur* indique 319 votants pour la détention ou le bannissement,
13 pour la mort avec sursis,
2 pour les fers,

Total 334.

Aussitôt après cette nouvelle proclamation, Bréard demande : 1° que les secrétaires se retirent dans un bu-

> Additionnant les trois chiffres donnés par le procès-verbal officiel :
> 286 pour la détention ou le bannissement,
> 46 pour la mort avec sursis,
> 2 pour les fers,
> on arrive au même résultat : 334.

Aucun historien ne paraît avoir relevé le fait assez bizarre du *Moniteur*, insérant dans son récit la remarque suivante, que l'on croirait émanée du président lui-même : « Ainsi le vote de Mailhe, celui des membres qui, conformément à sa motion, ont demandé une discussion sur l'époque de l'exécution, n'ont point été comptés parmi les votants pour la mort, non plus que ceux qui ont expressément voté pour le sursis. »

On voit par cette mention combien il paraissait douteux aux yeux mêmes des témoins de ce drame funeste, que l'on dût compter pour la mort ceux qui avaient déclaré adhérer à l'amendement Mailhe, amendement dont la portée avait été expliquée d'une manière si évasive par son auteur, et qui, d'ailleurs, ne lui appartenait plus en propre, puisque vingt-cinq de ses collègues y avaient adhéré.

La majorité pour la mort sans restriction n'était donc pas de 387 comme la donne la proclamation du 18, ni de 366 comme la donne celle du 17, mais bien de 361, c'est-à-dire d'une demi-voix au delà du chiffre indispensablement nécessaire.

En présence de cette majorité d'une demi-voix, rappelons sans commentaires : 1° que sur cinq membres qui s'étaient récusés, quatre au moins étaient certainement favorables à Louis XVI : Morisson, qui avait soutenu la thèse absolue de l'inviolabilité royale et avait demandé qu'il fût alloué à Louis, après son bannissement, une pension de 500,000 francs; Noël, qui s'était abstenu pour un motif tout à fait individuel, mais qui montra jusqu'à sa proscription, en octobre 1793, les sentiments les plus humains; Chevalier et Debourges, qui s'étaient déclarés partisans de l'appel au peuple; 2° que, parmi les 361 votants pour la mort sans restriction, il y avait cinq commissaires aux armées arrivés dans la nuit et qui étaient notoirement conreau pour rédiger le procès-verbal complet du jugement du roi ; 2° que ce jugement soit aussitôt imprimé et envoyé aux quatre-vingt-quatre départements avec une adresse destinée à expliquer au peuple français les motifs qui ont déterminé le décret rendu par la Convention.

« Pourquoi cette adresse? s'écrie Thuriot. N'aviez-vous pas incontestablement le droit de juger le tyran? N'aviez-vous pas reçu de la nation en masse tous les pouvoirs nécessaires pour l'exercice de la souveraineté? En publiant d'inutiles instructions aux départements, l'Assemblée accréditerait elle-même l'opinion qu'elle a outre-passé ses droits, et qu'elle a besoin de justification. »

Cet incident n'a pas dans le moment d'autre suite ; le président Vergniaud déclare la discussion ouverte sur la question du sursis.

« Je demande, s'écrie Tallien, que la question soit décidée séance tenante ; l'humanité l'exige. Louis sait qu'il a été condamné ; il sait qu'un sursis a été demandé... Décidons sans désemparer, afin de ne pas prolonger les angoisses.

— Appuyé, appuyé! aux voix! » crie la Montagne.

---

nus pour n'avoir pas assisté aux débats, puisqu'ils étaient absents depuis plus d'un mois. Cette prétendue majorité n'était-elle pas une véritable minorité? Quel est le tribunal régulier qui n'aurait reculé devant l'idée de laisser exécuter une sentence de mort rendue dans des conditions semblables, eût-elle été prononcée contre le dernier des criminels?

Reveillère-Lepaux, qui dans le cours de sa carrière parlementaire sut racheter bien des fautes et bien des folies par quelques actes courageux, se lève et dit :

« J'ai voté contre l'appel au peuple, j'ai voté la mort de Louis ; mais ce n'est pas sans horreur que j'entends invoquer l'humanité avec des cris de sang... L'Assemblée est horriblement fatiguée par la longueur de sa dernière séance... Je demande que, sans rien précipiter, sans entendre ceux qui cherchent perpétuellement à porter la Convention à des démarches inconsidérées, on discute, et que la discussion ne soit fermée que lorsque l'Assemblée se croira suffisamment éclairée.

— Quand la patrie est en danger, s'écrie le farouche Lecarpentier, un représentant du peuple ne saurait alléguer sa lassitude. Décidons sans désemparer. Pour moi, je ne serai tranquille sur le sort de mon pays que quand j'aurai vu le tyran abattu. »

Couthon, imitant l'exemple de Tallien, invoque l'humanité pour réclamer que l'arrêt soit, comme tous les arrêts criminels, exécuté dans les vingt-quatre heures. « Le condamné, dit-il, est instruit de son sort, chaque moment est un supplice pour lui. Le jugement est porté, il faut qu'il s'exécute.

— Ah ! ne parlez pas d'humanité d'une manière dérisoire ! s'écrie Daunou indigné ; l'Assemblée est épuisée de fatigue, ce n'est pas dans un pareil moment que l'on peut décider des intérêts les plus chers de la patrie. Je déclare que ce ne sera ni par la lassitude ni par la terreur qu'on parviendra à nous entraîner à statuer, dans la précipitation d'une délibération irréfléchie, sur une question à laquelle la vie d'un homme et le salut public sont également attachés. La question qui reste à résoudre est l'une des plus graves qui vous aient été soumises; un de vos membres, Thomas Payne, a une opinion importante à vous communiquer. »

Robespierre, qui depuis longtemps s'agitait au pied de la tribune, réclame la parole. « Vous avez, s'écrie-t-il, déclaré Louis coupable à l'unanimité; la majorité l'a jugé digne de mort. Comment pourrait-il exister dans cette Assemblée un seul membre qui voulût chercher les moyens de surseoir à l'exécution d'un décret que le salut public vous a fait rendre? Vous vous êtes élevés hier à la hauteur des principes, vous ne pouvez plus descendre aux ressorts minutieux et déshonorants des petites passions. La Convention a déclaré une guerre à mort à la tyrannie; elle a obéi à la voix de l'humanité en ordonnant le sacrifice d'un seul homme à tout un peuple. Oui, dans cette circonstance, c'est l'humanité qui doit nous guider; mais en quoi consiste l'humanité? A venger l'innocence, à immoler la tyrannie, à immoler les rois parjures et criminels au bonheur des peuples opprimés depuis tant de siècles. L'humanité consiste surtout à ne pas mettre une seconde d'intervalle entre la condamnation et l'exécution. Quant à l'adresse au peuple qui vous est proposée, vous devez l'écarter. Elle n'aurait d'autre effet que de présenter la mesure que vous avez prise comme tellement audacieuse, comme tellement étonnante, qu'elle ait besoin d'excuse et d'explication. C'est précisément le contraire : c'est le peuple lui-même qui a devancé par son vœu l'arrêt que vous avez prononcé, c'est lui qui vous a imposé le devoir de juger. Douter de vos droits, c'est les anéantir.

— Point de sursis! » crie la Montagne en se levant tout entière.

« Le peuple depuis longtemps a jugé le tyran, dit Maure. — Eh quoi! lui réplique Chambon, on invoque l'humanité pour demander d'envoyer un homme à l'échafaud! L'humanité, si les circonstances le permettaient, consisterait peut-être à faire grâce... »

A ces mots, les murmures de la droite redoublent et empêchent l'orateur de continuer. Lanjuinais s'élance à la tribune. Marat y arrive en même temps que lui. Une lutte pour ainsi dire corps à corps s'établit entre le courageux Breton et le Thersite de la Révolution. Ne pouvant dominer le tumulte, le président Treilhard se couvre. Dès que le silence est rétabli, il met aux voix l'ajournement de la discussion au lendemain et le déclare décrété.

La Montagne demande que l'on décide qu'à la reprise de la séance on statuera sans désemparer sur toutes les questions qui restent à résoudre. Mais déjà la plus grande partie des bancs sont dégarnis; Treilhard lui-même a quitté le fauteuil. Les Montagnards se précipitent tumultueusement dans l'hémicycle. « La séance n'est pas levée, crient-ils en chœur, le règlement est outragement violé; mandons le président à la barre; continuons à siéger! »

Pour que la discussion ait au moins quelque apparence de régularité, on cherche partout un ancien président qui puisse légalement occuper le fauteuil. Enfin Lacroix se présente, son apparition est signalée par les applaudissements des tricoteuses des tribunes, par les cris de triomphe des énergumènes de l'Assemblée; mais l'ami de Danton recule devant la violation évidente du règlement. « Si je suis monté au bureau, dit-il, c'est pour me faire entendre et non pour présider. La séance est levée, vous n'êtes plus que des citoyens réunis; vous n'êtes plus la Convention. Vous n'avez pas le droit de discuter, puisque la majorité a voté l'ajournement.

— C'est nous qui sommes la majorité, lui répond-on. »

Mais le député d'Eure-et-Loir persiste dans son refus. Aucun autre ancien président n'est présent ou n'est disposé à prendre la responsabilité d'une séance déclarée illégale par Lacroix lui-même. Les Montagnards sont fort embarrassés; cependant les plus violents ne perdent pas courage et veulent délibérer malgré tout. Quelques enfants perdus du jacobinisme trahissent même la secrète pensée du parti.

Chabot : « La patrie est en danger ! » — Poultier : « C'est le moment d'anéantir tous les royalistes. — Tous les brissotins, répond une voix. — Qu'un secrétaire fasse l'appel nominal, dit un autre Montagnard. — Nous connaîtrons ainsi les vrais patriotes, ils sont tous ici; ce sont les royalistes qui sont partis. » Quelqu'un fait observer qu'aucun des secrétaires n'est présent. « Eh bien ! crie un autre affidé des Jacobins, renouvelons le bureau; voilà une excellente occasion. »

Couthon conservait son calme au milieu des plus

grandes agitations de son parti, et avait assez de bon sens pour ramener les brouillons de la Montagne à des idées plus pratiques. Ses infirmités précoces l'empêchaient de monter à la tribune, mais il n'avait qu'à faire un signe et aussitôt il obtenait parmi les siens une religieuse attention. Ceux qui siégent à côté de lui, à l'extrême gauche, annoncent que l'oracle veut se faire entendre. Aussitôt un profond silence s'établit : « Nous n'avons pas le droit de délibérer, il est vrai, dit le député du Puy-de-Dôme, la Convention vient de décréter l'ajournement à demain de la question du sursis. Ce décret, je le respecte, mais je déclare que la patrie est en danger, nous devons veiller, nous devons rester ici en permanence. »

Legendre fait observer que « les bons patriotes qui remplissent les tribunes et qui semblent vouloir y passer la nuit pour protéger la représentation nationale, seraient plus utiles à la chose publique en allant dans tous les quartiers de Paris calmer les inquiétudes des sections et veiller à la sûreté du dépôt national que renferme le Temple. « Reposons-nous, dit-il, et donnons-nous rendez-vous demain ici, à huit heures précises. » Tous les membres qui se trouvent encore dans la salle paraissent disposés à suivre ce conseil. Robespierre se précipite à la tribune : « Citoyens, dit-il, écoutez-moi un instant. Pourquoi désirez-vous que le jugement qui condamne le tyran soit exécuté sur-le-champ? C'est que tout délai pourrait cacher une intrigue, c'est que tout délai pourrait soustraire le condamné à la juste vengeance des lois. Je parle ici à mes amis, à mes frères; nous ne sommes ici que de bons citoyens. — Oui, oui, s'écrient les assistants. — Nous devons prévenir ce danger. Pour cela, que faut-il faire? Il faut que tous les députés qui m'écoutent, que tous les citoyens qui m'entendent unissent leurs efforts pour que, jusqu'au moment où nous aurons amené le tyran sur l'échafaud, la tranquillité publique ne soit pas troublée. Peut-être voudra-t-on abuser de la juste impatience qu'ont les bons citoyens de voir exécuter le jugement que nous venons de rendre, pour exciter une émeute et égorger nuitamment le condamné. Avertissons de ce complot la municipalité, les sections, le club des Fédérés, ces braves citoyens qui, en cimentant par leurs embrassements fraternels la paix entre eux et leurs frères d'armes de Paris, ont déjoué à jamais les ennemis de la tranquillité publique. Maintenant, citoyens, retirons-nous; demain nous viendrons reprendre nos glorieux travaux pour épouvanter les rois et affermir la liberté. »

Santerre paraît à la barre et vient protester de son zèle pour maintenir la sécurité publique. « Tout est tranquille, dit-il; il y a des canons partout. Le jugement du ci-devant roi sera exécuté avec le plus grand appareil, le peuple lui-même ne souffrira pas que la tête de Louis tombe autrement que sous le glaive de la loi. »

Sur cette assurance, la réunion, nous ne pourrions dire l'assemblée, se sépare aux cris : A demain, à demain! Cette scène avait duré de dix heures et demie à minuit.

XII.

La séance du 19 s'ouvre à onze heures du matin, sous la présidence de Barère, qui annonce que Vergniaud, malade et épuisé de fatigue, l'a chargé de le remplacer. On lit une lettre de Manuel qui donne sa démission de représentant du peuple.

« Un délit, y était-il dit, a été hier commis en ma personne contre la nation. Ne pas le dénoncer à la nation, ce serait la trahir.

« Secrétaire de la Convention, après une séance de quarante heures où s'est décidé à cinq voix le sort de plus d'un empire peut-être, je sortais, avec le besoin extrême d'un air plus pur, lorsqu'une bande de juges tombe sur moi, sur le député d'un peuple libre. Mon premier mouvement fut de les punir à l'instant, mais j'étais dans la Convention ; c'était à la Convention entière à se venger.

« Représentants, qu'avez-vous fait ? Avec la toute-puissance, vous n'avez pas eu celle d'envoyer aux quatre-vingt-quatre départements la liste de quelques désorganisateurs, qui, par le seul talent de faire du bruit, vous ôtent la force de faire du bien.

« La première fois que vous vous êtes laissé avilir, législateurs, vous avez exposé la France, et tels que vous êtes (la vérité m'échappe), oui, tels que vous êtes, vous ne pouvez pas la sauver. L'homme de bien n'a plus qu'à s'envelopper dans son manteau. »

La discussion s'ouvre sur la question du sursis. L'un des secrétaires lit la liste des orateurs inscrits. Plusieurs Montagnards demandent la question préalable, c'est-à-dire que l'on vote purement et simplement par oui ou par non, sur cette dernière chance de salut offerte au malheureux Louis XVI.

« La question est assez éclaircie, s'écrie Amar; la patrie souffre, passons à l'appel nominal. — Cette proposition de sursis, ajoute Marat, est un combat de la minorité contre la majorité. Le tyran est condamné à mort; il doit la subir. Il n'y a que des royalistes, des suppôts de la tyrannie... »

A ces mots, la droite éclate en murmures, le président rappelle à l'ordre l'*ami du peuple*. « Avec censure! » crient plusieurs voix. — Je brave votre censure! réplique Marat. — Vous manquez à l'Assemblée. — Si je brave la censure, c'est pour le bien public. »

Le président rappelle Marat à l'ordre une seconde fois. « Eh bien, je me résume, s'écrie l'inventeur des journées de septembre : je demande que le tyran soit envoyé au supplice dans les vingt-quatre heures. »

Pons (de Verdun) réclame aussi la question préalable sur le sursis, mais par des raisonnements moins provoquants que ceux de Marat. « Vous avez, dit-il, déjà décidé trois fois la question, lorsque vous avez décrété que Louis était coupable de conjuration, lorsque vous avez rejeté la sanction du peuple, enfin lorsque vous avez condamné l'ex-roi à mort. »

Gensonné, lui aussi, pense que la réserve de Mailhe, adoptée par ses amis, ne doit, ne peut pas être l'objet d'une discussion. « Je croyais, ajoute-t-il, que l'appel au peuple était salutaire. La majorité l'a rejeté. Personne ne s'opposera avec plus d'énergie que moi à ce qu'on le reprenne d'une manière indirecte. » Puis, revenant à l'objet de ses préoccupations incessantes, il demande que les autorités constituées soient mandées à la barre : « Il faut que vous appreniez de leur bouche s'il règne dans Paris une tranquillité telle qu'en mettant dans les vingt-quatre heures le jugement à exécution, la sûreté des personnes et des propriétés, ainsi que celle des enfants du condamné, soient garanties. Quand vous aurez acquis cette certitude, alors et seulement alors vous donnerez l'ordre d'exécution. »

Louvet insiste, au contraire, pour que la discussion ne soit pas étouffée par la question préalable. « Vous ne pouvez déclarer, s'écrie-t-il, que l'une des plus grandes questions qui puissent vous être soumises ne mérite pas même d'être abordée. »

L'Assemblée adopte cette opinion, et le président appelle à la tribune Buzot, qui s'est fait inscrire le premier.

« Citoyens, dit-il, j'ai reconnu avec vous que Louis était convaincu de conjuration contre l'État; j'ai voté l'appel au peuple, parce que j'ai considéré cette mesure comme la seule capable de sauver la République, d'étouffer les factions qui vous dévorent, la seule qui pût faire régner la volonté générale à la place de la violence particulière. Enfin j'ai cru que Louis méritait la mort; je l'ai dit; mais j'y ai mis la réserve d'un sursis. Je ne me dissimule pas que ceux qui voteront dans ce sens seront accusés de royalisme, qu'ils courent risque d'être assassinés; mais j'ai fait le sacrifice de ma vie; je veux seulement conserver ma mémoire exempte de tout reproche.

« Le procès de l'ex-roi sera jugé un jour par l'opinion publique. On y remarquera de graves défauts de forme, on s'élèvera contre la précipitation que vous aurez mise à exécuter un jugement qui n'a été rendu qu'à la simple majorité. On vous reprochera l'agitation, le tumulte, qui ont accompagné ce jugement, le trouble même d'hier. On dira que vous ne jouissiez pas d'une liberté telle qu'il vous eût été permis de surseoir à l'application de votre arrêt. Ces reproches ne vous paraissent rien aujourd'hui. Ils seront terribles lorsque les passions du moment auront fait place aux malheurs publics, qui nécessairement suivront l'exécution de votre jugement. D'autre part, en pressant la mort du coupable, l'Assemblée hâte la guerre générale, les ruines, les misères, les orages et les désordres qui doivent en être les conséquences naturelles. Sans éloigner l'exécution à une grande distance, mais en ne la précipitant pas, la Convention aurait le temps de prendre des mesures indispensables pour prouver aux Parisiens, à la France, à l'Europe, qu'en faisant mourir Louis sur l'échafaud, elle n'a point été le jouet d'une faction quelconque. »

Interrompu violemment par l'extrême gauche, Buzot reprend avec plus de véhémence encore : « Oui, il est un parti qui ne veut la mort de Louis XVI que pour placer sur le trône un autre roi; que l'on chasse d'Orléans et ses fils, et demain tous dissentiments cessent entre nous. Je conclus à ce qu'il y ait un intervalle entre le jugement et l'exécution, et que, dans cet intervalle, on exile tous les prétendants au trône.

— Eh quoi! réplique Thuriot, vous voulez différer la mort du tyran et chasser les Bourbons qui n'ont rien fait contre la liberté? Vous prétendez que l'on veut faire un roi? Si ce projet était possible, pourquoi ne l'aurait-on pas exécuté le 14 juillet, le 5 octobre, le 10 août? La question qui vous est posée en ce moment est simple; le peuple vous a intimé sa volonté; il vous a dit : Jugez le tyran. Vous n'avez fait qu'appliquer la loi; qu'espérez-vous d'un délai de huit ou de quinze jours? Le crime en sera-t-il moins reconnu? Oubliez-vous que l'Assemblée entière a déclaré coupable le monstre qui, pendant cinq ans, a conspiré contre la liberté? Paris n'a pas fait trois révolutions pour en laisser échapper le fruit. Les Parisiens feront exécuter votre jugement; je demande que ce soit dans les vingt-quatre heures. »

Un courageux membre de la droite, Casenave, ose, en ce moment suprême, adjurer la Convention de ne pas prendre une décision irrévocable. « Vous pouvez, dit-il, éteindre les dissensions civiles, arrêter les désastres d'une guerre étrangère, vous honorer aux yeux de tous les peuples. Je ne rappellerai pas toutes les circonstances qui ont entouré le jugement de Louis; mais l'exécution soudaine de l'arrêt terrible que vous avez prononcé sera le signal de calamités nouvelles. Vous en assumez sur vous la responsabilité; mais cette responsabilité rendra-t-elle la vie aux cent mille soldats qui périront peut-être dans les collisions dont vous allez donner le signal? Je demande que, par mesure de sûreté générale, vous décrétiez que l'exécution du jugement rendu contre Louis XVI soit suspendue jusqu'après l'acceptation de la Constitution par le peuple dans ses assemblées primaires. »

Barbaroux s'était montré impitoyable pour Louis XVI depuis le commencement du procès; à la dernière heure, il est encore le même. Malheureux jeune homme! il aura bientôt, lui aussi, besoin de cette commisération qu'il travaille en ce moment à étouffer dans le cœur des autres. Elle lui fera défaut. Sans pain, sans asile, il sera réduit à se réfugier dans les bras de la mort, et trouvera à peine un ami pour lui rendre le service que Brutus demandait à son esclave.

« Il faut, dit-il, faire exécuter Louis Capet, puisque le jugement est prononcé. Ne croyez pas que le sursis soit un moyen pratique d'obtenir la paix. Ils ne connaissent pas la perfide politique des cours, ceux qui croient qu'elles s'intéressent à l'existence d'un *individu roi...* Ils se trompent grandement, ceux qui pensent que les despotes sont susceptibles de quelque attachement entr'eux. Les prétextes ne manquent jamais aux rois lorsqu'ils veulent faire une querelle injuste. Ne nous occupons donc pas d'eux. Maintenant, à l'intérieur, que voyons nous? Une faction prête à calomnier tous vos actes, prête à ameuter contre nous cette foule d'hommes crédules auxquels elle répète sans cesse que nous sommes des royalistes. D'autres vous diront peut-être qu'il faut savoir braver la calomnie; mais, quand nous pouvons ôter aux malveillants une arme terrible dirigée contre nous, pourquoi refuserions-nous de les désarmer? Je vote donc pour que la Convention nationale décrète que son jugement contre Louis Capet soit incessamment exécuté, mais qu'elle n'en donne l'ordre définitif qu'après qu'elle aura prononcé sur le sort des Bourbons. C'est à vous de prouver que vous voulez et la mort du ci-devant roi et la mort de la royauté. Rendez-vous au vœu fortement exprimé de tous les départements, et dans les vingt-quatre heures nous n'aurons plus devant les yeux l'homme qui fut roi et l'homme qui travailla constamment à le devenir. »

Au jeune Girondin succède à la tribune un misérable pamphlétaire, rédacteur d'une feuille plus ignoble encore peut-être que celle du père Duchesne. Il y cachait son nom de Guffroy sous celui de Rougiff. Émule d'Hébert dans la presse, il se fait l'écho de Marat à la tribune. Sa parole provoquante déverse la calomnie sur tous ceux qui ne partagent pas ses opinions. Vingt fois il est interrompu par les murmures de l'immense majorité; vingt fois il essaye de reprendre le cours de ses divagations. « Oui! s'écrie-t-il, une partie des mandataires du peuple ont trahi leur devoir et leur conscience; oui, les secrétaires ont altéré sciemment un grand nombre de votes!... » L'Assemblée n'y tient plus, elle se lève presque tout entière pour demander que l'orateur soit rappelé à l'ordre. « Guffroy, dit Vergniaud, qui depuis quelques instants a repris le fauteuil, je vais consulter la Convention pour savoir combien de temps il lui convient que vous lui fassiez perdre.

— Il est impossible, s'écrie Lasource, de laisser passer sans protestation les paroles que vient de prononcer Guffroy, elles ne tendent à rien moins qu'à persuader à l'Europe que le jugement du ci-devant roi est le résultat d'une intrigue ténébreuse, à déshonorer la Convention aux yeux de la postérité. Dénoncer le bureau comme prévaricateur, c'est donner à douter que le jugement soit le vœu de la majorité. Si on accuse le bureau d'avoir compté en faveur de Louis des votes qui lui étaient contraires, d'autres ne pourront-ils pas prétendre que le bureau infidèle a pu compter pour la mort des voix qui ne la prononçaient pas? »

La Convention ordonne à Guffroy de se rétracter, ce qu'il fait de fort mauvaise grâce.

Après quelques paroles de Condorcet qui formule une série de vues humanitaires n'ayant trait que fort indirectement à la question, Bancal, l'un des secrétaires, vient lire un discours de Thomas Payne. Le publiciste américain ne savait pas assez le français pour émettre son opinion dans cette langue; il faisait traduire son manuscrit par un ami, et se tenait à côté du lecteur à la tribune même. C'est déjà ce qui avait eu lieu pour le discours que Payne avait fait lire au commencement du débat[1]. Mais, autant le premier avait été plein d'acrimonie contre la royauté et le roi, autant celui-ci respirait la grandeur d'âme et la générosité. Aussi, dès les premières phrases, Marat interrompt violemment le lecteur en s'écriant : « Thomas Payne ne peut voter sur

---

1. Voir page 497.

cette question, c'est un quaker; ses principes religieux s'opposent à l'application de la peine de mort. » On invoque de toutes parts la liberté des opinions.

Mais Marat court à la tribune interpeller le journaliste pensylvanien; puis, se tournant vers l'Assemblée, il lui annonce impudemment qu'on la trompe en lui donnant pour l'opinion de Payne une méchante rapsodie. Garan-Coulon ayant confirmé l'exactitude de la traduction, l'Assemblée dédaigne de s'arrêter aux réclamations de l'éternel dénonciateur et demande à grands cris qu'on lui permette d'entendre le discours du célèbre publiciste.

Payne rappelait la part qu'il avait prise lui-même à l'émancipation de son pays et celle bien plus grande et bien plus efficace que Louis XVI avait eue dans cette grande œuvre. « L'homme que vous avez condamné à mort, disait-il, est regardé, par tout le peuple des États-Unis, comme son meilleur ami, comme le fondateur de sa liberté. Ce peuple est aujourd'hui votre seul allié; eh bien! c'est lui qui vient vous demander par ma voix de surseoir à l'exécution de votre arrêt. Ne donnez pas au despote d'Angleterre le plaisir de voir monter sur l'échafaud l'homme qui a délivré de la tyrannie nos frères d'Amérique. »

Spectacle touchant et grandiose! Un homme est à la tribune, impassible et muet, dominant de son calme regard une assemblée tumultueuse, indifférent aux injures et aux sarcasmes, obligé de recourir à un interprète pour se faire entendre de ceux qui l'entourent, venant plaider la cause d'un autre homme auquel ne le rattache aucun lien de parenté, de race ni même d'opinion. Cet avocat d'une cause presque désespérée, c'est le disciple de William Penn, de celui qui a régénéré le nouveau monde; son client est le puissant monarque qui jadis a complété l'œuvre de son maître; ses auditeurs sont les représentants du pays qui prétend marcher à la tête de la civilisation. Derrière lui on peut voir se dresser l'ombre d'un grand peuple qui, de l'autre côté de l'Océan, tend les bras vers la France et lui demande d'épargner les jours de celui qui, d'avance, a si magnifiquement payé sa rançon à la liberté.

Ah! que n'étiez-vous là, philosophes qui prêchez l'évangile de la sainte humanité, écrivains qui proclamez si haut le dogme de l'intime solidarité des peuples! Au souvenir de cet immense service rendu à la cause de l'affranchissement des nations, à la vue d'une si lamentable infortune, quel homme vraiment libéral n'eût senti se détendre toutes les fibres de son cœur?

Les démagogues de 1793 ne s'émurent ni du discours de Payne ni de celui de Brissot qui vint après celui-ci développer les mêmes idées dans un langage net et serré, auquel il n'avait pas toujours habitué ses auditeurs et que la grandeur de la circonstance, l'imminence des dangers qu'il entrevoyait pour sa patrie, surent cette fois lui donner.

Brissot commence par protester de sa haine contre les tyrans; mais, sortant bientôt des banalités révolutionnaires, il se demande s'il est de l'intérêt de la France que l'exécution de Louis soit retardée. « L'opinion des peuples, dit-il, vaut pour nous des armées; cette opinion nous sera pour jamais aliénée, si le jugement prononcé avant-hier est mis à exécution. Vous aurez contre vous et les hommes libres qui envisageront philosophiquement la question, et les hommes qui tiennent encore aux préjugés de l'esclavage. Les premiers ne verront dans la mort de Louis qu'un supplice inutile à la liberté. Jamais un républicain ne pourra être amené à croire que, pour que 25,000,000 d'hommes soient libres, il faut qu'un homme meure ; que, sans l'effusion de son sang, la liberté serait en danger ; jamais un républicain ne croira que, pour tuer la royauté, il faille tuer celui qui la possédait ; *car il en résulterait qu'il faut tuer aussi tous ceux qui peuvent la posséder.* Cette vérité est tellement évidente que, si cette question était traitée en Amérique, j'ose affirmer que sur 4,000,000 d'habitants il n'y aurait pas un vote pour la mort... Quant aux hommes imbus des préjugés du royalisme, quant aux masses qui ne raisonnent pas, les tyrans coalisés contre nous ne manqueront pas d'exciter leur pitié en leur peignant le supplice de Louis sous les traits les plus déchirants ; ils leur diront que Louis n'a été condamné qu'à une faible majorité ; que les juges ont été intimidés ou corrompus ; que les formes ont été violées ; que le jugement n'a été que le produit de la passion de quelques hommes qui craignaient tellement le jugement de la nation qu'ils ont refusé de constater son vœu : c'est ainsi qu'ils populariseront la guerre qu'ils se préparent à vous faire... Si Louis est exécuté, il faut dès demain voter la guerre avec l'Angleterre, la Hollande et l'Espagne, contre tous les tyrans de l'Europe, parce qu'elle est imminente de leur part... Êtes-vous prêts pour cette guerre universelle?... »

XIII.

C'est Barère qui s'est chargé de répondre à Brissot. C'est lui qui a entraîné les centres hésitants à prononcer la condamnation, c'est lui encore qui va les décider à rejeter tout sursis. Les observations du député d'Eure-et-Loir ne lui paraissent que des illusions diplomatiques. « Il n'y a pas moyen, dit-il, d'allier la République avec des despotes. Ce n'est pas pour un roi que nous avons tant d'ennemis, c'est pour notre liberté, pour la souveraineté du peuple, pour notre gouvernement nouveau, pour nos assemblées primaires, pour notre représentation nationale; c'est vous dont on veut abattre les têtes pour anéantir la liberté et dissoudre la République. Avec les ennemis du dehors, nous avons encore à combattre ceux de l'intérieur. Ces ennemis sont l'anarchie, dont notre faiblesse a laissé élever la tête au-dessus des lois, ce sont vos défiances, vos divisions, vos terreurs, vos intrigues. Nos plus grands ennemis sont dans nous-mêmes. On vous a dit qu'en abattant la tête d'un roi, il en renaîtrait un autre. Prenez des mesures fermes pour empêcher cette résurrection de la tyrannie... Qu'on punisse Louis et qu'on éloigne d'Orléans!... »

Après cet exorde, qui contenait des arguments différents pour chacun des partis entre lesquels se partageait l'Assemblée, Barère examine les divers délais qui ont été proposés lors du troisième appel nominal [1] :

« On a demandé de surseoir à l'exécution de Louis :

« 1° Jusqu'après la ratification de la Constitution par le peuple. — Mais quel danger n'y aurait-il pas à faire délibérer en même temps les assemblées primaires sur la personne et sur la chose, sur le roi et sur la royauté? Ce serait réveiller les espérances des aristocrates, régénérer leurs complots, ranimer toutes les tentatives des factieux, faire de l'acceptation de la Constitution un moyen de vaincre la République.

« 2° Jusqu'à la paix. — Mais les rois redoubleront d'efforts liberticides, prolongeront la guerre et les agitations intérieures; ce sera un sursis sans terme et une impunité dangereuse. Quelle serait d'ailleurs cette diplomatie nouvelle, qui s'en irait promener une tête dans les cours étrangères, et stipuler le salut ou le bannissement d'un condamné pour premier article des traités?... Je craindrais d'insulter à votre humanité et aux principes moraux de la République, si je réfutais plus longtemps cette opinion.

« 3° Jusqu'à ce que l'ennemi attaque notre territoire. — Je ne conçois pas de procédé plus cruel, plus inhumain, que de tenir un glaive suspendu sur la tête d'un homme, en lui disant, à chaque mouvement des armées ennemies : ta tête tombera! Non, je ne penserai jamais qu'un législateur puisse faire ainsi boire à longs traits à un condamné la coupe tout entière de la mort! »

1. Voir ci-dessus, page 446.

Barère termine sa harangue en rappelant les propositions humanitaires de Condorcet, en prêchant l'union et la concorde, en demandant que « la famille des Bourbons soit éloignée de la terre de la liberté, qu'on adopte des mesures énergiques pour la défense du territoire, qu'on présente la Constitution. »

Aussitôt après que Barère est descendu de la tribune, la clôture de la discussion est prononcée.

Grangeneuve demande à motiver son opinion en faveur du sursis. On le lui refuse. L'Assemblée décide que, contrairement à ce qui avait eu lieu pour les trois premiers appels nominaux, chaque membre sera tenu de répondre simplement par oui ou par non.

Grangeneuve et plusieurs autres députés après lui déclarent qu'ils ne voteront pas.

L'appel commence et dure une partie de la nuit. Le 20 janvier, à trois heures du matin, Vergniaud en proclame le résultat dans les termes suivants :

Le nombre des députés est de 749.

1 député est décédé [1];

1 a donné sa démission [2];

1 s'est récusé [3];

2 ont donné un vote nul [4];

9 ont refusé de voter [5];

---

1. Cayla (Lot), décédé le 19 janvier 1793.
2. Manuel (Paris).
3. Noël (Vosges).
4. Barthélemy (Haute-Loire), Antiboul (Var).
5. Sur ces 9, 4 déjà avaient refusé de voter lors des précédents scrutins, à savoir : Chevalier (Allier), Debourges (Creuse), Lafond

21 sont absents pour cause de maladie [1];

17 sont absents par Commission [2];

7 sont absents sans cause et seront censurés au procès-verbal [3].

59

Reste 690 votants. — Majorité absolue 346.

Pour le sursis 310, contre 380.

La rédaction définitive des décrets antérieurement rendus avait été préparée par les soins du Comité de législation; elle est adoptée en ces termes :

« Art. 1er. La Convention nationale déclare Louis « Capet, dernier roi des Français, coupable de cons-

---

(Corrèze), Morisson (Vendée). Les 5 autres étaient : Arbogast (Bas-Rhin), Chambon (Corrèze), Condorcet (Aisne), Gentil (Loiret), Grangeneuve (Gironde).

1. Parmi les 21 absents pour cause de maladie, il y avait: 1° ceux qui n'avaient pas paru aux scrutins précédents, à savoir : Bourgeois, Daubermesnil, Ehrmann, Fabre, Hugo, Mailhe (du Cantal) et Topsent (voir page 461); 2° ceux qui n'avaient pu résister aux fatigues des dernières séances, à savoir : Bailleul (Seine-Inférieure), Cambort (Dordogne), Chiappe (Corse), Dupont (Indre-et-Loire), Durand-Maillane (Bouches-du-Rhône), Giraud (Allier), Lacaze (Gironde), Lambert (Côte-d'Or), Maisse (Basses-Alpes), Méjansac (Cantal), Moltedo (Corse), Prunelle de Lierre (Isère), Servière (Lozère).

Le vingt et unième était le courageux Duchastel, qui avait quitté son lit pour venir voter le 17, mais qui ne put, le 20, recommencer cet acte d'abnégation.

2. Les absents par commission étaient les 15 dont nous avons donné les noms (page 461), plus Foucher (Cher) et Vidalin (Allier).

3. Dehoullières (Maine-et-Loire), Escudier (Var), Eulard (Pas-de-Calais), Himbert (Seine-et-Marne), Kersaint (Seine-et-Oise), Bozi (Corse), Sauterault (Nièvre).

« piration contre la liberté de la nation, et d'attentat
« contre la sûreté générale de l'État.

« Art. 2. La Convention nationale déclare que
« Louis Capet subira la peine de mort.

« Art. 3. La Convention nationale déclare nul
« l'acte de Louis Capet, apporté à la barre par ses
« conseils, qualifié d'*appel à la Nation du jugement*
« *contre lui rendu par la Convention;* défend à qui
« que ce soit d'y donner aucune suite, à peine d'être
« poursuivi et puni comme coupable d'attentat contre
« la sûreté générale de la République.

« Art. 4. Le Conseil exécutif provisoire notifiera,
« dans le jour, le présent décret à Louis Capet, et pren-
« dra les mesures de police et de sûreté nécessaires pour
« en assurer l'exécution dans les vingt-quatre heures
« à compter de la notification; il rendra compte du
« tout à la Convention nationale après qu'il aura été
« exécuté. »

L'œuvre de la Convention est terminée. Celle du bourreau va commencer.

LIVRE XXV

LA MORT DU ROI [1].

I.

Le 16 janvier, Louis XVI avait appris par ses défenseurs le résultat des deux premiers appels nominaux, mais il ne s'en était pas ému ; depuis longtemps il s'attendait à tout. Dès le 17, tandis que la Convention délibérait encore sur son sort, la Commune, le considérant déjà comme condamné, ordonnait aux commissaires de service de ne le perdre de vue ni jour ni nuit, et de se tenir dans son appartement toujours au moins au nombre de quatre.

Le 18, à neuf heures du matin, de Sèze, Tronchet et Malesherbes se présentent à la porte du Temple et sont admis sans difficulté. L'ancien ministre de Louis XVI se précipite aux pieds de son maître, et par ses sanglots lui apprend la fatale nouvelle. Le roi, toujours calme et

---

[1]. Pour tous les détails que ne comporte pas le cadre de cet ouvrage et pour les pièces justificatives, nous renvoyons, comme nous l'avons fait déjà plusieurs fois pour tout ce qui concerne les prisonniers du Temple, à l'ouvrage si éminemment intéressant de M. de Beauchesne, *Louis XVII*.

digne, le relève, le serre tendrement dans ses bras, et lui dit d'une voix pleine de douceur : « Ah! mon cher Malesherbes, ne m'enviez pas le seul asile qui me reste. — Sire, tout espoir n'est pas perdu; on va délibérer sur le sursis, et, s'il est refusé, nous aurons encore l'appel à la Nation. — Non, non, il n'y a plus d'espoir; je suis prêt à m'immoler pour mon peuple; puisse mon sang le sauver des horreurs que je redoute pour lui! — Sire, beaucoup de sujets fidèles ont juré d'arracher votre Majesté des mains des bourreaux ou de périr avec elle. — Remerciez-les de leur zèle; mais dites-leur que je ne leur pardonnerais pas s'il y avait une goutte de sang versée pour moi; je n'ai pas voulu qu'il fût répandu, quand peut-être cela m'aurait pu conserver le trône et la vie; je ne m'en repens pas. » A la fin de cette touchante entrevue, le roi embrasse ses défenseurs et leur fait promettre de revenir. Mais il ne devait plus les revoir; la porte du Temple s'était refermée pour jamais derrière eux.

La Commune, fidèle à son système de persécutions incessantes et de défiances puériles, avait, sur la première nouvelle du jugement, pris un arrêté ainsi conçu :

« Considérant que, dans la circonstance actuelle, *Louis Capet communiquant avec ses conseils*, il serait possible qu'ils lui procurassent quelque moyen d'échapper à la justice et à la vengeance des lois;

« Le procureur de la Commune entendu;

« Arrête que sur-le-champ il sera rédigé une adresse à la Convention, pour demander d'être autorisé à prendre toutes les mesures nécessaires commandées par les circonstances. »

Cette adresse est aussitôt rédigée par Hébert; quatre commissaires sont chargés de la porter, le 18 au matin, à la salle du Manége. Toute la journée se passe sans qu'ils puissent réussir à se faire admettre à la barre. A huit heures du soir, ils reviennent à l'hôtel de ville et annoncent qu'ils n'ont pu remplir leur mission, mais que beaucoup de députés leur ont paru approuver individuellement les mesures qu'ils étaient chargés de soumettre à l'Assemblée. Sur ce rapport, les plus exaltés d'entre les municipaux demandent que, dès ce moment, il soit décidé que toute communication sera interdite entre Louis et ses défenseurs. D'autres, plus humains, font observer que la loi n'a jamais défendu à un condamné de voir ses conseils jusqu'au dernier moment; que, dans l'espèce, il y a une décision spéciale de la Convention qui ne peut être enfreinte tant qu'elle n'aura pas été rapportée. Chaumette et Hébert, qui certes ne sont pas suspects de modérantisme, se rangent de cet avis. Néanmoins, quelques-uns de leurs rivaux en popularité insistent avec tant de passion que l'arrêté suivant est adopté :

« Le conseil général, considérant que la mission des conseils de Louis Capet a cessé au moment du jugement prononcé par la Convention; que, par l'arrêté du pouvoir exécutif de ce jour, la municipalité de Paris est spécialement chargée de toutes les mesures de sûreté, et qu'il importe à la tranquillité publique que Louis Capet n'ait aucune communication extérieure;

« Le procureur de la Commune entendu, et sans s'arrêter à son réquisitoire, arrête, que toute communication entre Louis Capet et ses ci-devant conseils sera suspendue ; charge son président d'informer sur-le-champ la Convention nationale du présent arrêté ;

« Arrête, en outre, que les commissaires de service au Temple seront tenus de faire les plus exactes recherches dans l'appartement de Louis Capet.

« BAUDRAIS, vice-président.
« COULOMBEAU, secrétaire-greffier. »

Le 19, conformément au dernier article de cet arrêté, un officier municipal nommé Gobeau, sous prétexte de s'assurer qu'aucun instrument tranchant n'est à la disposition du condamné, vient dès le matin fouiller avec le soin le plus minutieux toutes les dépendances de l'appartement du roi. Il profite de l'occasion pour faire l'inventaire des meubles et des effets qui s'y trouvent.

Deux jours auparavant, la Commune avait agi comme si Louis XVI était déjà condamné ; maintenant ses commissaires agissent comme s'il était déjà exécuté.

Gobeau trouve un secrétaire fermé à clef ; il en exige impérieusement l'ouverture. Le roi, qui s'était retiré dans la tourelle située auprès de sa chambre, interrompt sa lecture et vient donner satisfaction aux exigences de l'officier municipal. Dans ce secrétaire se trouvaient trois rouleaux d'or de mille livres chacun : « Cet argent ne m'appartient pas, dit Louis XVI, il est à M. de Malesherbes ; je l'avais préparé pour le lui rendre. » En effet, sur les rouleaux était inscrit, de la main de l'auguste prisonnier, le nom du propriétaire. Gobeau se fait remettre les trois rouleaux, et délivre enfin Louis de sa présence[1].

La journée du 19 janvier fut peut-être la plus douloureuse de la captivité royale. Louis se savait condamné, il ne savait rien de plus. De tout le jour, il ne voit pas d'autre visage ami que celui du fidèle Cléry. Plusieurs fois, il demande M. de Malesherbes, mais ses geôliers municipaux ne lui font que des réponses évasives. Le soir, il se décide à faire passer aux commissaires de garde au Temple le billet suivant :

« Je prie messieurs les commissaires de la Commune d'envoyer au conseil général ma réclamation :

« 1° Sur l'arrêté de jeudi, qui ordonne que je ne serai perdu de vue ni nuit ni jour. On doit sentir que, dans la situation où je me trouve, il est pénible de ne pouvoir être seul et avoir la tranquillité nécessaire pour me recueillir, et que la nuit on a besoin de repos ;

« 2° Sur l'arrêté qui m'interdit de voir mes conseils. Un décret de l'Assemblée nationale m'avait accordé de les voir librement sans fixer de terme, et je ne sache pas qu'il soit révoqué.

« Louis. »

Ce billet ne fut porté à la Commune que le 20 au

---

[1]. Le conseil général de la Commune auquel les trois mille livres furent envoyées, décida que cette somme ne serait pas rendue à Malesherbes, puisqu'il ne la réclamait pas. Que devint-elle? Nul ne le sait. Mais ce qui est certain, c'est que, lors de la comparution de Malesherbes devant le tribunal révolutionnaire, Fouquier-Tinville fit un crime au vertueux vieillard d'avoir donné à son maître, en lui prêtant cette somme, une dernière preuve de fidélité.

matin ; le Conseil général ne daigna y répondre que par l'ordre du jour. Du reste, sa responsabilité était couverte ; car, dans la séance du 19, la Convention avait enfin eu connaissance de l'arrêté qui interdisait aux conseils du prisonnier de pénétrer jusqu'à lui, et cette communication n'avait soulevé aucune réclamation dans le sein de l'Assemblée.

II.

Les derniers décrets, qui fixaient irrévocablement le sort de Louis XVI, n'avaient été rédigés que le 20 à trois heures du matin, il fallait les signifier au condamné. Garat se trouvant en possession de la présidence du conseil exécutif, que, d'une semaine à l'autre, les ministres se transmettaient tour à tour, c'était à lui que revenait la triste mission. Il se fait accompagner par le ministre des affaires étrangères, Lebrun, et par le secrétaire du conseil, Grouvelle. Arrivé au Temple, il y trouve le président et l'accusateur public du tribunal criminel, le maire et le substitut de la Commune, le président et le procureur général syndic du département, convoqués d'avance. Santerre est à son poste, et, en sa qualité de commandant de la force armée, il précède les autorités constituées ; dans l'antichambre, il rencontre Cléry et lui ordonne, d'une voix brutale, d'annoncer le pouvoir exécutif. Au bruit, le roi se lève ; bientôt la chambre est envahie par les envoyés de la Convention et les commissaires de la Commune. Lorsque le cercle est formé, Garat, le chapeau sur la tête, dit : « Louis, la Convention nationale a chargé le conseil exécutif provisoire de vous signifier ses décrets. Le secrétaire du conseil va vous en faire lecture. »

Grouvelle lit d'une voix émue les quatre articles dont se compose la terrible sentence. Le roi ne prononce pas une parole; mais une joie céleste illumine son visage; on dirait qu'il est déjà en possession de la couronne du martyre. Dès que le secrétaire a rempli son pénible devoir, le roi s'avance vers lui d'un pas assuré, prend le papier et le place dans son portefeuille; puis, se tournant vers le président du Conseil exécutif, il lui tend un pli cacheté, qu'il lui demande de remettre à la Convention. Garat, qui craint d'engager sa responsabilité, semble hésiter à se charger du message, mais Louis le rassure en lui déclarant que ce qu'il réclame de lui n'a rien de compromettant. Il déchire l'enveloppe et lit, sans que l'on puisse surprendre la moindre altération dans sa voix, la série des demandes suprêmes qu'il adresse à l'Assemblée qui vient de le condamner.

Il recommandait à la bienfaisance de la nation les personnes qui avaient été attachées à sa personne ou à sa maison, il exprimait le désir que la Convention s'occupât de suite du soin de sa famille et lui permît de se retirer librement où elle le jugerait à propos.

Il réclamait : 1° un délai de trois jours pour pouvoir se préparer à paraître devant Dieu; 2° l'autorisation de voir pendant cet intervalle sa famille sans témoins; 3° la faculté d'appeler un prêtre de son choix. Enfin il demandait à être délivré de la surveillance perpétuelle que la

Commune avait établie autour de lui depuis quelques jours.

Garat promet au roi de porter, sans retard, sa lettre à la Convention. Louis lui remet alors un papier. « C'est, dit-il, l'adresse de la personne que je désire voir. » Ensuite il se dirige vers la tourelle qui lui sert d'oratoire, et tous les représentants de l'autorité révolutionnaire se retirent en silence [1].

Garat retourne auprès du Conseil exécutif, qui siége en permanence, et lui fait part des demandes que vient de formuler Louis XVI. Quoique chargé du soin de prendre toutes les mesures de sûreté et de police nécessaires pour assurer l'exécution de la sentence, le Conseil ne pense pas avoir le droit de prononcer sur les divers vœux exprimés par le condamné, et croit devoir en référer à la Convention. Garat y court et, vu l'urgence, obtient immédiatement la parole. Il expose la manière dont il s'est acquitté de la mission que ses

---

1. Au moment où Louis XVI remettait à Garat l'adresse de M. Edgeworth de Firmont, un autre ecclésiastique également insermenté s'offrait au conseil général de la Commune pour remplir l'office de charité et de dévouement qui allait immortaliser le nom du confesseur de Louis XVI. Voici la teneur de sa pétition :

« 20 janvier 1793.

« René Legris-Duval, natif de Landernau, département du Finistère, employé jusqu'au 10 août au séminaire de Saint-Sulpice, demeurant à Versailles, chez le sieur Cerisier, boulevard du Roi, demande à être admis auprès de Louis Capet en qualité de confesseur. Il déclare qu'il n'a pas prêté serment parce que sa conscience ne le lui permettait pas. »

La Commune n'avertit point le prisonnier du Temple de cette demande, mais elle fit arrêter le pétitionnaire.

collègues l'avaient chargé de remplir; il lit la lettre que Louis XVI lui a remise. Sur la proposition de Cambacérès, le décret suivant est rendu :

« La Convention autorise le conseil exécutif provisoire : 1° à satisfaire aux demandes de Louis, à l'exception du délai, sur lequel elle passe à l'ordre du jour ; 2° à répondre à Louis que la nation française, aussi grande dans sa bienfaisance que rigoureuse dans sa justice, prendra soin de sa famille et lui fera un sort convenable. »

Ce sort devait être l'échafaud pour la femme et la sœur, les leçons de Simon pour le fils, et une dure captivité pour la fille du condamné ; mais au moins, dans ce moment, l'Assemblée daigne permettre qu'un prêtre, librement choisi par Louis, adoucisse les derniers moments du malheureux roi.

Rendons hommage à cette générosité et entrons au Conseil exécutif, où le secrétaire du ministre de la justice vient d'introduire le confesseur de Mme Élisabeth, resté à Paris en bravant toute la rigueur des lois contre les prêtres insermentés.

« Vous êtes, lui dit Garat, le citoyen Edgeworth ? — Oui, monsieur. — Louis Capet a témoigné le désir de vous avoir auprès de lui dans ses derniers moments. Nous vous avons, en conséquence, mandé pour savoir si vous consentez à lui rendre le service qu'il attend de vous ? — Je suis prêt à me rendre au devoir qu'il m'impose. — En ce cas, accompagnez-moi au Temple, où je retourne à l'instant. »

Le digne prêtre était en habit laïque ; il demande à

Garat la permission d'aller revêtir un costume plus convenable. « C'est inutile, répond celui-ci, ce serait vous exposer; et, d'ailleurs, le temps nous presse. »

Arrivés à la prison, ils éprouvent toute sorte de difficultés de la part des commissaires de garde, qui veulent bien admettre le ministre, mais non celui qui l'accompagne. Pendant que Garat monte seul signifier à Louis la réponse que la Convention a cru devoir faire à ses demandes, l'abbé Edgeworth est fouillé minutieusement. Ce n'est que lorsqu'on s'est assuré qu'il n'a sur lui rien de suspect, qu'on lui permet de pénétrer jusqu'au prisonnier.

Dans ces moments suprêmes, le condamné était encore le roi. En apercevant l'homme de Dieu, il fait un geste pour que tous les municipaux, gardiens, officiers de la garde nationale qui se trouvaient dans sa chambre, aient à se retirer; il est obéi à l'instant. Il s'entretient quelque temps avec le prêtre qui lui donne une aussi éclatante preuve de dévouement. Mais bientôt, sur l'avis que sa famille va descendre, il prie l'abbé Edgeworth de passer dans l'oratoire, de peur que sa présence ne redouble la douleur de la reine.

L'entrevue devait avoir lieu sans témoins, suivant le décret de la Convention; mais, d'un autre côté, les commissaires de garde étaient liés par l'arrêté de la Commune, qui leur ordonnait de ne quitter Louis ni jour ni nuit. Le ministre de la justice avait cru pouvoir concilier toutes choses en autorisant les commissaires à choisir pour le lieu de l'entrevue la salle à manger, qui n'était séparée de l'antichambre que par une cloison vitrée, grâce à laquelle les municipaux pouvaient voir sans trop entendre. Le roi, averti de cette décision, est obligé de s'y soumettre.

Bientôt sa famille paraît. N'essayons pas de peindre le tableau déchirant que présentent ces infortunés, enlacés dans les bras les uns des autres. Tout récit resterait au-dessous de la réalité.

Après avoir raconté son procès et parlé avec la plus grande générosité de ceux qui l'ont condamné, le roi fait jurer à son fils de ne pas songer à venger sa mort ; il le bénit ainsi que sa fille. La reine exprime le désir que la famille royale puisse passer réunie cette nuit suprême ; Louis, qui veut épargner à sa famille de si dures angoisses, prétexte le besoin qu'il a de tranquillité et de recueillement. Quand, après sept quarts d'heure d'un entretien sans cesse interrompu par des larmes et des sanglots, il se décide à congédier sa sœur, sa femme et ses enfants, il n'ose pas prononcer l'éternel adieu. Il conduit jusqu'à l'escalier toute sa famille, et lui promet de la revoir le lendemain matin ; enfin, par un effort héroïque, il s'arrache à ses embrassements. Mais, dès qu'il a rejoint son confesseur, il reprend son calme et ne songe plus qu'à se préparer à paraître devant Dieu. L'abbé Edgeworth propose d'aller demander aux commissaires municipaux les moyens de célébrer la messe et de donner la communion au roi. Louis XVI s'effraye des dangers auxquels s'expose le courageux ecclésiastique. Celui-ci se mettait en effet complétement à la merci de ceux qui, tous les jours, sévissaient avec la dernière rigueur contre les prêtres insermentés. L'homme de Dieu triomphe des scrupules et des craintes du roi, et va résolûment présenter sa requête aux commissaires de garde. Ceux-ci, après une assez longue délibération, consentent à satisfaire le dernier désir du condamné ; ils envoient chercher à l'église la plus voisine (celle de Saint-François d'Assise) tout ce qu'il faut pour célébrer la messe.

Jusqu'à minuit, Louis XVI reste avec son confesseur. Il se couche alors et s'endort d'un sommeil profond. A cinq heures, Cléry le réveille et bientôt la messe commence. C'est Cléry qui lit les répons ; Louis XVI, à genoux, suit avec le plus grand recueillement et sans montrer la moindre émotion, les prières du mystère divin. La porte est ouverte, et de l'antichambre les municipaux surveillent leur prisonnier. Le roi communie ; puis, la messe finie, il attend avec un calme admirable qu'on vienne le chercher pour le conduire au supplice.

III.

Pendant toute la nuit du 20 au 21 janvier, le département, la commune, les comités des sections siégent en permanence [1]. La société des Jacobins surveille les

---

[1]. Par deux fois dans la nuit, à onze heures du soir et à deux heures et demie du matin, le conseil général de la Commune fit faire un appel nominal de tous ses membres et envoya des ordonnances chercher ceux qui n'étaient pas à leur poste.

autorités constituées et leur envoie, à plusieurs reprises, des députations pour réchauffer leur zèle. A peine le jour commence-t-il à paraître, que la générale est battue dans tous les quartiers. Bientôt les gardes nationaux se rendent, mornes et silencieux, aux lieux de rassemblement indiqués dans l'ordre du jour de Santerre[1]. La ville se hérisse de canons. Les pièces de Saint-Denis, livrées trois jours auparavant par Pache, sont braquées sur les places principales.

Depuis la porte du Temple jusqu'à la place de la Révolution sont échelonnés de forts détachements pris dans chacune des six légions entre lesquelles sont réparties les quarante-huit sections armées. Le commandant général Santerre semble avoir pris soin d'éloigner ces diverses légions de leurs quartiers respectifs, afin que nul concert ne puisse s'établir entre les citoyens sous les armes et les habitants des maisons devant lesquelles ils se trouvent. Ainsi la cinquième légion, qui compte dans son sein les sections voisines de la rue Vivienne et des Champs-Élysées, est placée sur le boulevard, entre le faubourg du Temple et la porte Saint-Martin ; la sixième, qui comprend la circonscription du faubourg Saint-Germain, s'étend de la porte Saint-Martin à la rue Montmartre. La première, composée des sectionnaires de la rue et du faubourg Saint-Antoine, occupe le boulevard Montmartre jusqu'à la rue Mirabeau (autrefois de la

---

1. Le conseil général du département avait pris un arrêté par lequel il était ordonné à tous les citoyens, excepté les fonctionnaires publics et les employés des administrations, d'être sous les armes dès sept heures du matin.

Chaussée-d'Antin) ; la seconde, qui est recrutée dans le faubourg Saint-Marceau, est postée sur le boulevard des Capucines et de la Madeleine, jusqu'à la rue Saint-Honoré ; la quatrième, qui représente les faubourgs Poissonnière et Saint-Denis, occupe les abords de la place de la Révolution et se tient derrière les fossés qui la limitaient alors de tous côtés. La troisième, qui renferme dans ses rangs les citoyens des Gravilliers, des Arcis et des Lombards, c'est-à-dire du centre révolutionnaire de Paris, est massée dans l'intérieur de la place, et s'étend jusqu'au pont de la Liberté (c'est le nom que portait, à cette époque, le pont Louis XV).

La place d'honneur, en face de l'échafaud, à l'entrée des Champs-Élysées, est réservée aux bataillons de fédérés d'Aix et de Marseille.

Des réserves nombreuses sont disposées sur la place des Piques (autrefois place Vendôme), dans le jardin des Tuileries, au Louvre, sur la place de l'Hôtel de ville.

Les gardes descendante et montante du Temple sont réunies, avec ordre de rester à ce poste jusqu'après l'exécution. L'escorte qui doit accompagner le condamné s'assemble dans les avant-cours du Temple ; elle est de douze cents hommes choisis, à raison de vingt-cinq hommes par section, parmi les citoyens « habitués à manier leurs armes et dont les principes ne sont pas équivoques[1]. » Chacun de ces douze cents sectionnaires armés doit avoir à la boutonnière une carte portant son nom, son domicile et la signature du président de sa section. Un officier de con-

---

[1]. Ordre du jour de Santerre.

fiance de Santerre fait, au moment où arrive chaque détachement, l'appel des hommes qui le composent. Il est chargé « d'expulser tous ceux qui se seraient immiscés indûment dans les rangs, et dont on aurait à présumer que les intentions sont *contrariées* [1]. »

De nombreux tambours, sous les ordres du tambour-major de la 2ᵉ légion (faubourg Saint-Marceau), doivent tenir la tête de l'escorte et se ranger autour de l'échafaud. Cent gendarmes à cheval, à l'avant-garde, et cent cavaliers de l'École militaire à l'arrière-garde, complètent le funèbre cortége.

Paris présente l'aspect d'un vaste sépulcre. Les rues sont désertes; les sectionnaires armés occupent les postes qui leur ont été assignés et ne peuvent plus les quitter sous aucun prétexte. Tous les autres citoyens ont ordre de ne pas bouger de chez eux.

Les fenêtres sont fermées, les portes sont closes. Le temps est voilé et brumeux; depuis la veille, un linceul de neige semble étendu sur toute la ville; mais la pluie, qui est tombée pendant la nuit, l'a déjà fait disparaître en partie.

IV.

Il est huit heures. Le roi exprime le désir de revoir un instant sa famille comme il le lui a promis la veille; mais l'abbé Edgeworth le supplie de ne pas mettre la

---

[1]. Ce sont les expressions mêmes de Santerre.

reine et ses enfants à une aussi cruelle épreuve. Louis se rend avec douceur à cette observation et exprime le désir que Cléry lui coupe les cheveux; il ne voulait pas que la main du bourreau le touchât. Mais la défiance est si grande, la pitié est tellement éteinte dans les cœurs de tous ceux qui l'entourent, que cette demande, dont le motif est pourtant bien facile à comprendre, lui est brutalement refusée.

Santerre paraît, suivi de Claude Bernard et de Jacques Roux, que la Commune a désignés pour conduire le condamné à l'échafaud. Les commissaires de garde et quelques gendarmes de l'escorte les accompagnent. Louis XVI, qui a entendu, sans laisser paraître aucune émotion, la porte d'entrée s'ouvrir avec fracas, sort de son oratoire où il s'est enfermé avec son confesseur, et demande à Santerre si l'heure est venue. « Oui, répond laconiquement le commandant en chef de la force armée. — Je suis en affaire, attendez-moi, » répond le roi avec autorité.

La seule affaire qui préoccupât Louis XVI à cet instant, était son salut éternel. Il rentre tranquillement dans la tourelle, s'agenouille devant le ministre de Dieu, reçoit sa bénédiction. Bientôt, revenant dans sa chambre, il s'avance vers Santerre et ceux qui l'escortent. « Y a-t-il parmi vous quelque membre de la Commune? » dit-il. — Jacques Roux s'avance, le roi lui tend un papier cacheté : « Je vous prie de remettre cet écrit entre les mains du président du Conseil général. — Je ne puis me charger d'aucun paquet, cela ne me regarde pas; je suis ici pour vous conduire à l'échafaud. » Le roi s'adresse alors à un des commissaires de service au Temple, Baudrais ; celui-ci au moins ne refuse pas d'accomplir le dernier vœu d'un homme qui va mourir. S'apercevant que tous ceux qui l'entourent sont couverts, Louis XVI met son chapeau, et désignant aux municipaux le fidèle Cléry : « Je désirerais, dit-il, qu'on le laissât au Temple, à la disposition de la reine, — de ma femme, » reprend-il. — Personne ne répond. Le roi s'avance vers Santerre : « Partons! » dit-il.

Aussitôt les gendarmes qui se trouvaient dans la chambre sortent et Santerre après eux; le roi, l'abbé Edgeworth les suivent; les officiers municipaux ferment la marche ; Cléry reste seul.

Le roi traverse d'un pas ferme la première enceinte. Après avoir jeté sur la tour un regard plein de tendresse et de regret pour ceux qu'il y laisse, il monte dans la voiture qui doit le conduire au lieu du martyre.

Son confesseur se place à côté de lui ; deux gendarmes sont sur le devant de la voiture. Celle-ci est précédée par Santerre, ayant à ses côtés les deux officiers municipaux, Jacques Roux et Claude Bernard.

Le funèbre cortége se met en marche; le trajet du Temple à la place de la Révolution dure une heure ; il n'est troublé par aucune tentative sérieuse pour délivrer le prisonnier. L'abbé Edgeworth remet au roi le bréviaire dont il est porteur, et lui indique les prières des agonisants. Le roi les récite à voix basse ; aucune parole n'est échangée entre Louis XVI et ses deux gardiens pendant toute la durée du pénible voyage.

Dix heures viennent de sonner. Le cortége arrive à l'extrémité de la rue Royale. La voiture qui renferme Louis XVI tourne sur la droite et se dirige vers l'échafaud, dressé entre l'entrée des Champs-Élysées et le piédestal qui, après avoir servi de soubassement à la statue de Louis XV, supportait alors celle de la Liberté. Pendant ce temps, Santerre court prendre le commandement de toute la force armée rassemblée sur la place; Jacques Roux et Claude Bernard montent à l'hôtel de la marine[1] et vont retrouver les commissaires du département, Lefèvre et Momoro, les commissaires du pouvoir exécutif, Sallais et Isabeau, chargés avec eux d'assister au supplice du condamné et d'en dresser le procès-verbal officiel.

Louis XVI est complétement absorbé dans sa lecture; il ne s'aperçoit qu'on est arrivé qu'au moment où la voiture s'arrête. Il lève les yeux, puis reprend la lecture du psaume qu'il a commencé. Les aides de Sanson ouvrent la portière et abaissent le marche-pied; mais le roi achève tranquillement sa dernière prière; puis il ferme le livre, le rend à l'abbé Edgeworth, recommande aux gendarmes de veiller à la sûreté du courageux ecclésiastique, et descend de voiture.

Les bourreaux veulent s'emparer de lui; il les repousse, ôte lui-même son habit et sa cravate, se met à genoux aux pieds du ministre de Dieu, reçoit la dernière bénédiction. Il se relève et se dirige vers l'esca-

---

1. Dès cette époque, ce ministère occupait le coin de la colonnade et de la rue Royale.

lier qui monte à l'échafaud. Les aides l'arrêtent et veulent lui saisir les mains. — « Que prétendez-vous faire, dit Louis XVI? — Vous lier. — Me lier; je n'y consentirai jamais! c'est inutile, je suis sûr de moi. » — Une scène violente peut s'engager : « Faites, sire, ce dernier sacrifice, dit l'abbé Edgeworth, c'est un nouveau trait de ressemblance entre Votre Majesté et le Dieu qui va être sa récompense. » Louis se soumet et tend ses mains aux bourreaux. On les lui lie avec un mouchoir; on lui coupe les cheveux; les apprêts sont terminés. Louis monte résolûment les quelques marches qui le séparent de la plate-forme. S'avançant vers l'extrémité de l'échafaud, la face tournée vers le palais de ses pères, il fait un geste impérieux aux tambours, qui n'ont cessé de battre depuis que la voiture est arrivée sur la place. Ces hommes, dominés malgré eux par le double sentiment du respect et de la pitié, se taisent aussitôt. « Français, s'écrie Louis, je suis innocent, je pardonne aux auteurs de ma mort; je prie Dieu que le sang qui va être répandu ne retombe jamais sur la France; et vous, peuple infortuné... »

A ce moment un officier à cheval fond sur les tambours, l'épée à la main, et leur ordonne de battre. Les bourreaux s'emparent de la victime, la jettent sous le fatal couperet. La tête tombe, un des aides de Sanson la ramasse et la montre au peuple [1].

[1]. Le plus beau témoignage que l'histoire ait à enregistrer sur la sublimité des derniers moments de Louis XVI, lui a été délivré par le bourreau lui-même. Sanson, écrivant le 20 février 1793 à Dulaure, rédacteur du *Thermomètre du jour*, s'exprime ainsi dans

Des cris de vive la nation! vive la République! éclatent alors et vont en s'accroissant jusqu'aux extrémités de la place; quelques hommes se précipitent vers l'échafaud pour se repaître de plus près de l'effroyable spectacle. La foule, qui n'a pu approcher au delà des fossés, s'écoule silencieusement. Les témoins de l'exécution vont porter dans tous les quartiers de Paris la nouvelle que le dernier roi des Français vient de mourir sous le glaive de la loi, et que la République est pour jamais fondée en France.

V.

Ce que nous venons de raconter s'était passé en quelques instants; il était dix heures vingt minutes lorsque tout fut consommé. Une demi-heure après, une voiture s'arrêtait devant le cimetière de la paroisse de la Madeleine, situé rue d'Anjou-Saint-Honoré; elle était escortée d'un détachement de gendarmerie et contenait les restes mortels de Louis XVI. Depuis plus d'une heure, deux membres du département, Leblanc et Dubois, assistés des deux vicaires constitutionnels de la

---

sa brutale naïveté : « Pour rendre hommage à la vérité, il a soutenu tout cela avec un sang-froid et une fermeté qui nous a tous étonnés. Je reste très-convaincu qu'il avait puisé cette fermeté dans les principes de la religion, dont personne plus que lui ne paraissait pénétré ni persuadé. » (Voir la lettre de Sanson dans l'ouvrage déjà cité de M. de Beauchesne).

paroisse, attendaient qu'on leur amenât le triste dépôt. On n'avait pas même eu la précaution de mettre dans une bière le corps de Louis XVI pour le transporter de la place de la Révolution à la rue d'Anjou; cet oubli impardonnable est réparé au cimetière. Le corps est descendu dans une fosse préparée d'avance, les deux prêtres psalmodient les vêpres et le service des morts; on recouvre la bière de chaux, et les quatre témoins de l'inhumation vont en dresser procès-verbal au presbytère voisin.

Par une tolérance dont on ne devait pas tarder à se départir, on avait laissé Louis XVI appeler un prêtre de son choix pour recevoir les dernières consolations. Mais, dès que l'âme du petit-fils de saint Louis se fut envolée vers le ciel, dès qu'il ne resta plus qu'un cadavre entre les mains des bourreaux, la religion d'État s'empara de ces restes inanimés et amena un curé constitutionnel réciter les prières ordinaires sur le cercueil qui les renfermait. Ainsi, deux cultes avaient successivement présidé aux tristes événements que nous venons de retracer. L'un, dont les ministres errants et proscrits n'avaient, pour célébrer leurs mystères, que quelques chaumières et quelques greniers, devait survivre à la plus effroyable des persécutions, et se relever, plus vénéré que jamais, du fond des ruines sous lesquelles on croyait l'avoir enseveli. L'autre, qui régnait officiellement sur toute l'étendue de la République, devait succomber bientôt sous l'indifférence publique et tomber en dissolution plus vite que le corps mutilé qu'on avait à grande hâte jeté près de la fosse commune.

VI.

Deux générations d'hommes ont passé sur la terre depuis que le fossoyeur de la Madeleine a renfermé, dans le cercueil du pauvre, les restes mortels du successeur de Louis XIV. Cinquante ans se sont écoulés depuis que les quelques ossements, pieusement recueillis au milieu d'un immense lit de chaux, ont été transportés à Saint-Denis. L'heure est arrivée de juger le condamné, le jugement, les juges.

Louis XVI fut un homme bon, charitable, humain. Doué de toutes les vertus domestiques, il ne possédait presque aucune des qualités nécessaires à un roi. Procédant par boutades dans son intérieur, par soubresauts dans le maniement des affaires publiques, il ne sut jamais persister dans aucune ligne de conduite. Tantôt il voulut user de la force et menaça sans frapper, tantôt il voulut recourir à l'inertie et signa sans discuter les décrets qui froissaient ses convictions les plus intimes. Préoccupé avant tout d'éviter la guerre civile, il l'organisa en donnant sa sanction aux lois de l'Assemblée constituante sur le serment ecclésiastique. S'étant sans cesse étudié à éviter le sort de Charles Ier, il succomba comme lui; mais, hormis la fin, tout entre eux devait être différent, aussi bien leur conduite pendant les troubles que leur attitude pendant le procès.

Charles Ier ne reconnut jamais la compétence de la

haute cour devant laquelle on le força de comparaître [1]. Il s'assit devant ses juges, le chapeau sur la tête, affectant de ne pas faire attention à la lecture de l'acte d'accusation, ne daignant pas répondre aux questions du président Bradshaw. Lorsque le procureur général voulut prononcer son réquisitoire, il lui toucha l'épaule avec sa canne et lui imposa silence. Jusqu'au dernier moment, pour lui comme pour ses juges, Charles Ier resta roi d'Angleterre [2].

Tout autre fut la conduite de Louis XVI. Dans son désir de se laver devant son peuple et devant la postérité de l'accusation qui lui pesait le plus sur le

---

[1]. Cette haute cour avait été composée de 135 commissaires nommés par la seule Chambre des communes et pris exclusivement dans son sein. Le plus grand nombre des commissaires s'abstint de paraître aux séances. Une cinquantaine de juges seulement siégèrent pendant tout le cours du procès. Ce fut à grand'peine que, pour l'ordre d'exécution, on put réunir 59 signatures, recrutées par les violences bouffonnes de Cromwell; encore quelques-unes de ces signatures furent-elles apposées, à dessein, de manière à rester complétement illisibles. — Guizot, *Histoire de la Révolution d'Angleterre*.

[2]. Après l'exécution de Charles Ier, son corps resta sept jours exposé avec grande pompe à Whitehall, il fut ensuite transféré à Windsor. Six chevaux, drapés de noir, traînaient le cercueil, quatre voitures suivaient, portant les derniers serviteurs du roi. Le lendemain, 8 février, de l'assentiment des Communes, le duc de Richmond, le marquis de Hertford, les comtes de Southampton et de Lindsay, l'évêque de Londres, se rendirent à Windsor et assistèrent aux funérailles. Ils firent graver sur le cercueil ces mots :

CHARLES ROI,

1646.

cœur, celle d'avoir voulu verser le sang de ses sujets, il accepta le rôle d'accusé, le seul qui lui permît de faire entendre sa défense. Par là, il sembla donner à ses prétendus juges le droit de le traiter comme un prévenu ordinaire, de le découronner avant de l'envoyer à l'échafaud.

Quoi qu'on en ait dit, Louis XVI ne livra aux ennemis de la France ni le secret des forces dont la nation pouvait disposer, ni ses arsenaux, ni ses places fortes. Longwy et Verdun qui, en septembre 1792, furent occupées par les Prussiens, étaient depuis longtemps délabrées et mal entretenues. Autant vaudrait accuser Napoléon d'avoir, en 1814, laissé tomber, de son plein gré, les citadelles de l'Alsace, de la Lorraine, de la Champagne entre les mains des armées coalisées, parce que vingt ans de guerres lointaines en avaient fait négliger l'entretien.

Le roi et même la reine blâmèrent et craignirent l'émigration armée; ils détournèrent de cette voie tous ceux de leurs serviteurs sur la volonté desquels ils pouvaient avoir quelque influence. Louis XVI, il est vrai, désirait que la France se montrât sensible aux représentations des puissances étrangères, manifestement intéressées à ce que l'on ne bouleversât pas le droit public de l'Europe. Mais l'histoire des derniers siècles était remplie des actes d'ingérence d'un pays sur un autre et le principe de non-intervention dans les affaires intérieures d'un État n'avait pas encore été proclamé.

La Constitution de 1791 avait prévu le cas où le roi se mettrait à la tête d'une armée et en dirigerait les forces contre la nation. Elle avait déclaré que, par ce fait, il serait censé avoir abdiqué la royauté [1].

En inscrivant cette disposition dans la Constitution de 1791, les législateurs d'alors avaient bien su ce qu'ils faisaient; ils prévoyaient que leur œuvre aurait à se défendre contre tous ceux dont elle ruinait les projets; que le roi, entouré de conseils de toute nature, d'instigations de toute espèce, pourrait nourrir le regret d'avoir perdu son autorité absolue, l'espoir de la recouvrer. Dans la crainte que ce regret et cet espoir ne se traduisissent par des attaques à main armée, ils édictaient d'avance la peine la plus grave qui pût être infligée au

---

[1]. Les articles 6, 7, 8 de la section Ire du chapitre II de la Constitution de 1791, étaient ainsi conçus :

« Art. 6. Si le roi se met à la tête d'une armée et en dirige les forces contre la nation, ou s'il ne s'oppose pas par un acte formel à une telle entreprise qui s'exécuterait en son nom, il sera censé avoir abdiqué la royauté.

« Art. 7. Si le roi, étant sorti du royaume, n'y rentrait pas après l'invitation qui lui en serait faite par le Corps législatif et dans le délai qui sera fixé par la proclamation, lequel ne pourra être moindre de deux mois, il serait censé avoir abdiqué la royauté.

« Le délai commencera à partir du jour où la proclamation du Corps législatif aura été publiée dans le lieu de ses séances, et les ministres seront tenus, sous leur responsabilité, de faire tous les actes du pouvoir exécutif, dont l'exercice sera suspendu dans la main du roi absent.

« Art. 8. Après l'abdication expresse ou légale, le roi sera dans la classe des citoyens, et pourra être accusé et jugé comme eux pour les actes postérieurs à son abdication. »

Ce dernier article n'était en aucun cas applicable, puisque la déchéance de Louis XVI avait été prononcée le 10 août, après l'occupation des Tuileries, et que depuis cette époque sa famille et lui avaient été renfermés dans une étroite prison.

roi : la déchéance. C'était la reconnaissance tacite de la situation exceptionnelle faite à ce monarque, passant sans transition de la plénitude de la toute-puissance au rôle essentiellement secondaire que lui créait le nouveau régime. C'était le prix de l'acceptation de la Constitution par Louis XVI.

La Constitution, une fois consentie par la nation et par le roi, formait entre elle et lui un contrat synallagmatique. Dans le cas où ce contrat serait violé par lui, le roi savait la peine qui pouvait l'atteindre, la nation savait la peine dont elle pouvait le frapper.

La Convention n'avait évidemment pas un droit plus étendu que le peuple lui-même. Pour aller au delà de ce droit, elle invoqua le salut public, maxime commode à l'usage de quiconque, peuple ou prince, veut se mettre au-dessus de toutes les lois, au-dessus de tous les serments. Cette barrière franchie, la Convention foula aux pieds les principes les plus élémentaires de la justice. Elle proclama sa compétence dans un procès qu'aucune loi n'avait prévu. Elle se fit cour de justice tout en restant assemblée législative. Elle ne respecta aucune des formes protectrices des droits de l'accusé; elle ne reconnut aucun motif de récusation; elle s'affranchit des règles nouvellement établies sur le mode de votation des jurés et la quotité des voix nécessaires pour la condamnation. Cependant les avertissements ne lui manquèrent pas. Toutes ces illégalités furent non-seulement signalées par ceux qui voulaient sauver Louis XVI, mais encore avouées par ceux qui voulaient le perdre. La Convention en arriva à cette effrayante monstruosité de faire égorger par la main du bourreau un roi couvert par une déclaration solennelle d'inviolabilité, un homme condamné par une majorité très-contestable.

Le vote, au moins, fut-il libre?

Sans doute, un certain nombre des membres qui se prononcèrent, les uns pour la clémence, les autres pour la sévérité, votèrent librement; mais la majorité céda lâchement à l'effroyable pression exercée sur elle au dedans et au dehors [1]. Cette majorité fut, durant le procès du roi, ce qu'elle se montra pendant toute la durée de la tourmente révolutionnaire : un troupeau faible et timide baissant la tête aux premiers grondements de l'orage, se laissant parquer dans un exclusivisme de plus en plus intolérant, s'étendant aux pieds de celui qui disposait de la force brutale, léchant la main qui le décimait pour la boucherie.

La Convention dans ses annales ne compte-t-elle pas beaucoup d'heures entachées des mêmes défaillances,

[1]. Sur ce point, nous ne croyons mieux faire que de nous en rapporter à deux des juges qui prononcèrent le verdict fatal; ce ne sont pas les plus obscurs d'entre eux. Carnot, dans ses *Mémoires*, publiées par son fils, tome I, page 293, s'exprime ainsi : « Louis XVI a commis le plus grand des crimes dont un roi puisse se rendre coupable. Malgré cela, il eût été sauvé si la Convention n'eût pas délibéré sous les poignards. »

Berlier, dans un écrit laissé par lui à ses enfants et publié en 1838, déclare qu'il a voté la mort « parce que l'effervescence populaire, portée à son comble, eût empêché de tirer Louis XVI de sa prison pour le conduire sain et sauf jusqu'aux frontières. » Certes, voilà une bien pitoyable raison. Mais c'est celle même que Barbaroux donna à la tribune. Il faut donc y croire.

des mêmes lâchetés? A la journée du 17 janvier n'at-on pas vu succéder celle du 9 mars, où elle vota la création du tribunal révolutionnaire ; celle du 31 mai, où elle laissa arracher de son sein les chefs mêmes de la majorité ; celle du 3 octobre, où elle proscrivit et livra cent vingt-six de ses membres ; celle du 11 germinal an II, où elle abandonna Danton, Héraut-Séchelles et leurs amis à la haine du Comité de salut public ; celle enfin du 22 prairial, où, à la voix de Couthon et de Robespierre, elle accepta les abréviations monstrueuses que ces deux terribles pourvoyeurs de la guillotine proposèrent à la procédure, déjà si sommaire, suivie par Fouquier-Tinville? Elle ne commença à montrer quelque énergie que dans les journées qui marquèrent la fin de sa carrière. Elle fut près de deux ans à apprendre que, pour toute assemblée populaire, le courage est la meilleure des tactiques et la plus sûre des sauvegardes.

D'ailleurs, tous les conventionnels qui votèrent la mort de Louis XVI avaient-ils donc une vertu à toute épreuve, une âme inaccessible à la crainte et à la séduction, comme l'imagination de certains historiens ou de certains poëtes s'est plue à nous les peindre? N'at-on pas vu, quelques années après, bon nombre de ces farouches républicains remplir les salons des Tuileries, où ils avaient naguère siégé comme membres d'une assemblée souveraine, solliciter l'honneur de servir d'instruments dociles au régime intronisé le 18 brumaire? Beaucoup avaient prêté les mains à l'escamotage de cette journée et s'empressèrent de faire exécuter, comme sénateurs, conseillers d'État ou préfets, les volontés de l'Empereur et Roi, aussi docilement que jadis ils avaient exécuté, comme représentants en mission, celles du Comité de salut public. D'autres, en plus grand nombre, allèrent cacher leur triste existence dans les emplois subalternes que le vainqueur de Marengo leur fit jeter en pâture[1]. A ces honteuses apostasies il y eut quelques exceptions honorables, nous aimons à le reconnaître. Mais gardons-nous de conclure du particulier au général et de donner un brevet d'abnégation et de stoïcisme à tous ceux qui ne participèrent pas aux faveurs napoléoniennes.

Il ne reste plus qu'une question à poser à tous les hommes impartiaux, quelque opinion qu'ils professent : La mort de Louis XVI fut-elle utile au triomphe des idées au nom desquelles le roi de France fut

---

1. Sur les 361 membres de la Convention qui votèrent la mort du roi sans restriction :

31 sont morts sur l'échafaud ; 18 ont péri de mort violente avant le 18 brumaire an VIII ; 25 sont décédés pendant le cours de la session conventionnelle ou pendant le Directoire ; ensemble, 74.

2 ont été ministres de Napoléon Ier ; 4 sont devenus sénateurs ; 12 ont siégé au Tribunat ou au Corps législatif ; 2 au Conseil d'État ; 3 au Conseil des prises ; 7 à la Cour de cassation ; 10 dans les cours d'appel ; 12 dans les tribunaux de première instance ; 5 ont été procureurs impériaux ; 10 préfets ; 3 sous-préfets ; 5 receveurs généraux ; 1 a été receveur particulier ; 30 ont occupé des emplois divers, soit dans l'administration des finances, au ministère de l'intérieur et même dans la police ; 3 ont été employés dans les consulats ; 4 ont servi comme généraux sous l'Empire ; 1 comme colonel de gendarmerie ; 2 comme sous-inspecteurs aux revues ; 2 ont été conseillers d'État du roi de Naples Murat ; 3 se sont résignés à accepter l'emploi subalterne de messagers d'État près le Corps législatif ; total 121.

livré au bourreau? Qui oserait répondre affirmativement après avoir parcouru du regard l'histoire des soixante-treize années qui se sont écoulées depuis la date fatale du 21 janvier 1793, après avoir compté combien de trônes se sont élevés, écroulés et relevés depuis que la Convention crut avoir pour jamais détruit la royauté?

FIN DU TOME CINQUIÈME.

NOTES
ÉCLAIRCISSEMENTS
ET
PIÈCES INÉDITES

I

LEPRÉVOST DE BEAUMONT,

RÉVÉLATEUR DU PACTE DE FAMINE.

(Voir page 176.)

Le pacte de famine a-t-il jamais existé ? C'est là un problème historique qu'il ne nous appartient pas de trancher d'une manière définitive ; car pour cela il faudrait nous livrer à l'étude approfondie de tout le système économique et financier de l'administration française pendant les soixante années qui précédèrent la Révolution française. Nous nous contenterons d'exhumer de la poussière des archives quelques documents nouveaux qui font connaître ce qu'était en réalité celui qui dénonça ce pacte, homme digne de fort peu de considération et dont cependant certains romanciers ont voulu faire un héros légendaire.

Il s'appelait Jean-Charles-Guillaume Leprévost de Beaumont et était né à Beaumont-le-Roger (Normandie). Il avait été homme de lettres, puis secrétaire du clergé. Dans les nombreux écrits qu'il publia en 1789 [1], il prétendit avoir été emprisonné

---

[1]. Les plaintes et les dénonciations de Leprévost de Beaumont se trouvent consignées dans trois documents, dont la publication date du commencement de la Révolution : 1° un long article du *Moniteur* (15 et 16 septembre 1789, n°ˢ 57 et 58); au bas d'une page se trouve une note qui ne peut laisser aucun doute sur la collaboration de Leprévost de Beaumont; 2° une série d'articles contenus dans les n°ˢ 30 à 52 des *Révolutions de Paris*, où Leprévost de Beaumont raconte lui-même ses malheurs; ce récit,

pendant vingt ans à la Bastille, et dans cinq autres prisons, pour avoir voulu dénoncer au parlement de Rouen un pacte secret dont le but était d'affamer la France entière.

« Ce pacte, selon lui [1], avait existé depuis 1729 jusqu'en juillet 1789. Il livrait la France à quatre millionnaires chargés d'établir méthodiquement des disettes, à l'effet d'entretenir la cherté en tout temps, particulièrement dans les années de médiocre récolte.

« Cette ligue avait sous ses ordres une armée d'ouvriers incendiaires, commissionnaires, acheteurs, entreposeurs, garde-magasins, inspecteurs ambulants, blatiers, batteurs, vanneurs, cribleurs en grange, voituriers, gardes des greniers domaniaux dans lesquels s'amoncelaient tous les ans les grains et farines dits *du roi*.

« Cette ligue se composait des contrôleurs généraux des finances, des ministres, de leurs premiers commis, des lieutenants de police, des intendants de finance, des intendants de province, des intendants du commerce, des gouverneurs des provinces, des gouverneurs des geôles d'État, auxquels était associée une partie de la grand'chambre du parlement de Paris. Quatre intendants de finance prenaient en département chacun neuf provinces pour les ravager, et tenaient correspondance continuelle avec les intendants provinciaux, qui donnaient au mois d'avril l'aperçu des récoltes dans leurs généralités.

« Tous les ans, au mois de novembre, les chefs de la ligue dressaient des états de répartition et d'émargement pour dis-

---

qui n'est à vrai dire qu'un roman-feuilleton des plus indigestes, se trouve brusquement interrompu ; sans doute le rédacteur en chef, Prudhomme, craignit d'en fatiguer plus longtemps la patience de ses abonnés ; 3° un chapitre de *la Police dévoilée*, livre que Pierre Manuel publia en 1790 : l'auteur ne dit point, comme cela lui arrive pour d'autres documents réunis dans son curieux ouvrage, qu'il en a trouvé l'original ou la copie parmi les papiers du lieutenant général de police.

1. Nous suivons le texte de la déposition que fit Leprévost de Beaumont devant le tribunal révolutionnaire, dans une circonstance que nous mentionnerons plus loin. (Voir le Bulletin du tribunal révolutionnaire, n°s 99 et 100.) Les faits sur lesquels roule cette déposition sont plus précis que ceux qui se trouvent noyés dans les écrits mentionnés dans la note de la page précédente.

tribuer aux conjurés ligués, ainsi qu'aux associés et croupiers, la part du bénéfice que l'entreprise avait pu faire dans l'année sur le monopole des blés et farines du roi. Ces comptes, ces registres, ces papiers immenses des travaux de la ligue étaient ensuite déposés à la Bastille dans le chartrier où était autrefois tenu par Sully le trésor de Henri IV.

« Les pièces originales, qui constataient ce pacte et qui étaient revêtues des signatures des principaux intéressés, avaient été remises en 1768 à Leprévost de Beaumont par un ami. Il en fit plusieurs copies, et voulut en faire parvenir une au parlement de Rouen, le seul dont les membres ne fussent pas complices du pacte. Il chargea de ce soin un autre de ses amis; mais, pour épargner des frais de port, celui-ci confia le paquet cacheté au conseiller du parlement de Paris qui correspondait habituellement avec celui de Rouen. On eut des soupçons; on ouvrit le pli et l'on trouva la dénonciation avec les pièces à l'appui. Leprévost fut arrêté, ses papiers saisis ; lors de sa délivrance après vingt-trois ans de captivité, il ne put les recouvrer. C'est de mémoire seulement qu'il donna les renseignements consignés dans les nombreux écrits qu'il publia après 1789. »

Nous n'avons pas besoin de relever une à une toutes les invraisemblances d'un pareil récit ; non que nous ayons la pensée d'affirmer que, pendant tout le xviiie siècle, il n'y ait pas eu d'agiotage sur les blés, que certains traitants n'aient pas pu s'entendre avec certaines gens en place, pour obtenir que ceux-ci fermassent les yeux sur les coupables manœuvres de ceux-là ; cela s'est vu bien souvent, cela se voit surtout aux époques d'arbitraire et de corruption. Le long règne de Louis XV est, dans nos annales, l'un de ceux où ces détestables fruits du despotisme se sont produits avec le plus d'éclat et le plus d'ensemble. Le maître donnait l'exemple, et cet exemple était suivi par tous ceux qui l'approchaient ; aussi, admettrons-nous sans grande difficulté que le monarque, prodigue des deniers de l'État, avare des siens propres, ait, comme on l'en a accusé plusieurs fois, grossi son épargne particulière des bénéfices que quelques maltôtiers, qui avaient besoin de son appui, lui offrirent pour protéger en sous-main leur honteux trafic. Mais ces pratiques ont-elles jamais eu la généralité et la puissance dont parle le dénonciateur du pacte de famine ? Ont-elles pu continuer un instant sous le règne de Louis XVI, le roi honnête homme ? Ont-elles pu avoir pour complice le vertueux Malesherbes que Leprévost de Beaumont a incriminé plusieurs fois nominativement dans ses mémoires ? C'est ce qu'on ne croira jamais. La réfutation, point par point, des étranges assertions de Leprévost de Beaumont nous mènerait beaucoup trop loin. Il nous paraît préférable de montrer par des preuves irrécusables le peu de cas que firent et du dénonciateur et de ses dénonciations ceux qui avaient le plus d'intérêt à mettre en lumière les déprédations de l'ancien régime, à glorifier comme un héros l'homme qui prétendait avoir payé de plus de vingt années de captivité le courage qu'il avait déployé en essayant de briser la ligue des affameurs du peuple. Ces preuves, ce sont les lettres mêmes de Leprévost de Beaumont qui nous les fourniront. Nous les donnerons sans commentaires et par ordre de date. En les lisant, on ne sera pas peu étonné de voir le révélateur du pacte de famine, le martyr de la Bastille, jouer auprès des assemblées révolutionnaires le rôle de solliciteur besogneux et toujours éconduit.

A M. Jean-P. Blanchon, député à l'Assemblée législative.

« Monsieur,

« Mon affaire ayant été renvoyée hier au Comité des lettres de cachet, j'ai voulu commencer à le connaître ce matin, et rien ne m'a plus surpris que d'apprendre que le bureau n'est point monté, qu'il est fermé, que les quatre membres n'y ont point encore travaillé, qu'il ne s'y trouve quelquefois qu'un ancien commis de l'Assemblée constituante, que les pièces en ont été emportées par M. Lecamus, sous prétexte de les garder. Voilà les affaires du public bien en sûreté dans les mains d'un membre ministériel pour anéantir toutes celles qu'il voudra. Il faut pourtant bien vite les retirer, prendre son affirmation de n'en retenir aucune, et l'en décharger s'il les rend. Vous avez été nommé, monsieur, pour le retrait avec M. Baudin ; mais votre collègue a le transport au cerveau depuis trois jours, sa maladie peut être longue ; en ce cas daignez vous faire donner un autre adjoint ; demandez aussi quatre commis de bureau pour préparer et mettre les affaires en état d'être rapportées à tour d'ancienneté. Proposez-moi de les disposer en qualité de premier commis du Comité, et je vous assure qu'il ne se passera pas de semaine qu'il n'en soit expédié plusieurs en bon état de rapport, et qu'il n'en restera pas à la fin de l'Assemblée actuelle. Je suis la principale des victimes d'État, mais, comme partie, c'est à MM. les commissaires à rédiger le rapport de l'affaire qui me regarde sur toutes les pièces que je produirai. Au lieu de quatre membres du Comité, on eût dû en nommer huit, eu égard à la quantité d'affaires qui sont à expédier. Ceux établis par l'Assemblée constituante n'en ont pas expédié une seule ; ils ne sont pas même venus reconnaître leur bureau. Le fameux Mirabeau n'y est jamais entré. Jugez de la formation de ce Comité. Les autres de l'Assemblée constituante ne faisaient rien non plus pour le public, et tous ne s'occupaient dans les derniers temps qu'à augmenter la puissance du roi et à altérer les décrets constitutionnels. On prodiguait les fonds de la nation à des intrigants astucieux, auxquels il n'était rien dû, de préférence aux malheureuses victimes d'État qu'on n'écoutait pas. Le public indigné s'est refroidi et maudissait sur la fin ce qu'il avait tant admiré. Il est bien important pour la seconde Législature de montrer de l'énergie contre le pouvoir exécutif : ce sera toujours la force du peuple qui soutiendra les assemblées, quand il se verra lui-même soutenu *d'elles*. — On ne peut être, monsieur, avec plus de dévouement fraternel que je suis,

« Leprévost de Beaumont.

« Le 20 octobre 1791, cloître de Saint-Germain-l'Auxerrois, à côté de l'ancien presbytère. »

A l'Assemblée nationale.

« Législateurs,

« C'est votre décision que je sollicite auprès de vous avant que vous vous retiriez, et que le procès soit fait au ci-devant

roi, qui m'oblige à revenir toujours par pétition d'urgence[1].
Daignez, messieurs, ordonner à M. Rever de vous lire le petit
travail qu'il a fait depuis huit mois, en faveur des victimes du
pouvoir arbitraire ; c'est l'affaire de quatre à cinq minutes qui
vous mettront en état de prononcer sur la réclamation que je
fais depuis trois ans. Le fond de ma cause regarde la nation
entière ; mais la victime qui ne demande qu'à l'auteur de ses
maux, n'est point satisfaite, et elle vous supplie de décréter son
sort dans votre justice et votre sagesse.

« J.-C.-G. Leprévost de Beaumont, prisonnier d'État dans
cinq prisons, durant vingt-trois ans, pour avoir découvert
et dénoncé cinq pactes de famine renouvelés de douze ans en
douze ans, depuis 1729 à 1789, qui ont été exécutés par Louis
XV et Louis XVI contre tous les Français. »

« Législateurs,

« Par décret du 13 décembre 1790 l'Assemblée constituante
a reconnu et déclaré que tout citoyen qui a bien mérité de la
patrie et servi la nation, qui a pour elle sacrifié son intérêt
particulier ou qui souffre les tyrannies sourdes du despotisme
par des considérations, des pertes et des malheurs inévitables,
avait droit de prétendre aux bienfaits de la nation, et l'Assemblée constituante, considérant, par principe d'équité, qu'une
juste indemnité leur est due, a indemnisé sur-le-champ les
sieurs Debacque frères, Chapellon et Touchard, armateurs d'un
navire à eux pris par les Algériens ; vous avez vous-mêmes,
messieurs, décrété 300,000 livres de provisoire pour les habitants d'un faubourg de Courtray qu'avait incendié l'un des
aides de camp du traître fugitif Lafayette, nommé Jarry.

« A bien plus forte raison accorderez-vous un sort à des
Français connus des meilleures patriotes, qui, comme moi, ont
combattu les despotes et dénoncé les manœuvres tyranniques
des rois et de tous leurs ministres, accoutumés jusqu'alors de
faire naître onze cruelles famines générales dans les provinces
du royaume depuis 1729 jusqu'en 1789. Ces famines, durant

---

1. Cette pièce est écrite à onze mois de distance de la précédente.

soixante ans, n'ont cessé de provoquer la Révolution actuelle, qui, par un bonheur que je n'espérais plus, m'a rendu tout nu à la vie et à la liberté.

« Actuellement et depuis trois ans je ne subsiste péniblement que par la générosité de plusieurs compatriotes. Par nombre de pétitions, je sollicite les assemblées nationales, et je produis des preuves insurmontables ; le rapport est imprimé et vous est distribué, il ne faut plus qu'un moment ; daignez donc opiner et décider de mon sort. Ce sera finir vos séances par un acte d'humanité et de justice.

« Leprévost de Beaumont.

« Ce 19 septembre 1792. »

Deux mentions en marge font connaître que cette lettre fut lue à l'Assemblée nationale et que l'ordre du jour fut adopté.

« Monsieur le président,

« Ma cause, qui est aussi celle de l'État, est en état et à l'ordre du jour. Le rapport, par la volonté de l'Assemblée, est imprimé et distribué à tous MM. les députés depuis cinq à six jours. La misère, qui me poignarde de plus en plus pour subsister depuis trois ans, me fait vous conjurer de mettre ma cause aux voix pour faire sortir le décret qui doit terminer mon sort ; c'est l'affaire de deux minutes de discussion. Que l'humanité, la pitié, la générosité, vous engagent à cette bonne œuvre au moment des pétitions.

« Je suis avec respect,

« Monsieur le président,

« Le malheureux prisonnier d'État en cinq enfers, après vingt-trois ans de détention et de tortures imméritées,

« J.-C.-G. Leprévost de Beaumont.

« Ce 19 septembre 1792. »

En marge on lit : « Décrété que le rapport sera fait à la séance de demain au soir.

« Signé Marbos. »

« Monsieur le président,

« Je me présente pour vous rappeler mon ajournement d'hier à aujourd'hui soir, dont j'ai prévenu M. Rever, mon rapporteur ; daignez épier le moment qui vous paraîtra m'être favorable pour demander les voix de l'Assemblée sur mon sort. Beaucoup de ministres et de financiers auxquels il n'était dû que des punitions depuis trois ans, ont obtenu des sommes énormes sur les fonds de la nation, et je ne demande que de quoi subsister à l'âge de soixante-huit ans, et pour pouvoir la servir encore en des points de haute considération. Réservez-moi à poursuivre mes persécuteurs devant les tribunaux : Laverdy, Sartines, Boutin, Malesherbes, Albert, Amelot, Lenoir, Breteuil, Villedeuil, Decrosne, et autres émigrés qui ont laissé de gros biens en France et qu'on n'a point décrétés.

« J'ai l'honneur d'être bien respectueusement,

« Monsieur le président, etc.

« Votre très-affectionné frère,

« Leprévost de Beaumont.

« Ce 20 septembre 1792. »

En marge on lit : « Le rapport doit être fait ce soir. »

Les sollicitations de Leprévost de Beaumont se renouvelèrent sous la Convention, car nous avons retrouvé la mention de la pétition qu'il lui adressa sans avoir pu retrouver la pétition elle-même. Cette Assemblée, paraît-il, s'abstint, comme la Constituante et la Législative, de décerner une récompense nationale au révélateur du pacte de famine. On n'entendit plus parler de Leprévost de Beaumont jusqu'au jour où il se présenta, sans être appelé par Fouquier-Tinville, pour déposer contre Laverdy, l'un des ministres qu'il désignait dans la dernière lettre citée plus haut. Peut-être espérait-il, comme il l'insinue dans cette lettre, obtenir sur les biens de l'accusé l'indemnité que la nation s'obstinait à lui refuser.

Laverdy, ancien conseiller au parlement de Paris et membre de l'Académie des inscriptions et belles-lettres, avait été un instant, en 1768, contrôleur général des finances. Il n'avait pas songé à fuir la tourmente révolutionnaire et vivait à Paris dans la plus profonde retraite; lorsque, le 19 octobre 1793, on vint l'arracher de son domicile, ce vieillard, alors âgé de soixante-dix ans, s'occupait à traduire Horace ; (c'est le procès-verbal même de son arrestation qui le constate). Il avait été l'objet d'une dénonciation transmise par le district de Montfort-l'Amaury au Conseil général de la Commune de Paris, et dont celle-ci, enchantée de flatter les préjugés populaires, avait fait très-grand bruit.

Nous trouvons consignée sur les registres de la Commme, à la date du 19e jour du premier mois de l'an second de la République, correspondant au 10 octobre 1793, la délibération suivante :

« Un membre annonce qu'un ci-devant seigneur des environs de Paris a fait enfouir le blé dans les fossés de son château. Ce seigneur se nomme Laverdy, ex-contrôleur général. Le Conseil et les tribunes frémissent à ce nom et à ce récit. Le rapporteur annonce que ce scélérat sera traduit au tribunal révolutionnaire. Cet événement s'est passé dans le département de Seine-et-Oise, et le Conseil arrête que la lettre qui en rend compte sera inscrite en entier dans les affiches de la Commune et les pièces envoyées à l'administration de police.

« Lubin, vice-président.
« Dorat-Cubières, secrétaire-greffier adjoint. »

Voici maintenant les pièces sur lesquelles l'accusation d'accaparement était basée. Nous les donnons *in extenso* en en respectant le style et l'orthographe; sans cela on ne pourrait se faire une idée de la crédulité populaire, aussitôt qu'il s'agit de ce qui touche aux subsistances.

Extrait du registre des délibérations du Conseil général de la commune de Gambais.

« Cejourd'hui, 9 octobre 1793, deuxième année de la République, etc., la municipalité de Gambais étant assemblée en Conseil général pour délibérer sur plusieurs articles, et ayant entendu et soupçonné qu'il y avait du blé dans les bassins du parc, nous nous sommes transportés au bassin de dessus le parterre, dont nous avons trouvé une grande quantité de boue qui manifeste un blé consommé et entre autres plusieurs grains bien sains et entiers, dont ledit Conseil a été accompagné par le citoyen Pierre Painlevé, de la commune de Bourdonné, qui a dit en avoir trouvé aussi dans ledit bassin. Fait et dressé ledit procès-verbal sur le lieu à *onzeure* du matin et avons signé tous *dénontiateur* excepté le citoyen Charles Bonnin qui ne sait pas signer.

« Errard, officier municipal, — Cosson, procureur-syndic, — Jolbert, — Billard, maire, — Gossment, — Caillé, — Lecoq, — Lamarre, — Pierre Morin, — Michel-Nicolas Dolbec, — Pierre Richard. »

Extrait du registre des délibérations du directoire du district de Montfort-l'Amaury (Seine-et-Oise), 9 octobre 1793.

Séance publique du 9 octobre 1793.

« En l'Assemblée du directoire du district de Montfort-l'Amaury sont comparus les citoyens Nicolas Lamarre et Louis-Charles-Guillaume Errard, tous deux officiers municipaux et officiers de police de la commune de Gambais, lesquels ont représenté et déposé sur le bureau un procès-verbal dressé cejourd'hui par la municipalité de ladite commune, duquel il appert que le Conseil général étant assemblé pour délibérer sur les soupçons qu'il avait qu'il y avait du blé dans les bassins du parc, il s'est transporté au parterre, derrière le château de Gambais appartenant au citoyen Laverdy demeurant à Paris, rue Guénégaud, pour s'assurer s'il était fondé dans ses soupçons ; qu'y étant arrivé, il a trouvé ledit bassin tari, couvert d'environ huit pouces de boue, renfermant un blé consommé et entre autres plusieurs grains bien sains et entiers ; qu'à cette visite était présent le citoyen Pierre Painlevé, de la commune de Bourdonné, qui lui a dit aussi en avoir trouvé dans ledit bassin.

« Ont en outre représenté et déposé sur ledit bureau un verre rempli de boue mêlée de blé consommé, qu'ils nous ont dit avoir pris dans ledit bassin pour nous être exhibé et servir de pièce de conviction.

« L'administration, après avoir ouï le procureur-syndic, considérant que le bassin, dans lequel le blé dont il s'agit a été trouvé, fait partie du ci-devant château de Gambais dont ledit Laverdy est propriétaire ; qu'il est à croire qu'il y a été jeté par lui ou par ses ordres pour diminuer la subsistance du peuple et l'affamer ;

« Considérant que parmi les moyens employés par les ennemis de la République pour la détruire et faire revivre le régime du despotisme, celui d'affamer le peuple en le privant de sa subsistance la plus précieuse, est le plus dangereux, et exige la prompte punition des coupables ;

« Considérant que le citoyen Errard susnommé a déclaré qu'il avait fait cuire une petite partie du blé qu'il avait pris dans ledit bassin, et que ce blé avait produit une espèce de pain incapable d'être mangé ;

« L'administration arrête que deux commissaires pris dans son sein se rendront à l'instant en la commune de Gambais, à l'effet de reconnaître et constater le délit dont il s'agit, faire arrêter tous ceux qui leur seront dénoncés pour avoir participé au délit, faire des visites domiciliaires à cet effet partout où besoin sera, se faire assister de la force armée si besoin est, et du tout dresser procès-verbal.

« Nomme pour commissaires à l'effet de ce que dessus les citoyens Bonnin et Carré, administrateurs du Directoire.

« Arrête en outre qu'expédition de la présente délibération sera portée dans le jour à la municipalité de Paris, par ledit citoyen Lamarre, avec ledit procès-verbal et un échantillon dudit blé, en l'invitant de faire arrêter sur-le-champ Laverdy pour être poursuivi s'il y a lieu.

« Verger, président,
« Lhermitte, secrétaire. »

Laverdy fut traduit le 3 frimaire an II (23 novembre 1793), devant le tribunal révolutionnaire ; il fut constaté : 1° que Laverdy n'avait pas habité le château de Gambais depuis plusieurs années ; 2° que le bassin dans lequel on avait trouvé quelques grains de blé mêlés à de la boue, était de très-petite dimension et placé sur le bord d'un chemin ; 3° que le moindre accident arrivé à une charrette passant sur ce chemin avait pu faire tomber dans le bassin quelques gerbes ; que, dans tout cela, il n'était pas possible de trouver le moindre élément d'une accusation d'accaparement et de destruction de récoltes.

Au milieu des débats survient Leprévost de Beaumont qui demande à être entendu, sans avoir été d'avance assigné comme témoin, car l'acte d'accusation dressé par Fouquier-Tinville fait uniquement mention de la dénonciation de la municipalité de Gambais. Leprévost de Beaumont débite devant les jurés du tribunal révolutionnaire son éternelle histoire, la même que celle qu'il avait fait insérer quatre ans auparavant dans le *Moniteur* et dans les *Révolutions de Paris* ; il déclare que Laverdy, comme contrôleur général des finances, a été mêlé il y a vingt ans à cette affaire. Cette dénonciation qu'aucune preuve ne corrobore, qu'aucun autre témoignage ne confirme, suffit pour opérer la conviction dans l'âme des jurés du tribunal révolutionnaire, et Laverdy est condamné à mort.

Ce fut le dernier acte de la vie publique de Leprévost de Beaumont ; à partir de ce moment nous n'avons pu retrouver ses traces, ni savoir où et comment il est mort.

II

L'ARMOIRE DE FER ET LE SERRURIER GAMAIN.

(Voir page 194.)

Il n'est pas de mensonge, si audacieux, si infâme qu'il soit, dont l'historien ne doive tenir compte. Il faut tout réfuter, même l'absurde. Une calomnie, qui semblait ensevelie pour jamais dans la fange où le mépris public l'avait laissée croupir, ressuscite tout à coup, ranimée par le souffle de quelque écrivain de talent, qui l'orne de détails précis, circonstanciés, recueillis, il l'assure, à des sources certaines, et lui donne ainsi une vie et une consistance nouvelles.

Telle est l'histoire du prétendu empoisonnement de Gamain, l'ouvrier qui révéla l'existence de l'armoire de fer. Elle a eu deux versions ; la première consignée dans les rapports lus en floréal an II, à la tribune de la Convention, l'autre contenue dans un livre tiré à un petit nombre d'exemplaires et publié en 1838 par le bibliophile Jacob, sous le titre de *Dissertations sur quelques points curieux de l'histoire de France*. Cette seconde version a été reproduite presque mot pour mot par M. Louis Blanc, qui lui a consacré un chapitre tout entier du tome VI de son *Histoire de la Révolution française*.

Établissons d'abord les faits :

Tout le monde sait que Louis XVI aimait les travaux manuels, et qu'il avait un goût tout particulier pour l'art de la serrurerie. Gamain avait donné des leçons au roi, et vivait dans sa familiarité.

Lorsque, après les journées des 5 et 6 octobre 1789, la cour quitta Versailles et vint s'établir aux Tuileries, le maître serrurier ne suivit pas à Paris son royal élève ; leurs relations n'en continuèrent pas moins. Aussi, quand Louis XVI, craignant l'invasion de son palais, voulut, en mai 1792, munir d'une porte de fer une cachette, dans laquelle il comptait renfermer des papiers importants, ce fut Gamain qu'il fit appeler pour l'aider dans ce travail.

L'existence de l'armoire de fer est révélée, le 18 novembre suivant, au ministre de l'intérieur, par l'ouvrier infidèle ; le même jour, Roland dépose sur le bureau de la Convention les papiers que l'on vient de découvrir, et déclare que leur saisie a été opérée en présence du dénonciateur Gamain et de Heurtier, architecte des bâtiments nationaux.

Plus tard, le 24 décembre, deux membres de la Convention, Jean Bollot et Jean Borie, sont chargés par la commission dite des Vingt et un, de vérifier si l'une des clefs remises par Louis XVI à Thiéry, le 10 août, et trouvées dans le secrétaire de ce dernier, s'adapte à la serrure de l'armoire de fer. Gamain, prévenu dès la veille, assiste à cette opération[1].

Pendant dix-huit mois, il n'est plus fait mention de Gamain dans aucun document officiel. Le 8 floréal an II, un député assez obscur, nommé Musset[2], curé constitutionnel de Falleron (Vendée), lit, au nom du Comité des pétitions, le rapport suivant :

« C'était peu, pour le dernier de nos tyrans, d'avoir fait périr des milliers de citoyens par le fer ennemi ; vous verrez par la pétition que je vais vous lire, qu'il était familiarisé avec

---

1. Voir le procès-verbal de cette vérification au tome IX, page 240, du *Procès de Louis XVI*. Seulement il s'est glissé une faute d'impression en tête de ce procès-verbal, qui porte la date du 24 septembre, mais cette faute est réparée par des mentions subséquentes dans le même procès-verbal.

2. Après la session conventionnelle, le département de la Vendée n'accorda pas à Musset les honneurs de la réélection. Mais il fut compris parmi les députés qui devaient compléter les deux tiers des conseils institués par la Constitution de l'an III, de par le choix seul de l'Assemblée sortante, il fit un instant partie des Cinq-Cents ; plus tard il fut préfet de la Creuse, membre du Corps législatif et enfin inspecteur de la loterie à Nantes.

la cruauté la plus réfléchie, et qu'il a lui-même administré le poison à un père de famille, espérant ensevelir par là une de ses manœuvres perfides. Vous verrez que son âme féroce avait adopté cette maxime, que tout est permis aux rois de ce qui peut faire réussir leurs criminels projets.

« François Gamain, serrurier des cabinets et du laboratoire
« du ci-devant roi, et depuis trois ans, membre du Conseil gé-
« néral de la commune de Versailles, expose que, dans les pre-
« miers jours de mai 1792, il reçut l'ordre de se transporter à
« Paris. A peine y fut-il arrivé que Capet lui ordonna de prati-
« quer une armoire dans l'épaisseur d'un des murs de son
« appartement et de la fermer d'une porte de fer, opération
« qui ne fut achevée que le 22 du même mois, et à laquelle il
« a procédé en sa présence. Aussitôt cet ouvrage fini, Capet
« apporta lui-même un grand verre de vin, qu'il l'engagea à
« boire, parce qu'effectivement il avait très-chaud.

« Quelques heures après qu'il eut avalé ce verre de vin, il
« fut atteint d'une colique violente, qui ne se calma qu'après
« qu'il eut pris une ou deux cuillerées d'élixir qui lui firent
« rendre tout ce qu'il avait mangé et bu dans la journée. Il
« s'en est suivi une maladie terrible qui a duré quatorze mois,
« dans lesquels il en a été neuf perclus de ses membres, et
« qui, même dans cet instant, ne lui laisse aucun espoir que
« sa santé se rétablisse assez pour lui permettre de vaquer à
« ses affaires, de manière à subvenir aux besoins de sa fa-
« mille.

« Telle est, citoyens, la vérité des faits qu'il prend la liberté
« de vous exposer ; ils sont constatés par le certificat des offi-
« ciers de santé qui ont suivi sa maladie.

« Il vous observe en outre que, quoiqu'il ignorât entière-
« ment à quel usage Capet destinait cette armoire, néanmoins
« il en fit la déclaration, et que c'est lui qui est l'auteur de la
« découverte des papiers intéressants qu'elle renfermait.

« Il attend de vous, législateurs, que vous voudrez bien
« prononcer sur la pension qu'il espère, après vingt-six ans de
« services et les sacrifices qu'il a faits ; son espoir est d'autant
« plus fondé, que le mauvais état de sa santé ne lui laisse
« aucun moyen de subsistance. »

« A cette pétition, reprend Musset, est joint le certificat des médecins, qui constate le mauvais état de la santé du citoyen réclamant.

« Citoyens, si la scélératesse est commune aux rois, la générosité est l'apanage constant des représentants d'un peuple libre; je demande que cette pétition soit renvoyée aux Comités des secours publics et de liquidation, pour en faire un prompt rapport; je demande qu'après le rapport, les pièces soient déposées aux archives nationales comme un monument de l'atrocité des tyrans, et insérées au bulletin, afin que ceux qui croyaient que Capet ne faisait le mal que parce qu'il était entouré de malveillants, sachent que le crime était dans son cœur[1]. »

A la suite de ce rapport, et sans discussion aucune, la Convention rend le décret suivant :

« Art. 1er. Les pièces seront renvoyées au Comité des secours et de liquidation réunis pour en faire un rapport à la Convention.

« Art. 2. Après le rapport des Comités des secours et de liquidation, les pièces seront déposées aux archives de la Convention, comme un monument éternel de la lâcheté et de la perfidie de Capet.

---

1. Pour compléter tout ce qui touche Musset, nous croyons devoir donner ici le texte même de la note qu'il rédigea pour être inscrite au procès-verbal officiel, et qui diffère quelque peu du rapport inséré au *Moniteur*. Nous avons retrouvé l'original de cette note écrit de la main même de Musset; nous respectons l'orthographe de l'ancien curé constitutionnel de Falleron :

« Un membre fait lecture d'une adresse de François Gamain, serrurier à Versailles, qui expose que l'infâme Capet le manda à Paris, le 2 mai 1792, pour lui faire faire une porte en fer à une armoire qu'il avait fait fabriquer dans l'épaisseur de l'un des murs du château des Tuileries; cet ouvrage achevé, le monstre *roial* lui donna un *ver* de vin *enpoisonné*. A peine Gamain l'eut-il pris qu'il sentit une colique violente, dont les accès ne se calmèrent que par la vertu d'un élixir qui fait rendre au malade tout ce qu'il avait bu et mangé. Cependant Gamain est perclus de tous ses membres pendant neuf mois et n'a cessé de souffrir depuis cette fatale époque. Il est aujourd'hui hors d'état de travailler, pour faire subsister sa famille. Il demande que la Convention vienne à son secours, les faits avancés par lui étant constatés par le certificat du chirurgien et du médecin qui ont vu Gamain dans l'affreuse maladie qu'il éprouve depuis deux ans. »

« Art. 3. Les pièces seront insérées en entier au bulletin de correspondance, pour faire connaître à l'univers entier la profonde scélératesse du dernier tyran des Français. »

Le 28 floréal suivant, un autre député à peu près aussi obscur et aussi lettré que le curé constitutionnel de Falleron, Peyssard [1], vient lire un nouveau rapport :

« Vous avez chargé vos Comités des secours publics et de liquidation de vous faire un rapport sur la pétition du sieur François Gamain, serrurier de Versailles. Je viens en leur nom remplir l'obligation que vous leur avez imposée ; c'est à la tribune de la liberté que doivent retentir les crimes des oppresseurs du genre humain. Pour peindre un roi dans toute sa laideur, je n'aurai recours ni à l'histoire ancienne, ni aux longues horreurs dont la monarchie que vous avez brisée offre l'enchaînement désastreux ; j'en saisirai seulement le dernier anneau ; je nommerai Louis XVI. Ce mot renferme tous les forfaits, il rappelle un prodige de scélératesse et de perfidie ; à peine il sortait de l'enfance, qu'on vit se développer en lui le germe de cette féroce perversité qui caractérise un despote : ses premiers jeux furent des jeux de sang, et sa brutalité croissant avec l'âge, il se délectait à l'assouvir sur tous les animaux qu'il rencontrait. On sait le parti qu'il a tiré d'un tel apprentissage, on sait combien de pages de la Révolution ont été rougies du sang versé par ses mains *hommicides*, mais on avait ignoré le dernier période de sa barbarie. On le connaissait cruel, traître, assassin ; l'objet de ce rapport est de le montrer à la France entière, présentant, de sang-froid, un verre de vin empoisonné à un malheureux artiste qu'il venait d'employer à la construction d'une armoire destinée à recéler les complots de la *tirannie*. Vous penserez peut-être que ce monstre avait *jetté* les yeux sur

---

[1]. Peyssard avait été garde du corps de Louis XVI et était chevalier de Saint-Louis ; il avait été envoyé à la Convention par le département de la Dordogne. Il fut arrêté à la suite des troubles de prairial an III et du meurtre de Féraud. Traduit devant une commission militaire avec six de ses collègues, il fut condamné à la peine de la déportation, les autres subirent la peine de mort. Peyssard profita bientôt après de l'amnistie du 4 brumaire an IV et fut mis en liberté. Depuis cette époque, il nous a été impossible de retrouver ses traces.

une victime inconnue ; c'est au contraire un ouvrier employé par lui depuis vingt-six années ; c'est un homme de confiance, c'est un père de famille qu'il *assassine* avec un air d'intérêt et de bienveillance. Êtres affreux, qui récompensez ainsi ceux qui vous servent, quel cas faites-vous donc du reste des hommes ? quel sort leur est réservé par vos caprices ? La France le sait, elle a donné l'exemple à la terre, et la terre sera bientôt *déroyalisée*.

« Un vomitif violent conserve Gamain à sa famille ; son premier soin est d'indiquer la fameuse armoire ; aujourd'hui, perclus de tous ses membres par l'effet du poison royal, il demande aux fondateurs de la République les moyens de soutenir sa douloureuse existence. C'est de la tribune d'où est parti l'arrêt de mort du *tiran* que doivent partir aussi les remèdes aux maux qu'il a faits, les soulagements des victimes de son atrocité. Voici le projet de décret que vos Comités m'ont chargé de vous présenter.

« La Convention nationale, après avoir entendu le rapport de ses Comités des secours publics et de liquidation, décrète :

« Art. 1er. François Gamain, empoisonné par Louis Capet le 22 mai 1792 (vieux style), jouira d'une pension annuelle et viagère de 1200 livres, à compter du jour de l'empoisonnement.

« Art. 2. Le présent décret sera inséré au bulletin de correspondance. »

Voici maintenant la version du bibliophile Jacob, suivie par M. Louis Blanc.

Gamain est appelé à Paris, le 21 mai 1792, par un billet de Louis XVI que lui apporte un homme à cheval. Le lendemain, le maître serrurier vient aider à adapter à la cachette la porte de fer que le roi lui-même a construite.

L'ouvrage fini, ce n'est plus Louis XVI qui offre à Gamain le verre de vin empoisonné, c'est la reine Marie-Antoinette qui, au moment où le serrurier va se retirer, entre dans la chambre du roi par une porte secrète ; elle tient à la main une assiette chargée d'une brioche et d'un verre de vin, et, s'avançant vers Gamain, l'invite d'une voix caressante à se restaurer. L'artisan boit le verre de vin et met la brioche dans sa veste. A peine sorti des Tuileries, dans les Champs-Élysées mêmes, il est saisi de douleurs affreuses, bientôt il se tord dans d'horribles convulsions. Un riche Anglais le recueille dans sa voiture et l'emmène à Versailles. En passant rue du Bac [1], il lui fait préparer un élixir dont la puissance combat l'action du poison. Gamain est remis moribond dans les bras de sa femme, d'un médecin et d'un chirurgien. La brioche est retrouvée quelques jours après dans la poche du serrurier, et donnée à un chien, qui meurt instantanément. Ici les deux auteurs retombent dans la version précédente : Gamain est atteint d'une paralysie presque complète et reste alité et perclus pendant quatorze mois. Le bibliophile Jacob et M. Louis Blanc prétendent que Gamain ne varia jamais dans ses récits ; que, pendant tout le temps qu'il vécut, il conserva visibles sur sa personne les traces de l'empoisonnement dont il avait été victime [2].

La version de 1794 et celle de 1838 sont, on le voit, contradictoires sur plusieurs points essentiels. Dans sa pétition Gamain dit « que, dans les premiers jours de mai, il reçut l'ordre de se transporter à Paris, que Louis XVI lui ordonna de pratiquer une armoire dans l'épaisseur d'un mur et de la fermer d'une porte de fer, opération qui ne fut achevée que le 22 du même mois. » Suivant les souvenirs recueillis, plus de quarante ans après, par le bibliophile Jacob, Gamain est encore à Versailles le 21 mai. Ce jour-là il est invité à venir le lendemain aux Tuileries ; il est exact au rendez-vous. Le 22 au soir il sort du château. Ainsi, dans la première version, la besogne dont Louis XVI charge Gamain dure une quinzaine de jours ; dans la seconde, elle est achevée en quelques heures.

D'après la pétition de Gamain, il est seul avec Louis XVI lorsque celui-ci lui offre le verre de vin fatal. Dans le récit de 1838, Marie-Antoinette intervient au moment où, l'armoire scellée, le serrurier et son élève rentrent dans la chambre

---

1. Singulier itinéraire que celui suivi par le cocher du riche Anglais qui, pour aller du Cours-la-Reine et de l'ancienne barrière de la Conférence à Versailles, passe par la rue du Bac!
2. Le révélateur de l'armoire de fer mourut à Versailles en 1800 ; le bibliophile Jacob, dans son opuscule de 1838, déclare avoir recueilli tous les faits, qui composent sa narration, de la bouche même de ceux auxquels Gamain les avait cent fois racontés.

du roi. Une brioche qui, elle aussi, renfermé la mort, joue un grand rôle dans la deuxième version, elle ne figure pas dans la première.

Voilà certes plusieurs circonstances importantes sur lesquelles il devrait être impossible de varier.

Gamain, dans sa pétition comme dans ses plaintes verbales, a prétendu qu'aussitôt après sa sortie du château des Tuileries, le 22 mai 1792, il avait été en proie à d'horribles souffrances, que sa maladie avait duré quatorze mois, que pendant les neuf premiers mois il avait été perclus de tous ses membres. Il oubliait que deux documents irrécusables, le rapport de Roland du 18 novembre 1792, et le procès-verbal de vérification de la serrure de l'armoire de fer en date du 25 décembre suivant, constatent sa présence à Paris, la première fois cinq mois et vingt-sept jours, la seconde sept mois et trois jours après son prétendu empoisonnement.

Si Gamain avait été perclus, alité, incapable de se remuer, comme on le représente, par suite du poison qui lui avait été administré, comment aurait-il pu venir le 18 novembre de Versailles à Paris, se transporter au ministère de l'intérieur, de là aux Tuileries, et revenir à Versailles? Comment aurait-il pu, le 25 décembre, renouveler la même course? Bien plus, dans le procès-verbal de la vérification commencée le 24 et continuée le 25, le délégué du ministre déclare que l'ouvrier dénonciateur est à la disposition des commissaires de la Convention. Sur cet exposé les commissaires fixent au lendemain sa comparution. Le délégué du ministre ne fait pas la moindre observation relativement à la maladie de Gamain, n'objecte pas l'extrême difficulté qu'éprouve un homme perclus de ses membres à quitter son domicile et à faire les quatre lieues qui séparent Versailles de Paris.

Si Gamain, sans être complétement perclus, avait éprouvé le moindre symptôme d'empoisonnement, pourquoi, le 18 novembre, ne s'en serait-il pas plaint à Roland, pendant les heures qu'il a passées avec lui aux Tuileries? Pourquoi, le 25 décembre, n'a-t-il pas fait ses doléances aux commissaires de la Convention, lorsqu'il les assistait dans la vérification de la serrure? Il aurait certes trouvé des gens tout disposés à prêter l'oreille à ses confidences, à les communiquer à l'Assemblée, à en faire le plus formidable article de l'acte d'accusation de Louis XVI.

Le roi étant prisonnier, le révélateur n'avait plus à craindre sa vengeance. Quel motif aurait-il pu avoir de cacher l'empoisonnement dont il aurait été victime? En révélant ce fait odieux, il aurait justifié la trahison qu'il commettait lui-même en dévoilant un secret à lui confié.

Depuis le 18 novembre jusqu'à la fin du procès de Louis XVI, il est question à chaque instant, dans les débats de l'Assemblée, de l'armoire de fer. Personne ne fait allusion au malheureux ouvrier auquel son royal élève aurait présenté, pour prix de son dévouement, une coupe empoisonnée. Ni Roland qui révèle l'existence de la cachette, ni Rühl qui, pendant plusieurs jours de suite, vient analyser les pièces qui y ont été trouvées, ni Borie, ni Bollot, qui ont assisté à la vérification des serrures, ni Barère, ni Defermon, qui interrogent Louis XVI les 11 et 26 décembre, ne font la moindre allusion aux récriminations du révélateur.

Pourquoi ce silence? C'est que Gamain n'avait pas encore inventé son infâme accusation contre Louis XVI. C'est qu'il n'avait pas non plus encore inventé celle, que le bibliophile Jacob et Louis Blanc mettent dans sa bouche, contre Marie-Antoinette.

Pourquoi, lorsque cette reine infortunée comparut le 13 et le 14 octobre 1793 devant Dumas et Fouquier-Tinville, ces misérables, qui ramassaient contre elle les accusations les plus immondes, n'ont-ils pas fait comparaître Gamain à côté d'Hébert et de Simon? Pourquoi, après avoir comparé l'épouse de Louis XVI à Messaline, ne se sont-ils pas donné le plaisir ineffable de la comparer à Locuste? Du 22 mai 1792 au 13 octobre 1793, les fameux quatorze mois de maladie étaient expirés; Gamain n'était plus retenu sur le grabat où la paralysie l'aurait cloué si longtemps, suivant son dire et celui de ses biographes. Il ne paraît pas, il n'écrit pas à Fouquier-Tinville, il ne vient pas grossir la liste des témoins ameutés contre l'illustre fille de Marie-Thérèse.

Ah! si Gamain avait eu à exercer une vengeance légitime contre celui ou celle qui l'avait réduit dans le misérable état où nous le représentent et sa pétition et le bibliophile Jacob, comment ne serait-il pas venu, le 11 décembre 1792 à la barre de la Convention, le 13 octobre 1793 à celle du tribunal révolutionnaire, étaler sa décrépitude précoce devant les juges de Louis XVI et de Marie-Antoinette?

Mais, disent nos deux auteurs, il est incontestable que Gamain a été empoisonné. La Convention l'a déclaré sur le vu de certificat de médecins, d'actes de notoriété. Ces pièces étaient si probantes : 1° que, par un décret solennel, l'Assemblée ordonna qu'elles seraient insérées au bulletin de la Convention ; 2° que plus tard, par une pieuse soustraction, pratiquée probablement sous la Restauration, ces mêmes pièces ont disparu des archives ; 3° que depuis on a toujours suscité des entraves de tout genre aux personnes qui voulaient faire des recherches sur cette ténébreuse affaire. « Ainsi, ajoutent-ils, un étranger de distinction, dont la curiosité avait été excitée sur cet incident, fut obligé de s'arrêter devant les difficultés et les réticences qu'on lui opposait. » Enfin, suivant les deux historiens dont nous continuons à analyser le récit, on a poussé si loin les précautions pour dérouter les curieux et les indiscrets, que le volume du *Moniteur* qui contient la motion de Musset et le rapport de Peyssard, a été enlevé de la bibliothèque royale.

Or tout cet échafaudage de preuves accessoires tombe devant un fait; c'est que la Convention, qui avait ordonné l'impression de ces pièces, a reculé elle-même devant le peu de pertinence qu'elles présentaient.

Le décret ordonnant cette impression n'a pas été exécuté. Nous avons compulsé avec le plus grand soin la collection complète des bulletins de correspondance de la Convention, et nous n'y avons pas trouvé les pièces si solennellement promises à l'univers.

Quant au fait que M. Louis Blanc déclare, toujours d'après le témoignage de son oracle, le bibliophile Jacob, être acquis à l'histoire, que « Gamain jusqu'à la fin de ses jours a gardé les traces visibles de son empoisonnement, » qu'il nous soit permis de répondre :

Nous admettons sans difficulté que, pendant les dernières années de sa vie, Gamain ait promené dans les rues et les cafés de Versailles une vieillesse anticipée ; mais la question est de savoir si cet homme « aux rides profondes, aux joues blêmes, au regard terne et morne, » était une malheureuse victime des perfidies royales, conservant dans ses veines les traces d'un poison subtil, ou un misérable calomniateur en proie aux morsures poignantes de ce ver rongeur, qu'on appelle le remords.

Les deux auteurs que nous réfutons ont eux-mêmes reculé devant la conclusion qui ressort de leur récit. Ils croient à l'empoisonnement de Gamain, mais ils n'osent accuser ouvertement Louis XVI ou Marie-Antoinette d'avoir commis ce crime. Ignorent-ils donc que toute accusation, comme tout aveu, est indivisible ?

Le bibliophile Jacob termine ainsi son opuscule : « Louis XVI était-il coupable d'un empoisonnement ? Non. Gamain a-t-il été réellement empoisonné ? Oui. » M. Louis Blanc résume ainsi les pages qu'il consacre au misérable révélateur : « L'histoire est réduite à des conjectures ; si c'est trop peu pour absoudre, c'est aussi trop peu pour condamner. »

Nos conclusions seront différentes. Tout prouve que Gamain, après avoir trahi son bienfaiteur, nous pourrions dire son ami, a voulu se laver de son premier crime en en commettant un autre plus infâme encore ; il a cherché à déshonorer la mémoire de celui qu'il avait contribué à envoyer à l'échafaud. Mais un mensonge n'est jamais si bien combiné que l'on ne puisse le découvrir, quand on l'examine attentivement sous toutes ses faces. Gamain s'est contredit lui-même dans les circonstances les plus importantes de son récit. Il a désigné tantôt Louis XVI, tantôt Marie-Antoinette, comme lui ayant présenté le poison ; il a déclaré avoir été complétement perclus de ses membres pendant neuf mois, tandis qu'il est surabondamment prouvé que cinq mois et demi après le jour du prétendu empoisonnement, il était ingambe et dispos.

Il n'a parlé du prétendu attentat commis sur sa personne à aucune des personnes qui ont pu être en rapport avec lui à raison de la découverte de l'armoire de fer ; il n'en a ouvert la bouche que plus de quinze mois après la mort de Louis XVI, plus de six mois après la mort de Marie-Antoinette, lorsqu'il était devenu impossible de contredire ses assertions.

Comment M. Louis Blanc qui, pour défendre Saint-Just (t. VII, p. 38) de quelques calomnies vulgaires de libertinage, s'élève avec tant de force et tant de raison contre le témoignage de vieillards anonymes, toujours si commode à invoquer, l'accepte-t-il avec tant de facilité lorsqu'il s'agit de charger la mémoire de Louis XVI d'un effroyable crime, et de s'associer aux infâmes rapports de Musset et de Peyssard? M. Louis Blanc ne peut se réfugier derrière les quelques réticences dont il entoure ses assertions. Si l'on croit qu'un récit est apocryphe, pourquoi lui accorder place dans une histoire qu'à bon droit l'on donne comme une œuvre de conscience? M. Louis Blanc peut, il est vrai, présenter pour excuse qu'il n'a fait que copier les pages d'un livre dont la publication a précédé d'une quinzaine d'années celle de son sixième volume; mais pourquoi a-t-il accepté aveuglément les singulières assertions d'un auteur qui n'avait livré ses récits fantaisistes qu'à une demi-publicité? Pourquoi lui a-t-il emprunté jusqu'à ses raisonnements les plus faux, ses contradictions les plus sensibles? Comment a-t-il pu notamment reproduire le passage dans lequel le bibliophile Jacob, pour prouver le mystère dont cette affaire n'a cessé, suivant lui, d'être entourée, raconte gravement qu'en 1838, le volume du *Moniteur* qui contenait les rapports de Musset et de Peyssard a été enlevé de la bibliothèque royale? Comment a-t-il pu sérieusement espérer faire croire à l'action de ce mystérieux ami des Bourbons, qui aurait cherché à effacer les traces du crime de Louis XVI, en faisant disparaître un exemplaire d'un ouvrage que l'on trouve dans toutes les bibliothèques de France et de l'étranger?

Il faut le reconnaître, M. Louis Blanc, dans le chapitre de son histoire consacré au serrurier Gamain, a donné la mesure de cette étrange crédulité qui lui a été reprochée à si juste titre par des écrivains plus autorisés que nous ne pourrions l'être nous-même.

Voici comment s'exprimait naguère le célèbre critique de la *Revue d'Édimbourg*, en rendant compte de l'ensemble de l'*Histoire de la Révolution*, après avoir fait un grand éloge des travaux et du talent de l'historien :

« Nous avons constaté l'étrange crédulité avec laquelle

M. Louis Blanc admet toutes ces rumeurs qui ont assurément cours au milieu des imaginations exaltées pendant les fureurs de la tempête, mais qui ordinairement perdent toute créance dans l'esprit des gens raisonnables, quand le calme est revenu. Il n'y a rien que M. Louis Blanc n'admette comme une cause de souçon très-sérieux, même comme un article de foi, si cela rentre dans l'ensemble de ses théories. Il a cette surabondance de foi robuste qui est partout le trait le plus caractéristique de l'esprit populaire... Il est de ces intelligences particulières qui, malgré leurs habitudes d'examen et leur instruction raffinée, retiennent au fond les instincts, les raisonnements et les sentiments des multitudes. » (*Revue britannique*, numéro d'octobre 1863, pages 351, 352 et 353.)

III

PROCÈS-VERBAL

DE LA REMISE DE LA GARDE DU TEMPLE AUX COMMISSAIRES DE LA COMMUNE, DU 2 DÉCEMBRE.

(Voir page 211.)

« L'an 1792 (1er de la République française), 2 décembre, neuf heures du soir, nous, André Mercier de la section du Finistère, Jean Chevalier de la section des Droits-de-l'Homme, Pierre Chapelet de la section de la Maison-Commune, Nicolas Jaillant de la section du Marais, Vallet de la section de Molière-et-La-Fontaine, Kiggen de la section des Tuileries, Journé de la section des Fédérés, Gilles de la section de la Cité, tous représentants de la Commune depuis le 10 août dernier, étant ce jour envoyés commissaires par le conseil général de la Commune pour la garde et surveillance du Temple, où sont détenus Louis XVI ci-devant roi et sa famille, par suite du décret du 12 août dernier, portant « que le roi et sa famille sont con« fiés, en conformité de la loi, à la garde et aux vertus des « citoyens de Paris; qu'en conséquence, les représentants de « la Commune pourvoiront sans délai et sous leur responsabilité « à leur logement, et prendront toutes les mesures de sûreté « que l'intérêt général exige. »

« Pour accomplir l'arrêté pris hier dans le conseil général de la Commune, lequel veut que « les commissaires de ser« vice au Temple dressent procès-verbal, concurremment avec « les commissaires du nouveau conseil général, de la situation « actuelle des prisonniers, dont ils leur remettront la garde et « qu'ils en prennent acte par duplicata, pour servir de décharge « au conseil général et le délier de toute responsabilité. »

« Avons, en présence du citoyen Claude Danger, chef de la 5ᵉ légion, commandant ce jour le poste du Temple, remis aux citoyens Toulan, Véron, Michonis, Baudrais, Garin, Maubert, Froidure et Folloppe, commissaires de la nouvelle municipalité provisoire établie en conséquence du décret de la Convention nationale du 24 novembre dernier, et ce, sous la responsabilité commune et individuelle desdits citoyens, la garde et surveillance qui nous étaient confiées tant des personnes de Louis XVI ci-devant roi et de sa famille, détenus dans la tour du Temple, que des registres d'administration et des clefs de cette tour. Louis XVI, sa femme et ses deux enfants, et sa sœur Élisabeth ont préalablement été vus et reconnus pleins de vie et de santé dans la tour en notre présence par les huit citoyens sus-nommés, auxquels nous avons laissé les clefs des différentes portes des deux logements où ledit Louis et sa femme sont enfermés. Quant aux registres, ils ont été paraphés par premier et dernier feuillets et ils se sont trouvés au nombre de quatre.

« Avons pareillement remis aux commissaires de la nouvelle municipalité le soin de maintenir les diverses mesures prises jusqu'à ce jour pour assurer la pleine exécution de la loi du 12 août dernier, et lesdits commissaires de la nouvelle municipalité se sont chargés du tout, en signant avec nous le présent procès-verbal, fait par triple minute, dont l'une demeure inscrite et signée sur le registre des délibérations des commissaires du Temple; l'autre, également signée, a été remise entre les mains du citoyen Mercier, lequel est chargé de la communiquer dès demain au procureur de la Commune et de la déposer ensuite au secrétariat de la municipalité pour y avoir recours au besoin ; et la troisième demeurera au citoyen Fr. Roché, pour en délivrer des copies par duplicata aux autres membres du conseil général du 10 août dernier.

« Mercier, Véron, Garin, Baudrais, Froidure, Michonis, Maubert, Journet, Toulan, Chapelet, Folloppe, Mulot, Danger, Roché, Jaillant, Gilles et Kiggen. »

IV

PROTESTATIONS DES SECTIONS ET DE LA COMMUNE

CONTRE LE DÉCRET DU 16 DÉCEMBRE PRONONÇANT L'EXPULSION DES BOURBONS.

(Voir page 279.)

La première en date de ces protestations est celle de la section des Gardes françaises, ci-devant de l'Oratoire.

Section des Gardes françaises. Séance du 18 décembre 1792.

« Sur la motion d'un citoyen, il a été pris l'arrêté suivant, que les citoyens Boursier et Bertrand ont été invités de communiquer au corps municipal :

« Quand il faut agir, nous ne pouvons faire de phrases.
« Vous connaissez le décret qui bannit du territoire de la
« République les citoyens de la famille des Bourbons qui sont
« restés au sein de leurs amis. Ce décret alarme tous les bons
« citoyens. Ils ne peuvent vous peindre que ce que vous sentez
« vous-mêmes, nos expressions seraient trop faibles ; nous nous
« bornerons à demander que la municipalité de Paris se pré-
« sente demain matin à la Convention nationale pour solliciter
« le rapport du décret. »

« Le susdit arrêté a été aussi communiqué aux quarante-sept autres sections, par des commissaires nommés *ad hoc*. Sur le rapport fait par les deux citoyens Boursier et Bertrand de leur mission auprès de la Commune, il a été arrêté que, sur le refus du maire d'admettre la députation, ils seraient invités à s'y transporter de nouveau, ce qu'ils ont fait à la grande satisfaction de leurs concitoyens. »

La protestation de la section des Piques, ci-devant de la place Vendôme, paraît due à une plume plus exercée et plus habile.

Section des Piques. Séance du 18 décembre 1792.

« L'assemblée, délibérant sur la question du bannissement du citoyen Égalité, ajournée par la Convention nationale, attendu qu'il est représentant du peuple ;

« Considérant : 1° Que toutes les lois doivent être fondées sur les bases immuables de la raison et de la justice, et non sur l'exemple de tel ou tel peuple alors ignorant et barbare ; que les lois devraient être le résultat des réflexions et des méditations, et non la suite des mouvements de l'enthousiasme et des prestiges de l'éloquence ; qu'il conviendrait qu'avant d'être rendues elles fussent discutées à plusieurs reprises, avec d'autant plus d'attention et de sang-froid qu'elles seraient importantes ;

« 2° Que le décret, qui ordonne le bannissement de la famille des Bourbons hors du territoire de la République française, étant contraire aux droits naturels et imprescriptibles de l'homme et du citoyen et tendant à détruire toute association politique, il forme un acte de souveraineté tellement imposant qu'il paraît ne pouvoir être justifié aux yeux de l'Europe, que par le salut du peuple clairement démontré ;

« 3° Que, chez une nation qui a déclaré que les droits de l'homme sont la liberté, la propriété, la sûreté, la résistance à l'oppression, que nul ne peut être puni qu'en vertu d'une loi établie et promulguée antérieurement au délit et légalement appliquée, il est inouï que, sans aucun délit constaté, sans aucun jugement préalable, sans s'être assurée de l'assentiment général nécessaire pour constituer la loi, la Convention nationale, après une discussion très-orageuse pendant quelques heures, ait prononcé le bannissement d'une famille entière parce qu'elle est celle du ci-devant roi, qu'elle n'a point encore jugé ; que les individus de cette famille qui ont fait les plus grands sacrifices pour la cause de la liberté, ceux mêmes qui ont exposé leurs jours pour sa défense et qui ont contribué aux triomphes de nos armées, soient regardés comme d'autant plus suspects qu'ils ont bien mérité de la patrie ; qu'enfin il soit nécessaire de confondre les innocents avec ceux qui pourraient être coupables, et d'enlever au peuple celui qu'il a nommé deux fois son représentant ;

« 4° Qu'il semblerait que cet exemple, si mal à propos proposé et si fidèlement suivi, du bannissement de la famille de Tarquin après l'expulsion de ce tyran, serait une manière adroite d'insinuer au peuple français qu'il faut chasser le dernier des rois et non en tirer justice par un jugement éclatant et sévère ; que c'est insulter en quelque sorte à l'énergie et au patriotisme du peuple que de croire que la présence de quelques individus de la famille du ci-devant roi puissent un jour le faire revenir sur sa résolution irrévocable d'abolir la royauté en France ;

« 5° Qu'il est étrange qu'une nation, qui veut avec raison que le frère d'un assassin frappé par la main du bourreau ne soit point déshonoré, bannisse la portion innocente de la famille du ci-devant roi, sur la tête duquel le glaive de la loi reste encore suspendu ;

« 6° Que, loin de voir dans cette loi une mesure de sûreté générale, on n'y trouve qu'une disposition à une persécution continuelle et sans bornes ; car la liberté et le régime républicain multiplieront le nombre des particuliers qui, par leurs talents, leurs vertus, leurs exploits, les hautes places qu'ils auront remplies avec intégrité et distinction, acquerront une grande considération ; dans la crainte qu'ils ne veuillent s'arroger le pouvoir suprême, il faudra donc les bannir eux et leurs familles ;

« Par le bannissement actuel de la famille des Bourbons la France éprouve la perte d'un revenu considérable, qui sera consommé à l'étranger, et un grand nombre de familles sont absolument ruinées ;

« 7° Que la loi n'étant autre chose que l'expression de la volonté générale, le premier acte de la Convention nationale a été de déclarer que toutes les lois seraient sanctionnées par le peuple et principalement celles constitutionnelles ; or, rien n'appartient plus à la Constitution que de déterminer si le Corps législatif, sans aucun délit constaté, sans aucun jugement préalable, aura le droit de bannir de la nation telle ou telle famille, tel ou tel individu, enfin s'il pourra expulser de son sein un représentant élu par le peuple;

« D'après ces considérations, l'assemblée arrête qu'elle emploiera tous les moyens qui sont en son pouvoir pour faire présenter au plus tôt à la Convention nationale une pétition revêtue du plus grand nombre possible de signatures, dans laquelle, étant exposé que la question du bannissement de telle ou telle famille, de tel ou tel individu, sans aucun délit constaté, sans aucun jugement préalable, tenant à l'état des citoyens, doit faire un article essentiel de la Constitution, il sera demandé que la Convention nationale suspende l'exécution de son décret portant le bannissement de la famille des Bourbons hors du territoire de la République française jusqu'à ce que la Constitution ait été sanctionnée par le peuple, et que provisoirement elle garde dans son sein le citoyen Égalité, attendu que le corps dont il est membre ne peut le dépouiller arbitrairement de ses augustes fonctions de représentant du peuple, et que lorsqu'un corps est investi de tous les pouvoirs, la plus faible atteinte à l'intégrité de la représentation serait le signal de la tyrannie, comme le plus léger attentat à l'inviolabilité de ses membres serait celui de l'anarchie.

« L'assemblée arrête en outre que le présent arrêté sera imprimé et communiqué aux quarante-sept autres sections, avec invitation de délibérer s'il ne conviendrait pas mieux de demander le rapport du décret.

« Ternois, président,
« Moutonnet, secrétaire. »

Comme on l'a vu par la délibération de la section des Gardes françaises, le maire Chambon avait refusé d'admettre les députations de cette section au sein du conseil général; mais ce conseil n'en prit pas moins, dans la soirée du 18, l'arrêté suivant :

« Le conseil arrête qu'il restera en permanence pour s'occuper de la demande du rapport du décret de la Convention nationale du 16 décembre.

« Il nomme ensuite les citoyens Hébert et Arbeltier pour concourir à la rédaction de l'adresse que les sections désirent présenter à la Convention nationale, pour l'inviter à retirer le décret en question.

« Le conseil général de la Commune, ayant reçu les arrêtés de dix-sept sections pour aller à la Convention nationale demander le rapport du décret du 16 décembre, qui ordonne que tous les membres de la famille des Bourbons seront tenus de sortir dans trois jours du département de Paris et dans huit du territoire français, excepté ceux qui sont au Temple ;

« Considérant que, dans les circonstances où les droits de l'homme sont violés, où les bons citoyens sont menacés d'un exil injuste, tous les citoyens de la Commune doivent émettre leur vœu et prendre des mesures énergiques pour la défense de la liberté, de l'égalité, et pour la sûreté des personnes et des propriétés ;

« Le procureur de la Commune entendu.

« Le conseil général convoque pour demain 19, huit heures du matin, les quarante-huit sections pour délibérer sur la pétition de la section des Gardes françaises, tendant à demander le rapport du décret du 16 décembre, avec invitation de faire passer avant midi leurs arrêtés au conseil général permanent. »

En conséquence de cette convocation, l'adresse dont la teneur suit, fut adoptée, dans la matinée du 19 décembre, par les délégués des 48 sections :

« Mandataires du souverain, nous avons aboli la royauté, mais ce n'est pas pour laisser la secrète faculté de s'en disputer les débris ; nous avons anéanti les rois, mais nous ne l'avons fait que pour conserver les droits de l'homme.

« Vous avez adopté l'ostracisme, mais est-il sanctionné par le peuple? Vous voulez imiter les peuples de l'antiquité. A Athènes, l'ostracisme était établi, mais Athènes n'était qu'une petite république. La France forme une république qui, pour être immense, n'en veut pas moins l'unité de gouvernement.

« A Athènes, le peuple gouvernait en quelque sorte par lui-même ; en France, il gouverne par des représentants.

« Athènes, petite, craignait la prépondérance d'un individu ; on lui donnait en l'exilant plus de poids encore qu'il n'en avait. Athènes voulait par cette loi conserver la liberté et l'égalité. Cette loi admise en France renverserait les droits de l'homme et détruirait l'égalité. Nous ne savions pas qu'il existait encore parmi nous des Bourbons autres que ceux qui sont au Temple ; votre décret vient de nous l'apprendre.

« Vous n'avez encore rien fait pour la Constitution, cette Constitution qui doit assurer parmi nous la liberté, l'égalité, et déjà vous paraissez préjuger la chute d'un édifice dont la première pierre n'est pas encore posée.

« Si vous avez décrété que le peuple, dans ses assemblées primaires, sanctionnerait la Constitution qu'il vous a chargés de lui présenter, pourquoi donc prenez-vous des mesures provisoires qui, dans le principe, ne doivent et ne peuvent être que constitutionnelles ?

« Que va dire l'Europe, que dira la postérité, quand, dans une seule séance, au milieu des orages amoncelés de toutes parts, vous portez un pareil décret ?

« Craindriez-vous les restes d'une famille ? croyez-vous qu'ils soient plus à craindre à présent que nous sommes plus forts et de nos décrets et de nos principes ?

« Nous ne vous parlerons pas des dangers qui s'accumuleraient sur la tête des proscrits, nous n'avons plus qu'un mot.

« L'ostracisme, chez nous, serait une peine, toute peine suppose un délit.

« Législateurs, où donc est le délit ? Nous vous demandons le rapport du décret du 16 décembre. »

Cette adresse ne put être présentée, par suite du refus fait par l'Assemblée de recevoir le maire et la députation qui l'escortait, ainsi que nous l'avons raconté, page 276. Chambon fut le soir même appelé à la barre de la Convention pour donner des explications sur les désordres qui avaient eu lieu aux abords de l'Assemblée. Nous donnons le procès-verbal de la séance du conseil général qui contient le récit officiel ces deux incidents.

« Le conseil général, assemblé en la forme ordinaire et présidé par le citoyen Chambon, maire, a ouvert sa séance à six heures du soir.

« Le conseil général et les commissaires des quarante-huit sections de Paris, après avoir entendu la rédaction de l'adresse à la Convention nationale pour le rapport du décret qui prononce l'ostracisme, se lèvent par un mouvement unanime et se mettent en marche, le maire à leur tête, pour la présenter à la Convention.

« La députation, arrivée aux couloirs de l'Assemblée conventionnelle, attend pendant longtemps que l'on veuille bien l'admettre pour lire son adresse.

« Après cet intervalle, l'Assemblée passe à l'ordre du jour sur l'admission de la députation.

« Plusieurs députés de la Convention engagent, au nom de la République, les différents membres de la députation à se retirer pour ne pas donner matière à la calomnie, qui s'acharne continuellement sur le peuple de Paris; aussitôt la députation se retire à la maison commune.

« Réunis en conseil général, le substitut du procureur de la Commune obtient la parole et dit :

« Que la voix du peuple souverain a été étouffée, qu'on a
« refusé d'entendre ses justes réclamations, fondées sur les droits
« de l'homme. »

« Un membre demande la parole et plusieurs autres après lui; ils exposent l'outrage qu'ont reçu les députés des sections; ils se résument à demander qu'il soit fait une adresse aux quatre-vingt-quatre départements et demandent en même temps l'impression du procès-verbal de la journée, pour faire connaître que les droits sacrés du peuple et surtout le droit imprescriptible de réclamation ont été foulés aux pieds.

« A l'instant même, le maire prend la parole et annonce qu'il reçoit un décret dont il donne lecture; il est conçu en ces termes :

« La Convention nationale décrète qu'elle appelle le maire
« de Paris à la barre, pour lui faire part des motifs qui l'ont
« amené à la tête des commissaires des quarante-huit sections. »

« Le maire déclare qu'il va se rendre à la Convention.

« De retour, le maire a dit :

« Arrivés ce matin dans la pièce destinée aux pétitionnaires
« qui attendent le moment d'être admis à la barre de la Con-
« vention nationale, le citoyen Tallien nous a fait prévenir qu'il
« allait se rendre près de nous pour nous donner quelques
« avis sur la démarche que nous nous proposions de faire au-
« près de la Convention nationale, il nous a rejoints, et,
« m'adressant la parole, il m'a prévenu que notre vœu serait
« rempli, parce qu'il croyait que le décret serait rapporté au-
« jourd'hui ; qu'il nous conseillait de nous désister de notre
« projet, de crainte qu'on ne répandît dans le public que la
« Convention avait été influencée. J'ai répondu, peut-être avec
« plus de fermeté qu'il ne s'y était attendu, que son invitation
« ne devait point changer une détermination qui était la suite
« du vœu exprimé des sections; que, d'ailleurs, je ne devais, ni
« ne voulais faire dépendre de son avis la conduite que mes
« concitoyens tenaient en cette occasion; que, destiné par mes
« devoirs à l'honneur de me présenter avec eux à l'Assemblée,
« son invitation n'apporterait aucun changement à ma résolu-
« tion. Il a ajouté que si, dans le moment même, le rapport du
« décret avait lieu, il se persuadait que je n'insisterais plus à
« être entendu. J'ai dit que cette raison ne pouvait pas m'em-
« pêcher de continuer ma sollicitation pour être admis, parce
« que je ne venais exprimer que l'intention de mes concitoyens
« qui auraient droit de m'accuser de n'avoir pas rempli mes
« devoirs; que par conséquent aucun des motifs qu'il m'allé-
« guait ne pouvait mettre obstacle à la simple énonciation d'un
« vœu exprimé conformément à la loi. Je lui ai demandé d'ail-
« leurs s'il pensait qu'un magistrat pût prendre un parti sur
« la simple assertion d'un homme qui ne pouvait pas être sûr
« de ce qu'il avançait. Et j'ai terminé cette conversation en
« l'engageant à se persuader que mon devoir consistait à être
« l'organe de mes concitoyens, que je ne me départirais pas de
« cet honneur qui m'était imposé par les lois.

« Tel est à peu près, et autant que la mémoire puisse me le
« rappeler, ce qui s'est passé entre nous. Mes collègues savent
« comme moi les discussions qui ont eu lieu à notre retour à
« la maison commune. Au moment où j'ai reçu le décret de la

« Convention nationale, nous avons cessé la discussion. Admis
« à la barre, le président de la Convention nationale m'a de-
« mandé des instructions sur les motifs qui avaient déterminé
« l'adresse que nous voulions présenter; j'ai répondu que les
« citoyens de Paris, inquiets sur les suites d'un décret dans
« lequel ils apercevaient une lésion manifeste des droits de
« l'homme, et des suites que cette loi pouvait entraîner, se
« sont rassemblés dans un même esprit et dans toutes les sec-
« tions à la fois pour faire entendre leurs réclamations à ce
« sujet; que les citoyens avaient, aux termes de la loi, le droit
« de se réunir dans leurs sections, quand le président en était
« requis par un nombre suffisant, et que le désir de plusieurs
« sections pour demander une convocation générale devenait
« une loi pour la municipalité de convoquer les sections; que,
« d'après ces principes, j'avais dû présider la réunion des com-
« missaires des sections et me présenter à leur tête; il n'a pas
« paru que cette explication, dont je donne ici le sommaire,
« satisfît la Convention nationale; j'ai entendu dire autour de
« moi que j'avais été inculpé d'avoir engagé les sections à se
« réunir pour émettre leurs opinions sur ce décret.

« Pétion a été invité à reproduire la motion qu'il avait faite
« de me mander à la Convention pour donner des éclaircisse-
« ments sur ce fait, en ajoutant que ce n'était point un inter-
« rogatoire qu'on avait prétendu faire subir au premier magis-
« trat de Paris, mais un récit nécessaire de ce qui s'était passé
« pour éclaircir les doutes des membres de la Convention;
« Garran-Coulon a attesté la même résolution de l'Assemblée,
« qui a été également exprimée par ses membres; je dois
« même dire, si j'ai un exact souvenir des faits, que le prési-
« dent, au nom de la Convention, a dit que l'Assemblée n'en-
« tendait pas faire éprouver cette démarche désagréable au
« maire de Paris, mais lui demander des renseignements sur
« ce qui s'était passé. J'ai répété en partie ce que j'avais déjà
« énoncé sur la réunion des commissaires, en prouvant par les
« circonstances mêmes qui avaient accompagné les députations
« des différentes sections au conseil général qu'il était impos-
« sible que je fusse instruit plus tôt de l'objet de leur arrêté
« apporté à la Commune. Ce récit, accompagné de quelques

« questions du citoyen président de la Convention nationale
« relativement au même sujet, et mes réponses à ces questions
« ont satisfait l'Assemblée, qui, par son président, a invité le
« maire aux honneurs de la séance avec des expressions d'es-
« time.

« On conçoit qu'épuisé par une occupation de chaque jour
« et par la fatigue non interrompue que j'avais éprouvée dans
« tout le cours de la journée, il m'est impossible de rendre un
« compte exact et bien détaillé de tout ce qui s'est passé, mais
« j'ai apporté dans mon énoncé et dans mes réponses toute la
« dignité que les habitants de Paris, mes concitoyens, ont le
« droit d'attendre d'un magistrat qu'ils ont honoré de leur
« choix.

« A la maison commune, le 19 décembre, l'an 1er de la Ré-
« publique,

« CHAMBON, maire de Paris. »

« L'assemblée générale applaudit au discours de son premier magistrat; plusieurs membres réitèrent la demande de
l'impression du procès-verbal, de l'adresse des sections et du
récit du maire.

« Le conseil général, considérant combien il importe que
ses mandataires soient instruits du zèle civique qu'il met dans
l'exécution de ses mandats, et sachant donner à tous ses concitoyens une preuve de ses sentiments républicains :

« Arrête l'impression, l'affiche et l'envoi aux quarante-huit
sections de tous les objets mentionnés ci-dessus,

« CHAMBON, maire,

« COULOMBEAU, secrétaire-greffier. »

La révocation du décret du 16 décembre donna lieu à un
grand nombre d'articles de journaux, d'affiches et de discours
prononcés aux Jacobins et aux autres sociétés populaires; nous
citerons des passages de deux de ces documents.

Une affiche placardée sur les murs de Paris et signée par
Tallien, commençait ainsi :

23 décembre 1792.

« *Tallien à ses concitoyens.*

« Ils sont enfin découverts, ces projets criminels tramés depuis si longtemps dans les *boudoirs de la rue Neuve des petits champs,* et au milieu des agitations, de l'intrigue et de la corruption.

« S'il restait encore quelques doutes aux hommes peu faciles à persuader, les événements qui viennent de se passer devraient entièrement ouvrir leurs yeux.

« La séance mémorable du 16 de ce mois doit désormais servir de thermomètre à tous les vrais amis de la liberté : ils y verront, d'un côté, Buzot et Louvet, les commensaux de Roland, arrivant dans l'Assemblée, avec des discours assez astucieusement préparés pour entraîner la majorité de la Convention nationale. De l'autre, ils y verront cent patriotes au plus, retranchés sur cette Montagne où ils entretiennent toujours brûlant le feu sacré de l'amour de la patrie, luttant avec courage contre les efforts des ennemis de la liberté, et parvenant enfin, sinon à remporter une victoire complète, du moins à faire triompher les principes et à empêcher la violation sacrilége de la souveraineté nationale.

« Le décret proposé contre la famille ci-devant royale, n'était qu'un moyen adroitement trouvé pour parvenir à attaquer la représentation nationale, en éloignant un député qui avait le malheur d'être né Bourbon.

« Je ne vois dans les propositions de Louvet et de Buzot que le dessein bien formel d'exclure successivement du sein de la Convention nationale tous les membres connus par leur patriotisme ; aujourd'hui on chassait Égalité ; demain, sous le vain prétexte d'une autre mesure de sûreté générale, on aurait chassé les soixante ou quatre-vingts membres qui, par leur courageuse énergie et leur imperturbable attachement aux principes, déplaisent beaucoup à toute la faction brissotine. »

Le discours que Camille Desmoulins avait préparé pour la circonstance et qu'il vint lire aux Jacobins, se terminait ainsi :

« Je rappelle la Convention à la reconnaissance, à la justice, à la pudeur, à la crainte d'une ignominie éternelle, si elle poursuivait Philippe Égalité plus qu'elle n'a fait du traître Lafayette, si, au lieu de leur châtiment, elle préparait des jouissances à ce Charles IX et à cette Médicis, si elle rendait ce jugement dont le seul projet a couvert d'infamie le Châtelet. »

Ce discours, dont les Jacobins votèrent l'impression, se trouve au n° 146 du *Journal des débats et décrets de la société des Jacobins.*

Dans plusieurs localités habitées par des membres de la famille royale, il y eut aussi des manifestations très-vives contre le décret d'expulsion.

La duchesse de Bourbon qui s'était retirée à Petit-Bourg, ayant voulu partir, les habitants démontèrent sa voiture et braquèrent des canons devant sa porte. Les habitants d'Anet s'opposèrent également au départ du duc de Penthièvre, beau-père de l'infortunée princesse de Lamballe ; ils déclarèrent qu'on les hacherait plutôt que de le leur enlever.

V

LE DÉPARTEMENT DE PARIS

EN DÉCEMBRE 1792 ET EN JANVIER 1793.

(Voir page 385.)

Le département de Paris, que nous avons vu tenir une conduite si honorable en juin et juillet 1792 (voir tome II, page 41), avait été cassé aussitôt après la chute du trône contitutionnel. L'Assemblée législative, par le même décret (13 août), en ordonna la réorganisation sur des bases qui s'écartaient en plusieurs points de celles établies par la loi organique des conseils généraux (27 décembre 1789)[1]. Vu l'urgence, elle ne crut pas devoir réunir les assemblées primaires pour nommer des électeurs du deuxième degré, puis ceux-ci pour nommer les membres du conseil général de département. Elle ordonna que, provisoirement, le conseil serait composé d'un membre par chaque section parisienne et par chaque canton des deux districts ruraux. Deux jours après, sur la demande de la Commune insurrectionnelle et de Robespierre qui, en cette occasion, avait été l'organe de celle-ci, elle amoindrit considérablement les attributions du département, lui enleva la police et le contrôle des actes de la municipalité parisienne[2].

Malgré la manière peu compromettante dont il avait usé des attributions fort restreintes qu'il avait conservées, le nouveau conseil de département n'avait pu trouver grâce devant les meneurs de l'Hôtel de ville. Les neuf cents électeurs du deuxième degré, ceux mêmes qui avaient été élus dans les assemblées pri-

---

1. Voir l'analyse que nous avons donnée de cette loi, tome I, note III.
2. Nous avons raconté tous ces faits en détail, tome III, page 25.

maires à la fin d'août 1792 et avaient nommé les députés à la Convention, s'étant rassemblés à la fin de novembre pour procéder à diverses nominations judiciaires, on leur insinua qu'ils avaient le droit et le devoir de procéder à la réorganisation définitive du département de Paris. Quel est le corps qui se refuse à reprendre les attributions qu'on prétend lui appartenir? Les électeurs accueillirent naturellement cet avis avec grande faveur et s'empressèrent de déclarer, de leur autorité privée, que les membres actuels du conseil de département ayant été élus dans une forme insolite, en vertu d'une loi dont l'effet ne devait être que provisoire, ils allaient en effectuer le renouvellement intégral.

Les démagogues de 1792, nous l'avons vu bien souvent, excellaient dans l'art d'invoquer la loi lorsqu'elle favorisait leurs desseins, et de la méconnaître lorsqu'elle leur déplaisait. Après avoir revendiqué, en vertu de la loi du 27 décembre 1789, le droit d'élire les membres du département, ils ne se firent aucun scrupule d'employer, pour ces nominations, comme ils l'avaient fait en septembre 1792 pour celles des députés à la Convention, le mode de votation à haute voix prohibé à plusieurs reprises non-seulement par les lois organiques de la Constituante, mais encore par plusieurs décrets récents de la Législative et de la Convention.

Cette violation de la loi fut dénoncée à la Convention par une des sections de Paris les moins suspectes de modérantisme, celle de Popincourt, dans une délibération ainsi conçue :

SECTION DE POPINCOURT.

« *Extrait du registre des délibérations de l'assemblée générale en date du 1er décembre.*

« Sur le rapport fait à l'assemblée par un de ses électeurs, qu'il a été arrêté ce matin à l'assemblée électorale que, malgré les décrets de la Convention nationale, les élections confiées à l'assemblée seraient faites à haute voix.

« L'assemblée générale de Popincourt, considérant que ce mode d'élection est formellement contraire à la loi ;

« Considérant encore que ce mode n'exclut point l'intrigue, et qu'il est une désobéissance formelle et gratuite à la loi, le seul souverain devant lequel de véritables républicains doivent fléchir le genou ;

« Considérant enfin qu'il est temps que l'empire des lois s'établisse ;

« Arrête que, jusqu'à ce que la Convention nationale ait abrogé la loi qui proscrit le mode d'élection à haute voix, les électeurs s'abstiendront de concourir aux élections confiées à l'assemblée électorale.

« Arrête, en outre, que le présent arrêté sera porté et lu demain à la barre de la Convention nationale et envoyé aux 47 autres sections ainsi qu'à l'assemblée électorale.

« La Corbinaye, vice-président.
« Anvin, secrétaire-greffier. »

Cette dénonciation fut bientôt suivie d'une autre. Le ministre de l'intérieur, Roland, transmit le 5 décembre à la Convention une lettre du procureur-général-syndic, Berthelot, qui protestait contre les opérations du corps électoral de Paris. (Il s'appuyait sur la loi du 19 octobre 1792, confirmative des pouvoirs de toutes les autorités départementales et municipales renouvelées depuis le 10 août.) Après un débat assez court, la question fut renvoyée à l'examen du Comité de législation (*Moniteur* de 1792, n° 342). Mais celui-ci ne se pressa pas de faire son rapport; seulement, trois jours après, nous voyons la Convention adopter le décret dont la teneur suit :

8 décembre 1792.

« La Convention nationale, sur la motion d'un de ses mem« bres, décrète le rapport de la loi du 10 août qui défend, vu
« les circonstances, au département de Paris de s'immiscer dans
« les affaires de sûreté et de police, qu'elle attribue exclusive« ment à la municipalité. »

C'était une manière indirecte de consolider les pouvoirs du conseil général du département alors en fonction.

Mais le corps électoral [1], fidèle à l'esprit qui régnait dans

1. On peut voir dans l'almanach national de 1703 la composition de ce corps électoral, le dernier qui ait existé à Paris. On y trouve les noms de

son sein depuis les élections de septembre, ne tint aucun compte des volontés de l'Assemblée. Le jour même où la Convention recevait communication de la lettre de Berthelot (5 décembre), Lhuillier avait été élu procureur-général-syndic.

Quelques jours après les électeurs ordonnent la réimpression des fameuses listes des huit mille et des vingt mille dont la Législative avait ordonné la destruction. Cette nouvelle bravade est encore dénoncée par Roland à la Convention : « Je vous prie, écrit-il au président, de mettre sous les yeux de l'Assemblée la copie d'une lettre dont je conserve l'original signé. Cette lettre m'apprend que le corps électoral a arrêté de faire imprimer et distribuer à tous ses membres les noms des pétitionnaires dits des huit mille et des vingt mille, des membres du club de 1789, de celui de Montaigu, et que les listes des clubs des Feuillants et de la Sainte-Chapelle ont été déjà imprimées et distribuées. Je ne ferai sur ces mesures aucune réflexion, mais celles qui se trouvent dans la lettre dont il s'agit m'ont fait penser qu'il serait utile que la lecture de cette lettre fût faite à l'Assemblée nationale, pour donner plus d'authenticité à l'information qu'elle renferme.

« J'écris en ce moment au procureur-général-syndic du département de Paris, pour lui demander de se faire délivrer et de m'envoyer le plus tôt possible une expédition en forme de l'arrêté du corps électoral. »

La lettre de Roland soulève une vive agitation. « Si le corps électoral, s'écrie Johannot, a pris l'arrêté qu'on vient de vous dénoncer, il est très-coupable, il doit se soumettre à la loi. Je demande que le président du corps électoral soit mandé à la barre. — Et moi je demande, lui répond Sergent, s'il est de la justice de la Convention de sévir contre un corps d'hommes élus par le peuple, sur la dénonciation d'un simple particulier et sans connaître les faits. »

Lecointe-Puyraveau appuie l'opinion de Sergent et soutient que la loi, qui a ordonné de brûler les listes des huit mille et des vingt mille, ne peut empêcher les citoyens de parler sur

---

tous les démagogues fameux de la Convention, de la Commune et des sections.

les hommes comme sur les choses, et de faire une liste de ceux qu'ils ne croient pas dignes de la confiance publique. « Non-seulement, ajoute-t-il, c'est un droit, mais j'ose dire que c'est un devoir. On prétend que la Constitution défend aux corps électoraux de délibérer : mais sommes-nous encore sous la Constitution ?

« — Ignorez-vous, lui crie-t-on à droite, qu'il y a un décret qui porte que les lois non abrogées sont exécutoires ?

« — Oui ! je soutiens que les corps électoraux peuvent délibérer sur la portion de souveraineté qui leur est déléguée. »

L'énoncé de cette hérésie politique soulève les murmures de l'immense majorité. « Les corps électoraux, s'écrie Ducos, ne sont pas revêtus de la souveraineté. Ce sont seulement des fonctionnaires publics, des intermédiaires chargés de la simple mission d'élire au nom du peuple. La nature même des choses leur interdit le droit de délibérer. »

Pour excuser le corps électoral, Pons (de Verdun) prétend que ce n'est pas ce corps, mais bien certaines sections de Paris qui ont ordonné l'impression des fameuses listes : « Il a suspendu ses opérations depuis que vous avez renvoyé à l'un de vos comités la question de savoir si on devait, oui ou non, renouveler le département de Paris. Seulement, ajoute le naïf député, l'assemblée électorale se rassemble tous les jours et se forme en club, mais c'est un autre président, ce sont d'autres secrétaires. » (*Moniteur*, n° 350, séance du 14 décembre 1792.)

Le pouvoir exécutif n'attend pas le rapport du Comité de législation pour prendre une décision. Il déclare, dans une proclamation, que la loi du 13 août qui avait réorganisé le conseil général du département de Paris sur de nouvelles bases, doit être considérée comme toujours en vigueur, et que, dès lors, l'élection de Lhuillier à la place de procureur-général-syndic est nulle et non avenue. Aussitôt l'assemblée électorale demande à la Convention de casser à son tour l'acte du pouvoir exécutif. Pour donner à sa pétition une plus grande importance, elle la communique au club des Jacobins, et réclame de la toute-puissante société, aide et assistance. (*Journal des débats de la société des Jacobins*, séance du 14 décembre.)

La pétition est apportée le 17 à la barre de la Convention :

elle avait été rédigée par Réal, alors substitut de la Commune et depuis conseiller d'État sous l'Empire. On y reconnaît la plume d'un jurisconsulte exercé.

L'arrêté du pouvoir exécutif se basait et sur la loi spéciale des 11 et 13 août, qui avait établi d'urgence un mode exceptionnel d'élection pour l'administration du département de Paris, et sur la loi générale du 19 octobre, qui avait confirmé les pouvoirs des corps renouvelés depuis le 10 août. Voici comment Réal bat en brèche les arguments tirés de ces deux lois : « L'administration créée par les lois des 11 et 13 août n'est qu'une commission exigée par les circonstances, dont la composition, l'organisation, les pouvoirs contrarient les lois générales. Elle crée soixante-quatre membres du conseil général au lieu de trente-six institués par la loi organique. Le procureur-général-syndic est nommé par le Directoire lui-même, au lieu d'être nommé par le peuple, soit directement dans les assemblées primaires, soit médiatement par les électeurs. Ainsi, au lieu d'être le surveillant, le contrôleur, il devient l'homme dévoué à l'administration qui l'a nommé. D'ailleurs, les sections, qui ont élu ce conseil général provisoire, savaient qu'il ne devait avoir qu'une très-faible partie des pouvoirs attribués au département, que notamment la grande police lui était enlevée ; c'est pourquoi elles ont nommé des hommes qu'elles n'eussent peut-être pas choisis, si elles avaient pu prévoir qu'ils dussent un jour supporter définitivement le poids de l'administration départementale. Quant à la loi du 19 octobre, elle ne parle que de renouvellement. Or, dans l'espèce, il n'y a pas de renouvellement, puisque les élections n'ont pas été faites dans les formes ordinaires par le corps auquel la loi organique conférait le droit de les faire. Le peuple de Paris, dans ses assemblées primaires, a nommé en août dernier des administrateurs provisoires ; le peuple seul, consulté une seconde fois, pourrait leur donner des pouvoirs définitifs. Tout homme, toute assemblée, fût-ce la Convention elle-même, qui oserait se mettre à la place d'une assemblée primaire, serait criminel de lèse-majesté. Législateurs, voilà les principes ; ils sont inflexibles ; les républicains sont inflexibles comme les principes. Vous briserez la proclamation du conseil exécutif provisoire qui les anéantit. »

On demande le renvoi de la pétition au Comité chargé déjà de faire un rapport sur l'affaire du département de Paris, c'est-à-dire au Comité de législation. Merlin (de Douai) déclare qu'il trouve tellement évidents les principes invoqués sur la pétition, que, selon lui, la proclamation du pouvoir exécutif doit être annulée sur-le-champ. « D'après les lois existantes, dit l'éminent jurisconsulte, d'après la Constitution qui n'est pas abrogée en cette partie, les opérations des corps électoraux ne sont nullement soumises au pouvoir exécutif. Toutes les difficultés qui s'élèvent sur les élections doivent être portées au directoire du département le plus voisin, et par appel immédiatement au Corps législatif. Le conseil exécutif était donc incompétent. Il s'est rendu, involontairement sans doute, coupable d'une usurpation de pouvoir. » (*Moniteur*, n° 354.)

La Convention ne veut pas décider immédiatement la question, comme le lui propose Merlin (de Douai). Mais, trois jours après, Mailhe vient, au nom du Comité de législation, déclarer que l'administration actuelle du département de Paris, ayant été organisée d'une manière provisoire et contre toutes les formes, ne peut avoir le caractère d'une administration élue par le peuple. Il présente et fait adopter un projet de décret annulant la proclamation du conseil exécutif, et donnant ainsi complétement gain de cause au corps électoral. (*Moniteur*, n° 357).

Les électeurs continuèrent les élections commencées, mais ne les achevèrent que trois semaines après. L'adresse, en date du 14 janvier, dont nous avons parlé page 385, est signée des anciens administrateurs. Ce ne fut que le 20 janvier que la nouvelle administration entra en fonctions. Aussi l'*Almanach national* de 1793 donne-t-il les noms des anciens administrateurs et non ceux des nouveaux. Quelques-uns des membres de l'administration du 13 août furent réélus. Naturellement ce furent les plus ardents; à leur tête figurait le fameux Momoro, l'imprimeur de la liberté, le mari de la déesse Raison, l'ami de Chaumette et d'Hébert, qui périt avec eux sur l'échafaud, le 4 germinal an II.

VI

LETTRE DE DE SÈZE

AU COMITÉ DE SURETÉ GÉNÉRALE.

(Voir page 455.)

Le citoyen de Sèze, quoique placé sous la sauvegarde de la loi par la Convention elle-même, pour le ministère qu'il a rempli avec ses deux collègues au mois de janvier dernier, a été arrêté par un ordre du Comité de sûreté générale et renfermé dans la maison de la Force.

Déjà depuis deux mois il subit dans cette prison toutes les misères de la captivité sans se plaindre, et sans connaître même le motif qui a pu être la cause de sa détention.

Le citoyen de Sèze peut cependant invoquer l'opinion publique sur sa vie et sur son caractère.

Uniquement livré aux détails de ses affaires privées, dont les besoins de sa famille lui faisaient un devoir pressant, il n'a jamais donné, à aucune époque, aucune prise sur sa conduite, et son nom n'a jamais été mêlé à aucune espèce d'intrigues.

Retiré même depuis longtemps à la campagne avec sa famille, il y a toujours vécu en citoyen paisible et en homme sage.

Il n'a d'ailleurs, quoique père de plusieurs enfants dont l'éducation exige ses soins, aucune fortune.

Il a, en récompense, le bonheur d'être cher à la commune dans laquelle il habite, et qui est venue elle-même le réclamer au Comité de sûreté générale et y attester la tranquillité et la pureté de sa vie.

Le citoyen de Sèze espère que le Comité de sûreté générale

ne refusera pas enfin de le rendre à cette commune, qui n'a pas craint d'être son garant et qui offre de le garder au milieu d'elle, comme un citoyen dont elle répond et dont elle est sûre.

Les affaires domestiques du citoyen de Sèze souffrent d'ailleurs infiniment de la privation de sa liberté.

Ses enfants en souffrent encore davantage.

Quant à lui, il attend la justice qu'il ose dire lui être due avec le calme d'une conscience sans reproche et la confiance que lui inspire sa conscience même.

TABLE DES MATIÈRES

DU TOME CINQUIÈME.

LIVRE XIX.

LES ANNEXIONS.

		Pages.
I.	Entrée de Dumouriez en Belgique. — Jemmapes, 6 novembre 1792.	1
II.	Annonce de la victoire à la Convention. — Marat attaque le vainqueur.	8
III.	La Belgique conquise.	13
IV.	Custine à Mayence. — Sa dénonciation contre Kellermann.	17
V.	Menaces contre Genève. — Montesquiou proscrit.	26
VI.	Mouvement annexioniste en Savoie.	36
VII.	Incorporation de la Savoie à la France, 27 novembre.	42
VIII.	Dumouriez et Pache.	52
IX.	Renouvellement révolutionnaire des administrations belges et liégeoises.	57
X.	Décret du 15 décembre sur les annexions.	66
XI.	Anselme à Nice. — Expéditions d'Oneille, de Sardaigne et de Naples.	77

LIVRE XX.

LE TRIOMPHE ÉPHÉMÈRE DE LA GIRONDE.

I.	Continuation de la lutte entre la Gironde et la Commune du 10 août.	89
II.	Scrutins inutiles pour l'élection d'un maire de Paris.	92
III.	D'Ormesson, élu, refuse la mairie.	97
IV.	Élection de Chambon. — Décrets des 24 et 29 novembre.	102

v.	La Commune insurrectionnelle dénonce Roland.	109
vi.	Élections municipales de Paris.	117
vii.	Installation de la Commune du 2 décembre.	119
viii.	Chaumette et Hébert.	126
ix.	La dénonciation d'Achille Viard.	130
x.	Triomphe de Mme Roland.	137
xi.	Fureurs jacobines contre le rolandisme.	142
xii.	Les tribunaux politiques à la fin de 1792.	147
xiii.	La Convention décrète la peine de mort contre les émigrés.	155
xiv.	Suppression du tribunal du 17 août.	165

LIVRE XXI.

LE PROCÈS DU ROI.

i.	Rapport de Valazé, 6 novembre.	173
ii.	Rapport de Mailhe, 7 novembre.	177
iii.	La discussion ouverte, 13 novembre. — Opinions de Morisson, Saint-Just, Fauchet, Robert, Rouzet, Grégoire.	185
iv.	Découverte de l'armoire de fer.	193
v.	Opinions de Thomas Payne, Serres, Faure, Robespierre.	197
vi.	Séance orageuse du 4 décembre, motion de Robespierre.	210
vii.	Proposition de Guadet sur l'ostracisme des membres de la Convention.	218
viii.	La famille royale au Temple.	223
ix.	Le roi à la barre de la Convention, 11 décembre.	232
x.	Interrogatoire de Louis XVI.	238
xi.	La Commune et les défenseurs de Louis XVI.	246
xii.	Manuel s'élève contre la tyrannie des tribunes.	254
xiii.	L'accusé pourra-t-il communiquer avec sa famille?	257

LIVRE XXII.

L'APPEL AU PEUPLE.

i.	La Gironde fait décréter l'expulsion de tous les Bourbons résidant encore en France, 16 décembre.	264
ii.	Les Jacobins prennent la défense du duc d'Orléans.	267
iii.	La Commune pétitionne contre le décret du 16 décembre.	271
iv.	L'effet du décret est suspendu.	275
v.	De Sèze présente la défense du roi, 26 décembre.	280

vi.	La Montagne veut que l'on procède au jugement immédiat...	290
vii.	Lettre de l'ambassadeur d'Espagne en faveur de Louis XVI...	299
viii.	Robespierre parle contre l'appel au peuple............	302
ix.	Vergniaud lui répond.....................	308
x.	Discours de Brissot et de Gensonné.............	321
xi.	Affaire Boze........................	326
xii.	Barère résume le débat et conclut dans le sens de la Montagne.	332

LIVRE XXIII.

LA LIBERTÉ DE LA PRESSE ET LA LIBERTÉ DES THÉATRES EN 1793.

i.	Les courtisans du malheur.................	347
ii.	Le maire rend compte à la Convention de l'état de Paris....	350
iii.	Adresse des directoires qui s'élèvent contre la démagogie parisienne...............................	356
iv.	Chaumette veut traduire à la barre de la Commune le député Charles Villette......................	360
v.	La pièce de Laya : *l'Ami des Lois*.............	365
vi.	La pièce est jouée malgré la Commune...........	370
vii.	La Gironde fait renouveler le Comité de sûreté générale....	376
viii.	Le département de Paris dénonce l'arrivée clandestine de nouveaux fédérés........................	383
ix.	Les fédérés séduits par les Jacobins............	392

LIVRE XXIV.

LES APPELS NOMINAUX.

i.	Discussion sur la série des questions à poser.........	397
ii.	Premier et deuxième appels, 15 janvier...........	403
iii.	Agitation de Paris les 15, 16 et 17 janvier..........	410
iv.	La Convention délibérait-elle sous les poignards?......	417
v.	Commencement du troisième appel nominal.........	421
vi.	Vote des principaux Girondins................	427
vii.	Vote de la députation de Paris...............	437
viii.	Vote des principaux Montagnards..............	445
ix.	Violents débats avant la proclamation du vote.......	447
x.	Les défenseurs, au nom de Louis XVI, interjettent appel à la nation du jugement de la Convention...........	453

572   HISTOIRE DE LA TERREUR.

XI. Discussion sur le sursis. — La Montagne veut qu'on vote sans désemparer. 459
XII. La Gironde se divise. — Discours de Barbaroux, de Payne et de Brissot. 474
XIII. Barère fait rejeter le sursis. 482

LIVRE XXV.

LA MORT DU ROI.

I. Dernière entrevue du roi avec ses défenseurs. 487
II. Dernière nuit de Louis XVI. 492
III. Paris dans la matinée du 21 janvier. 498
IV. L'exécution. 501
V. L'ensevelissement. 506
VI. Le condamné, le jugement, les juges. 508

NOTES,

ÉCLAIRCISSEMENTS ET PIÈCES INÉDITES.

I. *Leprévost de Beaumont, révélateur du pacte de famine.* 517
   Récit de Leprévost de Beaumont. 519
   Ses pétitions. 522
   Son intervention dans l'affaire Laverdy. 526
   Délibération du conseil général de la Commune de Paris sur les accaparements de blé. 527
   Délibération du directoire de Montfort-l'Amaury sur le même sujet. 528
   Condamnation de Laverdy. 530

II. *L'armoire de fer et le serrurier Gamain.* 531
   Rapport de Musset. 532
   Décret du 8 floréal an II. 534
   Rapport de Peyssard. 535
   Décret du 28 floréal an II. 536
   Récit du bibliophile Jacob, reproduit par M. Louis Blanc. . . . 536
   Réfutation des deux versions du prétendu empoisonnement de Gamain. 537

III. *Procès-verbal de la remise de la garde du Temple aux commissaires de la Commune, du 2 décembre.* 545

IV. *Protestation des sections et de la Commune contre le décret du
16 décembre prononçant l'expulsion des Bourbons*. 547
    Arrêté de la section des Gardes françaises, 18 décembre. . . . 547
    —   — des Piques,   — 548
    Arrêté du conseil général de la Commune, 18 décembre. 550
    Adresse rédigée par les commissaires des quarante-huit sections. 551
    Procès-verbal de la séance du conseil général, 19 décembre. . . 552
    Affiche de Tallien. 556
    Fragment d'un discours de Camille Desmoulins. 557

V. *Le département de Paris en décembre 1792 et en janvier 1793*. . . 559
    Arrêté de la section Popincourt. 560
    Décret du 8 décembre 1792. 561
    Lettre de Roland. 562
    Pétition du corps électoral. 563
    Reconstitution du département. 565

VI. *Lettre de M. de Sèze au Comité de sûreté générale*. 567

FIN DE LA TABLE DU TOME CINQUIÈME.

———

ERRATUM.

Page 92 : 3 décembre, *lire* 3 octobre.